교정복지학개론

矯正福祉學概論

김용준 · 최수찬 · 신석환 공저

Introduction to Correctional Welfare

백산출판사

| 머리말 |

오늘날 범죄자 교정(Corrections)에 있어서 복지의 비중이 점차 증대됨에 따라 교정에 참여하는 사회사업가(Social Worker)의 역할과 기능 또한 확대되고 있다.

필자가 법무부에 근무할 당시인 1998년 우리나라에서 열린 제12회 "세계범죄학대회"에서 우리나라 대표로 '범죄자 교정에 있어서의 복지의 역할(법무부 자료 제225집)'이라는 주제로 논문을 발표한 이후 우리나라 학자들이 교정복지에 대한 관심을 기울이기 시작하여, 오늘날에는 대학원 과정이나 학부에 교정복지 전공과목이 꽤 많이 개설되었고 또 늘어가는 추세이다.

필자가 교정복지에 대한 총론서격인 교정학을 1994년 우리나라 최초로 출간한 이래, 언젠가는 꼭 『교정복지학』이라는 교과서를 출간해야지 하던 중에 마침 연세대 사회복지학과 대학원 교수로 재직 중인 최수찬 교수와 신석환 법학박사와 함께 의기투합하여 『교정복지학개론』이라는 저서를 발간하게 되었다.

본서의 주요 특징은 다음과 같다.

첫째, 어려운 교정 용어를 알기 쉽게 설명하여 교정복지학을 처음 대하는 초보자도 이해하기 쉽도록 하였다.

둘째, 내용을 풍부하게 다룸으로써 이 한 권만 제대로 이해한다면 교정관련 자격시험이나 임용시험에 고득점으로 합격할 수 있도록 구성하였다.

셋째, 법령에 관련된 내용은 일일이 최신법령을 확인함으로써 법령개정에 따른 오류가 발생하지 않도록 하였다.

넷째, 시중에 있는 일부 '교정복지학'에 관련된 내용 중 잘못된 부분을 바로잡았다.

끝으로 이 저서의 출간을 기꺼이 허락해 주신 백산출판사 진욱상 사장님과 편집진 여러분께도 깊은 감사를 드린다.

2014년 1월

대표저자 김용준

| 차 례 |

제1장 총론 / 11

제2장 교정복지객체의 원인론 / 45

제3장 범죄인의 분류와 유형 / 93

제4장 시설내 처우와 복지 / 155

제5장 소년보호복지제도 / 203

제6장 사회내 처우와 보호복지 / 227

제7장 교정복지 관련 법 / 253

제8장 교정복지 실천기법 / 269

제9장 지역사회 및 시설 중심 교정 프로그램 / 301

제10장 교정복지와 자원봉사 / 327

제11장 교정복지 처우 / 361

제12장 형사법적 범죄대책과 인권 / 393

제1장 총론

제1절 교정복지 개관

1 교정복지의 개념

오늘날 범죄자의 교정에 있어서 복지의 비중이 점점 증대되고 교정에 참여하는 교정복지사의 역할과 기능 또한 확대되고 있다고 볼 수 있다. 여기서 교정복지사란 범죄인이나 비행청소년들에게 접근하여 여러 가지 방법들을 동원하여 교정교화·복지활동 등을 실시함으로써 이들을 건전한 사회인으로 복귀하게 하는 것을 전문으로 하는 사람을 말한다.

교정복지의 개념은 시대적 배경과 각국의 행정, 범죄의 차이는 있으나 그 대상은 범죄자, 비행소년에 대하여 국가, 공공단체, 또는 개인이 개별적 또는 집단적으로 시설 내에서 교정교육하고, 사회 내에서 보호관찰하는 조직적 활동을 말하는 것이다(이정찬, 2000: 16).

교정복지라는 용어는 영어로 'Correctional Welfare'이다. 'Welfare'는 'Well'과 'Fare'의 복합명사로써, 'Well'의 의미는 '훌륭하게'라는 뜻이고 'Fare'는 '무엇을 실행해 나간다'는 것을 의미하며, 한자의 복지(福祉)라는 의미는 '물질의 풍요와 심리적 안전을 나타내는 것'을 의미한다.

교정복지의 개념은 최협의로 말할 때에는 교도소·구치소 등의 교정시설 내에서 이루어지는 복지처우를 말하는 것이며, 협의로는 교정시설과 소년원과 분류심사원과 같은 보호시설까지를 포함하여 이루어지는 처우를 말하고, 광의로는 시설내 처우와 사회내 처우에 있어서 이루어지는 교정복지 처우를 말하며, 최광의로는 경찰·검찰·법원·교정기관 등의 형사사법기관은 물론 이와 같은 업무에 종사하는 모든 공사시설(公私施設)의 범죄방지 및 범죄예방을 위하여 실시하는 과정에서 이루어지는 모든 교정복지처우를 말한다. 그런데 우리나라의 교정복지는 크게 시설내 처우인 교도소·구치소 등의 교정기관에서 이루어지는 복지와 소년원이나 소년분류심사원 등 보호기관에서 이루어지는 복지와 보호관찰이나 사회내 처우기관에서 이루어지는 복지로 구분된다.

따라서 교정복지는 첫째, 수형자에 대한 시설내 처우로써의 교정과 비행소년에 대한 소년보호가 그 전형적 대상이 된다. 그 이외에 미결수용자, 사형확정자, 노역장유치명령을 받은 자, 비행청소년 등에 대한 처우라고 할 수 있다.

둘째, 보호기관에서 이루어지는 사회내처우는 보호관찰과 법무보호복지와 같은 사회내 처우기관에서 이루어지는 처우를 말하는 것으로, 범죄자를 일반사회 내에 두고, 생활해 가면서 행동의 자유에 일정한 제한을 가하는 준수사항을 부과하고, 정기적 감독 및 보호를 통하여 재범을 방지하려는 것을 말한다.

미국은 교정복지의 개념을 최광의적으로 해석하여 시설내 처우, 사회내 처우는 물론, 기타 범죄방지후원회(Crime Admisson)나 청년교정본부(Correctional Youth Authrity) 등의 범죄 예방활동까지도 포함시키고 있는데, 우리나라도 최광의의 개념으로 교정복지를 이해하여야 할 것으로 본다.

2 교정복지의 연혁

교정복지의 기원은 1555년 영국의 런던에 설치한 브라이드웰(Bridewell) 교정원(Correction House)[1]에서 찾아 볼 수 있으며, 본격적으로 실시된 것은 1841년 한 주정뱅이의 재판

---

1) 이 교정원은 유랑민, 거지, 좀도둑, 부랑자들을 수용하는 시설로 나중에 교정의 집(house of correction)이라고 개명하였다.

에서 법관에게 청원하여 형의 선고를 유예 받게 하여 교정교화에 혼신의 힘을 기울여 교화하는데 성공하고 그 이후부터 죽기까지 동일한 일을 계속하였는데 이것이 오늘날의 보호관찰제도의 창시라고 볼 수 있다. 보호관찰제도가 매사추세츠주에서 보호관찰에 관한 최초의 성문헌법이 제정됨으로써 국가에서 보호관찰을 실시하게 되었고 이 보호관찰과 더불어 본격적으로 교정복지가 실시되었다고 볼 수 있다.

교정복지의 기원이 된 보호관찰제도는 원래 사회사업(Social Work)과 결탁되어 발전되어 왔으며, 19세기 후반 영국과 미국에서 단순한 자선사업의 영역에서 벗어나 대상자의 교정치료와 법무보호복지로 발전되면서 사회복지에서 교정복지로 세분화되었으므로 교정복지는 보호관찰제도와 더불어 발전하여 왔다고 볼 수 있다. 우리나라는 1978년 이후 보호관찰제도의 도입을 위한 준비단계로써 선도조건부 기소유예제도나 사회보호법에 의한 보호관찰제도 등을 시험실시하다가 1989년부터 일부 소년 비행자 및 범죄자를 상대로 한 보호관찰이 도입되었다. 이로부터 10년 후인 1998년부터 보호관찰을 성인에게까지 확대실시함으로써 완전한 보호관찰제도가 도입되어 시행되었는데 이때부터 교정복지제도가 처음 도입되었다고 볼 수 있다. 또, 같은 해 서울에서 열린 제12회 세계범죄학대회에서 김용준 교수가 "범죄자 교정에 있어서의 복지의 역할"이라는 논문을 발표한 후 학자들이 더욱 관심을 기울이기 시작하였다. 교정복지에 대한 보다 자세한 것은 후술하고자 한다(법무자료 225집, 1999: 91).

3 교정복지의 발전과정

교정복지의 발전과정은 앞에서 언급한 바와 같이 비행청소년과 범죄인의 사회복귀에 개입한 보호관찰의 역사를 의미한다고 볼 수 있다. 따라서 교정복지의 역사를 이해하는 것은 보호관찰 등에 참여한 교정복지사가 교정시설이나 지역사회에서 비행청소년이나 범죄자의 교정교화와 그리고 보호·원호·지도를 위해 행한 전문적인 개입이 어떻게 이루어져 왔는가를 살펴보는 것이다. 여기서는 선진국의 역사와 우리나라의 역사로 나누어 고찰하고자 한다.

1. 선진국의 발전과정

1) 영국

(1) 개관

영국에 있어서 교정복지 사상이 처음 싹트기 시작한 것은 법학자이며 사형폐지를 주장한 존 하워드(J. Howard)의 교도소개량과 행형개혁론을 역설하면서부터라고 할 수 있는데, 그는 행형의 인도적인 처우와 근대적 자유형의 기원은 1596년 암스테르담 징치장(Amsterdam Work House)의 처우제도로 보는 것이 통설로 되어 있다. 그러나 연대적으로는 1552년 런던의 브라이드웰(Bridewell) 징치장이 앞서 있다.

노동에 의한 개선을 목표로 교정의 집(House of Corrections)의 건설을 촉진시킨 것은 산업구조의 급격한 변화에 따른 도시에로의 인구유입, 유랑민과 부랑자 등의 증대 때문에 치안 및 구빈대책이 필요하게 되었다.

브리이드웰 징치장은 1552년 구빈제도의 일환으로 헨리(Henry) 8세의 궁궐의 일부가 에드워드(Edward) 6세에 의하여 징치장으로 설립되었고, 그 후 영국의 징치장은 모두 Bridewell이라 칭하게 되었다. 1562년에는 Oxford, 1564년에는 Salisburg, 1565년에는 Norwich, 1569년에는 Gloucester와 Ipswich, 1574년에는 Acle, 1575년에는 Chester에 런던의 Bridewell과 같은 시설이 탄생된 것이다.

(2) 징치장의 기능과 소멸

징치장의 기능은 첫째, 태만한 불량자의 처벌이다. 징치장의 주요 대상자는 부랑자와 게름뱅이, 건달들이었다. 초기에는 건장한 자가 일할 의지가 없는 빈자, 또는 걸인이라 부르는 클럽이었다. 이 가운데 정해진 보수로 일하려 하지 않은 노동자, 성매매 여성, 행상인, 가짜 신부, 단정치 못한 여자, 사생아를 낳은 여자, 가족을 부양하지 않은 자, 반정부 언동을 하는 자, 영국 국교에 반하는 천주교 신부 등이었다. 이 같은 자들에게 노동의 강제와 태장에 의하여 그의 악성을 징치하는 기능을 행하였다.

둘째, 일종의 실업구제기관의 성격이다. 특히 초기의 징치장에서 빈민에게 노동의 기회를 주었고, 후에는 작업장(Work House)의 제도로 발전하여 실업구제가 행하여졌고, 작업장과 징치장은 병립되어 동일 건물에 동시에 존재하기도 하였다.

셋째, 징치장은 불량소년의 직업교육기관이었다. 당시의 소년교육은 직업교육이 중심이었고, 부모는 자기의 자녀를 좋은 주인에게 상응한 비용을 지급하고 도제봉공(徒弟奉公)[2]하게 하였다. 그러나 빈자의 자녀는 비용의 부담문제가 있어 이 같은 자는 각 시・군의 책임으로 도제(徒弟)케 하였고, 징치장이나 작업장에는 고아나 빈민감독관으로부터 송치된 자에게 직업훈련이 이루어졌다. 이와 같은 Bridewell 징치장을 탄생시킨 근본사상은 "범죄의 원인으로써의 태만과 그 교정대책으로써의 노동"에 있었다.

(3) 보호관찰

영국은 다른 나라보다 일찍 시작된 출소자보호협회(Discharged Prisoners Aid Socialites)가 역사와 전통을 자랑하고 있으며 각지에서 큰 활동을 하고 있을 뿐만 아니라, 모든 예산이 거의 공공재정으로 충당되고 있다.

그런데 전통적으로 출소자들을 위한 임의적 갱생보호활동과 가석방자에 대한 유권적 보호관찰활동이 분리되어 발전해오다가 최근에 이르러 통일적 운영론이 제기되어, 1948년 형사사법법(The Criminal Justice Act)에 의하여 중앙갱생보호협회가 설치되어, 모든 출소자에 대한 유권적 보호사업도 함께 통일적으로 하고 있다.

그런데 중앙갱생보호협회는 내무성장관이 임명하는 22명 이내의 이사로 구성되는 이사회(Counsil)에서 관장하며, 이사회에는 내무성관리와 문교, 노동사업계 대표 및 임의적 보호협회의 대표가 참여, 구체적 실시상황은 소년부, 성인부, 부녀부에서 담당하여 실시하고 있다. 영국의 보호관찰제도는 10세기경 아덜스탄왕의 법률(Law of King Athulstan)에 그 기원을 두는 자도 있으나, 일반적으로 13세기 영국의 보통법(Common Law)에서 찾는다.

그러나 실질적으로는 1820년경부터 요크(York)주의 사계절 법원판사들이 소년범죄인을 부모에게 인계 위탁하여 보호관찰한 사건, 특히 1841년 버킹검지방 판사인 M. D. Hill의 소년범보호위탁이 실효를 거둔 데서 비롯된 것이라고 한다(이정찬, 2000: 66).

영국 보호관찰제도의 입법상 기원은 1878년의 약식재판법이며, 1887년의 범죄자보호관찰법, 1925년의 형사재판법, 1948년에는 판결전조사제도 등을 실행하였다.

또한, 보호관찰의 효율성을 높이기 위하여 보호관찰지역을 형성하였고, 1970년대에는 처우의 다양화, 1972년의 사회봉사명령제도는 많은 성공을 거두고 있다고 할 수 있다.

---

2) 서양의 중세에, 일정한 분야의 전문적 기능을 가진 스승 밑에서 그 분야의 지식과 기술을 전수받아 나라와 사회를 위하여 이바지하는 것을 말한다.

이미 언급한 바와 같이 보호관찰업무의 소관은 내무성이며, 보호관찰을 담당하는 보호관찰관은 22세 이상 65세 이하의 자로써 Social Worker 자격증의 소지자라야 하며, 보호관찰관의 업무를 보조할 수 있도록 자원봉사자(Volunteer)를 활용하고 있다.

또한, 보호관찰대상자는 형사법원법에 의한 보호관찰명령, 아동 및 소년법상의 감독명령, 형사재판법상의 사회봉사명령, 감독명령부 선고유예 등으로 결정된다.

이상과 같은 각종 보호관찰처분을 할 때 법원은 보호관찰관으로 하여금 범죄자에 대한 가족사상, 노동력, 이해관계, 교우관계, 성격, 정신상태 등 필요한 사회조사를 선행시켜 대상자의 결정에 신중을 기하고 있다.

2) 미국

(1) 교도소의 역사

미국의 교정시설은 영국의 지방교도소의 개념이 개척자들에 의하여 소개된 것이다. 초기 식민지시대의 지방교도소에는 독거실은 거의 없고 그 대신에 30명까지 수용할 수 있는 혼거실로 되어 있었으며, Henry Clay에 의하여 1703~1704년에 버지니아(Virginia)의 윌리엄스버그(Williamsbug)에 설립된 교도소 시설이 그 예라 할 것이다.

버지니아는 최초의 식민지 지방교도소를 설립했으며, 이는 다른 주의 표본이 되었다.

그 후 뉴저지(New Jersey)는 1754년, 사우스캐롤라이나(South Carolina)는 1770년, 메릴랜드(Maryland)는 1811년에 각각 지방교도소를 설치했다.

그리고 필라델피아에 있는 월넛 스트리트 교도소(Walnut Street Jail)는 서기 1790년에 수형자를 교화하는 데 전용할 목적으로 별개의 사동을 건축함으로써 현대적인 교정시설의 모체가 되었다.

미국의 교정조직은 연방교정조직과 각 주의 교정조직으로 구성되어 있다. 연방정부의 교정행정은 법무부의 연방교정국(The Bureau of Prison)에서 총괄하고 있으며, 6개의 교정관구 및 70여 개의 연방교정시설이 있다.

이와 같이 미국의 교정제도가 연방교도소와 지방교도소로 분리되어 있고, 연방교정국에서는 산하 연방시설만을 총괄할 뿐 주 및 지방시설에 대해서는 직접적인 지휘·감독을 하지 않을 뿐 아니라, 각 주에 따라서 교정시설의 조직 및 운영실태 등에 상이한 점이 많다.

(2) 연방교도소(Federal Prisons)

미국의 연방교정국(The Bureau of Prison)은 1930년에 창설한 이래 재소자의 교육과 직업훈련에 관하여 중요성을 강조하여 왔다. 그러나 초기의 학과교육은 교무직원이 여가시간을 이용하여 문맹 재소자만을 대상으로 교육을 하는 정도로 미미하였으나, 오늘날의 학과교육은 초등교육을 받지 못한 재소자에게 기초교육을 계속 중점적으로 실시하고 있음은 물론, 복합적인 고도의 지식을 요하는 사회와 보조를 맞추기 위하여 대학 또는 그 이상의 학위과정을 외부 통학제도 등을 통하여 하고 있다.

직업훈련에 있어서도 현대 사회에서 격증하고 있는 기술 인력의 수요에 따라 종래에 실시하던 직업훈련을 그 양과 질적인 면에서 강화함과 동시에 전자, 컴퓨터, 태양에너지(Solar Energy)에 관한 기술훈련 등을 하고 있다. 또한 구금의 목적으로 사회방위, 자격의 박탈, 응보, 사회복귀 등을 들고 있으나, 그 중 현대 행형에서 가장 중요시하고 있는 정상인으로써의 사회복귀는 재소자에게 어떤 교육 또는 훈련과정을 강제적으로 훈련을 받도록 하는 것보다는 그들의 장래생활에 맞는 일정한 교육훈련을 받도록 하는 것이 보다 효과적이라고 생각하고, 각 재소자의 적성에 맞는 훈련과정을 선택하도록 하고 있다.

(3) 지방교도소(Local Prison)

지방교정시설로써의 지방교도소(Jail), 유치장(lockups), 노역소(Workhouse), 감화소(House of Correction) 등이 있으며, 각 시설의 차이점은 다음과 같다.

지방교도소(Jail)는 범죄 혐의자를 48시간 이상 구금할 수 있는 권한과 단기형(일반적으로 1년 이하)을 받은 수형자를 수용하고 있고, 대부분이 군(郡)의 치안을 맡고 있는 군 경찰에 의하여 운영되고 있으며, 예외적으로 극히 소수이지만 주정부에 의하여 운영되고 있는 시설도 있다.

유치장(Lockup)은 감시 수용시설 또는 경찰 유치장이라고도 부르고 있으며, 대부분 시경찰서(City Police Station) 내에 설치되어 있고 범죄 혐의자를 48시간 이내에 한하여 유치할 수 있다.

그리고 시나 군 당국에 의하여 운영되고 있는 노역소와 감화소는 군교도소(Country Prison) 등의 다른 이름으로 불려지는 경우도 있으며 단기형을 받은 수형자를 수용하고 있다.

지방교도소의 되형시설은 약 60%가 군 법원이나 군 경찰서 등 다른 시설의 경내에 설치되어 있고, 독거실과 다양한 크기의 혼거실 등 다양한 여러 가지 형태의 거실을 가지고 있으며 주 및 연방교도소와 같이 경구금, 중구금(重拘禁) 및 중구금(中拘禁) 시설 등이 있다.

미국에서는 출소자의 대부분을 일단 가석방으로 출소시키고, 그 가석방기간 중 유권적 갱생보호방법으로써 보호관찰을 실시하고 있다. 그리고 최근에는 가석방대상자를 일정기간의 여유를 두고 거주지 가까운 곳에 Halfway House(중간교도소)로 옮겨와서 외부출입을 허용하는 등 출소 후 준비를 충실히 하고 있다.

이와 같은 출소자의 갱생보호활동은 교정처우의 일환일 뿐만 아니라, 유권적 갱생보호제도가 출소자에 대한 갱생보호의 중심을 이루고 있다. 그 결과 만기출소자 등의 임의적 갱생보호의 대상자는 그 수효가 적고 규모가 적어 큰 비중을 차지하지 못하고 있다. 이것이 미국 갱생보호사업제도의 한 특징이다.

미국의 보호관찰법은 1878년 매사추세츠주에서 제정 시행되었고, 1917년에는 워싱턴주를 제외한 모든 주에서 소년에 대한 보호관찰제도가 채택・시행되었으며, 1925년에는 연방보호관찰법(Federal Probation and Parole Law)이 제정・시행되기에 이르렀으나 각 주간에는 운영 면에 있어서 약간의 차이가 있다.

각 주의 이와 같은 특성에 따라 보호관찰 대상범위, 조직, 실시상태 등이 다양화 되자, 전미보호관찰협회(National Probation and Parole Association)를 중심으로 표준화・통일화 운동이 일어났다.

따라서 전미보호관찰협회에서는 1940년에 성인보호관찰법, 1955년에 표준보호관찰법 및 가석방법안을 발표했고, 1963년에 전국범죄대책위원회에서는 모범양형법안을, 대통령자문기관인 법집행사법운영에 관한 위원회 산하의 교정표준에 관한 특별위원회에서는 보호관찰보호법을 작성 공포하기에 이르렀다.

미국은 주에 따라서 보호관찰조직이 사법부에 소속되고 있는 곳도 있으나, 보호관찰업무가 본질적으로 행정적인 성격을 띠고 있는 것이므로 대부분이 행정부의 소속으로 되어 있다.

3) 스웨덴

(1) 개관

현재 세계에서 가장 사회복지정책이나 제도가 완벽하다고 하는 스웨덴도 18세기만 해도 가혹한 자연조건에다 의술의 미보급 등으로 한때는 결핵왕국으로 소문나는 등 구미에서 가장 가난한 나라 중 하나였으나 덴마크로부터 독립하면서부터 그들의 자주국가를 형성할 수 있었다. 스웨덴은 산업혁명 초기까지 영국의 영향을 받은 구빈법(救貧法)[3]에 의하여 사회복지정책을 실현하였다. 그러나 19세기부터는 공업화의 시작으로 인하여 빚어진 여러 가지 사회문제들이 누적되기 시작함으로써 구빈법은 더 이상의 사회복지정책의 역할을 수행하지 못하였다.

그래서 국가는 개인적 책임보다는 국가적 책임을 받아들이지 않을 수 없는 상태에 직면하였을 뿐만 아니라, 1880년 독일 비스마르크 사회보험은 스웨덴이 복지국가로 진입하는데 큰 자극이 되었다. 공업화와 함께 출발된 복지국가로써의 도약은 1932년 사회민주당정권에 의해서 새로운 단계를 맞이하게 되어 현재에 이르고 있다(박송규, 2003: 93).

(2) 교정복지의 시작

사회민주당정권에 의한 복지국가로써의 도약은 교정복지의 탄생과도 무관하지 않는데, 스웨덴의 교정당국은 1930년대 초부터 범죄인을 인간적으로 처우하고 이들을 처우하는데 드는 비용을 최소화한다는 방침아래 시설내 처우에서 사회내 처우로 전환하였을 뿐만 아니라 교정시설의 소규모화[4]와 경구금시설화를 강조하여 비구금제도로써 범죄인을 위한 교정프로그램이 다양하게 발달하였다.

1960년대에 접어들어 교정전문가와 일반시민이 참여하는 교도소개혁운동이 일어났으며, 1996년에는 '교도소개혁을 위한 전국협회'를 조직하였으며 1971년에는 이 개혁위원회가 앞장서서 범죄인의 사회복귀 프로그램을 활용하여야 하고 범죄인의 처우에 적은 비용과 인간적인 대우를 하여야 한다는 보고서를 냈다(Wilson, D, 1979: 23).

---

3) 사회보장법의 전단계로 '생활무능력자에 대한 보호'를 위하여 정해진 법을 말한다.
4) 필자가 법무부 근무할 당시 1998년 스웨덴을 시찰하였을 때 스웨덴에서 가장 큰 구금 교도소인 쿰나 교도소의 수용인원이 180명이었는데, 이는 우리나라 가장 작은 교도소인 장흥교도소의 1/2도 되지 않는다.

스웨덴 정부는 1974년에 교정복지의 시초라고 볼 수 있는 형사정책법을 제정하여 사회내 처우와 지역사회 교정 등으로 재소자들에게 주어지는 교정복지 서비스가 늘어났다.

(3) 지역사회교정

스웨덴교정당국은 '범죄예방위원회'를 조직하여 일반시민들이 교정에 참여하도록 하였을 뿐만 아니라, 각 지방의 지역별 경찰국과 지방 복지기관 등과 같은 교정유관기관의 연계활동에도 심혈을 기울였다. 또한 범죄예방위원회로부터 교정관련 조사보고서를 내게 할 뿐만 아니라, 협회 밖에서 실시하는 조사활동에 재정적인 뒷받침도 아끼지 않았다.

(4) 교정직원 대 재소자비율의 최저

교정시설은 구치소를 제외하면 지방교도소와 국립교도소로 구분되는데 국립교도소는 '교도소와 보호관찰 감독청'에서 그 업무를 관장하며, 지방교도소는 지역별 해당 책임자가 운영한다. 교정직원 대 재소자의 비율이 미국이나 영국과 같은 여타 선진국의 경우보다 현저히 낮게 나타나고 있는데, 이는 스웨덴 정부와 국민이 함께 이루어낸 결실이라고 본다. 알바 넬슨(A. Nelson)은 교정당국이 교도소를 범죄인을 사회로부터 격리시키는 최후의 장으로 간주하여 시설수용의 남용을 최대로 억제하고 있다고 강조하고 있다. 2012년의 경우 교정시설에 수용중인 범죄인수보다 약 배나 넘는 수가 교정시설이 아닌 사회내 처우프로그램에 참여할 수 있게 되었다.

스웨덴은 교정교화에 필요한 충분한 교정직원—특히, 보안근무에 필요한 계호근무직원보다 교정교화활동에 참여하는 상담직원이나 분류직원 그리고 의사, 간호사 직업훈련교사 등이 더 많은 것이 특징이다. 2012년 현재 대부분의 교정시설이 직원 대 재소자의 비율도 1 : 1 정도로 세계에서 가장 낮게 나타나고 있어 교정복지가 가장 잘 이루어진 나라 중 하나라고 볼 수 있다.

(5) 교도관과 재소자와의 관계

약물중독재소자나 문제 재소자들은 물론 일반재소자들에게까지 교정복지사가 개입하여 교정교화와 교정복지 서비스에 최선을 다하고 있다. 특히 다른 나라에 비하여 교정직원과 재소자와의 관계가 상당히 우호적이라는 평을 받고 있는데, 빈슨(A. Vinson)

교수는 "스웨덴 교정직원의 임무가 재소자를 통제하는 것보다 재소자들의 긍정적인 변화와 발전을 긍정적으로 독려하는 것이다"라고 했다. 이러한 업무가 가능하도록 할 수 있도록 하는 것은 교정직원과 재소자간 인간관계가 잘 이루어지고 재소자의 행동 수정을 위한 교도관의 의식적인 규범화 같은 노력이라고 할 수 있다(최옥채, 2003: 53).

4) 일본의 교정복지

일본의 교정복지는 그동안 역사적 흔적을 찾아 볼 수 없었으며, 근세라고 부르는 江戶시대에 이르러서야 근대자유형이 싹트게 되어 교정복지의 조짐이 나타나기 시작하였다. 근대라 부르는 明治시대에 이르러 수형자보호사업, 민간감화사업, 사랑의 행형, 소년행형은 근대적 형벌의 정신적 지표이자 교정복지가 싹트는 계기가 되었다.

大正시대에 이르러 교정복지 사업이 본격적으로 이루어졌으나, 1900년의 감화법 제정은 성년에 준해 온 청소년의 처우에 학교교육적인 제도를 크게 도입한 것으로 포화감옥천월분감(浦和監獄川越分監)은 영국의 산업학교 및 미국의 엘마이라 감화원의 처우를 모방한 것으로 과감한 교육적 내용이 담겨져 있다.

大正 시기에는 수형자보호단체의 연합화 운동이 현저하였던 것을 지적할 수 있다. 1907년의 개정형법의 공포와 함께 민간의 보호단체인 '수형자보호사업장려비취급규정화' 운동이 현저하였던 것을 지적할 수 있다. 1907년의 개정형법의 공포와 함께 민간의 보호단체인 '수형자보호사업장려비취급규정'이 제정되면서 불교단체를 중심으로 '수형자보호사업강습회'가 개최되고 민간보호단체는 1912년에는 전국에 200개가 넘는 등 교정복지가 활성화 되었다.

昭和 초기의 형벌제도의 특색은 누진제도에 따른 행형의 사회화, 과학화, 인도화 및 大正 시기에서 계속되는 소년행형으로 설명할 수 있다.

1872년에 시작된 누진처우와 1930년의 가석방의 심사규정, 행형누진처우령, 소년행형령의 입안, 수형자의 개전(改悛)을 촉구하고 그의 발분노력의 정도에 따라 처우를 완화, 수형자를 점차 사회생활에 적응시킴을 목적으로 한 1933년의 처우령은 진보된 교정처우로 그 역사적 의의가 크다고 볼 수 있다. 이러한 과학화 · 인도화 이외에도 많은 검사, 판사가 형무소장이 되는 적극적인 인사이동 등으로 교정복지적 교정이 이루어졌다고 볼 수 있다.

2. 한국의 발전과정

우리나라에 있어서 교정복지는 고려시대에 이르러서야 싹트기 시작하였다고 볼 수 있는데, 고려 현종 9년에 구금완화에 관하여 교지가 내려졌으며 인종 14년에는 수형자를 양육할 자가 없을 때에는 급식을 관급하기로 한 때도 있었다.

이외에 죄수에 혹독한 처우를 한 관리를 책하고 혹은 특사령을 내리는 등 휼수(恤囚)의 령을 내린 예는 허다하다. 또한 옥중에 죄수가 비워졌을 때에는 성세의 징조라 하여 반드시 백관으로 하여금 축하의 뜻을 표하도록 하였다. 고려 말엽에 이르러 공양왕 4년에는 전옥서에 의관을 두기도 하였다. 조선시대에 들어서는 1894년 갑오개혁은 행형제도에 많은 개혁을 가져왔으며 구한 말에 이르러서야 옥중교육과 선교가 시작되었다(이정찬, 2000: 16~17).

또한 수형자의 개과천선과 석방후의 갱생생활을 다하기 위하여 교회 교육이 실시되었는데 교회는 종교가인 교회사의 지도 하에 신앙지도가 실시되었다.

1945년 해방된 후 1948년 대한민국정부 수립 후 법무부직제가 제정 공포되어 행형국에는 작업과, 보호과, 교육과, 의료·보건을 담당하는 의무과가 있어 교정복지 업무를 관장하였다. 1950년의 「행형법」의 탄생과 아울러 1956년에는 「행형법시행령」의 제정을 보게 되었는데, 문맹자퇴치중심의 학과교육, 작업중심의 직업훈련, 종교활동 등의 교화활동이 활성화되었다.

1961년에는 형무소를 교도소로, 형무관을 교도관으로 개칭하는 등 교정복지 이념의 실천의지를 확고히 하였다. 최근의 교정복지의 발전과정에 대하여는 앞에서 설명한 바 있다.

4 사회복지와 교정복지의 차이

사회복지라는 용어는 영어로 Social Welfare이다. Social은 '사회의' 또는 '사람들의'라는 의미이고, Welfare는 인간의 욕구와 열망을 충족시키는 사회적 노력이라고 한다. 사회복지라는 용어 사용을 미국과 영국이 약간 달리하고 있는데, 영국에서는 Social Service로, 미국에서는 Social Welfare로 사용되고 있으며, 사회사업은 영국에서는 Social

Service로, 미국에서는 Social Work로 통용되고 있다. 그런데 이 사회복지와 사회사업의 두 가지 용어는 같은 의미로 사용되기도 하지만, 때로는 여러 면에서 서로 다른 의미로 사용된다(Edward T. Dewine, 1922: 17).

사회복지의 개념은 그 시대적 배경과 각국의 정치·경제·문화적 배경과 학자에 따라 다양하며, 1950년 유엔보고서 중 사회보장제도에서 사회복지문제를 처음으로 깊이 있게 다루기 시작하였다. 교정복지와 사회복지는 서로 밀접한 관계를 가지고 있을 뿐만 아니라, 교정복지는 사회복지에서 분파된 것으로 범죄자와 비행자의 범죄예방과 범죄방지를 위한 복지서비스를 말하는 것으로써, 교정복지는 크게 시설 내 처우로써의 교정기관에서 이루어지는 복지와 보호관찰이나 갱생보호와 같은 사회 내 처우기관에서 이루어지는 복지 그리고 법원, 검찰, 경찰 등 형사사법기관에서 이루어지는 복지 등으로 나눌 수 있다.

따라서 교정복지가 성공을 거두기 위해서는 사회복지적 접근과 아울러 범죄와 비행과 관련된 기관 간의 상호협력이 필수적이라고 하겠다.

5 교정복지의 주체와 객체

1. 개관

제2차 세계대전 이후 특히 미국의 행형사상의 발전은 교정이라는 새로운 개념을 등장시키게 되었다. 이는 범죄행위 등 사회규범을 일탈한 행위자에 대한 실증적 연구의 성과로써 범죄나 비행이 원인이 되어 사회로부터 낙오된 자의 사회에의 재적응, 재사회화를 목적으로 하는 정책적 의욕이 담겨져 있는 것이고, 종래의 행형의 개념 시설 내 처우보다 훨씬 넓은 비행자에 대한 비형벌적 처우인 소년보호제도, 그리고 사회 내 처우인 보호관찰제도, 갱생보호제도 등까지를 교정으로 보고 교정복지의 주체와 객체의 의미를 파악하여야 한다고 보며, 교정서비스를 받는 자를 교정복지의 객체라 하고 교정서비스를 제공하는 자를 주체라고 할 수 있는 바, 교정시설별로 나누어 설명하면 다음과 같다.

2. 교정복지 실천기관

교정복지 시설로는 크게 다음 세 가지로 구분할 수 있는데, 첫째 교정시설로는 교도소, 구치소, 특수교도소를 들 수 있으며, 둘째 보호시설로는 소년원, 분류심사원, 치료감호소를 들 수 있고, 사회 내 처우시설로는, 보호관찰소, 갱생보호기관(한국갱생보호공단), 소년보호시설, 복지시설 등을 들 수 있다.

1) 교정조직

교정조직은 중앙기구로 교정행정을 총괄하는 중앙기구로는 법무부장관과 법무부차관 아래에 교정본부장이 있고, 교정행정 전반에 걸쳐 교정본부장을 보좌하는 기구로써 교정정책단장과 보안정책단장이 있으며, 각 소관업무에 관하여 정책을 입안하는 교정기획과, 직업훈련과, 사회복귀과, 복지과, 보안과, 분류심사과, 의료과 등 7개과를 두고 있다.

중간 감독을 하기 위해서 지방교정청을 두고 있는데, 지방교정청은 소속기관 업무집행의 지휘·감독을 관장하는 중간 감독기관으로써 1991. 11월부터 서울·대구·대전·광주지방교정청을 설치·운영하고 있다. 기구로는 총무과, 보안과, 직업훈련과, 의료분류과, 사회복귀과를 두고 있으며, 서울지방교정청에는 전산관리과를 별도로 두고 있다.

수용자를 관리하기 위해서 일선 교정기관을 두고 있는데, 2013. 8. 현재 전국에는 교도소 36개 기관, 구치소 11개 기관, 지소 3개 기관 등 총 50개의 교정기관이 있으며, 교도소는 수형자 형집행 업무 및 교정교화를 통한 사회복귀 지원에 관한 사무와 미결수용자의 수용에 관한 업무를 관장하고, 구치소는 주로 미결수용 업무를 관장한다.

부속 기구로는 교도소와 구치소 공통부서로 총무과, 보안과, 직업훈련과(수용기록과), 사회복귀과, 복지과, 의료과를 두고 있으며, 그 외 기관 특성 및 기능에 따라 출정과, 분류심사과, 민원과, 시설과, 국제협력과 등을 두고 있다(2013, 교정본부통계)

교정기관 중 교도소는 형이 확정된 수형자를, 구치소는 형이 확정되지 않은 미결수용자를 수용하는 곳을 말한다.

이와 같은 교정복지 주체로는 모든 수용관리와 처우를 전담하는 교정직 공무원, 기업가 혹은 사회사업가 등으로 구성되는 교화위원이 있는데, 이들은 수용자의 개인상담, 자매결연, 교화공연, 취업알선 등 다양한 복지활동을 펴고 있으며, 다음은 종교위원으로 사회에서 덕망 있는 목사, 승려, 신부 등으로 구성된 종교위원들은 종교집회를 주관하고 교리지도, 신앙상담, 자매결연 주선 등을 통해 수용자 신앙지도 및 심성순화를 하고 있으며, 이들은 모두 수형자를 대상으로 1인 1종교를 갖도록 적극 장려하고 있으며 출소 후에도 신앙생활이 유지될 수 있도록 배려하고 있다.

오늘날의 교정기관으로는 교도소, 구치소, 성년・소년교도소, 남자・여자 교도소, 군교도소, 소년분류심사원, 소년원, 보호관찰소 등이 있으나, 이는 종래의 구금시설을 세분화하거나 교정기관에 속하지 않던 것이 현대적 교정이념에 따라 보호관찰소 등이 포함된 것을 말하는데, 이를 분설하면 다음과 같다.

2) 보호시설

보호시설로는 소년원, 소년분류심사원, 치료감호소가 있는데, 소년원은 14세 이상 19세미만의 범죄소년, 형벌법령에 저촉되는 행위를 한 12세 이상 14세 미만의 촉법소년과 성격 또는 환경에 비추어 장래 형벌법령에 저촉되는 행위를 할 우려가 있는 12세 이상 19세미만의 우범소년을 수용하여 교정교육을 실시하는 국가특수교육 시설이며, 2013. 8. 현재 전국의 소년원(학교 등 복수명칭사용)은 10개, 소년비행예방센터(대안교육센터 등 복수명칭사용) 10개, 분류심사원(서울) 1개, 치료감호소 1개가 있다.

여기에서의 교정복지의 주체는 소년보호직 공무원과 보호소년지도원이라고 볼 수 있는데, 보호소년지도위원은 종래의 소년원과 소년분류심사원에서 활동하고 있는 방문지도위원, 어머니회, 종교지도위원을 통합한 것이다.

이들에 대하여 차례로 설명하면 다음과 같다.

첫째, 방문지도위원은 전국의 소년원과 소년분류심사원에 협의회를 조직하여 활동하고 있는데, 이들은 사회지도층 인사들로 전문지식과 경험을 바탕으로 원생의 재비행을 방지하는데 주력하고 있다. 특히 소년원에서 실시하고 있는 여러 교육활동 프로그램을 지원하고 있으며, 방문지도위원의 주요 업무는 원생을 위한 취업정보, 생활정보, 결연, 진로상담, 정신교육 등이 있다.

둘째, 종교지도위원은 방문지도위원과 같은 조직의 형태를 가지고 있다. 다만, 이 조직은 종교인들로 구성되며, 이들의 주요 업무는 교리지도, 성경학교, 참선학교 등이 있고,

종교예식은 세례 · 수계 · 영세 등을 들 수 있다. 앞으로 종교지도위원의 활동은 종교예식의 형식을 벗어나 소년원생을 위한 깊이 있는 상담 서비스를 강화해야 할 것으로 본다.

셋째, 어머니회는 방문지도위원이나 종교지도위원과 같은 조직으로써 전국의 소년원과 소년분류심사원이 어머니회의 주요 활동 현장이다. 대부분의 교정자원봉사자는 법무부장관이 위촉하는데 반하여, 어머니회의 위원은 소년원장과 소년분류심사원장이 위촉한다.

이들의 주요 업무는 형편이 어려운 원생을 면회하거나 상담에 응하고 있으며 일일 명예 담임교사로 원생지도에 참여한다. 앞으로 이들 자원봉사자들의 활동을 보다 활성화하도록 하여야 하는데, 그러기 위해서는 이들의 활동에 따른 여비지급과 세제혜택 등 여러 가지 인센티브를 주는 방향으로 나아가야 할 것으로 본다.

(1) 경찰

경찰은 공공의 안녕과 질서를 유지하기 위한 조직체로써, 주권자인 시민을 위하여 때로는 명령 · 강제 등 권력적 수단이나 수사권한을 동원하여 법을 집행하고, 때로는 서비스를 통하여 적극적으로 봉사하는 임무를 수행하는 조직이라고 정의할 수 있다(경찰대, 2000: 10).

경찰은 이러한 치안사무를 지역적으로 분담수행하기 위하여 전국 특별시, 광역시 · 도에 16개 지방경찰청을 두고 있으며, 지방경찰청장 소속 하에 249개 경찰서, 428개 지구대, 1,517개의 파출소를 운영하고 있다

경찰청, 지방경찰청, 경찰서, 지구대, 전국 428개 경찰서에 249개의 지구대, 1,519개 파출소를 운영하고 있다(경찰백서, 2012).

경찰에서의 교정복지 주체는 경찰과 자율방범대원 등 경찰조직을 직 · 간접으로 돕는 시민단체 등이라고 할 수 있으며, 객체는 국민들이라고 볼 수 있는데 국민 중에 특히 치안 서비스를 받고 있는 사람이나 고소 · 고발인 및 피고소인 · 피고발인 등이라고 볼 수 있다.

(2) 치료감호시설

치료감호시설은 우리나라의 경우 공주에 단 한곳이 있는데 치료감호소는 「사회보호법」[5)]

5) 「사회보호법」은 2005년 8월에 폐지되면서 새로운 「치료감호법」으로 통합 제정되었다.

제8조에 의해 정신질환 범법자를 수용・치료하는 정신병원의 기능을 가진 수용기관이며 법원・검찰・경찰로부터 의뢰받은 형사피의자에 대한 정신감정을 하는 곳으로 여기에서의 교정복지 주체는 정신과 전공의와 정신보건간호사, 정신보건임상심리사, 정신보건의, 치료감호직원 등으로 다양하게 구성되어 있으며, 객체는 『치료감호법』에 의해 수용된 정신질환자와 법원・검찰・경찰로부터 정신감정을 의뢰받은 피의자라고 볼 수 있다.

3. 사회내 처우시설에서의 교정복지의 주체와 객체

사회내 처우시설은 범죄자나 비행청소년들에 대한 처우의 기초가 교정시설 밖의 장소, 즉 일반사회이고, 처우대상자는 사회에서 자율적인 생활을 하면서 처우를 받는 시설을 말한다. 그 대표적인 시설로는 보호관찰소, 갱생보호기관(한국법무보호복지공단) 등을 들 수 있는데, 이를 각각 분설하면 다음과 같다.

1) 보호관찰소

보호관찰소란 범죄인을 구금하는 대신 일정한 의무를 조건으로 자유로운 사회생활을 하면서 국가공무원인 보호관찰관이 직접 또는 민간 자원봉사자인 범죄예방위원의 협조를 받아 지도・감독・원호를 하거나, 사회봉사・수강명령을 집행함으로써 성행을 교정하여 건전한 사회 복귀를 촉진하고 재범을 방지하는 선진형사제도를 실현하는 곳을 말하는 것으로, 우리나라는 2013. 8. 현재 전국의 보호관찰소는 모두 18개이며, 5개 보호관찰 심사위원회가 있다. 보호관찰소의 교정복지의 주체는 보호관찰직 직원과 범죄예방자원봉사위원을 들 수 있으며, 객체는 보호관찰을 받고 있는 사람이 될 것이다.

2) 갱생보호제도

갱생보호란 그 발전과정과 보호방법 등의 차이에 따라 여러 가지 개념으로 나눌 수 있으나, 일반적으로 말하여 유죄판결을 받고 출소한 자에 대하여 재범방지를 위하여 관찰 보호하는 한편, 자활을 위한 생업지도, 취업알선 등의 직접보호를 베푸는 것을 말한다. 보다 구체적으로 말하면 갱생보호는 형의 집행유예・선고유예 또는 가석방처분이나 형기의 종료 등으로 출소한 자에 대하여 정신적・물질적 원조를 제공하여 건전한 사회인으로 복귀할 수 있는 기반을 조성하여 출소자들의 사회 재적응을 보다 용이하게 함으로써 범죄의 위험으로부터 사회를 보호하고 재범을 방지함과 동시에 범죄자 개인의 복리도 증진시키는 사회내의 보호활동을 뜻하는 것이다. 현재 갱생보호는 국가기관인 보호관찰소와 특수법인인 한국법무보호복지공단, 법무부장관의 허가를 받은 민간 갱생보호사업자에 의하여 갱생보호제도의 교정복지 주체는 2013년 8월 현재 공단본부와 14개 지부 및 1개의 여성지원센터, 7개 지소로 구성된 직원과 범죄예방위원이라고 볼 수 있으며, 객체는 형사처분 또는 보호처분을 받은 자로서 사회복귀를 위한 숙식제공, 여비지급, 생업도구, 생업조성금품의 지급 또는 대여, 직업훈련비 및 취업알선 등 보호의 필요성이 인정되는 자(보호관찰 등에 관한 법률 제3조 제3항)라고 볼 수 있다.

6 교정복지의 지도원리

교정복지의 지도원리는 크게 인도주의, 과학주의, 법률주의 사회적 접근주의로 나눌 수 있으며, 이를 차례로 설명하고자 한다(김용준, 1999: 97~109).

1. 인도주의

인도주의란 모든 인류는 인간이라는 점에서 동등한 자격을 갖추고 있다는 생각에서 인류의 공존을 꾀하는 박애적인 사상을 말하는 것으로, 근대적 자유형의 시발점이 된 네덜란드 암스테르담 징역장 정문에 게시된 표어의 내용은 바로 이와 같은 인본주의 사상(Humanism)을 구체화시킨 것이라 하겠다.

인간의 개성이나 인격은 무시되고 있었던 당시에 암스테르담의 재판관은 한 범죄소년의 운명을 그대로 보아 넘길 수 없었다. 실로 지금까지 쌓아올린 견고한 전통의 위력도 그들의 인류애와 동포에 대한 박애의 정신에는 무력하였다. 이렇게 하여 응보(應報)·위하(威嚇)·배해처분(排害處分)만을 목적으로 하였던 전통적 행형제도의 한 모퉁이는 파괴되기 시작하여 질서와 노동의 계획적 교육을 주안점으로 하는 소위 근대적 자유형의 집행제도가 탄생한 것이다.

범죄자처우에 관한 블후의 명저로 알려진 베카리아(C. Beccaria)의 「범죄와 형벌」(1784년)과 존 하워드(J. Howard)의 「감옥사정」(1777년)은 이 당시 개혁정신의 소산이었다.

특히 존 하워드는 영국은 물론 외국의 감옥의 참상을 두루 살피며 수형자의 비참함을 비교·수집하였다. 그가 로마의 산미케레 감화원에 대한 칭찬을 아끼지 않았음은 그 곳 정면에 계양된 "불량한 젊은이의 교정과 교육을 위하여 게으른 자로서 쓸모없고 해로운 자들이었더라도 교육을 받으면 국가에 유용한 사람이 된다"는 표어와 그 강당에 걸려진 "규율적 훈육에 의하여 불량한 자를 개선하는 것이 아니면 형벌에 의하여 이것을 구금하여도 유익함이 못 된다"라는 표어를 모토로 하는 그곳의 시설이 그의 인애의 정신을 만족시키기에 족하였고, 네덜란드의 감옥제도를 칭찬하여 "국가는 범죄자를 한 사람도 유형에 처하지 않고 그들을 면려토록 하면 정직한 백성이 될 것이다"라는 격언을 지도정신으로 하여 "남자는 남징치장에서 노동하게 하고 여자는 여징치장에서 적당한 일에 종사케 하고 있다"라고 말한 것은 그의 인애의 정신이 자기 나라 감옥의 참상과 거기에 구금된 재소자의 어두운 운명에 대하여 묵과할 수 없었기 때문이었다.

그들은 "재소자드 역시 사람이다. 그들은 사람에 의하여 사람으로서 처우되어야 한다"고 주장하였으니, 그의 열렬한 인애의 정신은 세계 전 인류의 눈과 마음의 문을 열게 하였을 뿐 아니라 인간의 천부적 권리를 확인함으로써 인류의 삶의 질을 향상케 하였고 신이 선택한 박애의 사도가 되었다.

미국에 있어서 감옥개량운동의 시발은 리처드 위스터(R. Wister)이다. 그는 퀘이커 교도로서 양화점을 하고 있었는데 자기 집이 감옥 근처에 위치하고 있어서 감옥에서 석방되는 사람들의 비참한 사정을 매일 목격하고 있었을 뿐 아니라, 특히 필라델피아의 지방감옥에서 재소자들이 하는 참상을 보고 이들에 대한 구호사업을 사재로 실시하였는데, 1776년에 설립한 필라델피아 수인구호협회(Philadephia Society for Assisting Distressed Prisoner)는 실로 위스터가 행한 수인구호사업을 보다 효과적으로 수행하기 위하여 결성된 것으로 협회의 회원들은 집에서 집으로, 거리에서 거리로 다니며 재소자들을 위한 의류와 식량을 모았다. 그러나 동 협회는 영국군의 점령으로 그 이 후에 해산되었다.

이와 같이 그들의 박애정신은 벤저민 프랭클린(B. Franklin), 벤저민 루시(B. Rush), 윌리엄 브라드포드(W. Bradford)들에게 전해져 전통적 형벌제도에 대한 혁명적 전기가 되어 1786년에는 법률에 의하여 사형을 대신하여 공개로 집행하고 불명예의 성질을 가진 계속적 고통을 과하는 일종의 자유형을 인정하기에 이른 것이다.

그러나 이 같은 자유형이 인도주의적 요구를 만족시킬 수 없음은 물론 다시 이것을 개선하려는 운동이 격렬하게 전개되어 미국의 감옥개량운동사상 가장 큰 역할을 담당하였던 펜실베이니아감옥협회(Pennsylvania Prison Society)의 전신인 필라델피아 감옥참상개선협회(Philadelphia Society for Alleriating The Miseries of Public Prisons)가 설립된 연유가 된 것이다.

이러한 인도주의적 발전은 근세에 이르러 인간의 지성이 고도화됨에 따라 인도주의적 견지에서 발상된 자유형의 형벌제도가 재범의 방지라는 형사정책적 요구에 부응하지 못할 뿐만 아니라, 수형자들의 사회복귀를 위하여서도 참된 박애정신을 설명하지 못하고 있음을 자각하고 점차 가석방(Prole), 보호관찰(Probation), 부정기형, 중간처우 등의 제제도(諸制度)를 선택하기에 이르렀고, 여기에 만족하지 않고 인도주의적 견지에서 개선주의와 교육형주의의 높은 기치 아래 더욱 발전을 거듭해 가고 있는 것이다.

더욱이 1840년부터 1844년까지 영국의 식민지였던 호주의 노포크(Norfolk)섬에서 전옥(현 교도소장에 해당함)이었던 마코노키(A. Machonochie)는 물론 19세기 초 프랑스의 루가(C. Lucas)는 형벌의 건전한 이론은 진압보다 개선에 있다고 강조하였고, 스페인의 바런시아의 전옥이었던 몬테시노스(C. Montesinos)는 1846년에 "형벌제도의 도덕적 목적은 형을 과한다는 것보다는 오히려 교정한다는 것, 즉 나태하고 악질적 인간을 수용하여 정직하고 근면한 시민으로 사회에 복귀시키는 일이다"라고 주장하였다. 1830년부터 1862년까지 독일의 뮌헨 감옥의 전옥이었던 오벨마이어(G. M. Obermaier)는 "행형제도는 수형자를 개선하는 목적을 추구할 것이고 속죄나 응보를 요구할 것이 아니다"라고 하여 감옥의 명칭을 개선소라 바꾸라 하였다.

계몽적 형벌사상에 가장 용감히 투쟁한 것은 국제감옥회의이다. 이것은 그 성립 당초부터 형의 특별예방작용에 중점을 두고 범죄를 가장 유효하게 진압하기 위하여서는 형의 개별화가 필요하다고 하여 그것을 지도정신으로 하였고, 형벌의 특별예방작용을 특히 중요한 지위에 올려놓은 위대한 공헌을 하였다.

2. 과학주의

행형의 과학주의란 행형에 있어서 능률을 향상시키기 위하여 범죄인 처우의 기술에 과학의 성과를 도입하여 그 합리화를 꾀하는 것으로 처우현상의 과학적 분석 및 행동과학, 기계공학 등의 성과를 처우분야에 도입하고 실험적 처우를 실시하여 그 기술을 높이고자 하는 양면이 있다.

따라서 과학주의는 범죄 및 범죄자란 무엇이고, 범죄원인은 무엇이며 범죄대책, 범죄자처우의 현상, 내용은 무엇인가라는 과학적 연구에서 비롯된다.

범죄학적 관심을 범죄의 문제에 한정하지 않고 범죄자에게도 눈을 돌린 최초의 학자로서는 롬브로조(C. Lombroso)가 있다. 그는 범죄자를 안다는 태도가 행형정책에 집약된 형태로 나타난 것이 범죄자의 분류이며 그 분류에 따른 구금 및 분류에 따른 처우이다. 범죄자의 구금을 위한 분류는 당초 성별・연령별・범죄수별 등의 형식적 요소에 의하여 되어졌으나 점차로 실질적 요소를 고려하도록 노력하게 되어 처우곤란도, 개선곤란도, 비행도 등 전문적 인자에 의한 분류로 진보되고 있다.

과학적 연구분야로는 첫째, 범죄예측(prediction)이 있는데, 이것은 1928년 일리노이 주에서 버제스(E. W. Burgess) 등에 의하여 21개의 인자를 사용하여 가석방(Parole)결정의 예측표 및 인가치를 연구하는 데서 시작되었다. 후에 글륙크부처(S. & E. T. Glueck), 볼드(Vold) 등에 의하여서도 같은 가석방(Parole) 성공예측 연구가 실시되어 왔다. 영국에 있어서 이 분야에의 연구는 보스탈(Borstal) 석방자의 재범예측연구를 실시한 것으로는 만하임 윌킨스(Mannheim C. T. Wilkins)의 업적이 높이 평가되고 있다.

또, 소년비행 예측의 연구로는 글륙크부처의 연구가 유명하며, 그의 연구에서 특징적인 것은 "일반적으로 처우의 효과가 있었다고 하는 것은 실제로 그 개개인의 자연성숙에 의한 것이다"라는 성숙이론(Maturation Theory)을 발표하였다.

그는 개인의 자기충동억제의 성숙발전이 범죄자의 갱생요인이며, 그 학습은 어떤 특정한 처우의 효과라기보다는 사회의 조직(법, 형벌 등의 존재도 포함하여) 속에서 성숙과정으로써 얻어지는 것이며, 법, 형벌 등의 일반예방적인 기능이 그렇게 만드는 것은 아니라고 생각하고 있다. 둘째는, 체계분석(System Analysis)의 기술인데 체계분석이란 목표달성에 관한 단계적 평가의 작업이며 목표달성을 위한 가장 염가의 수단을 발견하는 작업이다.

최근 미국에서 외부통근제(Work Release), 사회내 처우센터(Community Based Treatment), 보호관찰(Probation) 등이 급격하게 중요시되게 된 것은 그 효과도 효과려니와 비용 면에서 싼 형벌이라고 정부나 입법부에서 쉽게 받아들여지고 있다고 보아야 할 것이다. 미국에서 사회내 처우계획(Community Treatment Project)실험이 높이 평가되고 있는 것도 미국교정당국이 시설구금집행의 비경제성에 많은 관심을 가지고 있기 때문이다.

형벌 및 처우의 효과측정에 관하여 사회과학도 중요한 공헌을 하고 있다. 특히 미국의 사회과학자에 의한 교도소의 제도 및 그 내부의 과학적 조사이다. 탄넨바움(F. Tannenbaum)은 1922년 저서 중에서 전면적으로 교도소제도의 메커니즘(Mechanism)을 비판하고 있다. 또 기린(J. L. Gillin)도 1931년의 저서 중에서 교도소에 대한 불신을 말하고 있다. 이와 같이 형벌에 대한 과학적 평가는 클레머의 『교도소사회』 및 사이크스(G. M. Sykes)의 『수형자사회』의 저서가 유명하다.

3. 법률주의

법률주의란 교정제도가 법률이나 명령에 의하여 규율되는 것을 말한다.

교정에 있어서 국가와 수형자와의 법률관계는 교정시설에 수용됨과 동시에 발생하며 수형자는 국가의 형벌권에 의하여 교정시설에 수용된 것이므로 그들과의 관계는 국가의 통치관계로써의 국민이 부담하고 있는 일반권력의 지위에 있는 것이 아니라 행형목적상 발동되는 특별행형법관계에 의하여 복종하여야 할 지위에 있다고 보겠다.

따라서 교정시설은 질서유지상 지휘·감독권을 통하여 작위와 부작위를 요구하게 되며 수형자들은 이에 복종의무를 부담하는 것이다. 또한, 이러한 관계는 공법상의 영조물이용관계에서 비롯된다.

그러나 유의하여야 할 것은 고전적 공법이론에는 법치주의의 일반원칙이 적용되지 않거나 단지 제한적으로 적용된다고 보았으나, 현대 민주국가에서는 특별권력관계에도 법치주의의 일반원칙이 제한 없이 적용되어야 한다는 것이 절대 다수설이고 이에 따라 국가와 수형자와의 관계도 종래의 특별권력관계도 특별행형법관계로 보고 수형자도 기본권을 제한할 경우에는 반드시 관계법규의 근거에 의해 특별한 법률관계를 설정한 목적을 달성하기 위하여 필요한 한계를 넘어서는 안 된다는 것인데, 이는 수형자에 대한 지위가 향상됨에 따라 법치주의의 원칙이 교정시설의 특수한 행정의 객체인 수형자에게도 적용됨으로써 비록 죄를 지어 형벌을 받고 있는 신분일지라도 법규에 의하여 그 지위는 보장받게 되는 것이다.

이러한 맥락에서 교정시설의 법률주의는 오랜 인권투쟁의 역사 속에서 한 발자국 두 발자국의 힘든 각고의 발전을 이룩해 온 것이 사실이다. 이와 같은 역사의 발전과 더불어 이룩된 권리를 요약하면 다음과 같다.

즉 인간이 지녀야 할 천부적 권리(자유형이 가지는 필연적 규제는 제외)와 각종 선거권 · 시민권 · 사회권 등 피구금자가 가지고 있는 각종 권리의 보호를 들 수 있다. 이를 설명하기 위하여 1949년 유럽의 정치 · 경제적 통합을 목적으로 하여 본부를 프랑스에 두고 현재 21개국이 참가하고 있는 유럽 최대의 이사회 및 범죄문제위원회는 피구금자가 향유할 수 있는 권리에 관하여 서유럽의 문명국들 간에 승인되고 있는 일련의 제 원칙을 확정시킨 바 있다.

이와 같은 제 권리의 선언은 실로 세계 각국의 교정 및 형사정책가들에게 대단한 영향을 주었고 인권이 존중되는 피구금자의 지위를 확립한 유럽 여러 나라의 공헌은 영원한 인권사에 기록될 것이다.

이 기준규칙은 피구금자의 처우방법의 기초를 행형학의 근대적 의미에 적응시킨 것이다. 그것은 사실상 피구금자 인격에 내재한 기본적 권리를 행사하는 점에 관하여 규정을 둔 것에 불과한 것이라 하겠다.

그러나 유럽이사회와 유럽범죄문제위원회(ECCP, CECP)에서는 피구금자가 가지는 권리에 관하여 서유럽 여러 나라에 공통하는 원칙이 필요한 것으로 생각하였다. 스위스 구레루(Francois Clerc)를 장으로 하는 소위원회에서 초안과 조문을 작성하였는데 1960년 12월 유럽범죄문제위원회의 총회에서 승인되었고, 1961년 6월 6일 유럽 사법대신회의(司法大臣會議)에서 그 지지를 받았다. 그리고 1962년 2월 1일 유럽이사회의 관계위원회는 그 조문을 결의 채택하여 피구금자의 선거권 · 시민권에 따른 사회권에 관하여 전 규정을 적용해 줄 것을 구성국에 요청한 바 있는데 그 내용은 다음과 같다.

유럽이사회의 구성국에 있어서 인간의 존엄을 존중하여 사회의 보호를 확보하는 교정제도의 촉진의 필요성을 고려하여 구금의 제도가 피구금자에게 그의 인격과 불가분한 여러 권리를 정당하게 행사할 수 있는 한계를 전원이 일치하여 확정하기 위하여 제1회 범죄방지 및 범죄자의 처우에 관한 국제연합회의(國際聯合會議)가 1955년 8월 30

일 채택한 피구금자처우 최저기본규칙을 보충하여야 할 것으로 판단하여 유럽이사회의 구성국 정부에 대하여 헌법의 제 원칙과 국제협정을 존중하여 다음의 제 규정을 적용해 줄 것을 권고하였다.

(1) 일반원칙

① 이 규칙은 피구금자, 피고인 또는 수형자가 자유사회에서 누릴 수 있는 선거권, 시민권 또는 사회권을 구금되었을 경우에도 인정한다.

② 어느 나라의 경우에 있어서나 제8조는 규정한 권리의 박탈이 법률에 정하여져 있을 경우에 법 개정의 기회가 있을 때 본 규정을 고려해 줄 것을 요망한다. 법률에 규정이 없을 때에는 이 준칙은 유럽 법의식의 표현으로 보여져야 한다.

③ 본 준칙의 시설수용이라고 하는 사실은 위의 제 권리를 피구금자로부터 박탈하는 것은 아니라는 원리를 확신한다. 반드시 그 권리의 행사는 자유박탈의 목적 또는 형사시설의 질서 및 안전의 유지를 위하여 양립이 불가능할 때에는 이를 제한할 수 있다.

④ 어느 경우에 있어서도 본 결의된 준칙은 인격과 기본적 자유에 관하여 승인되어진 여러 권리와 자유를 제한하거나 침해할 수 있는 해석을 할 수 없다.

(2) 선거권

① 법률에 있어 부재자투표를 허가하는 경우에는 본 권능은 법률의 규정에 따라야 하며 사법적 규정에 따라 투표권이 박탈되지 않는 피구금자에게 인정되어야 한다.

② 투표가 허용되는 피구금자에게는 본 권리의 행사를 위하여 필요한 정보를 제공한다.

(3) 시민권

① 제8조에 규정한 경우를 제외하고는, 구금된 사실로 인하여 피구금자 자신이나 대리인이 시민권을 행사하는 것은 방해받을 수 없다.

② 피구금자는 자신이 그 권리를 행사할 수 없는 경우에는 대리인이 그 권리를 행사한다.

③ 교정당국은 다음의 경우에는 피구금자가 시민권 행사에 따른 이의신청을 할 수 있도록 하여야 하는데, 이럴 경우는 첫째, 시민권의 행사가 구금 또는 교정처우의 목적상 양립하지 않을 경우가 있고, 둘째, 수형자의 경우에는 그가 석방될 때까지 시민권 행사에 지장 없이 연기할 수 없을 때이다.

(4) 사회권

구금된 사실로 인하여 피구금자가 시설에 수용되기 전 취득한 사회보장의 수급권을 변경할 수 없다. 피구금자가 교정시설에 수용되어 있는 기간 가능한 한 전의 수급권은 보호되어야 하며 반드시 피구금자의 동의 유무에 불구하고 피구금자에게 직접 지급한다.

(5) 권리의 보호

① 피구금자는 방어권의 행사가 가능하다. 피구금자로부터 청구가 있는 경우에 시설 수용 시 계속 중인 소송 때문에 필요한 행위가 지장을 받음이 없이 석방 시까지 연기할 수가 없는 때에는 그 소송과 같이 계속할 수 있도록 허가한다.

② 피구금자는 새로운 소송 제기를 석방 시까지는 연기할 수 없는 경우에는 그 제기가 구금 또는 교정처우의 목적달성상 양립될 때에는 그 새로운 소송을 제기할 수 있다.

③ 피구금자는 본 준칙에 따라 당사자가 되기 위하여 허용된 민사소송 또는 행정소송에 있어서는 자기의 권리방어를 위하여 자격 있는 자와의 접견이나 서신수발이 가능하다. 계루 중인 법원에 자신이 출석하는 것을 법률 또는 사법적 결정에 의하여 의무로 부과되지 않았을 경우에는 출석을 요구할 수 없다.

④ 피구금자는 사건이 계류 중인 법원에 자신이 출석하는 것을 법률 또는 사법적 결정에 의하여 의무로 부과되지 않았을 경우에는 출석을 요구할 수 없다.

⑤ 변호인과의 접견교통에 관하여 특별한 규정이 없는 경우를 제외하고는 권한 있는 당국은 피구금자의 접견 또는 통신의 규제를 할 수 없다.

⑥ 피구금자는 그의 권리보호를 확보하기 위하여 자격 있는 공무원 및 기관에 문서를 지체 없이 발송할 수 있다.

4. 사회접근주의

현대의 비행자처우의 기본원칙의 하나로써 사회에 복귀하여 잘 적응케 하려면 그들을 부자연한 환경 속에 고립시켜 두는 것보다는 일반사회와의 상호작용을 통하여 가능케 하여야 한다는 것이다.

수형자의 위험한 성격 때문에 격리가 불가능하다 할 경우도 시설생활은 가능한 한 사회생활에 접근시킴과 동시에 외부사회와의 접촉을 유지하도록 지도함이 필요하다.

예를 들어, 전통적인 교정시설의 폐쇄성을 지양(止揚)하고 일반사회를 향하여 수형자로 하여금 사회 내로 출입케 하거나 사회적인 교정교화를 위하여 필요한 유용자원을 수형자에게 접근할 수 있는 기회를 넓혀 사회적응성을 배양하려는 것이다.

그러면 종래의 인습적 행형이 어떠한 지도원리에 입각하여 어떠한 효과를 고양하여 왔느냐 하는 것을 말하지 않을 수 없다. 전통행형에 있어서의 지도법은 권위에 의한 교육에 중점을 두고 기율의 타율적 강제와 격리주의를 특징으로 하여 왔다.

따라서 수형자의 지도원칙으로써 그들을 기율과 노동에 순치시킴으로써 준법의 정신과 근면한 성격을 함양코자 하였다. 그러므로 이 지도원칙은 교정교화의 철칙이 되어 그 전통은 오늘에 이르고 있다. 따라서 교도소를 기율의 부라고 부르고 기율의 유지는 교도소의 생명으로 생각하게 되었다.

또한, 그 반면에 교도소에 있어서는 명령과 복종과의 관계가 지나치게 중시되어 강제와 무리한 압박이 가해지고 이를 위하여 계구와 징벌이 남용되기도 하였다. 그리고 그 기초가 되는 사상은 범죄자는 국가의 법률질서를 침해한 악한 의지의 소유자이므로 범죄자의 교화는 먼저 그들의 범죄의지를 시설의 권위 밑에 굴복시켜야 한다는 발상이다. 권력으로 기율과 노동을 강제하고 이것을 그들에게 습성화시킴으로써만이 준법정신과 근면성을 배양할 수 있다는 이론이다.

전통적 행형에 있어서 지도법의 둘째의 특징은 격리주의이다. 즉 소극적 독거주의이다. 교도소에 구금하는 범죄자 중에는 우발적 범죄자가 있는가 하면, 생래적・관습적 범죄자도 있다. 따라서 그들을 혼거시키면 악풍감염(惡風感染)으로 범죄의 전파를 초래케 한다. 그러므로 구금의 형식은 독거제 특히 엄정독거제가 이상적이라 생각하였고, 혼거시킬 경우에는 수형자 상호간의 접근을 절대 금지시켰던 것이다. 이와 같은 독거주의의 교육사상은 절대의 침묵, 절대의 정숙 속에서 참된 자아를 각성시킬 수 있다는 사상이다.

이러한 측면에서 교정의 교육적 임무가 사회적응성을 함양하여 사회에 복귀시키지 않으면 아니 되므로 교도소에 있어서의 집단생활화하지 않으면 아니 되는 것이다. 수형자의 생활을 보통사회생활과 합치시키며 그들에게 사회생활을 영위할 자유와 기능을 주어 그들 자신에 관한 사항은 스스로 처리케 하려는 교정의 사회화경향은 현대행형의 새로운 지도원리이다.

제2절 교정복지의 처우모델

1 개선모델(Rehabilitation Model)

개선모델은 19세기의 교육형사상을 기초로 범죄자의 개선·교육형주의를 제창하여 범죄자의 개선 갱생 및 사회복귀가 처우의 기본이념으로 강조되어 그 실현을 이룩한 시대였다. 거기에는 응보사상을 기초한 가혹한 형의 집행을 타파하고, 범죄자의 개선 갱생에 의하여 범죄 방지를 도모하는 것을 형벌 및 행형의 목표로 삼았는데, 1890년의 미국의 신시내티(Cincinnati) 행형원칙은 이것을 단적으로 잘 나타내고 있다.

유럽에서는 이탈리아의 실증학파 및 그에게 계도된 근대학파가 범죄자의 과학적 분류에 기초를 두는 개선주의를 주장하였다. 실증학파는 범죄자의 개선갱생에 얼마만큼 세월이 소요될 것인지 재판 시에 아는 것은 불가능하다는 이유에서 부정기형을 채용하여야 한다고 하였다. 리스트(Liszt)는 1882년에 개선 불가능자에 대해서는 위하(威嚇)를, 개선 가능 또한 필요한 범인에 대해서는 1년 내지 5년의 자유형에 처하여 개선시설의 수용에 의한 개선을, 개선불능 범인에 대해서는 종신(또는 부정기)의 구금에 처하도록 주장하였다.

여기에는 과학주의에 의한 사회방위가 지나치게 강조되어 '개선가능 또는 필요한 범인'과 '개선불능 범인'과의 구별이 과연 가능한 것인지, 시설수용에 의하여 범인의 개선이 과연 가능한 것인지의 근본적인 문제의 해명이 미결로 남아 있다. 근대학파는 옛 응보사상과의 투쟁에 있어서의 공적이 있다 할 것이나, 인권옹호라는 점에서 배려를 다하지 못하였다.

신파의 형법학자의 주장에 따라 부정기형을 취하게 된 그 배후에는 교정시설에 있어서 범인의 성격을 개선할 수 있다는 낙관적인 개선사상이 있었다.

개선사상에 기초한 부정기형주의는 20세기에 이르러 미국에서 크게 발전을 보게 되었다. 미국이 개선모델의 발상지라고 함은 이 때문이다. 그러나 범죄인의 개선에 관한 낙관적인 태도를 기초로 한 개선모델은 당시에 개별범죄자의 개선여부에 대한 판단의 곤란, 시설 내 처우를 통한 개선의 한계라는 문제 등에 부딪치게 되었다.

2 의료모델(Medical Model)

부정기형의 착상은 교정의료를 비교함으로써 정당화되었다. 즉 병자의 치료에 있어서와 같이 수형자의 개선에 있어서도 부정기형의 기간이 필요하다는 것이다. 이것은 의료모델이라고 부르는 처우방식의 사고이다.

치료모델의 생각은 19세기 후반 미국에서 롬브로조(Lombroso) 및 정신의학자의 영향을 받아 점차로 확대되었다. 그들에 따르면 범죄자는 그의 인격결함 또는 사회화에 있어서의 어떤 결함에 있어 범죄를 하게 된다는 의미에서 병자로 보는 것 즉 범죄행위를 치료 가능한 사회적 질병으로 보는 것이다. 따라서 의료모델에서는 재판관은 의사이며, 소송절차는 치료적 대화이며, 구금기간은 치료를 위한 입원기간이며, 교정직원은 치료요원이며, 수형자는 환자라고 한다. 따라서 범죄자는 동 종류의 결함에 따라 분류되어 치료를 받는다. 이와 같은 의료모델은 20세기 초에 미국의 교정계에서 정신의학자의 지위가 높았기 때문에 교정처우의 기준으로 널리 받아들이게 되었다.

그러나 의료모델에 대해서는 여러 가지 비판이 있었다. 일찍이 1916년 당시 신시내티(Cincinnati)의 교도소장이었던 오스번(Thomas Matt Osborne)은 "의료모델의 최대의 결함은 범죄자에게 그 행위의 책임을 면제함에 있다"고 하였고, 최근에는 덴마크에서 의료모델의 기초가 되고 있는 부정기형을 폐지하였다. 또한 미국에서도 사회복귀사상에의 반성의 경향이 있다.

예컨대 수형자를 구금 중에 철저히 재교육하여 사회에 복귀케 한다는 처우사상 밑에서 탄생한 부정기형제도가 많은 주에서 실패함에 따라 캘리포니아(California) 주에서는 1977년에 이 제도를 폐지하였고, 현재에는 27개 주에서 이 제도를 폐지하게 되었다.

또한, 연방교정국장 칼손(Carlson)도 범죄를 질병으로 보고 교정시설에서 강제적으로 치료케 한 의료모델을 극복하고 범죄자의 자주성에 기초한 사회복귀와 구금에 수반되는 위하(威嚇), 응보의 기능을 조화시켜 나가는 새로운 처우모델을 발견하여야 한다는 모리스모델(Morris Model)을 지지하고 있다.

3 공정모델(Justice Model)

공정모델은 정의모델이라고도 하는데, 앞에서 설명한 의료모델이 부정기형과 가석방을 처우방식의 중심에 두었으나 이에 대한 강한 비판은 법률가들이었다. 특히 적정한 법절차의 결여, 부정기형의 폭이 넓은 것, 재판관이나 가석방위원회의 재량권이 큰 것 등을 지적하였다(American Friends Service Committee, 1971: 12~13).

1960년 후반부터 1970년 전반까지 미국에서는 법의 평등을 요구하는 수형자의 불만이 심한 과밀수용에 따른 상승작용으로 교도소 폭동이 각지에서 일어났다. 그들은 형의 양정이 불통일하다는 이외에 가석방심사기준이 불명확하고 그 운영의 불공평성을 정면으로 공격하였다

여기에서 등장한 것이 일리노이주(Illinois) 법집행위원장인 포겔(D. Fogel)이 1970년 이후부터 제창한 것이 공정모델이다. 공정모델은 선택의 폭이 좁은 법정형 중에서 정기형을 언도함으로써 고정처우의 중점을 "개선에서 공정으로"(From Rehabilitation to Fairness)를 목표로 한다. 이 같은 배후에는 범죄자를 교도소에서 개선한다는 것은 불가능하다는 비관적 결론(교정비관론) 때문이다.

그러므로 공정모델론자들은 교도소는 범죄자를 처벌하는 것만을 봉사한다는 것을 목적으로 인정하고, 이 입장에서 부정기형과 가석방의 양 제도를 대신하여 법정형의 폭을 좁게 하여 재판관의 재량의 여지를 적게 하고 또한 정기형의 제도를 채택할 것과 선행보상제에 의하여 형기를 단축할 것을 제창하였다. 포겔은 부정기형 수형자가 정기형 수형자보다도 장기간 동안 복역하고 있다는 사실을 지적하면서 공정만이 행형의 기본원칙이라고 주장하였다.

공정모델의 제안은 형법학자들 사이에서 큰 반응을 일으키고 있다. 1975년 미국연방국국장이 개선모델에서 후퇴할 것을 공식으로 인정하고 메인(Maine)주는 부정기형과 가석방을 폐지하고 이와 같은 부정기형 폐지의 여파는 전 미국에 파급될 기세에 있다.

이와 같은 배후에는 인종의 전시장이라고 지칭하는 미국에서 실업자의 증가가 피수용자의 급격한 증가를 가져오게 하였고(실업률의 1% 증가는 수용자의 4%의 증가) 1985년에 50만명에 이르고 있다는 냉엄한 사실로써 교정비관론이 대두한 것은 당연한 것이었다.

최근 유럽제국(프랑스, 독일, 벨기에, 이탈리아 등)에서도 교정비관론이 강하게 대두되고 있다. 그 주된 원인은 실업자에 수반되는 피수용자의 증가로 과밀수용 상태에 이르렀기 때문이다.

4 신사회복귀모델

신사회복귀모델은 사회복귀모델의 비판으로 나타났으며, 형의 집행은 사회복귀에 필요한 한도 내의 지도·원조를 내용으로 하는 처우의 이념과 방식에 따라야 한다는 주장이다.

이 모델은 1960년대 후반부터 사회복귀이념에 대한 새로운 의문의 제기에서 비롯되었는데, 도대체 어떠한 정치적·사회적 구조의 국가 또는 사회에 범죄자를 복귀하려 하는가라는 문제제기가 벨기에의 버셀(Versel) 판사에 의하여 제기된 바 있으며, 또한 범죄자도 현 체제하에서는 재사회화되지 않을 신성한 권리가 있다고 한 레이(P. Rey) 교수 등의 주장이 바로 그것이다. 다시 말해서, 20세기 중반 양심범이나 외국인 범죄자문제가 제기되면서 개선, 교화사상의 일반화에 대한 반작용으로써 재사회화(再社會化)에서 말하는 바람직한 사회구조란 어떤 것인가, 그리고 수형자는 재사회화되지 않을 권리를 가지는 것은 아닌가 하는 의문이 제기되면서 나타난 모델인 것이다.

이 같은 견해가 사람들의 지지를 받게 된 배후에는 다음과 같은 주요 사정을 들 수 있다.

첫째는, 사상·신조·정치적 의견 때문에 구금되어 있는 소위 양심수(Prison of Conscience)가 현재 세계의 각처에 다수 존재한다는 사실이다.

둘째는, 구미의 문명국에서의 전피수용자 중 외국인이 20% 내지 27%에 이르고 그것이 과밀수용의 큰 원인이 되고 있고, 한편 그들의 개선사회복귀를 지향하는 처우는 의미가 없다는 생각이 높아지고 있다는 사실이다.

이와 같이 개선이라는 용어는 여러 가지 의미로 사용되고 있으며, 역사적으로 그 내용에 변천이 있다. 따라서 사회복귀에 필요한 지도·원조를 행함을 내용으로 하는 처우이념 및 방식을 신사회복귀모델이라고 말할 수 있다.

피수용자의 자발적 갱생을 기대한 것이며, 그들에게 적극적 활동을 할 필요가 없다는 소극적 행형을 제창하는 자 또는 사상적 사회화가 용납되지 않은 것을 개인의 존엄이라는 존중원칙은 우리나라의 범죄자처우의 현실을 외면한 것이라 할 것이다.

5 새로운 범죄자처우모델

1. 개관

수형자의 인권과 사회의 안전을 조화시키려는 새로운 범죄자처우로써 미국교정시설내에서 이미 실험적으로 실시되어 어느 정도의 효과를 고양시키고 있는 모리스모델이 있는데, 이 모리스모델은 시카고대학교의 모리스(N. Morris) 교수가 제안한 것으로써 폭력성 누범자에 대한 새로운 처우모델로써 현재 미국의 버트너(Butner) 연방교정 시설에서 채용되어 실험처우가 실시되고 있다.

또한, 독일의 경우 빌레펠드(Bielefeld)모델도 있는데, 이 모델은 빌레펠드 대학의 통합과학 연구센터의 재정적 원조 하에 일반사회의 시설이나 기관을 활용하여 그 사회복귀를 추진하려 하는 데 있다. 이 모델은 사회치료(Social therapy) 처우의 모델로서 '사회치료전문가회의'의 연구프로젝트그룹에서 약 2년에 걸쳐 각각 분담하여 정보를 수집하고 독일을 비롯한 각국의 행형실무경험에서 제안된 것을 내용으로 하고 있으며, 폭력, 상습범죄자 등의 중범죄자 등을 대상으로 하고 있다. 사회 내 치료는 독일 행형법 제9조에 규정되어 있는데, 이는 의학적, 심리학적, 사회학적, 교육학적 측면의 오늘날 생각할 수 있는 모든 방법 즉 정신분석치료, 정신요법, 진단요법, 행동요법, 접촉요법, 작업요법, 약물요법, 음악요법 등을 사용하여 사회복귀를 적극적으로 돕고 재범방지를 목적으로 하는 것이다.

모리스모델과 빌라펠드모델의 두 가지 모델은 똑같이 종래의 사회복귀행형이나 처우사상에 대한 엄한 비판을 자각하면서 대상자의 권리 확대와 처우에의 주체적 참여, 지역사회와 형사정책의 협동이라는, 말하자면 전통적 형사정책에 있어서 일종의 이상론이요 최대의 과제이기도 하였다는 점을 과감히 도입한 점이 주목된다. 그러면 모리스 모델에 대하여 보다 자세히 소개하고자 한다.

2. 모리스모델(Morris Model)

시카고대학의 모리스(N. Morris) 교수는 그의 저서 『형사구금의 장래(1974년)』에서 포겔(D. Fogel)의 사법모델의 제창에 앞서 이미 구체적인 새로운 처우모델을 제안하였다. 모리스 교수는 형사구금(Imprisonment)을 부정하는 것은 아니고 오히려 그것을 합리적인 형사재판제도의 하나로 간주하고, 형벌의 본래의 목적인 응보와 일반예방에 두고 있다.

그러나 그는 범죄자를 처우하기 위하여 단지 교도소를 보낸다든지 그들을 위험하다는 이유만으로 구금해도 좋다고 생각하지는 않는다. 그들은 일반예방효과 때문에 필연적으로 처벌된 수용자에 대하여는 안전확보 훈련 및 자기변혁을 위하여 협조가 주어지지 않으면 안 된다고 주장하고 있다.

또한 그는 의료모델이 수형자에게 심리학적 변경을 강제적으로 요구하는 면이 있으므로 그것을 극복하고 수형자가 자기변혁에 책임을 지도록 하며, 또한 전문가에 의한 각종의 처우프로그램에 주체적으로 참가할 수 있도록 시설의 분위기를 조장할 필요가 있다고 주장하고 있다(이정찬, 2000: 207 이하).

이 경우 처우프로그램은 항상 수형자의 사회복귀와 연결된다. 이 프로그램에 참가함으로써 수형자가 자기를 변혁해 보려고 결심하게 되는데, 이는 처우요원과 수용자의 협동 작업에 의한 합작적 형식이 바람직하다고 하였다. 그리하여 모리스 교수는 구체적으로 폭력성 누범수형자에 대한 처우를 위한 Morris Model을 제창하였고, 이 모델은 Burter 연방교정시설에서 실험적으로 실시되어 그 성과가 보고되고 있다.

모리스 교수의 구체적인 처우원칙은 다음과 같다.

첫째, 수형자가 각종의 프로그램 중에서 자기가 좋아하는 것을 자유롭게 선택할 수 있도록 배려할 것, 수형자의 선택이 진실된 것임을 증명하기 위하여 각 수형자의 석방기일을 사전에 확정할 것, 그것은 석방을 조건으로 처우프로그램에의 참가가 강제되는 것을 회피하기 위함이다.

둘째, 시설측은 수형자가 그 석방일을 사전에 알고 단계적인 석방계획에 의하여 자기인식과 자기억제의 힘을 획득할 수 있는 인간적이며 안전한 환경을 조성할 것, 예컨대 수형자는 소규모의 거주그룹 속에서 사회적인 역할을 다하여 체험하든지 여러 가지 인간관계를 통하여 신뢰를 얻도록 체험을 하여 인간으로서 책임 있는 행동을 할 수 있게 된다. 이렇게 함으로써 수형자는 다소의 갈등에 대해서도 과거와 같이 그것을 해결하는 것이 아니고 이성적 방법으로 문제를 해결하게 된다.

3. 버트너(Burtner) 연방교정시설

1) 개관

미국에서 모리스모델에 준용하여 1976년에 중경비(Maximum Security)의 성인남자교도소에서 North Carolina주에 건립된 것으로써 시설외부의 보안은 대단히 엄중하나 그 내용은 대학의 Compus류로 설계되어 대단히 아름답게 또한 자유스러운 분위기 속에서 거주사동, 체육관, 강당, 식당, 예배당, 교육관 등이 질서정연하게 배치되어 있다.

수용자 정원수는 330명, 직원 정원수는 200명이다. 이 시설의 수용자는 일반수용자, 누범성의 폭력범죄자, 정신장애범죄자 등의 3유형으로 분류된다.

2) 시설 내의 처우환경

모리스 교수의 제안에 의하여 시설 내에서는 수용자에게 될 수 있는 대로 자유가 부여되도록 배려되어 있다.

모리스 교수의 실험결과 사복의 착용은 시설내의 분위기를 완화시킬 뿐 아니라 수용자의 지위나 자존심을 육성함에 중요한 요소가 되어 있다. 또한 서신 등에 대한 검열제도의 폐지는 직원과 수용자간의 신뢰관계를 확립하는데 도움이 되고 있다. 더욱이 수용자의 자치생활도 대폭적으로 인정하고 있다.

예컨대 수용자에 의하여 조직 운영되는 '탈 범죄프로그램'에서는 그 활동의 일환으로써 선발된 수용자를 지역사회의 집회 등에 파견하여 교도소생활의 내용이나 범죄력 등에 대하여 지역사람들에게 말할 수 있는 기회를 줌으로써 교류를 촉진시키고 있다. 또한 수용자가 조직하는 '프로그램검토그룹'은 각종의 불만을 시설 장에게 전달하는 역할을 하고 있다. 이와 같이 시설측은 수용자의 자치활동을 될 수 있는 대로 인정함과 동시에 여러 가지 공적인 관리상의 결정에 대해서도 수용자의 대표가 참가할 수 있도록 배려하고 있다.

분위기 조성을 위한 시설의 건축 구조면에서 보면 수용자는 그 안전성의 범위 내라는 제한은 있다 하여도 거주사동 밖의 개방적인 공간에서 자유롭게 지내도록 되어 있다. 예컨대 수용자는 식사 시에 동행의 직원 없이 거주사동에서 식당까지 혼자서 가서 Self-service방식으로 식사를 하고 식후 Community Green에서 친구와 놀면서 담소·산책 등을 자유롭게 할 수 있다. 이상과 같은 분위기 조성으로 이 시설에서는 도주사고가 1건도 없었으며 살인 등 중대범죄도 발생하지 않았다. 직원이나 수형자 사이의 중대한 폭력사건도 비교적 적다. 작업이나 식사에 대한 집단항의, 태업, 작업거부, 폭동, 마약 등의 범칙 사고도 없다.

3) 처우 프로그램

모리스 교수는 강제적 처우를 배제하고 직원의 지나친 간섭이 수반되지 않은 처우 프로그램에 대폭적으로 참가할 수 있는 기회를 수용자에 부여하지 않으면 아니 된다고 제안하고 있다. 수용자는 희망하는 프로그램에 스스로의 의지로 참가함으로써 자기결정이나 자기책임의 중요성을 체험시키고 장래의 범죄와의 무관된 생활태도를 체득케 해가는 것이다. 그러나 위의 원칙에도 예외는 아니다. 즉 거주소그룹과 교도작업의 두 프로그램에의 참가는 각 수용자에게 의무로 되어 있다.

제2장 교정복지객체의 원인론

제1절 범죄원인론

1 개관

범죄의 예방과 그 대책을 수립하기 위해서는 먼저 그 사회의 범죄현상을 정확히 파악하고 이를 기초로 그 원인이 무엇인가를 규명하지 않으면 안 된다. 그러나 범죄발생의 원인은 천차만별이며 하나의 범죄에 있어서도 많은 원인들이 서로 밀접하게 관련되어 있으므로 실제로 범죄의 원인을 해명하는 것은 매우 어려운 일이라고 하겠다. 뿐만 아니라 그간 수많은 학자들의 연구결과도 서로 다르게 나타나고 있어 어떠한 연구결과를 받아들여야 하는지를 결정하는 것도 그리 쉽지 않다. 다만, 그간의 연구성과를 종합해 볼 때 범죄원인을 해명하기 위해서는 인간에 대한 자연과학적 연구와 사회현상에 대한 과학적 연구가 병행되어야 한다는 데는 거의 의견의 일치를 보이고 있다.

이하에서는 그간 여러 학자들에 의해 연구 발표한 내용들을 중심으로 원인인식 방법의 제 유형별로 나누어 고찰하고자 한다(김용준, 1999).

2 범죄원인으로써의 소질과 환경

1) 고전적 범죄원인관

'사회가 있는 곳에 범죄가 있다'고 말하는데 일찍이 어떠한 사회에도 범죄는 존재하였고 우리들의 인류가 범죄를 완전히 없앤다는 것은 불가능한 일이지만, 어떤 방법으로든 범죄를 줄여 보려고 전력투구하여 온 것만은 사실이다. 그 때문에 우리들은 범죄원인을 탐구하고 더 좋은 범죄방지를 위한 대책을 수립하려고 노력해왔다. 고래(古來)로 범죄원인에 대한 학설은 여러 갈래로 갈라져 있다. 과학적 범죄연구가 시작되기 이전에 있어서는 범죄는 악마의 원인이고 영혼 때문이었다고 생각하였다.

이것은 일본의 竹村壽(타케무라히사시)의 말처럼 인간세계의 모든 사실에 관해 인간 관계적이고 과학적으로 인식한다는 것은 불가능했던 그 당시 사람들은 그 비과학적 태도를 표명했다고 할 수 있다. 볼드는 이것을 '신적인 설명방법'이라고도 했지만, 일체의 신적인 설명의 배후에는 무엇인가 별세계의 힘, 즉 신의 힘인 영혼이 있는 것이다.

예컨대 우리 현대인이 비행기나 기차를 볼 때 그것을 설명하기 위한 지식은 아마 전력과 컴퓨터기술이라고 생각하는데, 원시인의 설명방법은 자연과학적인 지식을 이용하는 것이 아니고 영혼이나 신의 초자연적인 개념을 사용할 것이다. 비행기를 보고 악마라고 생각하며 무서워하고 떨고 빌기를 계속할 것이 틀림없다. 이것은 어떤 의미로는 합리적인 생활의 지혜라고도 볼 수 있다. 도대체 영혼이란 인간의 유한한 머리로서는 도저히 이해할 수 없는 이상 원시인에 있어서 비행기는 하나의 괴물이나 영혼이다(藤本哲也, 1996: 35~36).

중세 유럽에서는 신이라는 지적인 개념과 봉건적이라고 하는 정치적, 사회적 체제와 표리일체를 하고 있다고 말한다. 종교법원은 거기에서 발생한 신권정치(神權政治)의 심벌이나 그것은 한마디로 잡기의 시대였다. 그 당시는 현세의 생긴 일을 설명하는데 자연계를 몹시 무시하곤 하였다. 예를 들어, 어린이의 출생이나 인간이 왕이 되고 목사가 되고 거지가 되는 것이 신의 뜻에 달려 있다는 것이다. 또 인간이 죽는 것도 자연의 현상이라는 것은 말할 것도 없다.

신이 그렇게 되기를 바랐기 때문이다. 유럽인의 사상은 잘라놓은 범죄학 분야에서는 초기의 독일 사람의 이교정신(異教精神)과 초기의 영국교의 관념과의 혼합물에서 다대한 영향을 받아왔다. 예를 들어, 속죄금(贖罪金, Wergeld)의 결투로 인한 재판, 신으로 인한 신판(神判)으로 인한 재판, 타인의 증언으로 무죄의 증명이 있으면 석방하는 제도(Compurgation), 서약에 의한 증언, 유죄냐 무죄냐를 표하는 이상한 표시 또는 징조 등이 그것이다. 이런 것은 전부 별세계의 힘의 영향과 그 영향을 중요시하는 그런 관념의 반영이다.

오늘날에 있어서는 이와 같이 생각하는 사람은 없지만 그렇다고 범죄원인론이 과학적으로 규명된 것도 아니다. 다만, 범죄행위를 포함하여 인간의 행위를 이해함에 있어 결정론의 입장과 비결정론(자유의사론)의 입장이 오래 전부터 대립되어 왔는데 전자의 결정론은 인간의 의사와 행위란 개인의 특수한 소질조건과 그 주변의 환경조건의 복합관계의 구성여건에 따라 거의 전적으로 결정된다고 보는 입장이며, 후자의 비결정론은 그 반대로 인간의 의사와 행위는 그 자신의 자유로운 의사 또는 의지에 의하여 주로 결정되고 그 소질이나 환경조건은 별반 큰 역할을 하지 않는다고 보는 것이다(신진규, 1989: 95).

이하에서는 먼저 범죄원인론에 있어서 전통적으로 주장되어 온 소질설과 환경설에 대해서 고찰해보고자 한다.

2) 소질설(內的要因)과 환경설(外的要因)

(1) 소질설(내적 요인)

범죄자의 소질을 범죄의 원인으로 중시하는 입장을 통상 '소질설'이라고 하는데, 이것은 범죄의 발생요인으로서 범죄자 개인의 성격 즉 범죄자의 생리적 정신적인 내부의 특징을 중시하는 입장이다.

보다 자세히 후술할 예정인 소질설은 롬브로조의 "범죄자는 하나의 특별한 인종이다"라고 하는 '생래 범죄인설'에서 시작하여 1920년대에 있어서 급속한 발전을 본 이론이다. 비른스타인(T. Viernstein), 로덴(F. Von, Roden), 비른바움(K. Birnbaum), 렌즈(A. Lenz), 메츠거(E. Mezger), 엑스너(F. Exner), 크레츠머(E. Kretschmer), 쉘돈(W. H. Sheldon), 후톤(E. A. Hooton) 등은 인류유전학, 체질생물학, 성격학, 정신병학 등 당시의 학문영역의 신지식을 동원하여 범죄행위에 개개의 범죄자의 인격 그리고 그 기저(基底)로 된 신체조건과의 관련성에 중점을 둔 이론을 전개했다.

처음에는 오직 범죄와 정신병과의 유전관계를 강조했는데, 그 후 각종의 범죄자와 정신장애의 유전관계에 대해서의 실증적 연구가 축적되고, 더구나 범죄관계와 깊은 정신적 소질로써 정신박약, 정신병질, 뇌의 기질적 장애, 정신병, 약물 중독 등의 각종의 정신장애와의 관계까지 시야를 넓힌 연구가 되어가기에 이르렀다.

그리고 범죄원인의 연구에 있어서 내적 원인을 중시하는 자 중에, 범죄심리를 정신의학적으로 설명하려고 하는 것은 범죄정신병리학과라는 새로운 연구분야로 범죄자의 심층심리에 흥미를 가지는 것으로 정신분석학적 방법을 이용하게 된 것이다.

(2) 환경설(외적 요인)

범죄자와 엉켜 있는 환경을 범죄원인으로 중시하는 입장을 통상 '환경설'이라 부르지만, 그것은 범죄의 발생원인이 범죄자의 개인적인 성격과 사정에 있다는 것이 아니라 사회적・물리적인 영향을 받고 있다는 입장이다.

범죄자의 소질보다 환경을 중시하는 입장은 1830년대에 있어서 프랑스의 게리(A. M. Guerry)와 벨기에의 꿰또래(Quetelt) 등에 의해 발전되었고, 롬브로조의 제자인 페리(E. Ferri)는 롬브로조의 인류학적인 범죄관의 영향을 받아 '범죄 포화의 법칙'의 개념을 주장하고 사회적 요인을 중시하는 입장을 취했는데, 특히 페리의 경우 인류학적・개인적 요인 외에 기후, 계절, 습도라고 하는 물리적・풍토적・자연적 환경과 인구밀도, 가족관계, 교육제도, 공업생산, 종교, 경제, 정치 등의 사회적・문화적 요인을 중시하고 있다.

또한 환경을 중시하는 것 중에서도 불량한 환경을 중시하는 아샤펜버그(G. Aschaffenburg) 등도 그런 입장에 속한다.

또, 사회학적인 연구방법을 근대적인 학설로 체계화한 롬브로조 학설에 대해서 비판을 가한 것은 론(Ryon)학설인데, 이 학파 가운데서도 나까사뉴(A. LaCassagne), 따르드(G. Tarde), 뒤르깽(E. Durkheim) 등은 그 대표적인 인물이다. 20세기에 들어와서는 환경설은 후술할 예정인 미국의 사회학파에 속하는 쇼(C. R. Shaw), 서덜랜드(E. H. Sutheland), 렉레스(W. G. Reckless), 테프트(D. R. Taft) 등에 의해 주도되었으며, 독일은 사우어(W. Sauer), 엑스너(F. Exner), 메츠거(E. Mezger), 미덴도르프(W. Middendorf) 등에 의하여 계승 발전하였는데, 특히 엑스너는 사회학적 연구와 개성심리학적 연구를 결합해, 특색 있는 생물학적 견해를 가미하여 범죄사회학의 종합적인 체계를 수립하였다.

(3) 범죄가족의 연구

그런데 개인의 생물학적 결함이 중요한 범죄원인인지, 아니면 개인에게 얽혀 있는 사회적 환경이 범죄의 원인이었는지의 문제 - 환언하면 소질인가 환경인가의 문제 - 는 엄밀한 것이었을까?

일찍이 범죄가족(제도一家, 남一家, 빅토리아一家, 칼리카크一家, 쥬크一家, 팔크一家)의 연구에서 유전적 소질의 중요성을 강조하였다. 예컨대 미국의 한 가족을 연구한 곳다드(Goddard)의 연구결과는 다음과 같다.

미국의 뉴저지주의 바인랜드의 정신박약자 수용소에 수용되었던 한 소녀의 가계(家系)를 조사해보니 그것은 미국의 독립전쟁에 출정(出征)한 마틴 칼리카크(M. Kallikak)라는 병사가 전지전쟁터인 어느 시골에서 알았던 정신박약의 소녀와 관계를 가져 생긴 사생아인 「소마틴」의 자손(子孫)이라는 것을 알게 되었다.

범죄가족 쥬크가의 연구에서도 닥태일이 1877년에 처음 연구결과를 발표했을 때도, 에스타브룩(A. H. Estabrook)이 1916년에 발표한 연구결과에서도 곳다드(Goddard)의 연구결과와 비슷하게 나타났다. 그러나 이것은 소수의 특정한 가계의 조사라는 점에서 조사결과를 일반화시키기는 어렵다는 비판이 있다.

또 쌍둥이연구를 한 독일의 정신의학자 「랑게」(J. Lange)의 연구결과를 보면 일란성 쌍둥이의 경우에는 범죄 일치율이 64.4%인데 반하여 이란성 쌍둥이의 경우에는 그것이 28.9%에 불과하므로 동일한 소질의 쌍둥이가 서로 다른 소질의 쌍둥이에 비하여 범죄 일치율이 현저히 높은 것으로 나타나 유전소질의 영향이 크다는 것을 인정할 수 있다.

이 연구에 대한 비판으로 일란성과 이란성의 정확한 구별이 안 된다는 점, 사례의 수가 적어 일반적 결론을 내리기 어렵다는 점, 일란성 쌍둥이의 경우 그 성장환경과 행위환경이 더 나빴던 결과 그 일치율이 그만큼 높게 나타날 수 있었던 점을 배제하지 않았다는 것이다. 그러나 이러한 비판에도 불구하고 쌍둥이 연구는 범죄의 원인으로 유전소질이 환경보다 더 영향을 미친다고 보는 귀중한 자료가 된다고 보는 것이 통설이다.

양자연구(adoption Study)에서도 실부와 양부가 모두 범죄자였던 경우에 범죄율이 가장 높은 것으로 나타나 유전소질의 범죄에 대한 중요성이 입증되었다고 할 수 있다.

성염색체연구에서 XYY형은 성염색체에 있어서 남성적 특징을 나타내는 Y염색체가 증가한 경우로서 이 XYY형의 특징은 신장이 크고 성적으로 조숙하며 지능이 낮으며 7 발성 범죄자가 많다는 점 등을 들 수 있는데, 연구결과 6피트 이상의 장신자 가운데 XYY형의 출현율이 높고 특히 소년범죄자에서 그 비율이 높은 것으로 나타났다. 이상과 같은 연구결과는 유전소질이 범죄에 중요한 의미를 가진다고는 볼 수 있으나, 연구의 방법론상의 문제점으로 환경의 중요성도 배제하지 못했다. 1961년 샌드버그(A. A. Sandberg)에 의하여 처음 발견되었다.

(4) 일원적 원인론(일원론)과 다원적 원인론(다원론)

범죄의 원인을 규명함에 있어 소질 또는 환경적 여러 요인 중 어느 한 가지에 역점을 두고 설명하는 입장을 일원적 다원론 또는 일원론(Single-factor Theory)이라 하고, 그보다도 다수 관련요인들의 상호관련 관계를 분석해서 그 원인관계를, 더 정밀히 해명하는 것을 주요 임무로 생각하는 입장을 가리켜 다원적 원인론 또는 다원론(Multiple-factor Theory)이라고 부른다.

(5) 범죄원인론의 체계화

이와 같이 범죄원인론에 관해서 소질설과 환경설의 논쟁, 일원론과 다원론의 논쟁이므로 어느 것을 채용하느냐 하는 것은 그 사람의 인생관에 따라 다를 것으로 생각한다.

그렇더라도 범죄원인의 규명은 범죄현상의 정확한 파악에 있어 필수불가결의 전제조건이며 범죄대책이나 범죄자 처우에 있어 중요한 기초 조건을 이루고 있다고 생각하면 그 과학적 해명의 노력은 금후 점점 증대될 것이며 감소되지는 않을 것으로 생각한다.

그래서 이것은 개인적 사견이지만 범죄원인론을 소질설, 환경설의 논쟁과 일원론, 다원론의 논쟁보다는 차라리 ① 정신의학·생물학적 원인론, ② 심리학적 원인론, ③ 사회학적 원인론으로 3대별하여 범죄자의 신체면, 정신·심리면, 환경면을 중심으로 하는 이론으로 분류함으로써 종래의 이론을 분석·검토하는 것이 체계적인 범죄원인론을 구축하는 데 더 중요하지 않을까 생각한다.

그래서 이하에는 그 세 가지 원인론적 측면에서 종래의 범죄원인론을 검토하고자 한다.

제2절 범죄원인론의 분류

1 정신의학적 · 생물학적 원인론

1. 롬브로조(Lombroso)의 생래성 범죄인설

범죄자에 대한 정신의학적 · 생물학적 연구는 19세기 후반에 있어 이탈리아의 정신의학자 롬브로조에 의해서 시작되었다고 한다. 그는 우연한 기회에 범죄자의 두부에 현저한 원시인적 특징이 있는 것을 발견해 그것이 동기가 되어 그 후 383개의 두개골과 3839명의 수형자에 대해서 상세히 측정한 결과 1876년에 이르러 범죄학사상 저명한 『범죄인론(Lúomo Delinquente)』을 저술한 것이다.

Lombroso의 범죄연그의 출발점은 범죄태생의 사상인 것이다. 이 사상은 그의 독창적인 「생래성 범죄인(生來性 犯罪人)」의 이론이며 그 골자는 격세유전설과 범죄정형설로 되어 있는 것이다. 바꾸어 말하면 이 범죄태생의 사상이라는 것은, 범죄인은 모친의 태내(胎內)에 있어서 범죄인이 될 숙명성을 지니고 있다는 것이다(Lombroso, Co, 1897: 15~16).

Lombroso가 말한 생래성 범죄인이라는 것은 일정한 신체적 · 정신적인 특징을 가지고 있고 이 특징으로써 이 사람들은 특별한 종속의 인간 즉 인류의 특별한 종속이라고까지 말하였다. 이러한 범죄종속은 그 고유한 범죄인 특성과 범죄인형이 인정되며 이러한 것은 외부적으로 탐지할 수 있는 인류학적인 특징인 것이다. 그리하여 이러한 일정한 특징(Stigma)을 가지고 있는 사람은 필연적으로 범죄를 행하게 되어 그 행위를 방지하는 일은 불가능한 일이라 한다. 이를 좀더 구체적으로 살펴보면

첫째, 두개골의 특징으로써 예각적(銳角的)인 앞이마(Fibende), 안면각(顔面角)의 예각성(銳角性), 좌우의 불균형, 턱수염의 결여, 납작코, 관골(觀骨)의 이상발달, 머리의

밀생(密生), 치아의 불균형, 사시(斜視) 등을 들 수 있다.

둘째, 신체적·생리적 이상으로는 대뇌회전의 단조, 심장의 위축 및 변막부전(辯膜不全), 체모의 부족, 통각탈실(Analgesia), 미각예민(味覺銳敏), 혈관운동신경의 이상 등을 들 수 있다.

셋째, 정신적 이상으로는 도덕적 감정폭발성, 자제력 결여, 지능저하, 권태감, 나태 등을 들 수 있다.

넷째, 사회적 특징으로는 먹뜨기의 경향, 냉혹한 노름, 주색과 도박의 탐닉, 은어의 신작성, 무생물의 인격화, 도당의 편성, 특수 상징적인 그림 그리기 등을 들 수 있다.

롬브로조는 이러한 여러 가지 특징을 가지고 있는 사람은 명백한 생래성 범죄인이고 3개나 5개를 가지고 있는 사람은 명백하다고는 볼 수 없지만 범죄자라고 보아야 하며 3개 이하의 사람은 꼭 생래성 범죄인이라고는 말할 수 없다는 것이다(Lombroso, Co, 1897: 15~16).

이러한 롬브로조가 말하는 생래성 범죄인설은 범죄인 정형설(定型說)이라고도 부르지만, 그는 이러한 특징의 생래성 범죄자가 처음에는 전체 범죄자(수형자) 중에 약 65%~70% 가량 되리라고 주장하였다가, 후에는 35~40%로 후퇴하였다. 그리고 이들에 대하여는 교정교화의 효과를 거의 기대할 수 없으므로 영구격리 또는 도태처분을 행하지 않으면 안 된다고 주장하였다.

그는 또 그의 인류학적 소견을 기초로 ① 생래 범죄자(The born Criminal), ② 준래성 범죄자(Criminaloid), ③ 정신병 범죄자(Criminal insane), ④ 격정성 범죄자(Criminal by passion), ⑤ 우연성 범죄자(Pseudo-Criminal)로 분류하였다.

그 후 이러한 분류는 후에 페리(E. Ferri)나 아샤펜부르크(G. Aschaffenburg)의 범죄자 분류의 기초가 된 것이다.

2. 롬브로조의 학설에 대한 비판

「롬브로조」는 이 연구로 일약 세계적 명성을 얻게 되었고, 그 후의 과학적 범죄학 및 과학적 형사정책 발전에 결정적 기여를 하게 되었지만, 그의 학설 자체에 대하여는 격심한 논란이 일게 되었고, 그 중에는 실증적 논의에 의한 힘찬 비판론도 포함되고 있었다. 그 하나는 독일 감옥의 「베에로」에 의한 것이며, 다른 하나는 영국 감옥의 「고링」에 의한 것이다. 이 중 특히 주목할 만한 것은 후자이다. 고링은 직접 롬브로조의 주장의 타당성을 검토하기 위하여 근 10년에 걸쳐 영국 각지의 교도소 수형자 3000명과 일반시민(주로 대학생) 3000명을 대상으로 롬브로조가 제시한 생래성 범죄인의 제 특징과 기타 사항에 대한 조사연구를 행하고 이를 비교분석한 결과 그가 제시한 것의 어느 것도 양 집단을 뚜렷이 구별하지 못했으며, 단지 「신장과 체중에서의 열등(劣等)」만이 범죄자 집단에서 더욱 현저했다는 정도에 그쳤다.

이것은 롬브로조의 학설에 대해 치명적인 손상을 가하는 것이었다. 그 후 학자들은 흔히 고링의 연구결과에 의해 롬브로조의 생래성 범죄인설을 배척하기만 했다. 현재의 비판자들 중에는 롬브로조가 제창한 유인원의 특징에 관한 가설도 잘못된 것이었음을 지적한다.

그러나 고링의 연구도 그 조사대상자를 선정함에 있어 죄명별 차이를 무시하고 여러 종류의 범죄자를 한 종류의 범죄자로 취급했다는 치명적인 결함을 갖고 있다.

이러한 비판에도 불구하고 그가 범죄연구에 있어서 종래의 관념적 방법을 지양하고 자연과학적 실증방법을 채용한 공적은 영구히 기억되어야 할 것이다.

3. 신롬브로조학파의 이론

앞서 말한 바와 같이 롬브로조의 학설은 고링에 의하여 부정되었으나, 롬브로조 이후 범죄자의 소질을 중시하는 입장은 인류유전학, 체질생물학, 성격학, 정신병학 등의 새로운 지식을 동원하여 독일, 오스트리아를 중심으로 발달한 범죄생물학에 의하여 계속되었다. 이 범죄생물학파의 이론은 롬브로조의 생래성 범죄인설을 발전시켜 범죄인을 단순한 유전적인 변질자로 보지 않고 형성, 발전하는 통일적 생물체인 인간으로서 관찰하기 때문에 신롬브로조학파라고도 부르고 있으며, 그 대표적인 인물은 비른브타인(T. Viernstein), 렌즈(A. Lenz), 익쓰너(F. Exner) 등이다.

범죄생물학파는 원래 사람의 생물학적인 체질보다는 구조와 정신적인 반응경향 또는 성격과의 불가분적인 관계에 있다고 하는 인식에서 범죄 잠재력으로서의 인격의 성립과정과 그 발현으로서의 범죄행위를 이해하려고 하는 것이다. 말하자면 범죄에 관한 생물학적, 정신병리학적, 유전체질학적 연구의 총칭이라고 할 것이다.

1) 체질생물학적 견해

범죄생물학파 가운데 가장 대표적인 학설은 크래츠머(E. Kretschmer)의 범죄체질학적인 연구인데, 그는 다수의 정신병환자와 정상자의 조사를 기초로 해서 1921년『체격과 성격(Korperbau und Carakter)』이라는 저서를 내고 롬브로조와는 다른 신체적 특징의 중요성을 강조했다.

크레츠머는 인간의 체형을 비만형(Pyknischer Types), 세장형 또는 허약형(Leptosomer Odthenischer), 투사형(Athetischer Types)으로 구분한 저서를 내고 롬브로조와는 다른 신체적 특징의 중요성을 강조했다.

크레츠머는 인간의 체형을 비만형, 세장형 또는 허약형, 투사형의 3가지 기본적 체형과 발육 이상적 특수형으로 분류했다.

크레츠머는 또 인간의 기질을 순환성 기질, 분열성 기질, 점착성 기질의 3가지 종류로 분류하고 있다.

순환성 기질이란 기분이 상쾌와 비애 사이를 파동적으로 움직이고 그 움직임은 자연적이고 반응은 자극적이다. 사교적이며 천하기 쉽고 마음이 온화하다. 또 사회적 태도는 외향적, 실제적, 물질적, 협조적이다.

분열성기질은 과민(過敏)과 둔감(鈍感)의 양극단 사이를 갑자기 왕래하고 그 왕래는 부자연하고 반응은 자극에 상응되지 않는다. 사회적 태도는 얌전하고 내성적이며 대인 접촉을 싫어한다. 둔감·잔인·냉혹이라는 반사회성이 인정된다.

다음 점착성기질의 사람은 점액질성과 폭발성과의 사이를 왕복하고 그 태도는 둔하고 그 행동은 정중·완만하다. 사회적 태도는 친화·의리가 있고 또 믿음이 두텁고 규칙적이다. 성격은 완고·집착·보수적이다.

비만형은 그 정신특징으로써 조울증적 인간의 경향을 갖고 회귀성(回歸性)적 기질을 갖는다. 이 형의 사람은 사회적이며 순진하며 또 솔직하다. 또 개방적이며 온화한 인품을 갖는다. 세장형은 분열형이고 투사형은 간질과 친화성을 갖는다. 또 그 성격에 있어 전자는 괴리성이고 후자는 점착성이다. 발육이상성 특수형은 그 특징이 특별한 내분비선의 장애에 의한 것으로 이러한 분류는 비교적 적다. 이러한 거세적 장신, 거세적 내분비, 과다적 비만, 소아형 발육정지가 있다.

이 크레츠머의 체형은 그 후 비어스타인(Vierstein), 로덴(Rohden), 슈바브(G. Schwab),

리들(M. Riedel) 등에 의하여 그 연구가 계속 행하여졌다. 그 중에서도 특히 슈바브는 ① 범죄초발연령에 관해서는 세장형은 조발경향이 강한데 대하여 비만형은 자발적이고 초범자의 비율이 높다는 것, ② 누범경향은 세장형에 강하고 비만형에는 약하고 투사형은 그 중간이라는 것, ③ 죄질에 관해서는 세장형은 절도나 사기가 많은데 폭력범과 성범죄는 적다. 투사형은 폭력범과 관계가 깊어서 폭력성의 재산범죄나 성범죄에 친화성이 있다. 발육이상형은 성범죄에 많고 비만형은 여러 가지 범죄에 평균 이하로도 관여하지 않지만, 예외적으로 사기와 친화성이 있다는 것을 지적하고 있다.

이러한 크레츠머의 체질학설을 한걸음 더 발전시킨 사람으로 미국의 정신의학, 심리학자 쉘던(William H. Sheldon)이 있다. 그는 크레츠머처럼 체격형을 단순하게 나누지 않고 각자의 체격형을 결정하는 세 가지 기본 구성요소로 내배엽(Endomorphy), 중배엽(Mesomorphy), 외배엽(Ectomorphy)의 세 가지를 지적하고, 그 각각이 신체 각 부위에 있어 어느 만큼 큰 비중을 차지하느냐를 최고 7로부터 최하 1까지로 나누어 측정하고, 각자마다 그 각각의 정도를 표시케 하였다. 그리하여 그 각각의 비율이 6-2-1정도로 나타나면 내배엽 우월형이라 부르고, 1-6-2정도로 나타나면 중배엽 우월형, 그리고 1-2-6 정도로 나타나면 외배엽 우월형이 되며, 그 중의 어느 하나가 7에 가까우면 극단적인 내배엽자 등으로 불렀다.

▼ 표 2-1 「쉘던」의 체격 및 기질형 3분법

체 격 형	기 질 형
1. 내배엽우월형(비만형) 대체로 소화기관이 크게 발달, 살이찐 편, 전신부위가 부드럽고 둥근편, 끝이 가늘면서 짧은 사지, 소골격형, 피부는 부드러움	1. 내장긴장형(순환성 기질) 몸가짐이 대체로 이완, 낙관주의적, 부드러운 장식품을 좋아함. 온순하나 외향적, 사교성, 관대한 편, 가정관계에 마음 쏟는 편
2. 중배엽우월형(투사형) 근육골격 활동기관이 우세, 동체가 굵고 가슴이 넓고 손목과 손이 크다. 여윈 경우에도 사각형의 손목, 여위지 않으면 살이 찐다.	2. 신체긴장형(점착성 기질) 활동적, 쫓아다니거나 말하거나 태도취할 때 자기주장형, 용감, 공격적, 모험심 강하고 권력을 쓰려하고 지배하려는 경향
3. 외배엽 우월형(세장형) 신체표면과 신경계통이 크게 발달, 여위고 섬세한 몸집, 골격은 작고 긴 편, 축처진 어깨, 뾰족한 코, 가는 머리카락	3. 두뇌긴장형(분열성 기질) 태도·동작이 억제적, 내향적, 사교를 피하면 언제나 신체의 호소를 하는 편

▪ 「쉘던」은 그 자신이 직접 청소년 범죄자들의 체격형에 관한 연구를 행하고 중배엽우월형에 집중되는 사실 등을 밝히기도 하였다.

그러나 그도 크레츠머와 마찬가지로 각 체격형과 기질형이 정확히 일치함을 논증하면서, 이로써 심리학과 생물학은 통합이 가능하게 되었다 하고, 인간에 관한 과학은 그 절정에 이르렀음을 역설했다. 단, 쉘던은 기질형을 나눔에서도 신체 각 부위의 긴장도를 기준으로 내장긴장형 · 신체긴장형 · 두뇌긴장형이라 불렀다.

다음은 쉘던에 의한 세 가지 체격 및 기질형의 기본 특징을 요약해서 설명한 것이다.

2) 유전학적 견해

범죄에 대해서 유전학적 연구는 독일의 정신의학자 랑게의 쌍생아연구에 의하여 눈부시게 발전해 나갔다고 하는데, 여기서 말하는 범죄생학파 또는 신롬브로조학파의 유전적 학설은 선조로부터 받은 정신장애, 음주기벽 등의 유전적 소질을 범죄원인 중에서 가장 중요하다고 생각하고 있다.

랑게는 1929년에 『운명으로서의 범죄』를 저술하고 그 속에서 일란성 쌍생아가 이란성 쌍생아에 비해 범죄에 빠질 가능성이 높기 때문에 범죄에 대하여 유전소식이 크게 영향을 미친다는 것이다.

새삼스럽게 말할 것도 없이 쌍생아의 연구는 범죄원인을 규명함에 있어 특히 그것이 소질에 의한 것이냐 환경에 의한 것이냐 하는 논쟁에 있어서 중요한 지침이 될 수 있다고 보겠다. 왜냐하면 적어도 일방이 비행 또는 범죄를 범하고 있는 쌍생아의 사례를 연구함으로써 소질과 환경의 상관관계의 파악을 가능케 한다고 생각하였기 때문이다.

즉 소질이 범죄의 중요한 원인이었다는 것을 알게 되어(물론 환경의 영향이 없다는 것은 아니다)어느 한 쪽이 더 많이 범죄에 빠져 있을 때에는 소질보다도 차라리 환경이 범죄의 원인으로서는 중요한 의미를 갖고 있다고 보기 때문이다. 즉 거기에 있어서는 쌍생아의 연구에 의하여 어떠한 인격구조가 어떠한 환경조건과 결부되어 비행이나 범죄를 실현해 가느냐 하는 과정을 해명할 수 있다고 생각하기 때문이다.

이와 같은 입장에서 쌍생아연구의 단서를 연 사람은 영국의 갈톤인데 범죄성과의 관계에 있어서 쌍생아연구를 시작한 것은 랑게였다. 랑게는 적어도 쌍생아 중 한쪽이 범죄에 빠졌던 쌍생아 30조를 모아 2범죄 일치율을 조사한 것이다. 그 결과 랑게는 일란성 쌍생아 13조 중에서 10개조와 이란성 쌍생아 17조 중에 2개조의 범죄일치율을 본 것이다.

그 후 그라스(A. Grass), 로자노프(Rosanoff), 슈툼플(F. Stumpfl), 크란츠(H. Kranz), 보르크스토룀(G. Borgstrom), 일본의 吉益修夫(요시마스)도 유사한 결과를 보이고 있다. 다음 표에서 보는 바와 같이 135예 중 1란성 쌍생아에 있어서 64.4%의 범죄일치율을 2란성 쌍생아에 있어서는 28.9%의 범죄일치율을 보이고 있다.

▼ 표 2-2 쌍둥이의 범죄행위에 관한 제 연구

연 구 자	일란성 쌍둥이			이란성 쌍둥이		
Lange(독일, 1929)	13	10(75.9%)	3(28.1%)	17	2(11.8%)	15(88.2%)
Legras(네덜란드, 1929)	4	4(100%)	0	5	0	5(100%)
Rosanoff(미국, 1934)	37	25(67.5%)	12(32.4%)	28	5(17.9%)	23(82.1%)
Stumpfl(독일, 1916)	18	11(61.1%)	7(38.9%)	19	7(36.8%)	12(63.2%)
Kranz(독일, 1936)	31	20(64.5%)	11(35.5%)	43	22(53.5%)	20(46.5%)
Borgstrom(영국, 1936)	4	3(75.0%)	1(25.0%)	5	2(60.0%)	3(40.0%)
吉 益(일본, 1949)	28	14(50.0%)	14(50.0%)	18	0	18(100%)
합 계	135	87(64.4%)	48(35.6%)	135	39(28.9%)	96(71.1%)

3) 생물학적 견해

체질학설과 유전학설을 종합해서 행위가 인격의 연구를 통해 얻은 렌즈(Lenz)의 대표적 저작인 「범죄생물학원론」은 신롬브로조학파의 생물학적 학설의 대표적인 것이다. 렌즈의 범죄생물학원론의 기초가 된 것은 크레츠머의 체질학설 그리고 융(C. G. Jung), 왈트(R. J. Ewald), 엔쉬(W. and E. Jaensch)형제 등의 생물학적 반응형에 관한 제 학설이었다고 한다.

체형을 범죄와 관련시킨 최초의 학자는 크레츠머(E. Kretschmer)로, 그는 키가 크고 마른 쇠약형(Asthenic), 근육질이 잘 발달된 강건형(Athletic) 그리고 키가 작고 뚱뚱한 비만형(Pyknic)의 세 가지 유형으로 구분하였다. 4,414명의 통계조사에 기초한 그의 분석에 의하면, 폭력범죄는 강건형에 많고, 좀도둑이나 횡령은 쇠약형에 많으며, 비만형은 횡령과 사기를 많이 범하는 것으로 나타났다.

그러나 상호 배타적인 관계와 비범죄 집단과의 비교가 이루어지지 않았기 때문에 어떠한 차이나 특징이 범죄자를 특정짓는지는 알 수 없다(이윤호, 172). 크레츠머는 또 체격형의 분류에 따라 성격형도 순환성, 분열성, 점착성으로 분리된다고 하고, 그 같은 성격형이 극단화하면 우울병, 정신분열병, 전간병이라고 하는 3가지의 정신병을 일으킨다고 한다.

4. 신롬브로조 학설의 승계

고링의 롬브로조 비판에 의해 쇠퇴했다고 보이는 롬브로조의 학설은 롬브로조가 태어난 이탈리아의 카라라에 의해서 계승되었고 미국에 있어서는 후톤에 의하여 계승되었다.

하버드대학의 인류학자인 후톤은 고링의 업적은 재검토하고 신체적인 형태에 대해서 광범하게 조사한 결과 고링의 방법론과 결론이 반드시 옳다고는 볼 수 없다는 결론에 도달했다. 후톤이 1939년 『범죄와 인간(Crime and The Man)』에서 그가 자신이 행한 조사의 의식을 요약해서 발표하자마자 체형론적인 범죄학이 다시 범죄원인론 상에서 논의되게 되었다고까지 말하고 있을 정도이다.

라돈의 연구결과에 따르면 키가 크고 여윈 사람은 살인범이나 강도범이 될 경향이 있다. 키가 크고 체중이 무거운 인간은 살인도 하고 문서위조나 사기행각도 한다. 키가 작은 인간은 절도나 야간절도에 능하다. 키는 작지만 체중이 무거운 인간은 상해, 강도 기타의 성범죄를 범한다.

다른 한편, 보통의 체격을 하고 있고 신체적인 특색이 없는 인간은 범죄 면에서도 전문적이지 못하고 어떠한 죄를 범하면 좋을까에 갈팡질팡하는 사람들이라고 한다.

라돈의 연구성과에 대하여 살펴보면 다음과 같다.

① 33개의 측정사항 중에서는 19개가 범죄자와 일반시민이 서로 다른 데가 있었다.
② 신체측정의 모든 점에서 범죄자는 일반인보다는 뒤떨어진다.
③ 앞이마가 낮고 콧대와 코의 끝부분이 극단적으로 넓거나 좁고 코는 비뚤어지고 휘어졌으며, 눈은 꽉 눌러놓은 형이고 턱은 좁고 일반적으로 소질적인 열등인간의 상과 꼭 일치한다.
④ 신체적 열성은 주로 정신적인 열성과 관계가 있으니까 중요하다.

⑤ 열성(劣性)의 근본원인은 어쩌면 유전에서 오는 것이며 생활상태나 환경에서 오는 것은 아니다.
⑥ 검은 눈과 푸른 눈은 범죄자에게는 적고 청・茶色과 여러 가지 색을 혼합한 눈이 가장 많다. 전체가 옥충색(玉忠色)을 하고 있는 눈은 비교적 적고 옥충색의 반점이 있는 눈이 가장 많다. 또 눈이 처져 있는 것이 가장 많고 눈썹이 엷은 것도 많다.
⑦ 일반인의 대조군보다는 문신이 많다.
⑧ 입술은 엷고 턱의 각도가 압축되어 있는 사람이 많다. 윗니쪽이 앞으로 나온 사람도 많다.
⑨ 범죄자의 귀는 대개 적다.
⑩ 전액이 낮고 경사되어 있으며 머리가 가늘고 처진 어깨도 일반인에 비하여 많다.

이러한 라돈의 연구결과는 롬브로조의 것과 비슷한 특징을 많이 볼 수 있다고 하는데, 볼드에 의하면 라돈의 연구업적을 정립하기 위해서는 그것을 생물학과 심리학에 있어서 말하자면 체질학파와 결부해서 이해할 필요가 있다는 것이다(藤本哲也, 前揭書, 62~63).

"인간의 기초적인 기관의 우열을 나타내고 있는 체질적(유전적) 상위는 확실히 생물학적으로나 심리학적으로 개인차가 있음을 반영하고 있다"는 것이 근본가설이다. 그래서 라돈이 발견했다고 생각하는 상위점은 범죄인의 생물학적 열성을 나타내는 명확한 지표에 있다고 말하고 있다. 그 결과 그 체질적 열성이 그리고 열등자를 설명하기 위한 가장 중요한 요소가 되었다.

5. 결어

이상과 같은 정신의학적・생물학적 원인론의 범죄원인론적 관점은 범죄자는 일반인과 같이 1개의 생물학적인 조직체이지만 그저 어딘가 다를 뿐만 아니라 이상과 결함이 있고 따라서 생물학적으로는 열등하다고 생각하여 왔다. 거기에는 행동에 있어서 인간의 생물학적인 차이라고 하는 일반관념이 있다. 인간의 생물학적 구조가 인간의 기능을 결정한다는 논거가 가로놓여 있다고 해도 좋을 것이다.

근년에 있어서 정신의학적・생물학적인 연구동향은 내분비선의 이상에 의한 범죄성의 해명에 의한 것이다. 뇌파측정으로 본 범죄의 연구, 성염색체 이상에 관한 연구, 생화학적 방법에 의한 범죄의 연구 등이 있는데, 미국에서는 범죄원인론에 관하여는 롬브로조 입장으로 돌아오고 형사정책으로는 베카리아 입장에 돌아왔다고 하는 오늘날 생물학적 연구의 부활이 의미하는 것이 무엇인가를 주의 깊게 생각할 필요가 있다고 할 것이다.

2 심리학적 원인론

1. 심리학적 연구의 시작

'범죄심리학'이라는 명칭은 이미 18세기부터 사용되었는데, 이는 범죄자의 심리에 중점을 두고 범죄행동을 해명하려 하는 것으로 18세기 말엽부터 시행되었다고 한다. '범죄심리학'이라는 명칭을 붙인 저서가 나오게 된 것은 19세기의 말부터 20세기의 초에 걸쳐서부터였다. 그 중에서도 롬브로조의 제자이며 저명한 사법관이었던 가로팔로(R. Garofalo)는 범죄심리학의 중요성을 지적하고 자연범죄의 개념을 제창함으로써 범죄를 연민의 정과 성실의 정이라는 기본적인 애타적 정조에 대한 침해라고 이해하고 도덕적 의식에 대한 침해가 범죄의 개념에 있어서 중심적 요소로 되어 있다고 하였다.

이 가로팔로의 생각은 「도덕적 이상성설」이라고 하는데, 그 생각은 다윈(C. R. Dawin)과 스펜서(H. Spencer)의 영향을 받은 것이고 같은 시대의 꿰또레와 페리가 사회물리학적인 입장에서 범죄의 정률성을 주장하고 자연범죄의 개념에 접근한데 대해서 어디까지나 도덕 감정의 진화를 연구하는 것으로써 자연범죄의 형식을 정하는데 성공한 것이다. 즉 롬브로조는 자연범죄인은 애타적 정조의 결여가 원인이라 보고 그 애타적 정조의 결여의 원인을 인류학적 변이성에서 찾고, 인류의 진화와 사회의 진화에 역행하고 낙오된 인간이 범죄자라고 생각한 것이다.

가로팔로는 범죄자의 심리인 반윤리적 정조는 퇴화적 도태를 받은 윤리적 변절자의 고유의 것이며 그것은 긴 진화의 과정에서 서서히 형성되어가고 있다고 하는데, 우리들은 그 점에서 가로팔로에 대한 롬브로조의 영향을 간파할 수 있게 되는 것이다. 가로팔로는 자신은 구별하고 있는데도 범죄인은 생래범죄인과 같은 개념을 가지고 있다는 것을 알 수 있다.

이와 같이 가로팔로는 범죄의 심리적 고찰을 출발점으로 하고 범죄의 법률적 개념으로 방향성을 가지게 하면서 애타적 정조의 결여의 정도에 따라 범죄자를 분류하고 그 대책을 수립한다는 형사정책적 시책의 전개를 시도하였다.

그리고 자연범죄의 개념을 기초로 형법상의 제 문제를 검토하고 고전학파의 도의적 책임론을 배격했다. 그리고 범죄자의 위험성이라고 하는 개념의 형법학에의 도입을 시도하고 사회적응성의 개념을 채용함으로써 형사법사상의 발전에 크게 공헌한 것이다.

필자는 이러한 가로팔로의 견해를 범죄심리학적 단서로 보는 것인데, 물론 본연이 범죄심리학 업적으로 나타난 것은 1930년 이후의 것이다. 심리학적 원인론이 범죄학의 한 원류로 되는 것은 프로이드의 업적이 평가되면서부터라고 말할 수 있다.

2. 프로이드(S. Freud)의 정신분석학적 범죄관

범죄학의 이론에 있어 프로이드일파의 사상체계가 가지고 있는 의미는 범죄 그 자체에 주목한 점이 아니고 범죄를 포함한 일체의 행동을 설명하려는 학설을 확립하는 데 있다고 한다. 프로이드의 정신분석론은 라파포트 이래 다음의 6가지 기본적 관점을 분리해서 생각하는 것이 일반적이다.

① 의식, 전의식, 무의식이라는 3가지 심적 영역을 인정하고 정신활동이 어떤 영역에서 영위되고 있는가를 밝히려는 국소론(局所論)적(Topographic Aspect) 입장

② 이드, 자아, 초자아라는 정신구조를 생각하고 그와 같은 각 기능과 그 같은 상호간의 역동적인 관계를 문제로 하는 구조론적 입장

③ 모든 심적 현상에 있어 그 배후에 심리학적인 힘 내지 무의식적인 동기를 가정하여 심적 현상을 그러한 힘이 협동과 갈등과의 통합의 표현으로써 파악하고자 하는 역동적 견지(Dynamic Aspect)

④ 욕동의 흥분량과 자아의 억압 에네르기에서 볼 수 있듯이 모든 심적 현상이 이적 에네르기로 해서 나타났다고 가정하는 경제론적 관점(Economic Aspect)

⑤ 모든 심적 현상이 환경과 밀접하게 관계되어 있으며 쾌감원리와 현실원리에 관한 명제를 기초로 한 후 정신분석학의 사회적 측면의 발전을 준비한 적응론적 관점

⑥ 모든 심적 현상이 심리적인 기원과 그 후의 발달과정을 가지고 있고 과거의 심리현상의 파탄은 한 번은 깨진 것 같이 보이지만, 뒤에는 더 활동적으로 될 가능성

을 가지고 있다고 보고, 정신분석 인격 발달론을 발생시킨 발달론적 관점이 그것이다.

또, 프로이드의 이론은 그 때 범상설(무엇보다도 성적인 것을 강조하는 학설)이라고 부르듯이 리비도를 중시하는 것인데, 프로이드는 히스테리증상의 원인에는 성적인 것이 많은 것을 많이 발견한다. 억압된 관념이 성적인 것이라는 것과 성욕은 어릴 때부터 있다는 주장은 그 후 성의 이론에 대한 3가지 논문에 있어서 전개되어 그 때부터 프로이드는 자기의 이론을 체계화하는 작업을 시작한 것이다.

그 후 프로이드는 성욕을 더욱 중시하게 되어 성욕이라고 보게 되는 모든 범위를 확대시켰다. 그리고 신경증의 원인으로써 성적 소질의 역할을 중시하게 되어 있는 것이다. 그래서 프로이드는 이 같은 생각을 범죄에 적용하고 있고 정신적(심리적) 갈등→억압→상징적으로 보는 범죄자는 도식이 신경증과 같은 사고방향에서 채용되어 있는 것이다.

프로이드의 견해 중에서 범죄와의 관련성이 깊은 것으로 의식, 전의식, 무의식이라는 3가지 심적 영역과 이드, 자아, 초자아라는 정신구조가 있다.

성욕 등의 원시적 욕구(이드 또는 독일어로 에스라 칭한다)는 본능적이고 쾌를 구하고 불쾌를 피하려고 하는 쾌감원리에 지배되어 있지만, 인격은 그 원초적 단계에 있어서 오로지 쾌감을 구하려고 하는 충동제로써의 이드에 지나지 않는다고 프로이드는 말한다. 물론 우리들은 쾌감원리만으로는 생활해 나갈 수가 없으니깐 이드는 억압될 필요가 있다.

이와 같이 이드의 무의식의 동기로 보는 쾌감과 파괴의 본능은 초자아의 도덕적 억압과 현실적응의 움직임에 따라 통상 억압되어 버리지만, 만족추구의 에네르기는 꺼지지 않고 남아서 꿈과 공상으로서 방출되기도 하고 때에 따라서는 격한 마음의 갈등의 결과, 정신이상의 징후로서 표현 될 때도 있다. 상습범죄자는 강한 자아가 배우지 못한 사람들로 적의가 있는 공격본능을 억압할 수 없는 자들이라고 프로이드는 생각하고 있다.

이와 같이 범죄인은 그 무의식적인 범죄행동에 의해 하나의 잠재적인 죄의식과 범죄망상을 포섭하고 있고 범죄행동에 의하여 여기에서 피하려고 노력한다. 오이디푸스

컴플렉스가 사회적인 죄책감을 낳고 그들은 무의식적으로 그것을 피하기보다는 역으로 범죄를 추구한다. 형벌의 제재를 열망하고 숙명적인 죄책감을 배설하려고 할 것이다.

그래서 이 사상은 죄책감 또는 죄의식이 범죄행위의 원인이 되는 것, 그래서 범행 후에 처음으로 일어나는 것이 아님을 알게 된다.

범죄인과 신경증자와는 여기에 있어서 동일한 인간이다. 다만, 범죄인은 컴플렉스를 범죄라고 하는 외적 행위로 해서 과잉적으로 대상하지만, 신경증은 이 무의식적 행동과 억압력과의 긴장을 내면적인 무해한 증상으로 상징화한다는 상위가 인정되는 것이며, 그들의 병적 행동은 다같이 무의식 속에서 발견되는 것이다. 프로이드 범죄관에서 중요한 또 한 가지 기본적 개념은 「오이디푸스 컴플렉스」이다. 오이디푸스 컴플렉스는 남아에게는 일반적으로 어머니를 독점하기를 갈망한다. 경쟁자로서의 아버지에 대해서는 증오심을 품을 때도 있다고 한다. 테베의 왕 라이오스의 아들인 오이디푸스가 자신도 모르게 아버지를 죽이고 어머니를 취해 그리스 신화처럼 아버지를 살해한다든지 근친상간적인 갈망은 성장하면서 차츰 줄어들지만 성장 후에도 계속하여 남을 때가 있다. 이것이 신경증 또는 반사회적 행동(범죄나 비행)의 원인이 될 수가 있는 것이다.

또한, 여아의 경우에는 이러한 관계를 표시하는 말로써 엘렉트라 컴플렉스를 사용하고 다른 컴플렉스의 성질을 나타내는 것으로써 거세컴플렉스, 카인컴플렉스(형제적 대감정) 다이아나(여자가 독립심이 강한 남성적 직업을 선택하고 독신으로 살거나 결혼한 남편을 비남성화하려는 컴플렉스가 존재한다고 한다)를 말한다.

프로이드는 또 후기에 와서 생의 본능 또는 에로스본능과 파괴본능 또는 사(死)의 본능은 순수한 형이 아니고 여러 가지로 융합해서 작용한다는 것이다. 인간행동은 전부 에로스(생의 본능)와 타나도스(死의 본능)와의 상호 대립적 또는 결합적 작용에 불과하다는 것이다.

그래서 사(死)의 본능을 프로이드는 오이디푸스 컴플렉스 가운데 억압되어 있는 2개의 범죄, 부친살해와 근친상간의 무의식적 반복이라고 하여 이 무의식 속에 억압된 갈망이 여러 인간의 무의식적 죄책감의 근원이라고 생각한 것이다. 그래서 이와 같은 오이디푸스적 정신력 등은 여러 개인에 인정받고 있는 고로 인간은 거의가 잠재적인 범죄자라고 할 수가 있다.

이상과 같은 프로이드의 이론적 방향에서는 범죄행동은 단적으로 말해 대상(代償)

반응이며 억압되어 있는 컴플렉스가 상징적으로 나타난 형태라고 이해하는 것이다. 말하자면 무의식의 마음속의 갈등은 죄책감과 불안감을 낳게 한 결과 죄책감을 추방하고 악에 대한 선의 정정한 밸런스를 회복하기 위하여 자신에게 벌주기를 바라는 마음이 생겨난다고 프로이드는 주장하고 있다. 결국 범죄인은 잡혀서 벌 받으려고 범죄행동으로 나가는 것이다.

결국 인간행동의 밑바탕에는 무의식적 동기가 생겨 그 자유스런 발현은 사회적 통제, 제재로써 억압되고 무의식중에 빠지고 말지만, 그렇다고 소멸하는 것은 아니고 기회가 있으면 의식면에 나타날 것이다. 거기에 무의식과 의식 간에 갈등이 생겨 그것이 정동장애의 형성으로 결부된다는 데에 프로이드의 기본적인 생각이 있다고 할 것이다.

3. 프로이드의 후계자들

1) 알렉산더(F. Alexander)의 신경증적 범죄자

프로이드로부터 시작된 정신분석학범죄관은 그 후 정신분석학적 인격이론, 자아심리학, 욕구불만과 공격성에 관한 제 이론, 자아범위기제에 기초를 둔 적응이론, 사회화과정과 정신발달로 이어지는 제 이론으로 계승하면서 독특한 범죄학 이론이 나오게 되었는데, 그 중에서도 알렉산더는 심적 갈등의 결과 특정사태에 대한 행동은 나쁘나 다른 사항에 대해서는 양심적 행동을 하는 범죄자의 유형을 들어 그것을 신경증적인 행동표출범죄자(Acting-out Neurotic Criminal)라고 본다.

즉 여기서 알렉산더가 말하는 신경증적 행동표출범죄자라는 것은 초자아가 자신들의 처벌을 구해서 범죄를 행하는 경우를 말하는 것이다.

이와 같은 알렉산더의 생각은 프로이드의 죄책감에서의 범죄자에 해당된다고 보는데 그럴 경우 죄책감은 범죄의 결과가 아니고 차라리 그 동기인 것이다.

그리고 범행 전부터의 중압적인 죄책감은 범행에 따라 의식적 죄책감으로 바뀌고 판결·처벌 등으로 하여금 자기파괴욕구가 만족되면 경감(輕減)된다고 하는 절차를 거치게 되는 것이다. 알렉산더의 경우 무의식적 죄책감의 원천은 오이디푸스 컴플렉스에서 찾을 수 있다고 보는 것이다.

이와 같이 프로이드의 후계자 중 한 사람인 알렉산더는 심적 결정론의 입장을 택해서 정신분석학파의 범죄관을 한층 명확하게 하였다고 보지만, 알렉산더가 말하는 신경증은 자신이 자신을 벌하는 것으로서 그리고 또 범죄자는 다른 사람을 공격하고 처벌을 받는 것으로 죄책감을 줄이려고 하는 존재라고 생각한다면 알렉산더의 입장에서는 형벌이란 의미 없는 것이 된다. 왜냐면 그와 같은 경우 범죄자에게 형벌을 과하는 것은 그들의 양심을 만족시킬지는 모르나 범죄억제에 효과가 없을 것이기 때문이다.

일반적으로 정신질환이라고 말하는 사람은 무의식적 동기에서 범죄에 빠진 신경증적 범죄자이며 정신분석이 유일한 치료법이라고 하는 알렉산더의 주장은 1930년대의 알렉산더에 있어 직접요법이라 불렀다. 정신과 의사인 자신이 범죄자의 개별요법을 개발한 카프만 등 여럿이 실천에 옮겼지만, 글륙크의 조기예측도 알렉산더와 같은 사회정신분석학자의 영향을 강하게 받았다고 한다.

2) 아이흐 호론(A. Aichhorn)의 잠재적 범행성

알렉산더의 이론과 같이 중요한 정신분석학파의 범죄이론의 하나로 프리드랜더(K. Friedlender)와 아이흐 호론의 정신분석학적 비향자인격이론이 있다. 그 입장에 설 수 있는 것은 프로이드의 정신발달의 프로세스와 이드, 자아, 초자아라고 하는 정신구조의 도식을 사용하여 범죄자인격의 해명을 하기 위해서 성인의 범죄자보다는 차라리 반사회적인 비행소년들 대상으로 하는 경우가 많은 모양이다.

아이흐 호론은 우선 무엇보다도 비행원인으로써 자아 그리고 초자아의 발달장애를 강조했다. 비행소년의 자아는 내적 그리고 외적 원인에 의해 현실적응이 곤란하게 되어 있지만, 그것은 유아기의 인간관계에 기인한다고 하고 동일시하지 않기 때문에 발생하는 초자아의 발달 부전은 본능적 충동의 통제를 불가능하게 하고 현실적응의 기본적인 형의 확립을 저해하는 것이다.

그래서 아이흐 호론은 잠재적 비행성격이 형성된 경위는 ① 가정에 있어서 사랑의 과잉은 쾌감자아의 갈망의 충만을 계속하는 것으로 현실자아의 형성을 저해하고, ② 가정에 지나치게 엄격한 것은 연령에 상응한 현실원리의 정착을 저해하는 쾌감자아에 대한 퇴행을 가져오는 것과 같은 문제 때문이라고 본다.

3) 프리들랜더(K. Friendlander)의 반사회적 성격

프리들랜더(K. Friedlander)는 아이흐 호론의 이론을 기초로 정신분석이론을 사용하여 비행요인을 기본적인 것과 부차적인 것으로 분류했다. 여기서 말한 기본적 요인이란 프로이드가 말하는 오이디푸스기의 친자관계에 기인하는 정동적 요인을 말하는 것인데, 이 경우의 친자관계는 처음에는 모자의 인간관계가 문제되지만 생후 수년간의 친자관계가 현저히 소원해지고 왜곡되어 있는 것으로 현실원리에 따른 자아가 형성 안되고, 자아는 본능적인 이드의 노예가 되니 정동적 요인으로서 반사회적 성격이 형성되고 그것이 비행요인으로서 중요한 움직임이 된다고 한다.

프리들랜더의 비행소년이 비행을 일으키는 준비생으로서의 「반사회적 성격」은 ① 통제되지 않은 본능적 욕구력, ② 조종기능으로서의 5~6세로 잠재적 비행성으로 이행(移行)하고 소년기에 나타나게 되는 것이다.

이상과 같은 기본적인 관점에서 프리들랜더는 인격진단으로 비행소년의 유형화를 시도하고 있다. ① 기질장애(알코올 기타의 약물중독, 뇌외상, 뇌염후유증 등), ② 정신이상 때문에 자아장해에 이르는 것, ③ 반사회적 성격형성에 의하여 분류하고 반사회적 성격은 다시 (i) 반사회적 성격형성이 심한 것과 (ii) 반사회적 성격의 정도는 가볍지만 환경의 영향을 크게 받는 것, (iii) 반사회적 성격의 정도는 비교적 가볍지만 신경증적 갈등을 보이는 것, (iv) 반사회적 성격의 정도는 비교적 가볍지만 신경증적 갈등을 보이는 것, (v) 반사회적 성격과 같은 공상(空想)을 행동화하는 신경증적 장애를 이루는 것으로 분류하고 있다.

4) 정신분석학적 범죄학이론의 제 학설

(1) 아들러(A. Adler)의 열등감설(劣等感說)

아들러는 프로이드의 좋은 협력자였는데 성 중심주의를 비판하고 프로이드와 독립하여 독자체계를 수립했다. 아들러의 체계는 개인심리학이라고 부른다. 말하자면 아들러의 학설은 프로이드와 같이 심층심리학을 중심으로 하는 종(縱)의 체계라기보다도 외계의 적응성을 주도하는 횡(橫)의 체계라고 하는 것이 좋을 것이다(森武夫, 1979: 68).

아들러에 의하면 어린이는 출생으로부터 무력감을 가지나 그 무력감은 ① 부적당한 취급을 받아 불행한 환경에서 자랄 때, ② 신체기관의 열등성, 즉 신체의 이상에 대해서 본인이 열등감을 가졌을 때에 강화된다고 한다. 그리고 그와 같을 때에는 다른 사람보다 뛰어났다는 욕구로 하여금 이것을 극복하려고 하는 것이다. 말하자면 범죄자는 어렸을 때, ① 응석부리며 버릇없이 자란 아이, ② 학대받으며 자란 아이, ③ 추한

자의 어느 하나에 해당하는 것으로서 범죄는 그들의 우월성에 대한 노력이다. 그들은 본질적으로 겁쟁이이며 정신병자, 신경증자와 같고 사회적 관심과 사회와의 결합이라고 하는 것이 아들러가 주장하는 요지라고 말할 수 있다.

따라서 열등성을 확신하는 여성을 세상의 3가지 문제(사회적 관심, 직업, 연예와 결혼)를 해결 못하고 자기를 팔고(성매매) 그러는 중에 타인으로부터 인정을 받는 것, 돈을 버는 것, 개인적 우위를 얻는 것으로서 그러한 문제를 해결할지도 모른다.

개인적 우월성에의 욕구가 많은 범죄자는 정복자가 되는 것을 자기들의 목표로 하고 일체의 활동을 그 목표달성에 집중한다. 그들은 사회적 관심이 미발달했기 때문에 상식에서 유리해 케이스의 규칙에는 눈도 안 뜨고 오로지 행동에의 충동에 몸을 맡긴다. 그래서 사회로서는 위험인물이다.

이와 같이 아들러는 인간의 기본적 욕동을 열등감의 극복 및 자기보존의 욕동이라고 생각, 「열등감」과 「비사회성」의 개념을 중심으로 하는 독자적인 범죄론을 전개한 것이다.

(2) 융(C. G. Jung)의 분석심리학

융(C. G. Jung)은 프로이드의 리비도(Libido)개념을 비판하고 리비도(성적 에네르기)를 성적뿐만 아니라 전체의 행동의 밑바탕에 있는 심적 에네르기로 생각하고 그와 같은 생명의지의 방향에 따라 인간의 태도를 외향성-내향성(타이프이론)으로 2분하고 독자의 인격이론을 구성함과 동시에 자기의 체계를 「분석심리학」이라 부르고 아들러와 같은 프로이드의 정신분석과는 다른 것을 강조했다.

융의 경우 무의식을 중시하는 태도는 프로이드와 같은 것이나 개인적 경험에서가 아닌 집단적 무의식을 인정한 것 즉 우리들의 선조의 경험과 자연의 힘에 대해서 원시적인 해석의 방법이 유전되어 무의식중에 존재하고 있다고 주장한 점이 독특하다고 할 것이다.

이러한 관점에서 프로이드는 생명은 2가지 목표 즉 리비도의 만족과 생활상태의 복귀를 가질 뿐이지만 융은 환경을 지배하고 인간을 진보시키는 잠재력을 실현시키려고 다양한 목표를 가지고 있다고 보고 있는 것이다.

여하튼 집합적 무의식의 현상형태를 원시유형이라고 하고 생물적 본능과 같은 선천적 행동양식에의 유전이라고 생각한 데에 융의 분석심리학의 특색이 있다고 생각되는 것이다.

(3) 라이히(W. Reich)의 충동적 성격이론

일본의 平尾晴(히라오야스시)에 의하면 라이히는 기본적으로는 프로이드의 정신분석요법에 동조하였지만, 종래의 프로이드 정신분석요법이 그 목표를 오로지 증상이라고 보았고, 배후에는 신경증적 반응이 기초하고 있다고 해명했다는 점에 특색이 있다고 하였다. 즉 라이히는 모든 신경증의 증상은 성격론적 반응이 기초가 된다는 것을 분명히 밝히고 개인의 성격은 하나의 충동이 좌절되는 시기 그 욕구좌절의 범위와 강도, 욕구좌절을 준 사람의 성별 등의 인자에 의한 규정과 형성된 것을 통하여 그 개인에게 특유한 성격반응 양식이 되어가고 있다고 생각하고 있다.

라이히는 이와 같은 과정에서 일어나는 갈등과 방위의 반복이 자아를 변화 발달시켜 간다고 보고 거기에서 일어나는 외계에 대한 태도를「성격의 무장」이라 칭한 것이다.

구체적으로는 애정과는 달리 일관성이 없는 양육태도 하에서 형성되는 충동적 성격에 있어서는 충동긍정적인 초자아와 충동부정적인 초자아가 매우 불균형한 가운데 공존되고 있고 이것이 범죄나 비행의 원인이 된다고 라이히는 생각하였다. 즉 라이히에 의하면 충동억제적인 신경증적 성격에 있어서는 충동의 단념은 자아이상에 대한 동일시라고도 보고 있어 초자아와 자아와는 유기적으로 융화되고 있다.

이상과 같은 라이히의 충동적 성격의 양육사에서 본 욕동만족의 무제한의 충족과 부조리한 금지라는 모순은 후에 비행소년을 치료한 아이히 호론, 알렉산더 프리들랜더 등에 따라 실증되었다.

라이히는 또한 병자가 지닌 성격에 치료적으로 깊이 들어감으로 병자가 보인 방위적·저항적인 성격의 측면 안으로 단순히 본능적인 것뿐만이 아니라 병자의 성격 또는 환경으로서의 사회질서 자체의 잘못된 점도 있다고 지적했다. 또, 프로이드가 공격성 또는 죽음의 본능을 1차적 충동이라고 한데 대하여 라이히는 죽음의 본능과 공격성도 부정했다. 즉 라이히는 "공격성은 욕구불만에서 2차적으로 일어난 사회적 욕구였으며 그것은 사회변혁과 억압해소로서 감소시킬 수 있다"라고 했다.

5) 신프로이드학파와 그 후

프로이드 후 정신분석학의 분야에 있어서는 프로이드의 이론을 충실히 계승한 프로이드와 하트만 등으로 하여금 정통파 정신분석으로서의 자아심리학이 발달하는 한편, 프로이드이론의 생물학주의에 대한 비판을 기포로 대인관계론적, 적응론적, 비교문화론적 입장의 도입으로써 프로이드의 이론을 수정하려고 하는 움직임이 일어났다.

호나니, 사리반, 프럼, 라이히만 등이 그 대표적 인물이다. 보통 이러한 프로이드의 견해의 근본적인 원칙을 인정하면서도 프로이드의 생각을 전면적으로 받아들이지 않는 사람들을 신프로이드학파라고 부르는데, 영국에서는 이 학파에 속하는 자들이 많다고 한다.

하지만 일본에서는 프로이드의 정신분석학이 생물학적, 사회적 견해가 부족하다는 점에 반대하여 1930년부터 이것을 수정하려는 미국 학파를 가리키는 경향이 강하다고 한다. 상기자 이외에는 카디나, 린톤, 달라드는 프로이드의 정신세계를 보다 철저히 '순수화'한 점이 특징적이다.

종래의 본능론적 정신분석학과 자아심리학에서 개인의 인격발달을 구순기, 항문기 등 인간의 생물학적 욕동의 발달단계를 기초로써 이해하였다. 이에 대해 대상관계론은 자아와 그의 대상과의 관계 뿐 아니라, 자아에 있어 외계의 제 대상이 어떻게 반영하고 어떻게 의미를 가지고 있는데 그리고 그것이 자아의 발달에 어떻게 변천되어 가는가 하는 시점에서 인격발달을 포착한다. 게다가 그 자아의 정신역동을 이해해 정신요법을 행하는 데에 대상관계론의 본질적 특징이 있다.

6) 결어

이상 본질에 있어서는 특히 정신분석학의 입장에서 하는 이학적 원인론(理學的 原因論)에 대해서 그 흐름을 개관했는데 심리학적 원인론이 여기에 멈추지 않는다는 것은 말할 필요도 없다

또 정신분석학파의 이론에 대해서 ① 이 이론의 주된 어려움은 변수에 상당한 것이 과학적으로 연구될 수 없다는 성질의 것이다. ② 정신분석학자의 신념과 견해도 그 연구와 똑같이 그저 반대론자에게 그를 믿어달라고 하는 것 같다. ③ 위 ②번 이론의 옹호자들은 정신분석의 이론은 많은 점에 과학적인 근거가 없다고 논하는 자를 정신분석 하고 '비판자는 그 깊이 숨겨 있는 비밀 가운데 급격한 감정의 갈등을 표출하고 있는 것이다. 또 그렇게 할 수 밖에 없었고 건설적인 비판을 하는 것은 아니다'라고 하지

만, 그와 같은 일은 범죄와 범죄성에 관한 건전한 지식체계의 발전은 바랄 수 없다. ④ 정신분석학파는 택산(澤山)의 새로운 렛텔을 붙여준 것을 빼고는 범죄자에 대한 정의를 내리고 처우한다는 문제에 대해서 실제상의 공헌은 극히 한정적이다 라는 등의 비판도 있다. 그러나 정신분석학파는 ① 범죄자의 감정적 요소에 초점을 두고, 깊은 범죄성의 뿌리를 탐구하였다는 점, ② 사회적으로 핸디캡이 없는 사람들로서 범한 돌연의 범죄행동을 설명하는 것을 용이하게 했다는 점, ③ 과거부터 지금까지의 시간과 더불어 인과적인 인격의 형성발전을 설명하려고 시도했다는 점, ④ 심적 결정론으로써 형벌에 대신해서 치료를 해야 한다는 것을 주장한 점 등에 대해서 높이 평가할 수 있다고 필자는 생각한다.

3 사회학적 원인론

1. 모페리(E. Ferri)와 범죄사회학

롬브로조(C. Lombroso)로 하여금 인류학적 조사에 기한 범죄의 원인탐구에 노력을 기울이는 한편, 가로팔로에 의해 도덕적 이상성이 강조된 범죄원인의 실증적 연구는 페리에 와서 사회학적 방법론의 채용과 이론의 체계화가 되었다.

이로써 범죄학분야에 있어서 범죄원인의 규명은 일단 완성을 보게 되었다.

페리도 롬브로조의 제자인데 가로팔로와 다른 점은 페리는 다윈의 진화론과 스펜서의 종합철학, 마르크스의 과학사회주의의 이론을 흡수하여 자기의 이론을 완성하였다는 점이다. 그는 범죄의 원인으로써 인류학적 요소, 물리학적 요소, 사회학적 요소의 3가지를 들고 이들 각 요소가 일정한 양으로 존재하는 사회에는 이에 상응하는 일정량의 범죄가 반드시 발생한다고 하는 '범죄포화의 법칙'을 주장하였다.

이 법칙은 "사회는 범죄를 예비하고 범죄자는 그것을 실천하는 수단에 불과하다"라는 유명한 말을 남긴 꽤또래의 견해이다. 이것은 "범죄는 사회를 움직이는 윤활유의 역할을 한다"고 하는 뒤르깽(E. Durkheim)의 생각과 일맥상통하는 것이다. 범죄자는 인류의 아종이라고 보는 스승인 롬브로조의 생각과는 이론적으로 서로 대립하는 것으로 되어 있다.

이와 같이 범죄에 관한 사회학적 연구는 19세기 말부터 20세기 초에 이르러 뒤르깽 등에 의해 전개되었다. 타르데의 범죄모방설, 범죄인류학, 사회학의 유기적 관련성에 있어서 "사회환경은 범죄의 배양액이다"라고 프랑스의 라카사뉴가 표현하였다.

마르크스주의의 입장에서 범죄의 원인은 자본주의체제, 즉 빈곤이 범죄의 원인이라는 사상이 미국의 "시카고 학파"를 형성함에 따라 사회학적 원인론 즉 범죄사회학은 범죄학상 중요한 위치를 점하게 된 것이다.

이하에서는 1910년대에 전개된 사회해체론으로부터 1970년, 80년대의 새로운 사조인 뉴 크리미놀로지(New Criminology)의 이론까지 대표적인 이론에 대하여 언급하기로 한다.

2. 문화전파(전달)를 중심으로 한 이론

1) 사회해체(Social Disorganization)이론

사회학적 원인론이 가장 발달한 나라는 미국이라고 할 수 있는데 유럽에 있어서 범죄학이 주로 범죄와 사회사업의 통계분석에 의해 실증적 측면을 강조하며 발달해온데 대한 이유는 잘 모른다.

1910년대까지는 범죄학이론이 없었으며, 사회학이론을 범죄현상에 적용한 최초의 범죄학이론으로써 등장한 것이 사회해체이론이다.

사회해체란 사회를 구성하는 제도 간에 부조화상태가 발생하여 사회가 그 집단의 구성원에 대해서 전체로서의 존재를 확립하는데 필요한 사회생활에 관한 행동기준으로의 사회규범에 의한 통제력을 잃은 상태를 말한다.

사회해체의 개념을 이용한 범죄발생 메커니즘에 대한 설명은 이하와 같다.

① 제1단계로써 슬럼가에서 사회해체가 정상적 상태로 되면 거기에 대해서는 사회규범에 대한 사회구성원으로부터 공감을 받지 못하게 되어 사회의식의 분열을 일으킨다.

② 제2단계로써 이러한 사회의 기본적 조직이 해체되는데 있어서는 기존의 사회통제도 사회화로 기능을 잃어버리고 그에 대한 통제기구도 없는 상태에 빠진다. 즉 슬럼화가 발전하여 소위 도덕적 퇴폐현상이 일어나는 것은 이때부터이다.

③ 제3단계로써 슬럼화가 역력한 상태 하에 있어서는 위기감이 발생하고 사기가 상

실되며 여러 가지 형태의 사회 붕괴 현상이 보이기 시작한다. 그 결과 여기에 있어서는 반사회적 태도가 일상화되고 사회의 해체속도는 증가일로를 걸을 뿐이다. 여기에 범죄의 발생이 생긴다고 보는 것이다.

이와 같은 사회해체론을 이용해서 범죄현상을 설명하려고 하는 학자로는 쿨리(C. H. Cooly), 토마스(W. I. Thomas), 엘리오트와 메릴(M. A. Eliott & F. E. Merrill), 파리스(R. E. I. Faris) 등이 있다.

2) 문화전파(전달)이론

문화전파이론은 사회해체이론과 거의 같은 시기에 발전해 왔으며, 한마디로 말해 문화가 부모로부터 아이들에게 전해짐으로써 범죄도 부모로부터 자녀에게 전해진다고 하는 이론을 말한다.

이 이론은 쇼와 맥케이의 도시에 있어서 범죄의 생태학적 연구로부터 시작, 소위 시카고학파의 전통적 이론으로써 서덜랜드의 이질적 접촉 이론과 글래저의 이질적 동일화이론으로 결실을 맺었다. 쇼와 맥케이는 도시의 생태학적 연구에 있어 ① 비행률은 지역에 따라서 많은 차이가 있으며, 어느 지역에서는 연간 한 사람의 소년도 체포되지 않는데 다른 어떤 지역에서는 소년의 20% 이상이 체포되는 것과 같은 것이다. ② 비행률은 일반적으로 도시 중심부분에 가장 많고 중심부에서 멀리 떨어질수록 감소한다. 그리고 이러한 경향은 도시의 공업 혹은 상업지역을 중심으로 해서 볼 수 있다. ③ 무단 결석률이 높은 지역에서는 소년법원의 수리건수도 많고 성인의 카운터(군) 구치소의 수용률도 높다. ④ 1930년에 범죄율이 높은 지역은 1900년으로 거슬러 올라가 지역의 주민의 변화가 있어 범죄율은 역시 높다는 것, ⑤ 비행지역에서는 민족 집단의 비행률은 인구전체의 비행률과 같고 시의 중심부근은 높고 변두리로 갈수록 낮은 경향이 있다는 것, ⑥ 비행률이 높은 지역에서는 비행자들은 누범자가 되기 쉽고, 누범자 중에서도 비행률이 낮은 지역에서는 누범자보다도 많게 법원에 나타나는 경향이 있다는 등의 연구 성과가 보고되고 있다.

그들은 연구성과 중에서 주목해야 할 것은 시간의 경과에 따른 지역주민의 민족구성의 변화에도 불구하고 비행률이 일정하다는 점이다. 여기에 대해서는 범죄는 개인심리의 소산이라고 하기보다는 차라리 환경의 함수로 봐야 한다는 것을 시사하고 있는 것이다. 동시에 우리들은 그 범죄현상을 보다 잘 이해하기 위해서는 초개인적인 사회적 요인에 주목하지 않으면 안 된다는 것을 암시하고 있는 것이다.

그리고 또 그 같은 사실이 범죄, 비행지역에서는 사회적 전통의 중핵적 부분을 구성하고 있다는 것을 말해주고 범죄나 비행은 말과 기타 관습이 전해져 오고 있는 것과 마찬가지로 주민들 간에 계속 전달되고 다음 세대로 전달된다는 가설을 제시하고 있다고도 할 수 있다. 이러한 비행다발지역에 있어서는 비행을 낳는 고유의 문화가 있고 비행문화가 전달되어 간다는 가설이 문화전파이론의 골자라는 것은 두말할 것도 없다.

3) 이질적(차별적) 접촉이론

이질적 접촉이론은 미국의 범죄사회학 중에서 가장 중요한 이론 중의 하나이다. 서덜랜드의 이질적 접촉이론은 범죄행동을 역사적, 발생적으로 설명하려고 하는 것으로써 이질적 접촉이론은 다음의 9가지 명제에서 성립한다.

① 범죄행동은 학습하게 된다.
② 범죄행동은 커뮤니케이션의 과정에서 다른 사람들과의 상호작용 안에서 학습된다.
③ 범죄행동의 학습의 중요한 부분은 친밀한 사적 집단에서 일어난다.
④ 범죄행동이 학습하게 될 때 그 학습의 내용은 때로는 대단히 복잡하다. 때에 따라서는 대단히 단순한 범죄수행의 기술이라고도 볼 수 있다. 동기, 충동, 합리화, 태도 등의 특징의 방향 등도 포함한다.
⑤ 동기와 더불어 충동에 관한 특정의 방향 등은 법규범의 정의를 좋다고 생각하는가 좋지 않다고 생각하는가에 따라 따로 학습해간다.
⑥ 사람은 법의 위반을 좋다고 하는 정의가 법의 위반이 좋지 않다고 하는 정의를 초과하였을 때 범죄자가 된다.
⑦ 이질적 접촉은 빈도, 기간, 순위, 강도에 있어서 여러 가지 차이가 있다.
⑧ 범죄적 행동형과 비범죄적 행동형과의 접촉에 의한 범죄행동의 학습과정은 다른 여러 가지 학습에 포함되는 메커니즘의 전부에 포함된다.
⑨ 범죄행동은 일반적인 욕구나 가치의 표현인데 비범죄행동도 똑같은 욕구나 가치의 표현이니까 범죄행동은 그와 같은 일반적 욕구나 가치에 의해서 설명할 수는 없다.

이상의 9가지 명제가 서덜랜드에 의한 범죄행동의 발생적 설명이지만 서덜랜드 자신이 말한 것과 같이 ⑥번의 명제 '사람은 법의 위반을 좋다고 하는 정의가 법의 위반이 좋지 않다고 하는 정의를 초과하였을 때는 범죄자로 된다'는 것이 이질적 접촉이론의 근본원리이다.

4) 이질적(차별적) 동일화이론

이질적 동일화이론이라고 하는 것은 글래저(D. Glaser)에 의해 제창된 것인데, 여기서 말한 이질적 동일화이론이란 사람은 자신의 범죄행동을 받아준다고 생각하는 실제의 인간 또는 관념상의 인간에 자기 자신을 동일화시키는 경우에 범죄를 저지르게 된다고 한다. 결국 글래저의 이질적 동일화이론은 서덜랜드의 접촉의 개념 대신에 동일화의 개념을 택함으로써 범죄의 발생, 범죄행동과 비범죄행동의 분화를 더 용이하게 설명할 수 있다는 것이다.

구체적으로 말하면 글래저는 ① 문화에 접촉한다는 것과 동일화한다는 것과는 다른 것이다. 동일화의 개념을 취함에 따라 범죄문화는 접촉하면서도 범죄를 행하지 않는 사람들이 있다는 것을 설명할 수 있다는 것, ② 이질적 접촉이론은 범죄일반은 아니고 특별한 일부의 범죄밖에 설명되지 않고 우연한 계기로 범죄를 한 것에 대한 설명을 곤란하게 하는데 동일화의 개념을 이용함으로써 이러한 결점을 보완할 수 있다고 하였다.

그래서 글래저는 이질적 동일화이론의 특질로써 ① 이질적 동일화이론으로써 명확하게 된 관념은 범죄학의 제성과를 설명하는데 가장 적절하고 간결한 이론이라고 하는 것, ② 이질적 동일화이론은 고정기법의 사회복귀효과를 정확하게 평가하는 지침을 준다고 하는 것, ③ 이질적 동일화이론은 그 역할개념에 있어서 인류학자와 사회학자에 의한 집단행동의 분석과 심리학자와 정신병리학자에 의한 개인의 동기와 그 분석이 결부된 논리적 접점을 제공한다고 하는 3가지 점을 들고 있다.[1)]

---

1) 결국 이질적 동일화이론의 핵심은 인간 자신의 행동을 용인하고 지지하여 준다고 생각하는 실제 또는 관념상의 사람들에 대한 동일화의 정도에 따라 또는 동일화의 대상이 되는 사람들의 종류에 따라 범죄를 수행하는가 안 하는가 하는 것이어서 범죄적 문화의 간단한 접촉의 경험뿐만 아니라 접촉한 범죄문화에 어느 정도 자신이 휘말릴 수 있을까 하는 것이 범죄행동을 결정짓는 요소가 된다고 하는데 있다고 할 것이다.

5) 문화갈등을 중심으로 하는 이론

(1) 문화갈등이론(Culture Conflict Theory)

문화갈등이론은 '범죄는 문화의 소산이다'라고 하는 가설을 그 이론적 전제로 하는 것이다. 즉 사람을 법규범에 위반하는 행위에 문화 특히 문화적 가치규범의 갈등이라고 생각하는 것이다. 이와 같은 관점으로써 범죄를 이해하려고 생각하는 것은 전에는 프린스, 리스트, 하멜에서 볼 수 있다.

그들은 뉘앙스의 차이는 있지만 사회조직의 퇴폐라는 개념을 이용하는 것으로 범죄와 문화의 관련성을 추구하려고 생각하는 것이다.

그러나 문화갈등이론의 대표적인 자는 아무튼 셀린이다(藤本哲也, 前揭書, 94).

셀린은 일정한 문화지역이나 소 문화지역에 속하는 규범이 다른 지역에 이입됨으로써 행위규범간의 충동이 생기는 경우를 제1차 문화갈등이라 하였으며, 이것을 문화적 관습의 갈등으로써의 문화갈등이라고도 한다.

이에 대해 2차적 문화갈등으로는 현대문화의 발전에 따른 사회문화의 과정에서 생기는 규범갈등을 들고 있다. 즉 이질적 요소에서 불통합한 복합적인 사회에는 규범갈등이 증대하고 그것이 내면화하는 것으로써 퍼스낼러티의 해체를 야기한다고 설명하는 것이다. 즉 제2차적 문화갈등은 사회가 원시적 집단으로서의 가족적, 협동적인 문화를 가진 사회에서 개인적 결정적인 문화를 가지고 수많은 사회집단·경쟁하는 제 이익, 개인간의 내용, 빈약한 제 관계, 사회적 익명성 규범의 혼란, 비인간적인 지배기구 등의 특징을 가진 사회의 변천에 따른 문화의 추이 중에서 범죄의 해석을 보는 것이었다.

말하자면 제1차적 문화갈등이 이질문화의 충동에 의한 갈등으로써 횡적으로 문화갈등이 일어나는데 대해 제2차 문화갈등에서 보이는 규범의 갈등은 역사적 사회발전적인 관점에서 종적으로 문화갈등을 야기한다는 데 그 특색이 있다.

따라서 셀린의 미국범죄학에의 공헌은 범죄원인의 연구분야에 문화접촉면을 도입한 범죄의 중요한 요소로써 사회적 환경의 차이에 따른 행위규범의 갈등이라고 설명하는 데 그 의의가 있다고 본다. 그래서 셀린으로서는 범죄원인론의 연구에 있어서 중요한 것이란 퍼스낼러티의 구조나 그 발전과정에 착수하고서 범죄자와 비범죄자를 구별하는 법칙을 발견하는 데 있다고 할 수 있다.

(2) 하층계급 문화이론(Theory of Lower Class Culture)

문화갈등이론을 기초로 해서 '관심의 초점(Focal Concerns)'이라는 개념을 사용하여 하층계급에는 하층계급에 따른 특징적 가치, 생활양식, 행동양식이 존재한다는 것을 인정하였다.

이러한 하층계급에 독특한 문화적 규범이 따르는 것은 자동적으로 더 넓은 사회의 법규범에 위반하는 것이 된다고 주장한 학자로는 밀러가 있다.

밀러가 지적한 바와 같이 오늘날 미국사회에 있어서는 그 사회계층의 하나의 큰 부분으로 '하층계급'이라고 불리는 하나의 특징적인 문화체계를 가진 그룹이 존재하는데, 일반적으로 사회학자나 범죄학자가 인정한 그룹이라고 할 수 있다. 또 많은 학문적 연구에 의해 실증되었듯이 그 문화체계는 미국사회에 있어서 점점 더 특징적인 것이 되는데 그래도 이 전통을 공유하고 있는 집단의 규모는 확대되고 있는 것이 현실이다.

밀러에 의하면 이 하층계급의 생활양식은 모든 특징적인 문화집단과 마찬가지로 일련의 '관심의 초점' 즉 꽤 높은 정도의 감정적인 관련성을 끌어들일 수 있는 능력 혹은 문제에 따라 특정지을 수 있다. 그렇지만 밀러가 택하고 있는 특정의 제 관심은 결국 패턴을 형성하는 것이지만, 그 순위를 매기는 방식에 있어서는 미국의 중간계급 그것과는 현저히 다르기 때문이다.

이와 같이 밀러는 범죄나 비행은 하층계급에서 현저하게 나타나는 현상이라 하고 행동에 직접적인 영향을 주는 것은 비행부차문화에서가 아니고 하층계급의 공동사회 그 자체라 하고 오랫동안 지켜온 그 공동사회의 고유한 전통적 가치라고 한다. 즉 밀러는 비행부차문화가 어떻게 해서 창출되느냐 하는 문제보다도 그것이 창출된 후 왜 존속되고 유지되느냐 하는 문제에 관심을 갖고 논리를 전개하고 있다.

이 논리에 의하면 범죄나 비행은 하층계급문화에의 동조의 소산이라고 하는 것이 된다. 하층계급에 속한 자로 범죄나 비행을 취하지 않는 자는 하층계급에 있어서도 사회적 상승의욕을 가지지 않는 자나 중상층 계급문화에의 동조를 지향하고 있는 자라고 하는 것이 된다. 그러므로 여기에 있어서 하층계급의 가치관이 비행부차문화를 포함한다는 것을 그 이론적 전제로 하고 있다는 것은 말할 것도 없다.

이상에서 설명한 바와 같이 밀러의 이론은 문화적 측면에서 하층계급에 왜 범죄가 많은가 하는 것을 설명하고 하층계급에 현저한 범죄의 발생과정을 잘 설명하는 점에서는 높이 평가되고 있다고 본다.

이론의 특색은 범죄나 비행에 직접적인 영향을 줄 수 있는 것은 하층계급사회 그 자체이며 오랫동안 그렇게 되어 온 그 공동사회의 고유한 문화라는 점이다.

6) 사회구조에 중심을 두는 이론

(1) 아노미이론(Anomie Theory)

머튼(R. K. Merton)은 "사회구조와 아노미"라는 논문에서 일탈행동을 문화적으로 규정된 목표와 그 목표를 달성하기 위한 제도적 규범이 부조화 상태를 이룰 때 일어난다고 하였다. 즉 현대사회에 있어서는 많은 사람들에게 공통되는 목표를 강조하면서도 그 목적을 달성하기 위한 합법적인 수단에의 접근가능성은 각자의 능력이나 사회적 계층에 따라 각기 상이하므로 그 수단에의 접근기회가 제한된 사람들은 목표달성을 위하여 수단의 합법성 여부를 무시한 행동으로 나오게 된다고 주장하는 것이다.

이상과 같은 이론적 전제하에 머튼은 문화적 목표와 제도적 수단의 수용과 거부라는 조합에 따라 일정한 문화를 가진 사회에 개개의 구성원들이 적응하는 유형을 다섯 가지로 나누어 동조, 개혁(혁신), 예의주의, 도피주의, 반항의 유형으로 분류하고 있다. 이 다섯 가지 적응양식 가운데는 혁신과 도피주의가 범죄와 가장 관계가 깊은 유형이라고 할 수 있다.

결국 아노미이론의 핵심은 문화적 목표와 제도적 수단의 차이를 문제로 하는데 있다. 특정의 사람들 특히 하층계급에 속하는 사람들이 사회구조상 불리한 입장에 처해 있고 일탈행동으로 빠질 우려가 있다고 하는 점이다. 즉 문화구조가 요구하는 행위나 태도를 본래 평등한 제도적 수단에의 통로를 보장한 사회구조가 압박을 가하고 방해할 때에는 아노미상태가 발생한다고 하는데 그것이 특히 하층계급에 있어서 현저하다고 한다.

이와 같이 머튼의 이론적 특색은 문화적 목표달성의 기회에 계층적 차별이 있다고 지적한 점과 개인이 사회에 점하고 있는 지위에 따라 성공목표를 달성하기 위한 합법적 수단이 다르다고 지적한 점을 들 수 있다.

머튼의 이론은 말하자면 중범위이론으로써 기초이론에 있어서 추상적 개념과 실증적 연구에 있어 현실문제와의 통일적 설명 원리를 도출하는 것을 목적으로 한 것이고,

더구나 범죄행동 이외의 일탈행동 일반을 설명하기 위한 기초개념의 확립을 이루었다고 하는 것이다.

(2) 비행부차(하위)문화론

비행부차문화란 범죄자가 집단과 비행자 집단간에 공유된 특정한 신념과 가치관에 의거한 사고와 행동양식을 말하며, 범죄나 비행행위가 불가결한 요소로 되어 있는 문화를 말하는 것이다. 코앤은 그의 저서인 『비행소년』에서 이 비행부차문화를 계급구성과의 관계를 가지고 논했으며, 소년비행은 압도적으로 남자노동자 계급에서 발견되는 현상이라는 사실을 밝혀냈다.

즉 코엔은 비행이 하층계급에 속하는 소년 간에 집중되고 있는 이유로 미국사회의 계급구조에 주목한 것이다. 이 점에 있어 코엔의 비행부차문화론도 원칙적으로는 머튼의 이론과 동일한 기반에 서 있는 것이라 볼 수 있다. 그러나 코엔은 왜 많은 비행이 확실한 목적과 이익도 없이 오히려 비공리적이며 악의적이고 부정적인 것으로 비치는 것인가 하는 점을 추궁하고 있는 것을 보면, 머튼의 이론과는 상당히 다른 관점에서 접근하고 있다고도 볼 수 있다.

코엔은 범죄, 비행의 발생과정에 대해 자세히 설명한 바 있다.

코엔이결론적으로 주장한 요지는 비행은 하층계급 소년들이 처해진 사회적 환경과의 관계로써 설명하지 않으면 안 된다는 것이다.

(3) 차별적 기회구조이론

차별적 기회구조이론이란 클로워드(R. Cloward)와 올린(L. E. Ohlin)에 의해 제창된 이론이며, 범죄학 이론상 한 시대를 긋는 이론 중의 하나이다.

이질적 기회구조이론은 한마디로 말해 개인을 원칙적으로 합법적 기회구조 관점에서 고찰하는 아노미 이론과, 비합리적 수단에 중점을 두고 합법적인 수단에 대한 접근을 비교적 등한시하는 시카고학파의 전통에 의거한 문화전파이론과 이질적 접촉을 통합한 이론이라 할 수 있다.

즉 클로워드-올린은 아노미 이론에 있어 성공목표를 달성하기 위한 합리적 수단에 대한 접근의 사회구조상 차이에 대해서는 다양하게 논의되고 있는데도 불구하고, 성공목표에 대한 비합리적 수단의 이용가능성에 대해서는 거의 논의되지 않고 있다는 점을 문제시 삼고 있다. 다른 한편으로 문화전파 심리와 서덜랜드의 이질적 접촉이론에 있어서는 반대로 비합법적 수단이란 측면에 중점을 두고, 합법적 수단의 이용가능성에 대해서는 고려하지 않은 점에 대한 원망이 있는 것이다.

이런 두 가지 중요한 범죄학이론이 갖는 결점을 고려해 합법과 비합법이란 두 가지 기회구조와의 관계에서 일탈행동을 주장한 사람이 클로워드와 올린이며, 이것이 그들의 이질적 기회구조이다.

즉 클로워드와 올린은 개인을 합법적인 기회구조와 비합법적인 기회구조의 양자에 걸친 지위를 차지하고 있다고 가정하는 것이며, 개인이 성공목표를 달성하고자 할 때, 합법적 수단을 취할 것인가. 비합법적 수단을 취할 것인가 하는 차이는 사회구조와의 관계에 있어, 어느 쪽 수단을 취할 수 있는 지위에 그 사람이 놓여있는가에 따른 것이다.

바꾸어 말하면 개인의 범죄에 빠지는지 빠지지 않는지는 그 사람이 어느 정도로 비행부차문화에 접촉하며 그것을 학습할 기회를 갖고 있는가, 실제 비합법적인 행위를 수행할 기회에 접근할 수 있는가, 또는 반대로 합법적인 행동의 학습과 수행기회에서 얼마나 차단되고 있느냐에 따라 결정되는 것이다.

이처럼 이질적 기회 구조론의 특색은 합법적 수단에 대한 접근의 상위를 강조하는 아노미 이론과 비합법적 수단에 대한 접근의 상위를 중시하는 시카고학파의 이론을 통합하는데 있는 것이라고 할 것이다.

7) 사회심리에 중심을 두는 이론

(1) 비행표류이론

범죄나 비행을 하층계급의 특징적인 현상으로 보고 하층계급의 특수한 문화를 비행부차문화의 소산으로써 범죄현상을 해명하려는 종래의 범죄관에 대하여 비행소년은 그러한 특정의 Subculture에 지배되어 있는 것은 아니고 또 변치 않고 반사회적 행위만을 하는 것도 아니고 비행과 무비행의 생활양식 사이를 표류하고 있는데 불과하고 비행자는 일반사회에서 상대적으로 밖에 자립할 수 없다. 중간적 표류존재로써 파악하려고 하는 견해가 1964년 마차에 의해 표명되었는데 이것을 비행표류이론이라고 하는 것이다.

이 마차의 비행표류이론은 코엔의 비행부차문화이론의 비판을 통하여 형성된 것이다.

코엔이 하층노동자계급에 속한 비행소년의 행동은 중산층계급의 가치관의 반동형성에 기초하고 있다고 보는데 대하여 마차는 비행소년의 행동에는 그러한 자세의 강한 것은 보이지 않고 오히려 그들은 전통적 가치관에 동조하면서도 결과적으로 비행행동에 이르는 과정을 거치는 것이 보통이라고 생각하는 것이다.

즉 비행청소년은 지배적 사회질서에서의 요구에 대하여 무관심하지 않고 자신의 행위를 내심으로는 수치라고 마차는 보고 있다. 이런 점에서 비행소년은 중산층 계급의 가치관을 부정하고 그들은 자신들의 비행을 정직하다고 생각하는 독자적 행동양식이나 규범을 가지고 있다. 그 가치체계를 기초로 하여 비행이 일어난다고 하는 코엔의 이론과 서로 대립하고 있다는 것은 말할 나위도 없다.

(2) 비행중화기술이론

전술한 바와 같이 마차의 비행표류이론은 코엔에 대한 비판으로부터 출발하였지만, 이 이론의 기초가 된 것은 사이크스와 같이 1957년 '미국사회학평론'에 게재한 논문 "중화기술"이다. 여기서 말한 비행중화기술을 한마디로 말하면 비행은 그 비행행위의 감행을 정당화 한다고 하는 데서 비롯된다고 하는 이론이라는 것은 좋지만 그 밑바탕에 있는 것은 사회규범에의 동조를 요구하기 위하여 어떻게 중화할 수 있느냐 하는 비행행동의 이해에 이어진다고 하는 생각을 하고 있다. 즉 비행자도 전통적 가치관이나 규범의식을 내면화하고 있기 때문에 자신들의 행동을 정당화할 수 없으면 죄악감이 불식되지 않기 때문에 자기에게 내면화되어 있는 가치관이나 규범의식의 중화화를 시도한다고 한다.

말하자면 비행과 그들 비행자들에게 내면화되어 있는 규범의식의 대립을 조정하려고 애쓰고 있는 자기정당화의 방법이 비행중화의 기술이라고 하는데 있다.

마차와 사이크스는 비행중화의 기술로써 ① 책임의 부정, ② 손해의 부정, ③ 피해자의 부정, ④ 비난자에의 비난, ⑤ 더 높은 충성심에의 호소의 5가지 유형을 들고 있다. 이와 같은 비행중화기술의 5가지 유형은 그 하나하나마다 특징이 있다는 것은 사실이지만, 전체로 볼 때에는 비행행위 그 자체라고는 할 수 없으며, 이러한 행위가 정당화될 수도 없지만 사회적으로 수용될 수 있다는 점에 공통점이 있다고 하는 것이다.

말하자면 마차와 사이크스의 비행중화기술의 근본원리는 비행자와 사회와의 관련성에 대해 고찰함으로써 그 비유사성을 강조하는 종래의 전통적 시점에서 역으로 자의 유사성에 착안하고 비행행동의 설명은 더 크게 사회문화적, 전통적 제 가치가 정당한 형은 아니라고 하면서도 비행자에게도 용인되어 있다고 하는 점에 있는 것이다.

(3) 잠재적 가치이론

비행중화이론과 같이 마차와 사이크스의 비행행동이론을 이해하는데 있어서 중요한 또 하나의 이론은 '잠재적 가치이론'이다.

마차와 사이크스는 1961년의 논문 "소년비행과 잠재적 가치"에 비행행동의 배후에 있는 가치는 유한계급의 가치라는 이론을 전개해 ① 많은 소년 비행의 배후에 있는 가치는 통상적으로 기술되는 정도만큼 일탈적인 것이 아니라는 점, ② 종래의 설명은 중산계급의 가치체계를 너무나도 단순화하고 있는 것에 문제가 있다는 점을 지적하고 있다. 즉 최근의 소년 비행에 관한 설명은 비행자의 일탈에 역점을 두고 있다. 그리고 그것은 단순히 비행자의 행동에 관한 것 뿐 아니라, 그의 행동 기초에 있는 가치와 관련해 이뤄지는 것이다. 그러면서도 비행자의 가치는 통상 묘사되고 있는 정도로 일탈된 것이 아니라, 그런 잘못된 묘사는 중산계급의 가치체계에 대한 잘못된 견해에서 기인한 것이라는 논란이 가능해진다. 아마도 비행자가 갖고 있다고 여겨지는 일련의 가치는 지배적인 사회의 여가활동에 나타나 있는 가치와 매우 유사하다고 할 수 있다.

청소년 일반, 특히 비행소년을 최근의 유한계급의 구성원으로 보는 것이, 기록되지 않는 비행이 엄청난 양에 달한다는 사실과 계급구조 전반에 걸쳐 비행이 발견되고 있다는 것을 설명하는데 도움이 될 것이다.

이처럼 비행행동의 배후에 있는 가치로써 잠재적 가치의 존재를 주장하고 소년비행을 어떤 특정한 계급의 특이한 현상으로 보는 것이 아니라 공통의 사회학적 기반을 갖고 있다는 생각은 중요하다. 마차와 사이크스가 지적하는 것처럼 사회는 중산계급만으로 구성되어 있는 것도 아니며, 중산계급 그 자체도 결코 질이 모두 똑같은 것은 아니기 때문이다.

그러나 잠재적 가치가 비행 가치며 그것은 또한 유한계급의 가치 혹은 일반사회의 가치와 동질의 적이란 점을 반복해서 시사한 후 이런 가치를 공유하는 것이야말로 비행자가 어른이 됐을 때 이미 비행 등을 생각할 수 없을 정도로 변모한 모습을 보이는 최대의 원인이 될 것이라는 매처와 사이키스의 생각은 범죄학상 중요한 의미를 갖고 있다고 볼 수 있다.

(4) 자기관념이론

서덜랜드의 이질적 접촉이론에 있어 제시된 범죄학상 가장 중요한 과제는 왜 같이 범죄적 문화에 접촉하면서 한 사람은 범죄자가 되는데 다른 사람은 범죄자가 되지 않는가 하는 것이다.

이 문제에 답하기 위하여 범죄심리학적 요소를 취하면서 '접촉'을 대신해서 '동일화'의 개념을 이용한 설명을 시도한 것이 글래저의 이질적 동일화 이론이었다. 종래의 연구자와 같이 범죄적 문화에 접촉한 사람이 범죄에 빠지는 과정들을 문제로 삼는 것이 아니라 역으로 왜 어느 사람은 범죄에 빠지지 않는가라는 점을 문제점으로 한 것이 레클레스와 그 제자들이었다.

레클레스(W. C. Reckless), 디니츠(S. Dinitz), 무레이(E. Murray)는 1956년에 "비행에 대한 절연체로서의 자기관념"이라는 논문에서 비행소년을 많이 낳는 비행다발지역에서 같은 나쁜 영향을 받으면서도 비행에 빠지지 않는 사람은 왜일까? 라는 점에 초점을 맞추어 연구를 했다. 연구의 주된 내용은 소년이 그 성장과정에 있어 범죄로 빠지지 않고 준법적인 비비행자의 습관을 유지하는 원인·요소는 무엇인가를 알아내는데 있었다. 그 결과로써 레클레스 등이 발견한 선량한 소년을 비행으로부터 멀리할 수 있는 '비행절연체'로써 보다 중요한 것은 소년들의 가족관계였다는 것이다.

레클레스와 디니츠가 연구 조사한 바에 따르면 비행다발지역의 청소년들이 잦은 범죄적 접촉을 하면서도 이들 중 다수가 비행에 가담하지 않는 것은, 그들이 사회적으로 적절하게 수용되는 자아관념을 습득하고 유지하는 것이 외부의 비행적 영향이나 환경적 압력과 유인에 대한 절연체 및 내적 견제요소 또는 장애물로 작용하기 때문이라는 것이다.

즉 동일한 범죄적 접촉 하에서도 실제로 비행에 가담하고 그렇지 않고의 개인적 반응의 차이는 바로 자아관념의 차이 때문이라는 주장이다.

다시 말해서 좋은 자아관념은 슬럼지역의 소년을 미행으로부터 멀어지게 하고 반면에 나쁜 자아관념은 슬럼지역의 소년에게 저항을 주지 못한다는 것이다. 따라서 적절하거나 부적절한 자아관념이 비행과 미비행의 중요한 요소가 되는 것이다. 여기서 자아관념은 친근한 세계의 중요한 다른 사람들을 고려하는 소년 자신에 대한 인식으로 정의할 수 있다(이윤호, 1996: 216).

자기관념의 이론은 차별적 반응의 문제를 해명하는데 크게 기여했으며, 이러한 자기 관념의 차이에 있어서의 특징은 비행소년 또는 범죄자들의 성격 교정 및 예방에 상당한 성과를 거둘 수 있으리라고 본다.

그러나 이러한 자기관념은 어떻게 해서 형성되는 것인가 하는 문제는 여전히 해명되지 않고 있다. 이것은 일반적인 사회화과정의 차이라는 사실만으로는 해명될 수 없고, 가정생활 등 생육사의 더욱 깊은 분석과 생물학적·정신의학적인 배경요인의 분석도 병행되어야 할 것이다.

(5) 견제(Containment)이론

1956년 이후의 연구를 통하여 레클레스가 얻은 범죄학상의 중요한 가설은 행위자의 자기관념 또는 행위자의 직접적인 세계중의 일탈에 대해서 한 획을 긋는 혹은 사회적 기대에 호응하는 어떤 요소가 존재하는 것은 아닌가 라고 하는 것이었다.

이 가설은 1961년의 논문 "범죄와 비행에 관한 새로운 이론(A. New Theory of Delinquency and Crime)"에 있어서 강력한 내면적인 통제와 그것을 보강하는 외면적인 통제가 사회적 법적인 행위규범의 위반에 대한 하나의 절연체를 형성한다고 하는 가설에까지 발전하고 있다.

이것을 보통 '견제이론'이라고 불리고 있다. 레클레스의 견제이론을 한마디로 설명하는 것은 어렵지만 레클레스의 견제이론에 있어서 중요한 개념인 내적 견제란 주로 자기통제, 훌륭한 자기관념, 자아의 강함, 충분히 발달한 초자아, 좌절에의 강한 인내력, 전환에 대한 강한 저항력, 강한 책임감, 목적의 설정, 대체적 만족을 찾는 능력, 긴장을 순화시키는 합리화 등의 자아의 구성요소로부터 형성되는 것이다.

한편, '외적 견제'란 그 사람의 직접적인 세계에 있어서 구조상의 완충장치로써 그것은 그들을 견제 내에 멈추게 하는 것을 가능케 한다. 행위자에게의 일괄된 모럴의 제시, 행위자의 규범, 목표, 기대에 대한 제도상의 강화, 일련의 합리적인 사회적 기대의 존재, 효과적인 관리와 규율, 적당한 활동을 달리 취득할 수 있는 방법과 안전망의 제공, 승인, 동화, 귀속의 기회 등이 그 중요한 항목이다.

이와 같이 레클레스의 견제이론은 규범적인 행동이 정당한 사회적 기대에의 방향설정을 통해서와 같이 일탈에 대한 저항을 통해서도 규제되는 것을 지적하고 있으며 인간에게는 Push, Pull의 두 개의 반대된 방향의 힘이 개인에 대해서 부여되어 있다고 하는 전제를 두고 일탈은 그 차이적인 표출이라고 하고 있다.

8) 사회적 상호작용을 중심으로 한 이론

(1) 낙인이론(Labeling theories)

낙인이론은 사회적 반작용이론 또는 사회적 반동이론 등으로 부르는데, 이 범죄학 이론은 사회학적 범죄학이론 가운데서 비교적 새로운 접근방법 중에 하나라고 볼 수 있다.

1940년대부터 1950년대까지 범죄학의 중심을 이루었던 것이 머튼, 파슨즈, 클로워드, 오올린 등을 중심으로 하는 기능주의적 이론이었다면 1960년대는 민족학적 방법에 기한 이론, 현상학적 방법에 기한 이론, 상징적 반작용이론 등 다양한 이론이 제시된 시기라고 할 수 있으며, 이와 때를 같이하여 사회적 상호작용에 중점을 두어 확립된 것이 바로 낙인이론인 것이다.

이 낙인이론은 엄격히 말해서 이론이라기보다도 하나의 개념요소이며 낙인이론의 내용도 이것을 설명하는 학자에 따라 상이(相異)하다. 그러나 이 이론의 진수는 일탈자로서의 낙인을 찍는 자와 찍힌 자와의 상호작용을 중시하고 일탈행위의 형성의 메커니즘을 단순히 개인의 소질이나 환경에서 찾는 것이 아니고 일탈(逸脫)은 사회에서 생겨난다고 하는 전제하에 다른 사람에 의한 사회적 낙인이나 사회적 반작용이야말로 비행경력의 매개체 역할을 다하는 것으로 라벨링이 행위자의 주관적인 면에 미치는 영향을 중시하는데 있다고 할 수 있다.

즉 행위자가 사회의 구성원 혹은 사회통제기관에 의해 일탈자라는 낙인을 부치는 과정을 중시하고 낙인이 일탈행동에 미치는 영향의 중대성을 지적함으로써 일탈행위가 사회적 통제를 자아내는 것이 아니고 역으로 사회통제가 일탈행위를 자아내게 하는 것이 아닌가 하는 의문을 제시하는 것이다. 종래의 범죄학 연구방법에서 보면 180도의 전환이라고 할 수 있다.

즉 라벨링이론에 있어서 종래의 전통적 범죄학이론에 대한 범죄행위의 원인을 찾고자 하였던데 반해, 낙인이론은 사람들이 일탈자로 지명되는 이유를 밝히고자 하였다. 따라서 그들의 논점은 범죄행위가 아니고 그 행위가 일탈적인 것으로 낙인되는 이유에 관심을 두고 있다. 즉 특정행위를 위한 모든 사람이 일탈자로 낙인되지 않고 그 중 일부만 낙인되는 이유가 무엇인가를 알고자 한다. 여기서 낙인이론의 이해를 돕기 위하여 낙인이론에 대한 학자들의 의견을 요약해보면 다음과 같다.

첫째, 탄넨바움의 악의 극화를 들 수 있는데, 이것은 가벼운 기물을 파손한다거나 행인을 희롱하는 등의 행동이 청소년비행 초기행동의 무해한 비행행위들이 지역사회에서 비우호적으로 받아들임으로써 그 소년은 악마나 비행소년으로 간주될 수도 있는 것이다.

그런데 이러한 갈등은 상호 가치관의 상이함의 결과이며, 이 가치관의 갈등이 특정 청소년에게 공식적인 반응으로 전이(轉移)되는 것이다. 이처럼 일단 공공이 비행의 발생을 인지하게 되면 그 청소년은 여타의 청소년들과는 다른 청소년으로서 꼬리표가 붙게 된다.

따라서 이러한 꼬리표가 붙은 청소년은 자신에게 붙여진 꼬리표와 같은 유형으로 자신을 분류하게 되고 자신에 대한 사회의 부정적 반응으로부터의 도피수단으로써 비행활동에 가담하게 되며 사회사업가나 청소년관계자들은 이들을 선도하려고 노력하지만 청소년에게 더욱 적대심을 불러일으켜 문제를 심화시킨다는 것이다.

둘째, 탄넨바움의 '악의 극화'에 관한 논의를 보다 구체화한 레머트(Lermert)의 이차적 일탈이라는 것인데, 이는 다양한 계기와 원인에 기인하여 야기되며 처음으로 사회적 반응을 불러일으키는 최초의 일탈행위를 말한다. 이에 반해 이차적 일탈은 일차적 일탈행위에 대한 사회적 반응의 결과로써 야기되는 행위인데, 중요한 것은 일차적 일탈은 일탈적 행위 유형에 거의 영향을 미치지 않는다고 보겠으나 이차적 일탈은 일탈적 행위유형을 고정화시킨다는 것이다.

이를 좀더 구체적으로 비교해보면 일차적 일탈은 개인의 심리적 구조와 사회적 역할 수행에 영향을 미치지 않는 일탈로써 정의되어지며 일시적인 것이고 다양한 상황들에 의해서 발생하게 된다. 이차적 일탈은 일차적 일탈에 대한 사회적 반응에 의해 야기되는 문제들 혹은 상황들에 대한 하나의 반응으로 규정되고 일반적으로 오래 지속되며 심리적 구조와 사회적 역할들의 수행에 영향을 미친다[2].

셋째, 벡커(Becker)의 사회적 지위로서의 일탈을 들 수 있는데, 벡커는 일탈행동으로

2) 이런 일차적 일탈이 그 사람의 임상적 구조와 자아관념 또는 사회적 역할에 거의 영향을 미치지 않는다는 것이다.

규정하거나 낙인찍는 것은 사회적 지위와 같은 효과를 사람에게 주며, 낙인이 체계적 일탈을 낳는 과정은 관습적 경력을 갖게 하는 과정과 비교할 수 있는 것이라고 강조한다.

사회적 지위는 사회질서 속에서 차지하는 위치(여자, 흑인, 의사 등)를 말하는데, 이러한 지위는 상호작용의 구조적 유형들과 연관되어 있다. 사회적 지위는 사회적 상호작용의 과정과 유형에 영향을 미친다. 사회적 지위를 분석하는 데에는 주지위(Master Status)와 경력(Career)이란 두 개념을 구분하는 것이 유용하다.

주지위는 일반적으로 상호작용의 과정과 유형에 영향을 미침으로써 다른 지위를 능가하는 지위이다. 인종은 주지위의 한 예이다. 미국에서 흑인은 수입, 교육, 직업, 나이와는 어느 정도 무관하게 차별을 당한다. 경력은 단계별로 차례차례 밟아가는 일련의 지위들을 말한다. 예를 들어, 직업적 세계에서는 종종 사람들이 단계적으로 일련의 지위들(도제, 장인, 명장, 은퇴자)을 갖게 된다.

벡커는 어떤 사람이 일탈자로서 사회에 알려지면 그 사실이 사회적 상호작용의 과정에 영향을 미치기 때문에 사회적 지위와 유사하게 작용한다고 주장한다. 예를 들어, 그들의 행동 또는 갱생기관이나 정신병원에 입원한 사실 때문에 약물중독자, 알코올중독자 또는 정신질환자라는 낙인찍힌 사람들은 취업과 관습적 사회관계를 유지하는데 어려움을 겪게 되는 것이라는 것이다.

넷째, 쉬어(Schur)의 자아개념으로써 일탈을 들 수 있는데, 쉬어는 어떤 사람이 규범을 위반했다거나 또는 자신이 소수계층의 사람이라고 해서 자동적으로 일탈자로 낙인찍히지는 않으며 이차적 일탈자가 되는 과정이 순차적 행로를 찌르는 것도 아니라고 하였다. 즉 그는 오랫동안의 우회적 협상으로 이해하였다.

어떤 사람은 자신의 행위에 대해 비난받고 낙인찍히는 반면, 혹자는 낙인되지 않고 또 일부는 오히려 비난자를 낙인하거나 적어도 방어할 수 있는 능력을 갖기도 한다.

한편, 장기동성애자가 사회적으로는 동성애자로 어떠한 낙인도 각인 받지 않더라도 스스로를 동성애자로 간주하기도 한다.

따라서 낙인자로서의 공적 신분이나 그로 인한 사회적 상호작용의 외적 제한보다는 자기 스스로 자신에게 각인한 자아개념이나 자기낙인과 스스로 부과한 사회적 상호작용의 제한이 더 중요하다는 것이다.

그러므로 이차적 일탈은 공식낙인으로 인하여 사회적 상호작용에 부과된 외적 제한의 기능이라기보다는 일탈적 자아개념이나 동일시의 표현이라고 한다.

이상과 같은 네 학자의 공통점을 보면 다음과 같다.

첫째, 네 학자 모두 비조직적, 우연적, 일시적, 혹은 우발적인 규범위반에는 별도 관심을 갖고 있지 않다. 그러한 일탈을 설명하기 위해서 레머트는 일차적 일탈이란 용어를 사용하고 있고 Scheff는 일시적 일탈이란 용어를 사용한다.

둘째, 네 학자 모두 일정한 기간에 걸쳐 형성되는 조직적이고 체계적인 일탈에 초점에 맞추고 있다. 이러한 일탈을 레머트는 이차적 일탈(Secondary Deviance)이라 부르고 있고 벡커는 경력일탈, 쉬어는 역할흡입, 그리고 Scheff는 안정화된 일탈이라고 말하고 있다.

셋째, 네 학자 모두 과정적이고 단계적인 이론들에 관심을 두고 있는데, 이러한 이론들은 일차적 일탈을 이차적 일탈로 전화시키는 사회적 규정 혹은 낙인의 역할을 강조하고 있는 것이다.

다음의 인과적 모델에 제시된 것처럼, 이 네 학자들의 연구가 일반적으로 보여주고 있는 주요점은 사회적 반응의 효과를 이차적 일탈에 전해주는 매개체는 대인적 관계, 자아개념 및 구조적 기회라는 것이다.

다음은 이차적 일탈에 대한 사회적 반응의 영향을 나타내는 인과적 과정들이다.

사회적 반응	→	구조적 기회들 대인적 관계 자아개념	→	이차적 일탈

이상과 같은 관점에서 라벨링이론의 특질을 들어보면 다음과 같다.

① 라벨링이론은 유전적·심리학적·다원론적 범죄원인론을 배척한다.

② 지금까지 전통적 범죄학 이론에 있어서 비교적 등한시되어온 라벨링의 주체인 법집행기관을 주요한 연구대상으로 한다.

③ 이 이론은 일탈규정 자체를 독립변수로 보지 않고 종속변수로 보아 그러한 규정이 형성된 과정이나 적용되는 메커니즘을 연구대상으로 하게 된다.

④ 이 이론은 일탈행위를 행위의 차원에서 분석하지 않고 사회와 일탈자의 상호작용의 차원에서 분석한다.

⑤ 일탈행위의 분석방법으로써 공식통계에 나타나는 허점(암수문제 등)을 지적하고 자기보고나 참여적 관찰을 할 필요성이 있음을 강조한다.

끝으로, 라벨링 이론이 형사정책분야에 기여한 공헌과 비판에 대해서 알아보면 다음과 같다.

먼저 공헌한 점으로 전통적 범죄학의 비판을 통해서 제기한 문제점은 중요하다. 즉 라벨링이론은 ① 전통적 범죄원인론적 분석이 범죄행동의 정의에 관해서 형법과 형벌제도의 역할을 묵과하고 있다는 점을 문제로 하고, ② 전통적 범죄학이 범죄자의 비범죄자의 구별을 너무나도 중시한 점을 문제로 한다. ③ 일탈이라면 생물학적, 사회학적, 심리학적 제 변수에 의해 결정되는 것이 아니고 작용과 반작용, 반응과 역반응이라는 상호작용적, 동태적인 절차로써 파악되어야 한다는 것이다.

다음으로 라벨링이론의 비판에 대해서 알아보면 ① 낙인이론이 일차적 일탈의 원인, 즉 이차적 일탈을 유발하는 일차적 일탈의 근본원인을 설명하지 않았다는 점, ② 낙인이론은 일탈자로 낙인되는 사람(The Labeled)과 낙인을 부과하는 사람의 역할을 지나치게 단수화하고 있다는 점, ③ 낙인이론이 주장하는 일탈적 정체성과 경력의 불가피성은 자유의사와 선택 및 잠재력을 무시했다는 점, ④ 낙인이론은 특히 중요한 범죄에 관한 형사정책적 대안을 제시하지 못했다는 점, ⑤ 낙인이 당사자 자신의 태도에 큰 영향을 미치는 것은 사실이나 이러한 태도 변화가 반드시 행동변화를 유발시키는 것은 아니며, 오히려 상황적 요소에 더 많은 영향을 받을 수도 있는데, 낙인이론에서는 이 점이 간과되었다는 점 등을 들 수 있다.

(2) 민속방법론적 이론(Ethnomethodoloru of Deviance)

민속방법론은 철학적인 면에서 현상학의 영향을 많이 받았으며, 현상학의 두 가지 주제, 즉 ‘현상의 본질’과 ‘현상이 형성되는 방법의 제시’에 초점을 맞추고 있다. ‘현상’이란 지각, 인지 그리고 의식을 말한다. 따라서 현상학은 객관적 세계를 무시하고 세상에 대한 사람들의 주관적인 인식과 해석, 그리고 사람들이 그들의 세계를 이루고 구성하는 과정을 설명하는데 관심을 둔다.

인간의 행위를 이해하기 위해서 현상학자들은 사람들이 실재를 어떻게 구성하는지 알아야만 한다고 주장한다. 행위이론은 사람들이 어떻게 실재를 구성하는지 포착해야만 하고 또는 적어도 이 이론들은 그러한 실재구성과 일치해야만 한다.

현상학의 관심분야는 사회학의 전통적이고 관심분야와는 매우 다르다. 민속 방법론자들은 현상학적 관점과 전통적인 사회학적 관점을 서로 연계시키려고 노력한다. 몇몇 학자들은 사회학의 전통적인 문제를 현상학적 관점에서 분석하려고 하는 반면 다른 학자들은 사회적 상황을 강조함으로써 현상학의 발전을 도모한다.

상징적 상호작용론자들은 주관적 의미와 이 주관적 의미가 연합행위를 출현시키는데 역할취득, 감정이입 및 협상과 같은 사회심리적 그리고 사회적 과정들이 매우 중요함을 강조하는데 민속방법론자들은 현상학적인 방법을 원용하여 이러한 상징적 상호작용론의 과제를 연구한다.

민속방법론자들은 공식적 조직을 상황적 상호작용의 표출로 보고 있는데, 이는 사람들의 주관적 실재구성과 그들의 실재구성방법(전형화와 상식이론의 차원에서 이해될 수 있다. 그리고 조직의 활동구조는 조직통계(Origizational Statistics)에 반영되므로, 민속방법론자들은 조직통계 또한 사람들의 실재구성과 실재를 구성하는 그들의 방법을 분석함으로써 이해될 수 있다고 주장한다. 예를 들어, 시코렐(Cicourel)은 학생들의 성적은 학생자신에 의한 결과라기보다 교사와 사무직원들이 갖고 있는 전형(Typification)[3]과 교육에 관한 상식이론의 결과라고 주장한다.

이상과 같은 학자들의 주장을 요약하면, 민속방법론자들은 현상학의 원리를 사용하여 사람들이 실재를 구성할 때 사용하는 방법을 연구하며 이 방법에 대한 지식이 상황적 연합행위, 조직의 구조, 과정 및 산물 그리고 사회질서와 같은 사회학의 전통적 주제를 연구하는데 얼다나 유용한지를 보여주고자 노력한다.

이러한 민속방법론자들은 사회 통제조직이 내놓은 통계(범죄율과 같은)는 실재의 비율을 나타내주는 지표가 아니다. 조직의 특성과 일상적 과정을 나타내주는 것으로 개념화하여 연구하고 있다.

민속방법론자들은 사람들의 구성을 왜곡시키지 않는데 관심을 두고 있기 때문에 그

3) 전형이란 어떤 사물과 사람들을 묘사하기 위한 사회적 범주나 사상을 지칭하는 말로 고정관념과 같은 뜻으로 사용되고 있다.

들은 구조화된 자료수집방법(질문지, 면접, 공식기록 등)을 회피한다. 왜냐하면 이러한 구조화된 방법은 일반사람들의 구성을 사회학자들의 구성으로 표현하기 때문이다. 구조화된 자료수집방법 대신에 그들은 직접관찰, 특히 참여관찰을 강조하고 있다.

참여관찰은 연구자들로 하여금 연구대상자들의 것과 어느 정도 같은 실재를 경험하도록 해줌으로써 연구자들의 구성들이 연구대상자들의 구성들과 그렇게 다르지 않다는 것을 보장시켜 준다.

이와 같은 이유로 참여관찰이 유용하기는 하나 또한 한계점도 갖고 있다. 참여관찰을 통해서는 이러한 지위에 있는 사람들의 구성을 연구하기 어렵다. 어떻게 참여관찰자들이 판사와 검사들에 의한 구성을 연구할 것인가? 비참여 관찰도 참여관찰의 경우와 유사한 제한점을 갖고 있는데, 그 이유는 대부분의 관찰자들이 사회통제요원들의 행동을 종종 잘 볼 수 없기 때문이다.

사회통제요원들은 공공의 눈을 피하기 위해 때로는 매우 노력을 하며 이들은 연구자들 앞에서는 그들의 행동을 바꿀 수도 있다. 현장관찰 특히 참여관찰이 갖는 주요 문제점은 관찰자의 신뢰성이다. 관찰을 구조화하는 방법이 없으면 여러 관찰자들은 실재를 서로 다르게 구성한다. 어떻게 우리들이 이와 같은 서로 다른 구성들의 타당성에 비중을 두거나 또는 이를 평가할 수 있겠는가? 민속방법론자들은 이 문제에 대하여 매우 무관심하다. 사실 몇몇 민속방법론자들은 사회학자들이 일반사람들과 다르지 않다고 주장함으로써 이 문제를 무시한다.

그러나 일반사람들도 서로 다른 이해를 하게 되고 서로 다른 실재를 구성하게 된다. 만약 우리가 이 논리를 받아들인다면 사회학의 임무 혹은 사명은 무엇이 될 것인가?

이와 같은 연구방법 때문에 민속방법론적 연구의 축적이 거의 이루어지지 않고 있다. 민속방법론적 연구는 이론들을 검증하는 것이 아니라 이론의 실례를 들어 설명하려는 것이다.

9) 사회적 실체를 중심으로 하는 이론

1970년대의 대표적 범죄학이론 중에 하나가 신범죄학(New Criminology)이다. 이 이론은 테일러(I. Taylor), 월톤(P. Walton), 영(J. Young) 등 3사람의 영국의 범죄학자에 의하여 주장된 것으로 신범죄학 이론과 미국의 싸이크스로 하여금 명명된 크리티컬 크리미놀로지 이론에 플래트(T. Platt)를 그 대표자로 하는 래디컬 크리미놀로지가 있다.

New Criminology의 이론은 실증주의, 뒤르껭 이론, 초기의 범죄사회학, 라벨링이론, 자연주의와 현상학, 마르크스, 엥겔스, 봉거의 견해, 신투쟁학파의 이론 등의 비판을 통하여 더 완전 한 범죄사회학이론을 수립하는 것을 실험해 본 것이다.

여기에서 말하는 완전한 범죄의 사회학이론이란 ① 일탈행동의 더 넓은 기원과, ② 일탈행동의 직접적 기원에 대해서 충분히 고려하고, ③ 실제 활동을 사회동태의 견지에서 음미하며, ④ 사회적 반작용의 직접적 기원과, ⑤ 일탈적 반작용의 더 넓은 기원에 대하여도 검토하고, ⑥ 일탈자의 장래의 행위에 대한 사회적 반작용의 결과를 고려하며, ⑦ 전제로써의 일탈과정의 본질을 적절히 설명할 수 있는 이론에 있다고 하는 것이다. 그리고 거기에 있어서는 '범죄의 정치경제성'과 '범죄의 사회심리성'이 중시되는 것이다.

범죄학상 Radical Criminology라고 할 경우에 싸이크스가 말한 Critical Criminology와 New Criminology의 주장자라는 테일러, 월톤, 영에 의해 편집된 저서 '비판적 범죄학'을 가리킬 때도 있지만, 후자의 경우는 영국의 New Criminology의 논자(論者)와 미국의 Radical Criminology의 논자와의 합작이기 때문에 보통 Critical Criminology라고 하는 경우가 싸이크스의 주장을 가리킬 때가 많다.

여기에서 사이크스의 주장내용은 사이크스는 역사적인 시점으로부터 범죄학의 동향에 관해 분석을 시험하고, 비판범죄학(Critical Criminology)의 이론의 특질을 이하의 4가지로 나뉘어 논술하고 있다.

즉 ① 비판범죄학의 이론은 개인에 초점을 맞춘 범죄원인론에 대해 깊은 회의심(懷疑心)을 나타내는 점, ② 비판범죄학의 이론이 범죄를 취급하는 기관의 활동의 배후에 있는 참 동기를 파고드는 일에 연구의 시점을 이행시켰다고 하는 점, ③ 형법의 정당성 자체를 의문시한 점, ④ 범죄통계에 관해서 공식통계의 신빙성을 문제로 하고, 암수의 존재를 인식하는 것의 중요성을 지적한 점 등이다. 신범죄학의 이론의 제3의 것은 급진범죄학의 이론이다.

래디컬 크리미놀로지는 캘리포니아 대학 바크레이 교수에 의해 탄생된 논리로 그 대표자인 플래트는 현재 미국에 있어 대부분을 차지하고 있지만, 라벨라리즘의 관점에 의한 범죄학을 비판하고, 래티컬한 범죄학의 필요성을 제창하고 있다.

먼저 첫 번째 비판은 일반적으로 자유분방한 범죄학자는 정치적으로 조직되어진 권위 있는 제 기관에 의해 정해진 범죄의 정의를 무조건으로 받아들이는 경향이 있다는 점, 두 번째 비판은, 자유분방한 범죄학이 거시적인 이론구성과 역사적 분석을 중시하지 않는 점과 행위주의, 프라그마티즘, 사회공학을 강조하고 있는 점, 혹은 시니시즘과 정열의 결여라 하는 점을 들고, 리버럴한 범죄학자는 무턱대고 어려운 말을 사용하고, Pragmatic(실용적인) 해결방법과 개선주의를 강조하는 것만으로 일의 본질을 끝까지 지켜보기 위한 역사적 고찰과 경제적 조건의 분석을 태만히 하고 있는 점을 지적하고 있다(김용준, 1999: 126).

이상과 같이 뉴 크리미놀로지의 이론은 종래의 이론의 비판 위에 전개되어진 것으로 현재에 있어서는 이 이론을 무시하고는 범죄학을 논하지 못할 정도로 세계 각국의 범죄학에 큰 영향을 주고 있다 해도 과언이 아니다.

제3장 범죄인의 분류와 유형

제1절 범죄인의 분류

1. 롬브로조의 범죄인 분류

롬브로조(C. Lombroso)는 그의 범죄인류학적 입장에서 범죄인을 다음과 같이 분류하였다. ① 생래성 범죄인, ② 정신병범죄인, ③ 격정범죄인, ④ 기회범죄인(다시 사이비범죄인과 준범죄인으로 나눔), ⑤ 관습범죄인, ⑥ 잠재적 범죄인으로 분류하였다.

이상의 범죄인 유형 중 생래성 범죄인과 정신병범죄인이 전형적인 진짜범죄인이고, 잠재적 범죄인은 범죄인의 특성(예컨대 간질발작)이 분노, 알코올 등과 같은 특별한 사정 하에서 후에 나타난 것이라고 한다.

또한 사이비범죄인은 위험하지는 않으나 자신의 명예나 생존을 위하여 범죄를 저지를 수 있는 자이고, 준범죄인은 생래성 범죄인과 구별되면서 간질과 격세유전의 유사점을 가지며, 관습범죄인은 좋지 못한 환경으로 인하여 범죄를 저지르는 자라고 하였다.

그러나 이러한 그의 범죄인 분류는 그의 생래적 범죄인론이라는 이론을 기초로 한 것으로써 불완전한 것이며, 그 자신도 후에 이점을 시인하여 "사람들은 무엇인가 매일매일 새로운 범죄유형을 발견해 내고 있다."고 하였다.

2. 범죄인의 위험성에 따른 분류

이는 법적 안정성의 위태화를 기준으로 한 것으로 범죄인의 반사회적 위험성을 다음과 같이 7가지로 분류하였다.

1) 우발범죄인

과실범으로 보통 부주의범죄로 불린다.

2) 격정범죄인

감정의 순간적인 폭발에 의하여 평소의 인격특징과는 무관한 범죄행위를 행한 사람들이다. 예컨대 처의 간통현장을 목격한 남편이 순간적인 격분으로 간부를 살해한 경우 등이다.

3) 기회범죄인

기회범죄인은 격정범죄인과 유사하지만 감정적 흥분 때문이 아니고 우연한 기회가 동기가 되어 범죄를 하는 자로서 이 특징은 사리부족과 유혹에 잘 빠지는 것이라고 할 수 있으나 특별한 성격적 약점에 유래하는 경우도 있다.

4) 예모범죄인

예모범죄인은 모든 기회를 노리고 찾으려는 사람, 경우에 따라서는 범죄를 폭력으로라도 살해하려고 하는 생각을 흉기의 휴대 등에 의하여 나타내고 있는 사람, 공동의 목적을 위한 협력자를 구하고 있는 사람 등이고 고도의 공공위험성을 보이고 있는 사람을 말한다.

5) 누범죄인

이는 법규적 의미에서가 아니고 널리 심리학적으로 이해하여 수형의 유무를 불문하고 범죄를 반복하는 자를 말한다. 범죄의 상습범도 포함하며, 이런 범죄인은 그 인격과 결부해서만이 이해되고 있다.

6) 상습범죄인

상습범죄인은 그 대부분이 소극적인 성격의 소유자이다. 예컨대 부랑자, 성매매자, 기타 범죄적 환경에서 성장하여 형벌을 불명예라고도 생각하지 않고 나태와 무기력으로 살아가는 자로서, 그 중요한 원인은 심리적 변질이라고 한다.

7) 직업범죄인

대개 적극적인 범죄정신을 소유한 상습범죄자로서 범죄 자체를 직업적으로 추구하는 사람들이다. 직업적인 깽, 조직적인 성매매업자, 대규모의 침입절도전문가 등이 이에 속한다. 대개 특수한 소질을 갖고 있으며 개선이 불가능한 자로 지목된다.

3. 동기에 따른 분류

1) 경향범죄인

경향범죄인은 적극적 경향범죄자와 소극적 경향범죄자의 두 유형이 있는데, 적극적 경향범죄자는 직업범죄자처럼 자진하여 범죄를 자행하게 되고, 소극적 경향범죄자는 범죄를 내심에서 거절하지 아니하나 자진하여 범죄를 자행하지 않는 경우를 말한다.

2) 박약으로 인한 범죄

유혹받기 쉬운 성매미자, 정신박약자, 많은 절도범 등을 들 수 있다.

3) 격정으로 인한 범죄인

격정으로 인한 범죄인은 순간적인 감정적 폭발로 인하여 범행을 하는 자를 말한다. 예컨대 순간적인 성욕을 억제할 수 없어 하게 된 성범죄, 애인살해, 정사, 또는 가족살해, 분노로 인한 상해와 폭행 등을 들 수 있다.

4) 명예, 확신으로 인한 범죄인

명예 또는 확신으로부터 범죄를 행하는 자들로 정치범 또는 양심수들을 의미한다.

5) 곤궁으로 인한 범죄인

이는 재산범 중에 많고 기회적 범죄자가 그 대부분을 이룬다.

1 다원적 관점에 의한 범죄인 분류

위와 같은 범죄인 분류 외에도 학자들은 여러 관점에서 분류하였는데 엑스너(F.

Exner)가 정리한 바를 언급해 보면 다음과 같다.

1) 유전생물학적 범죄인 분류

유전생물학적 범죄인 분류는 유전생물학적 인격연구의 결과를 기초로 하여 범죄인의 인격이 어떻게 형성되었는가를 기준으로 하는 분류로 범죄인을 내인성 범죄인과 외인성 범죄인으로 나누는데, 내인성 범죄인은 주로 소질에 기한 경우이며, 외인성 범죄인은 주로 환경에 기한 것이라고 한다.

2) 성격학적 범죄인 분류

성격학적 범죄인 분류는 범죄인의 성격을 기초로 하는 범죄인의 분류방법으로 이는 성격적 특징에 의한 분류와 성격적 태도에 의한 분류로 크게 나눌 수 있다. 전자의 분류로는 크레취머(E. Kretschmer)의 분류가 유명하다.

그는 신체구조와 성격의 내적 관련성에 착안하여 인간의 신체구조를 세장형, 투사형, 비만형이라는 세 가지 유형과 그 혼합형과 발육이상 또는 발육 부진형으로 나누고 각 유형과 범죄의 관련성을 연구하였다. 후자는 범죄인을 상태범죄인과 기회범죄인의 두 유형으로 구분하였는데, 상태범죄인이란 그 범죄가 범죄인의 성격의 경향에서 유래하는 것을 말하고 성격범죄인 또는 성향적 범죄인이라고도 한다.

상태범죄인은 다시 외계에 대한 태도에 따라 적극적 상태범죄인과 소극적 상태범죄인으로 나누어지는데, 적극적 상태범죄인은 외계에 대하여 적극적으로 활동하고 스스로 생활관계를 형성하며 또한 외계에 저항할 능력도 있는 범죄인으로 이 유형 가운데 무정성, 발양성, 과장성, 폭발성, 광신성 등 많은 정신질환자를 발견할 수 있으며 누범죄인과 직업범죄인 등도 대부분이 유형에 속한다.

소극적 상태범죄인은 소극적 성격의 소유자로서 외계에 저항력이 약하다. 그들은 의식적인 반사회성을 갖는 자가 아니고 생활 곤란으로 무저항적으로 범죄를 범한다. 이 유형 가운데는 예컨대 의지박약성, 의사부정성, 무력성, 재산결여성 등 정신질환자가 많다. 또 관습범죄인의 대부분이 여기에 속한다.

기회범죄인의 중요한 원인은 외적 사정에 있고 그 내적 성향에 있지 않다는데 특색이 있다. 낙태를 하는 여성, 공무원의 범죄, 인플레 및 전쟁 등으로 급격히 증가하는 범죄 등의 대부분이 이 유형에 속한다.

기회범죄인도 적극적 기회범죄인과 소극적 기회범죄인으로 나누어지는데, 적극적 기회범죄인의 유형으로는 격정범죄인, 확신범죄인이 여기에 속하고 호쟁가, 호기심으로 범죄를 저지르는 소년범죄인도 여기에 속한다.

3) 범죄심리학적 범죄인 분류

범죄심리학적 범죄인 분류는 범죄인의 동기에 의한 분류방법으로 이는 이욕, 성욕, 원한, 복수, 정치적 확신 등의 동기로 인한 범죄를 들 수 있다. 동기는 분류방법에 따라서 여러 가지로 나눌 수 있으므로 이 분류에서는 수많은 범죄유형이 나올 수도 있다. 또한 이 분류는 죄의 종류에 의한 범죄인 분류와는 다르다.

왜냐하면 동일한 재산범죄라고 하더라도 동기를 보면 타인의 재물을 훼손하는 자도 있고 이욕으로 타인의 재물을 착취하는 사람도 있기 때문이다.

4) 체질학적 범죄인 분류

이에 대한 분류의 시초는 크레취머로 그는 신체구조로 유형화한 다음 이것과 기질유형과의 관계, 즉 세장형과 분열성 기질, 비만형과 순환성 기질, 투사형과 점착성 기질과의 유의성을 밝히면서부터이다.

그 후 많은 학자들이 이러한 체질학적 분류를 범죄인 연구에 응용하여 체질학적 유형과 범죄의 연관성을 어느 정도 밝히게 되었고, 그 결과 범죄자에게는 세장형과 투사형이 많고 비만형이 상대적으로 적다는 결과를 얻어내게 되었다.

5) 범죄사회학적 범죄인 분류

이 분류는 범죄인의 성격적 특징보다 범죄인의 외적 현상이나 형태를 기준으로 하는 분류방법으로 그 분류근거에 따라 다음과 같이 세 가지로 나눌 수 있다.

첫째 범죄의 특질 즉 범죄적 태도의 공격방향을 기초로 하는 경우로 이 방법은 일정한 행위의 인격특성이 서로 관련되어 있음을 전제로 하고 외적 태도의 유형보다도 범죄인의 인격을 유형화하려는 것이다. 이 방법은 상태범죄인에 대하여 그 타당성이 인정된다.

예를 들어, 사기범, 절도범, 살인범 가운데 수차에 걸친 누범자의 범죄기록을 살펴보면, 범죄방향이 일정하고(일정한 유형의 사기, 절도, 성범죄 등) 실행방식도 동일하여

(결혼사기, 자전거절도 등) 인격특성도 일정한 관련을 나타내고 있음을 알 수 있다.

둘째, 범행시의 연령을 기준으로 하는 경우로 이 분류방법은 범죄인의 최초의 범행시기가 인생의 전기인가 후기인가를 기준으로 하여 조발성 범죄인과 자발성 범죄인으로 나눈다. 조발성 범죄인은 인격발전에 가장 동요가 심한 청소년기에 출현하는 것으로 전과가 많은 누범자 또는 관습범죄인의 대부분은 조발성 범죄인이라 하고, 자발성 범죄인은 환경의 영향을 많이 받는 인생의 후반기에 최초로 범죄를 범하는 자이다.

셋째, 직업범죄인의 경우로 이는 일반적으로 계획적, 지속적으로 같은 죄종의 범죄를 범함으로써 그 생계의 전부 또는 일부를 마련하는 범죄인을 말한다.

6) 형사정책학적 범죄인 분류

형사정책학적 범죄인 분류는 현재의 범죄대책을 기준으로 하여 이에 맞도록 범죄인을 유형화하는 분류방법을 말하는 것으로써, 이 분류는 새로운 범죄대책을 도입함에 따라 그 내용이 변화된다는데 그 특징이 있다. 이 분류방법도 학자들의 관점에 따라 연령, 계층적 분류, 병원학적 분류, 예후 진단적 분류로 나누어지는데 이를 언급해보기로 한다.

(1) 연령계층적 분류

연령 계층적 분류방법은 각 범죄자의 연령계층에 따라 소년, 청년, 성인, 노인 등의 범죄인 유형으로 나누는 것으로, 이중 특히 소년범에 대한 분류가 주요한 논의 대상이 되고 있으며, 이 소년범의 분류는 주로 기회성 소년범죄인, 사춘기 소년범죄인, 경향성 범죄인 등으로 분류한다.

(2) 병원학적 분류

이 유형은 범죄인을 중심으로 한 분류로써 크게 네 가지 유형으로 나누어지는데, 이는 첫째, 범죄의 성향이 소질적으로 설정되어 있는 내인적 상태범죄인, 둘째, 범죄에의 성향이 환경으로 인하여 설정되어 있는 외인적 상태범죄인, 셋째, 인격의 고유한 발달에서 범죄성이 유래하는 발달범죄인, 넷째, 통상의 상태 하에서는 범죄를 범하려는 경향이 전혀 보이지 않는 이탈 인격범죄인이다.

5. 범죄인 분류의 최근의 동향

위에서 살펴본 바와 같이 범죄인의 분류는 학자들의 관점에 따라 여러 가지로 이루어져 왔음을 볼 수 있다. 이 중 우리나라의 형사사법 분야에서 범죄인 분류는 우발범죄인, 상습범죄인, 심신장애범죄인, 사상범죄인, 소년범죄인 등 5가지로 나누고 있다.

그러나 이러한 범죄인 분류에 관한 전통적인 견해들은 대부분 전통적인 범죄원인론이나 범죄대책론으로, 어느 일방에만 치우친 분류로써 실질적 가치는 없다고 볼 수 있다. 따라서 전통적인 분류방법과 함께 범죄현상의 태양을 개별특징에 따라 분류하는 범죄자 유형론에 대한 연구가 병행되어야 하며, 수형자처우를 위한 분류와도 유기적으로 관련되어야 한다.

이와 같은 여러 가지 측면을 결합시킨 실용적 유형화의 시도로써 가장 대표적인 것이 생활력이라는 개념을 매개로 하여 행위특성과 행위자특성을 통합하려는 미국의 사회학자들의 대표자라고 말할 수 있다. 이 부류에 속하는 학자들로는 케이번(R. S. Cave), 렉클레스(W. C. Reckless), 기본스(C. Gibbons), 맥킨니(J. C. Mckinney) 등이 있다.

그들은 생활역의 가장 중요한 요소로는 ① 비행행위가 일부를 형성하는 정도, ② 자기 관념의 구조, ③ 범죄자의 동일화, ④ 범죄의 발전과 비행행위를 생활조직에 편입시키는 정도, ⑤ 범죄행위에 대한 집단지지, ⑥ 사회적 반작용 등을 들고 있다.

이러한 요소들을 통하여 판단되는 생활력을 범죄인의 행위, 생활 당시의 환경관계, 범죄인의 성향 등에 따라 다르며, 초범의 경우에는 이러한 생활력을 인정하기 곤란한 점도 있지 않으나, 위와 같은 기준에 따라 범죄인을 유형화하는 것이 어느 정도 가능한 것만은 부정할 수 없고 또한 범죄방지대책으로서도 유효한 것이다.

2 범죄의 분류

범죄의 분류는 크게 방법형태에 의한 분류, 행위주체별 분류, 반복형태에 의한 분류 등으로 나눌 수 있는데, 이를 차례로 설명하면 다음과 같다.

1. 방법형태에 의한 분류

범죄행동을 방법형태를 통해서 분류하면 일반적으로 폭력범, 지능범, 무력범의 셋으로 나누어 볼 수 있다.

1) 폭력범

폭력범죄는 욕구충족의 수단으로 물리적·심리적 강제력과 같은 원시적인 유형력에 의한 범죄이다. 형법에서는 이 같은 범죄를 인격적 법익을 침해하는 범죄에서 다루고 있다.

2) 지능범

범죄현상에 있어 일반적인 경향은 인격적 법익을 침해하는 범죄가 줄어들고 재산범죄가 증가하는 것이다. 특히 사기범은 건수에 있어서 절도죄에 육박하고 있으며, 피해액에 있어서는 이미 여타의 재산범죄를 능가하고 있다. 사기범은 지능범의 전형이라고 할 수 있다. 지능범은 폭력범이 원시적, 본능적, 유형적, 물리적 형태를 나타냄에 대해서 근대적, 두뇌적 특징을 나타내는 것이다.

3) 무력범

절도에 의해 표상되는 곤궁범죄, 일체의 물적 수단을 모색하려 하지 않고 오직 걸식만으로 살아가는 숙식적 생활, 도덕적 무감각에 의한 매음, 그리고 자살의 상습적 시도 등은 사회적 패배자 또는 인격적 실격이나 적격자를 만들어 낸다.

2. 행위주체별 분류

행위주체별로 범죄를 분류하면 크게 단독범, 군집범, 집단범으로 구분할 수 있다. 행위주제별 분류방식도 그 형태 자체를 분류케 해주는 사회학적, 심리학적 특성을 살펴보면 다음과 같다.

1) 단독범

단독범은 개별범이라고도 하는데 이는 형법과 형사정책에서 보는 관점이 다소 다르다고 볼 수 있다. 형사정책에서 말하는 단독범은 생물학적 요건이 사회학적 요건보다 우세한 경우라고 할 수 있다.

2) 군집범

군집범은 중합범(衆合犯)이라고도 하는데 통속적으로 비조직화된 군상의 범죄를 뜻한다. 여기서 군상이란 한곳에 떼를 지어 모여 있는 사람의 무리로 그의 다양한 개성을 상실하고 전체 군상이라고 하는 거대한 유지체의 일부가 되어 암시와 모방의 메커니즘을 통해 다수에 의한 전체주도의 방향에 귀의하게 된다. 군집범에 있어서는 지속적이며 계획적인 조직형성의 단계까지 이르지 못한다.

3) 집단범

집단범은 조직범 또는 결사범, 반사회적 집단의 범죄라고 하고 범죄인의 조직적 단체 즉 조직범죄라고도 한다. 집단범은 내용별로 보면 폭력형태, 경제형태, 정치형태의 세 가지로 나눌 수 있다.

이와 같은 형태는 모두 불법의 목적달성을 위해서 통합적으로 이루어지고 있으며, 그 집단은 고유의 조직과 규칙을 지니며 상습범, 직업범의 결사행동을 하는 것이다. 특히 정치형태의 집합범은 지하조직을 이루고 있는 비합리적 정치결사의 범죄행동체로서 온갖 지모와 폭력을 사용하는 게릴라행동도 불사하는 단체이다. 21세기의 형사정책의 큰 과제는 상습적인 빈민범죄대책을 세우는 것과 이러한 조직직업범죄에 근본적인 대책을 세우는 것이라고 하겠다.

3. 반복형태에 의한 분류

반복형태에 의한 분류에서 가장 먼저 알아야 할 것으로 누범에 관한 의미인데, 이에 대하여는 형법과 형사정책상 관점이 다르다. 형법상 누범이라 함은 판결의 선고가 있고 확정된 후에 다시 일정 기간 내에 범죄를 범하는 경우를 의미하나, 형사정책에 있어서는 범죄행위자의 범죄의 반복성을 의미한다.

비록 초범이라도 형사정책학적으로는 누범이 될 수 있다.

누범의 형태적 분류는 주로 범죄유형의 이동(異同)에 따라 단일누범, 동종누범, 이종누범, 다종누범으로 나누어지는데 마이어는 이를 크게 동종누범과 이종누범으로 나누었다.

1) 동종누범

동종누범은 특수누범이라고 하는데, 이는 단일누범과 동종누범을 포함하며 동일계통의 범죄유형을 반복하여 범하는 것이다. 예컨대 절도와 사기, 방화와 재물손괴이다.

그리고 단일한 범죄유형이란 절도만을 반복해서 행하는 것 같은 순수한 특별누범이라고 할 수 있다.

형사정책적으로 본다면 정신병적 인격경향을 강하게 나타내는 단일주범은 가장 전형적인 생물학적 단위로 이해되고 있으며, 기술과 훈련 조직의 결정체인 직업범은 전형적인 사회학적 단위로 비유되고 있다.

2) 이종누범

이종누범은 일반누범 또는 응용누범이라고 하는 이종누범과 다종누범을 포함하며 형식적으로 본다면 비법칙적으로 각종 범죄유형을 충족하는 누범인 것이다. 예컨대 도박과 살인, 무고와 문서위조, 위증의 누범(소위 이종누범)을 들 수 있고, 사기 및 방화와 강간, 배임과 강취와 공무집행방해의 누범(다종누범)을 들 수 있다.

형사정책적으로는 일련의 내심경향을 엿볼 수 있는 사람의 누범이므로 외형적인 이질성을 넘어선 특별취급이 요구되는 것이다. 청부범, 상업범, 해결사와 같이 범죄의 확장성과 위험성이 현저한 반직업적 범죄인들로부터 범죄경향의 다면성과 폭력성을 특징으로 하는 궁핍한 슬럼가의 상습범, 비행소년을 이러한 누범의 형태 속에 넣어 볼 수 있다.

제2절 환경 및 기타 범죄요인

환경이란 개체를 둘러싸고 있는 사회적·문화적·자연적 제반 상황여건을 가리킨다. 이러한 환경여건은 사람들의 인격형성에 영향을 미침과 동시에 그의 현실적인 행위의 실행 여부에도 직·간접으로 영향을 미친다.

환경은 크게 나누어 자연환경과 사회환경으로 나뉘며, 환경적 범죄원인이란 이러한 사회적 자연적 제반 환경 가운데서 범죄의 발생 또는 범죄인 성격의 형성에 직·간접적으로 상당한 영향을 미치는 요인들을 가리킨다.

이러한 환경을 이해함에 있어서 행위환경, 즉 행위의 발생 여부에 미치는 요인과 환경의 형성에 영향을 미치는 요인을 다 같이 분석하여야 한다.

이러한 맥락에서 볼 때 범죄원인을 규명하는데 있어서는 야기의 문제와 발육의 문제라는 2가지 관점에서 파악되어야 한다. 여기서 야기의 문제란 범죄행위의 발생에 있어서 개체의 소질(인격특징과 개체를 둘러싼 환경 즉 행위환경)의 어느 쪽이 어느 만큼 더 중요한 역할을 하는가를 분석하는 문제로써, 행위발생 당시의 인격 및 환경여건이 그 고찰의 대상이 된다.

이에 대하여 발육의 문제는 범죄행위의 발생 이전에 있어서 범죄행위를 하게끔 된 사람의 법인성 인격 특징의 형성과정에 있어 그의 선천적(유전적) 소질조건과 성장기의 환경조건 중 어느 쪽이 얼마만큼 더 중요한 역할을 하는가를 분석하는 문제로써 이 경우의 환경은 바로 인격 환경으로 문제시되는 것이다.

1 자연환경과 범죄

1. 개관

자연환경이란 인위적 가공 없이 자연상태로 우리에게 직접 또는 간접적으로 영향을 주는 제반환경 즉 천후적·기후적 지세, 경관 등을 말한다.

이러한 자연환경은 사람들의 의식구조, 정신심리상태 및 행위양식에 직접적 또는 간접적으로 상당한 영향을 미친다는 것은 여러 학자들에 의하여 지적되어 왔다.

자연환경의 인간심리 및 성격, 행위, 사회제도 등에 미치는 영향에 관해서 연구하는 학문(심리학의 1분야)을 풍토심리학이라 한다.

2. 계절과 범죄

1) 개관

춘하추동의 4계절과 범죄와의 관계에 관한 고찰은 범죄학상 가장 널리 행해져 왔는데, 퀘스너는 계절과 범죄에서 아샤펜부르크(G. Aschaffenburg)는 전쟁과 범죄에서 상해, 폭행, 모욕, 손괴, 살인과 같은 조폭범은 5월에 상승하여 7~8월에 최고위를 나타내며 그 후에는 하강하기 시작하여 12월~1월에 최저를 기록한다고 말했다.

2) 한국형사정책연구원의 발표자료

우리나라 한국형사정책연구원에서 발표한 범죄발생의 추세분석에 의하면 일반적으로 전체범죄는 가을이 가장 높은 발생양상을 보이고, 겨울이 가장 낮은 양상을 보인다. 그러나 구체적인 범죄유형에 따른 계절별 범죄발생양상은 다양하게 나타났다.

예컨대, 강간범죄는 여름철에, 강도범죄는 겨울과 봄에 많이 발생하는 것으로 나타났는데, 여름철에 강간범죄가 높은 이유는 기후와 기상조건이 좋아 노출이 심한 옷차림 등의 강간범죄유발요인이 증가하는 것에도 이유가 있겠지만, 봄부터 증가하는 성적활동의 증대에 따른 현상으로 풀이된다. 그리고 겨울과 봄에 강도죄가 많은 것은 연말연시의 사회분위기에 편승한 유흥비 등을 마련하기 위한 청소년범죄가 많이 늘어났기 때문으로 보인다.

3. 요일과 범죄

다음은 요일별로 범죄발생의 차이가 있는지 살펴보았다. 요일은 사회적 약속으로써 우리의 생활양식에 큰 영향을 준다고 할 수 있다. 특히 현대 산업사회에서 토요일과 일요일의 휴식은 우리의 일상생활에 중요한 역할을 한다.

이러한 때에는 심리적으로 이완되고, 여행을 하거나 음주를 하는 경우가 다른 요일에 비해 많을 것이 예상된다. 그러나 예상과는 달리 종래 유럽의 연구에서 토, 일, 월 3일간에 상해가 특히 많이 발생하였다는 사실이 발견되었지만, 우리나라의 경우는 강간범죄를 제외하고는 요일별로 주목할 만한 범죄발생의 차이를 찾아보기 어렵다.

4. 시각과 범죄

1) 개관

시각과 범죄발생에 관하여 최근에 많은 연구가 시작되었다. 예컨대 미국의 스미스는 강도의 시간적 분포를 조사해본 결과 오후 8시부터 다음날 새벽 2시까지 6시간 동안 전체의 45%가 발생하고, 특히 오후 10시부터 12시까지 2시간 동안 16%가 발생한다는 사실과 재산범죄의 경우에도 오후 6시부터 12시까지 6시간 동안 전체의 53%가 발생한다는 사실을 밝히고 있다.

우리나라의 경우 한국형사정책연구원이 발표한 통계에 따르면 절도범죄의 경우에 가장 많았던 시각은 오후 12~18시와 밤 20~24시이다.

이에 비하여 폭행이나 상해범죄는 오후 20시~새벽 04시에 주로 발생하지만, 살인범죄의 경우에는 시각별로 주목할 만한 차이를 찾아 볼 수 없다.

2) 결어

이와 같이 범죄유형 간의 범죄발생의 시간적 차이를 살펴본 결과 대략적으로 폭행, 상해범죄는 낮, 특히 12~18시 사이에 주로 발생하고, 강도와 강간은 주로 밤 8시에서 4시 사이에 일어나는 것으로 밝혀졌다. 또한 절도는 오후와 밤에 많이 발생하는 것으로 나타났다.

2 경제적 환경과 범죄

1. 개관

경제와 범죄가 밀접한 관계가 있다는 것은 이미 그리스의 크세노폰이나 플라톤과 같은 고대의 학자들도 논한 바 있으나, 근대에 들어와서는 프랑스의 리옹학파(환경학파)의 라카사뉴가 환경 특히 사회적·경제적 영향을 중시하였고, 그 후 범죄의 사회경제적 원인에 대하여 많은 학자들의 연구가 있었다.

반칸(Van Kan)과 봉거에 의하여 연구, 저술된 범죄의 경제적 원인과 범죄와 경제상황 등에 자세히 서술되었다. 특히 반칸은 마르크스주의의 경제유물론적 입장에서 자본주의 사회를 범죄의 온상으로 생각하였고, 빈곤의 범죄결정력을 중시하여 범죄에 대한 경제적 조건의 의의를 절대적인 것으로 평가하였다. 봉거는 사회주의 학파에 속하는데, 자본주의제도 자체의 변혁만이 범죄성의 소명을 뜻한다고 하고 있다.

2. 경제발전과 범죄성

그 중 네덜란드의 경제발전과 범죄성과의 관계를 알아보기 위해 몇몇 학자의 연구결과에 대하여 살펴보기로 한다.

1) 엑스너(Exner)의 연구

엑스너는 19세기 독일 경제발전의 특징은 농업경제로부터 공업경제로의 이행이며 고도 자본주의 경제의 발전이라고 하였다. 그리고 이러한 경제발전이 사회・정치에 준 변화와 범죄성에 미친 영향은 크다고 하여 다음과 같은 예를 들고 있다(Exner, 1949: 65).

그것은 첫째로 자급자족경제로부터 상품경제로의 이행에 따르는 화폐 획득을 위한 노력이 인간행동의 주요한 과제가 되었고, 둘째로 전 인구 수의 증가 및 생활권의 중심인 도시로의 인구집중, 이윤추구를 위한 극대화를 위한 기업의 치열한 경쟁과 경제생활의 불안정, 판매시장의 확대를 위한 교통기관의 발달, 빈부 차이에 따른 노동계층의 형성 및 이와 관련된 계층갈등의 심화, 대량실업, 교환제도와 기업형태의 발전에 따른 기업가 및 사용인의 새로운 범죄형태, 계급대립으로 인한 정치적 범죄 등 종래의 봉건사회에서는 생각도 못하였던 범죄성의 변모를 가져오게 하였다.

사실 엑스너가 정밀하게 독일사회의 이행을 분석하여 범죄성과 관계를 지적한 바와 같이 한 국민경제의 구조적인 상태와 그의 변화는 범죄성에 심대한 영향을 주는 것이다.

2) 일본의 小野의 연구

일본의 오노박사는 1882년(明治 15년)부터 1940년까지 60년간의 형사통계에 의거하여 일본의 경제발전에 따른 범죄현상의 연구결과를 다음과 같이 열거하고 있다.

① 일본의 범죄도 독일의 경우와 같이 일반범죄율은 점차 감소하였다.
② 가장 대표적인 범죄인 절도는 한층 현저히 감소하고 있다.
③ 강도도 절도와 같이 감소하였다.
④ 문서위조도 현저하게 감소 일로에 있는 점이 독일의 경우와 다르다.
⑤ 특별법범은 경제발전에 따라 점증하고 있다.
⑥ 1892년부터 1896년 사이 모든 범죄가 절정에 있는 것은 마침 그때가 경제적 전환기에 해당하기 때문이다.
⑦ 도박죄는 경기의 상승과 병행하여 증가하고 있다.

이상에서 일본의 경우가 독일의 경우와 대체로 비슷한 결론이 나왔는데, 이 두 조사연구에는 후진국의 경제발전기의 범죄동향의 대표적 유형으로 많은 참고가 되고 있다.

3. 경제변동과 범죄

경제변동이란 앞에서 말한 경제발전과정에서 경제구조의 여러 경제조건이 변동하는 현상을 말하는데, 이들 경제조건 중 주요하고 대표적인 것은 물가, 소득, 경기 및 화폐가치 등이다.

1) 물가(가격)변동과 범죄

물가는 국민들의 경제생활과 밀접한 관계가 있고 그 변동은 커다란 영향력을 미친다.

2) 독일인 마이어(G. V. Mayer)의 연구

마이어는 최초로 곡물가격곡선과 절도곡선의 상관관계를 증명한 사람으로 그는 1835년부터 1861년 사이에 독일의 바이에른 지방의 라이보리(麥)가격과 재산범죄(특히, 절도)와의 사이에 명백한 상관관계가 존재하는 것을 증명하였다.

그리하여 위 연구기간에 곡물가격 6페니히 상승할 때마다 이 지방의 인구 10만명에 대하여 한 사람의 절도가 증가하고, 그 반대로 6페니히 하락함에 따라 한 사람의 절도가 감소한다는 유명한 명제를 발표하였다.

3) 독일인 엑스너(Exner)의 연구

마이어연구 이후 엑스너는 1926년부터 1929년 사이에 주식이었던 라이보리가격이 폭등하였음에도 불구하고 절도의 수는 오히려 격감하고 있음을 밝혀냈다. 즉 각국에서 자본주의 경제가 확립되면서 소득상태가 일반적으로 개선, 향상됨으로써 곡물가격의 변동이 모두 빈곤과 절도를 필연적으로 수반하지는 않기 때문이라고 할 수 있다.

4) 결론

결국 절도곡선의 곡물가격곡선에 대한 의존성 법칙도 생계 비중에 차지하는 식량비의 비중이 일정단계 이상이라는 개인적・일반적 경제사정을 전제로 할 때에만 타당성을 가진다는 점을 유의하여야 한다. 따라서 절도범 이외의 범죄와 곡물가격(식료품가격)과의 관계는 별토 관계가 없다고 보겠다.

4. 소득변동과 범죄

일반적으로 '물가와 재산범죄(특히 절도)는 정비례하고 소득과 재산범죄는 반비례한다'고 일컬어지고 있다. 소득 중 임금소득의 변동은 범죄와 관계가 있다는 것이 실증되고 있다. 그 이유는 임금소득은 가족의 생계와 밀접한 관계가 있기 때문이다.

생계의 위협은 범죄성에 영향을 미치는 것이다. 여기서 문제되는 것은 임금소득으로 생활해 나가는 근로자계급인데, 소득은 단순히 명목임금이 아니고 실질임금인 것이다.

1) 실질임금과 재산범(특히 절도범)과의 관계에 관한 연구

(1) 렌거(E. Renger)의 조사 연구

독일의 렌거는 비교적 소규모이고 동질적인 작센공업지대의 광산근로자를 대상으로 1882~1912년까지 30년간 그들의 실질임금과 절도와의 상관관계를 조사・연구하였다.

그 결과 일정한 기간 동안은 매년 실질임금의 상승에 따라 절도가 감소하고, 반대로 실질임금이 하락하면 절도가 증가하는 완전한 상관관계(의존성)가 인정되었으나, 그 후 양자의 관계는 불규칙적으로 되고 그 의존성을 인정할 수 없게 되었다.

렌거는 그 이유로서 1900년경부터 임금이 현저하게 상승되어 광산노동자의 생활수준이 많이 향상되었으므로 생활에 약간의 여유가 생겨서 약간의 임금 저하는 그들의 생활을 위협하지 않기 때문이라고 하고 있다.

(2) 엑스너의 조사연구

엑스너는 1925년에서 1933년까지 8년간에 걸친 절도죄와 바이에른의 광산 근로자의 실질임금과의 상관성을 조사연구한 바에 의하면, 1925년~1928년의 3년간은 양자의 상관관계(의존성)가 인정되었으나, 1929~330년의 2년간은 임금의 상승에 따라 절도도 증가하는 평행관계가 인정되었으며 그 후 32년부터 다시 상관관계가 인정되었다. 이에 대하여 엑스너는 1929~1930년의 두 해에는 임금이 상승하였는데도 불구하고 절도가 증가하였던 것은 그 당시 대량의 실업현상이 있었기 때문이라고 설명하였다.

(3) 결어

이상의 두 대표적 연구에 의하여 실지임금소득과 절도죄와의 관계는 상호의존적이라고 볼 수 있으나, 그것은 어떤 다른 사회적・경제적 조건, 예컨대 생활의 여유를 주는 저축이나 실업, 공포 등의 영향을 받지 않는 경우에 한하여 인정되는 것임을 알 수 있게 되었다.

2) 경기변동과 범죄

자본주의 경제는 내재적 제 모순으로 인하여 경기순환 즉 호경기 불황기를 반복하는데, 이러한 경기순환은 국민생활에 커다란 영향을 준다. 즉 불황기에는 실업자가 증가하고 임금이 삭감되고 체불되는 현상이 겹쳐 생활의 위협을 받아 재산범이 증가하는 것이 상례이다.

3) 학자들의 연구

① 엑스너의 연구 : 엑스너는 경기변동과 절도와의 상관관계를 조사하였는데 1883년부터 1913년까지 30년간 일반적으로 절도는 점차 감소하는 경향을 보였다. 경기불황기에는 하강운동이 중단되어 일단 상승하였다가 경기호경기에 들어가 다시 하강하는데 이러한 운동이 주기적으로 전개되는 것이 인정된다고 하였다.

② 서덜랜드의 연구 : 서덜랜드의 연구에 의하면 중대범죄는 불황기에 상승하고 호경기에 저하한다고 하였으며, 둘째, 범죄율은 불황기에 상승하고 호경기에 저하한다고 하였다. 셋째, 폭력을 수반하는 재산범죄는 불황기에 증가하는 경향을 나타내나 절도와 같은 폭력을 수반하지 않는 재산범죄는 매우 경미하고 불규칙적으로만 증가한다. 그러나 일부 연구에 따르면 알코올 중독은 호경기에 증가하는 경향을 나타내지만 다른 연구에서는 현저한 변화가 인정되지 않는다. 넷째, 대인범죄는 경기변동과는 규칙적 관계가 나타나지 않는다. 다섯째, 소년범죄는 호경기 때에는 증가하고 불경기 때에는 감소하는 경향이 있다고 하였다.
조사결과 그는 범죄와 경제적 상태와의 관계를 긍정하는 것이 불가능하다고 하였다.

4) 경기변동에 대한 간접적 증명

재산범죄에 대한 경기변동의 영향력을 간접적으로 증명하는 것으로 종래 다음과 같은 사례를 들고 있다. 먼저 경기변동과 성별 절도수를 비교하면 경기불황기에는 남성의 경우가 여성보다 증가율이 높으며, 다음으로 경기불황기에는 기혼자가 미혼자보다 절도율이 높은데, 이것은 경기불황기에 고액의 임금을 받는 숙련근로자들이 많은 남성의 경우에 실업의 위기가 많아 직접적인 생활압박을 받게 되고 기혼자의 경우도 생활에 대한 부담이 미혼자보다 크기 때문이라고 설명되고 있다.

5) 재산범죄 중 특이성을 보이는 범죄

재산범죄 중 특이성을 보이는 범죄는 사기, 횡령, 배임죄 등이다. 즉 연령과 직종별로 경기변동의 영향을 보면 두 개의 집단이 상반된 반응을 나타내고 있다고 한다. 경기 호황기에는 종업원과 젊은층의 사기, 횡령, 배임죄가 증가하는데 반하여, 불황기에는 사업주 또는 고연령층에 이러한 범죄가 증가한다고 한다. 그것은 호황기에 있어서의 상거래의 확대가 종업원과 젊은 연령층에 많은 범죄의 기회를 제공하는데 반하여 불황기에 있어서의 거래와 축소는 그 기회를 그들로부터 박탈하는 반면, 기업주의 고연령층은 기업의 위기를 모면하기 위하여 유가증권위조 동 행사 등의 범죄에로 나아가기 때문이라고 설명된다.

5. 화폐가치의 변동과 범죄

1) 개관

폐가치의 저락은 물가의 상승을 의미하는 것이며, 인플레 현상을 나타낸다. 이에 대한 예로는 제1차 세계대전 후의 독일의 인플레, 제2차 세계대전 후의 일본의 인플레, 6·25전쟁 후의 한국의 인플레 등은 국민경제를 기본적으로 동요케 하고 범죄성에 현저한 영향을 주었던 것이다. 이와 같은 화폐가치의 급격한 변동기에는 재산범죄 특히 장물취득·절도 등이 현저한 증가를 나타내고 풍속범죄·대인범죄 등은 저하한다고 한다. 그리고 인플레의 경우는 금전적 범죄보다 물건 자체에 대한 범죄가 증가하고 디플레의 경우에는 금전에 대한 범죄가 증가하는 경향이 있다고 한다.

2) 화폐가치의 변동과 범죄에 관한 연구

(1) 엑스너(Exner)의 연구

엑스너의 조사연구에 의하면, 제1차 세계대전 후 독일에서는 격심한 인플레로 경제가 파탄지경에 이르렀고, 1923년에는 그 절정에 이르렀는데 이에 따라 범죄도 격증하였다. 그리고 범죄양상에도 커다란 변화가 있었다.

즉 인신범죄는 전쟁 전을 기준으로 하면 반감하였으나, 재산범은 2배반, 직무범은 2

배로 증가하였다. 보다 자세히 살펴보면 인신범 중 풍속범, 신체상해범, 협박범은 감소하였으나 낙태범은 배로 증가하였고 공무원에 대한 폭행범은 현저히 증가하였다.

(2) 서덜랜드의 조사연구

미국이나 영국의 경우는 독일의 경우와는 양상이 많이 다르다. 서덜랜드의 경기변동과 범죄의 상관관계에 대한 조사연구에서 첫째, 중대범죄의 경우 불경기 때에는 증가하고 호경기 때에는 감소하는 경향이 있으며, 둘째, 전체범죄율에 있어서도 불경기 때에 현저히 증가하지 않았다. 셋째, 재산범죄는 불경기에 폭력을 쓰는 유형에 있어서는 증가하지만, 폭력을 쓰지 않는 유형에 있어서는 약간의 증가 또는 불규칙적인 경향만 보였으며, 넷째, 대인범죄는 경기변동과 관계가 없는 것 같다고 하였으며, 다섯째, 소년범죄는 호경기 때에는 증가하고 불경기 때에는 감소하는 경향이 있다고 하였다.

(3) 결어

이상으로 경기의 변등과 범죄와의 관계를 고찰해 보았는데, 개괄적으로는 그 상관관계가 인정되지만, 어떤 법칙적인 의존성은 단정하기가 어려우며 각 죄종별로 논할 수밖에 없다. 그것은 선진국과 후진국의 차이 또는 경제적 조건의 차이에 따라 범죄에 미치는 영향이 다르기 때문이다. 대체적으로 말할 수 있는 것은 곤궁범일수록 경기변동과의 상관율이 높고 비곤궁범의 경우에는 그 상관율이 각양각색이다.

선진국과 경제수준(생활수준)이 높은 곳에서는 일시적 경기변동이 범죄에 큰 영향을 주지 않으나, 저개발 후진국에서는 경기변동이 범죄에 커다란 영향력을 준다는 것이다. 또한 동일한 후진국일지라도 경제구조나 인구, 자원 또는 교육수준 및 소득격차의 차이에 따라 경기변동과 범죄의 상관율은 차이가 있을 수 있는 것이다.

3 화이트칼라 범죄의 개념

화이트칼라 범죄를 처음 전면에 내세운 서덜랜드에 따르면 화이트칼라 범죄란 정치·경제적으로 명망이 높은 사회적 지위에 있는 사람들이 직업상 범하는 범죄를 말한다.

이러한 화이트칼라 범죄에 대조되는 개념을 Blue Color Crime 또는 No Color Crime이라고 한다. 화이트칼라 범죄는 오늘날에는 초창기 서덜랜드의 정의보다는 그 의미를 확대 해석하여 화이트칼라 범죄의 개념과 적용범위를 넓게 보는 경향이 있다.

서덜랜드의 화이트칼라 범죄에 대한 정의는 오늘날에도 설득력이 있다고 보겠으나, 폭력적 화이트칼라 범죄에 대해서는 관심을 기울이지 못하여 이에 대한 비판을 받고 있다.

1. 서덜랜드의 화이트칼라 범죄 개념에 대한 비판

1) 초창기 개념

서덜랜드가 화이트칼라 범죄를 정의할 당시의 개념은 첫째 범죄자에 대한 요건으로써 상류계층에 속하는 자 일 것, 둘째로 범죄에 대한 요건으로써 이러한 자가 직업활동의 과정에서 행하는 범죄일 것 등으로 한계를 짓고 있다.

2) 서덜랜드의 비판

서덜랜드의 정의에 대하여 세 가지 측면에서 비판이 있다.

첫째, 법적으로 범죄가 아닌 활동을 범죄에 포함시킨다는 것

둘째, 범죄자의 사회적 지위가 범죄의 정의에 적합하지 않다는 것

셋째, 직업활동의 과정에서 행하는 범죄에 대한 것으로써 직업활동 외에 행해지는 범죄의 제외에 대한 것 등이다.

2. 서덜랜드의 비판에 대한 재비판

서덜랜드의 정의에 대한 비판들은 타당치 않다.

첫째의 비판에 대하여 범죄의 개념을 형식적으로 파악할 경우에는 화이트칼라 범죄의 정의는 적절치 않다고 할 수 있으나, 실질적인 범죄의 개념으로 이해할 경우에는 비판의 논리로서의 힘은 약해진다. 범죄학 내지 형사정책적인 연구에서 범죄의 개념을 실정법 즉 형법상의 범죄로 국한할 필요는 없기 때문이다. 범죄를 실질적으로 이해할 때 그 기준은 절대적인 것이 아니며 반사회적 행위 내지는 일탈행위도 형사정책상 범죄의 연구대상이 될 수 있다.

둘째의 비판의 경우에는 사회적 지위를 어떠한 기준에 의하여 평가하는가 하는 문

제인데, 이 경우에는 사회적 기준의 구체적 기준을 정함으로써 해결될 수 있는 문제라고 할 수 있다.

셋째의 비판의 입장에 대하여는 직업활동의 한계를 제외시킬 경우 화이트칼라 범죄가 확대되어 연구범위가 무한대로 확대될 가능성이 있기 때문에 부적절한 비판이라고 하겠다.

3. 화이트칼라 범죄의 특성

1) 범죄인의 전문성과 복잡성

직업상의 전문지식이나 조직체계를 이용하므로 일반인들은 그러한 행위를 범죄로 인식하기 어려우며, 범죄자가 범죄에 이용하는 지식은 대개 전문성이 강한 것으로 과학적이거나 공학적이거나 법률적인 것이다. 또한, 화이트칼라 범죄는 고용주나 고급관리자 관련되어 있고 사건이 짧은 시간 동안 발생한 것이 아니라 수년 동안 지속되어 온 경우가 많다.

2) 범죄의 전문성과 은폐성

화이트칼라 범죄는 고도의 전문성과 은폐성을 갖는다. 살인이나 폭행 또는 상해의 경우에는 타인에 의하여 범죄의 발생이 쉽게 발견할 수 있음에 반하여, 뇌물수수나 횡령 등은 직접적인 관련자가 아닌 경우 그 발생 여부조차 알기 힘들다. 발생형태 또한, 범죄인과 피해자 간의 긴밀한 연결관계에 관하여 이루어지고 실정법상의 허점을 이용하는 경우가 있어 외부적으로 범죄라고 하기 힘든 경우도 있다. 또한 피해는 존재하는데 처벌근거가 없는 경우도 발생한다.

특히, 새로운 신종범죄의 경우에 있어서 법률적 대책이 미비된 경우에는 그 피해는 더욱 가중된다. 이러한 범죄의 전문성으로 인하여 법집행기관에 의해 범죄로 인지되고 기소되어도 유죄의 인정이 확정되기 전까지는 범죄로 인정하기 곤란한 경우도 있다.

3) 피해 파악의 곤란성

화이트칼라 범죄는 불특정의 다수인을 대상으로 하거나 은폐되어 행해지기 때문에 피해자조차도 자신의 피해를 인식하지 못하거나 피해사실을 부인하는 경우가 발생한다. 예컨대 탈세의 경우는 전자에 해당되며 뇌물수수의 경우에는 후자의 경우라고 할 수 있다.

화이트칼라 범죄에서의 피해자는 정부나 기업과 같은 추상적인 실체이거나 단지 사소한 피해를 입은 다수의 사람이 된다. 일찍이 서덜랜드는 대개의 화이트칼라 범죄가 개인피해자에게는 단지 사소한 손실을 가져오지만 해당 범죄자에게는 막대한 이익을 가져온다는 점에 주목하여 화이트칼라의 파급효과를 지적하였다.

4) 처벌의 곤란성

화이트칼라 범죄는 처벌하기도 곤란하여 비록 기소된다고 하더라도 엄하게 처벌받지 않는 경향을 보인다. 화이트칼라 범죄자 중에서 아주 소수에게만 실형이 선고되며 대부분의 사람들은 집행유예를 선고받거나 아주 적은 액수의 벌금만을 선고받는다.

화이트칼라 범죄자는 그가 특정범죄로 저지르고자 의도하지도 않았고, 어떤 경우이든 직접적인 책임이 없다고 주장함으로써 정말로 그가 범죄자가 아닌 것처럼 처리된다.

4. 화이트칼라 범죄의 유형

화이트칼라 범죄의 유형은 크게 공무원에 의한 범죄와 사인에 의한 범죄로 나눌 수 있는데, 이러한 기준은 범죄인의 직업에 따라 각각의 특징을 지니고 있고 범죄의 대부분은 이러한 직업의 특성을 갖추기 때문이다.

1) 공무원에 의한 범죄

공무원의 직무상 활동은 일반인의 활동과 다르다. 이들의 활동은 사생활에서부터 국가정책 결정까지 광범위하고 다양한 사회생활의 모든 부분과 관련을 맺고 있고, 사회를 통제하고 운영해 나간다. 이러한 활동이 범죄행위로 나타날 때 그 심각성은 매우 크다.

이들의 범죄에 대한 연구가 갖는 가장 큰 단점은 이들이 행한 범죄의 조사가 매우 제한을 받게 되는 것이다. 이들의 일부는 법을 집행할 뿐만이 아니라 권한 또한 막대하여 범죄행위에 대한 법의 집행을 통제할 수 있는 힘도 소유하고 있기 때문이다.

따라서 이들에 대한 범죄의 연구는 거의 없었다고 할 수 있으며, 간혹 있다고 하여도 사덜랜드가 말한 상류계층에 대한 부분에 직접적으로 관련되는 경우는 매우 드물었다.

2) 사인에 의한 범죄

사인에 의한 범죄는 첫째, 개인이나 개인이 소속한 집단의 이익을 위하여 공무원과 일정한 관계에서 행하는 범죄와 둘째, 국가기관이나 공공기관과의 관계없이 행하는 범죄로 구분할 수 있다.

이중 첫째 유형의 범죄는 국가기관이 행하는 각종업무, 특히 인·허가의 행정적인 결정에서 타 경쟁자의 배척을 위한 특혜관련 사건이라고 할 수 있으며, 이러한 형태 이외에도 작은 규모의 공사나 입찰에서 관련 공무원과 유형, 무형의 관련을 맺고 행하는 범죄도 있다.

둘째 유형은 사인이 자신의 이익을 위하여 범죄행위를 행하는 경우로써 각종 환경오염물질의 불법배출이나, 상표도용, 불량식품의 판매, 유독한 약품의 생산과 판매 등에서부터 첨단기법을 이용하는 컴퓨터범죄까지 다양한 형태의 범죄가 이에 해당한다.

5. 화이트칼라 범죄에 대한 대책

화이트칼라 범죄에 대한 대책으로 먼저 사회의 구조적인 변화를 도모하여 이 범죄에 대한 일반인의 인식의 변화를 위해 화이트칼라 범죄의 사회적 해악과 폐해에 대한 교육과 홍보를 강화해야 하겠다.

다음으로 공무원의 화이트칼라 범죄에 대한 대책과 사인에 의한 화이트칼라 범죄에 대한 대책으로 나누되, 전자에 대한 대책으로는 공무원의 업무통제, 감찰기구의 구성, 공무원의 투명성 확보 등을 들 수 있으며, 후자의 대책으로는 처벌의 적정성확보, 전문적인 수사기구의 편성 등을 들 수 있다. 법률의 정비를 통한 화이트칼라 계층에 대한 행동의 억제요인을 제공해야 할 것이다.

4 가정과 범죄

1. 서설

가정은 사람이 태어나면서부터 최초로 가지는 인간관계이며 맨 처음으로 경험하는 사회환경이고 가장 기초적이자 기본적인 사회단체이다. 가정은 또 한 사람이 성장한 뒤에도 생활의 안식처로 기능하는 사회구성원의 한 기본단위이다.

가정은 첫째로, 사람이 아동기, 소년기의 성장과정에서 생활의 보호를 받는 가운데 인격형성과 정서발전에 크게 영향을 미치는 기능을 하는데, 가정환경을 '성장환경으로서의 가정환경'이라 부를 수 있다. 둘째로, 가정은 사람이 활동을 함에 있어서 그 활동의 근거지로 또는 심신의 휴식처로서 기능한다. 이 경우의 가정환경을 생활의 안식처로서의 가정환경이라 할 수 있다.

이러한 기능들이 잘 수행되면 그 사회는 보다 평온하겠지만, 그렇지 않을 경우 불량자, 비행자, 범죄자의 수가 늘어날 것은 명약관화한 일이다.

2. 비정상 범죄

1) 결손가정

결손가정이란 양친 또는 그 어느 한쪽이 없는 가정을 말한다.그 원인은 이혼, 사망, 별거, 장기부재 등 여러 가지가 있다. 그러나 양친이 다 존재한다 하더라도 양친의 불화, 갈등, 방임 및 가정의 부도덕 등으로 인하여 가정의 본질적 기능인 생활보장과 자녀양육이 결여되어 있는 기능적 결손가정과 이와 반대로 형태적으로는 결손가정이라고 하더라도 기능적으로는 안정가정일 경우도 있다.

2) 결손가정에 관한 연구

(1) 맨골드(Mangold)의 연구

결손가정에 대한 최초의 연구로 사회복지적인 측면에서 결손가정과 비행간의 관계에 대한 연구를 하였고 여기서 결손가정을 비행의 가장 중요한 원인으로 제시하였다.

(2) 글룩(Gleuck)의 연구

글룩은 500명의 비행소년과 500명의 일반소년을 비교한 결과 비행소년은 60.4%가 결손가정출신인데 반하여, 일반소년은 30.4%만이 결손가정출신으로 나타나 결손가정이 비행의 주요한 원인이라고 결론지었다.

(3) 글룩의 연구에 대한 재분석

1970년 로젠은 1932년부터 1968년까지의 재분석을 시도하였다. 그 결과 거의 모든 연구에서 관계가 없거나 있다고 하여도 극히 미미한 수준의 관계만 발견된 것으로 결론지었다. 이러한 입장은 최근의 연구까지 이어지고 있다.

한편, 결손가정과 비행간의 관계를 보다 구체적인 측면에서 조명한 연구결과를 살펴보면 결손가정이 비헝과 전혀 관계가 없다는 결론을 내리기 어렵다.

(4) 기타의 연구

1964년 스템과 토보이는 결손가정이 남아보다는 여아에 미치는 영향이 크다고 보고하고 있다.

또, 1975년 데츠만과 스카압티는 비행의 종류에 따라 결손가정과 관계가 없는 경우도 있다는 연구결과를 발표하였으나, 1977년 렌킨은 가출을 제외한 어떠한 유형의 비행도 결손가정의 유형을 구별하여 이혼으로 인한 결손가정은 비행과 연관되어 있으나 (Joseph H. Rankin, 1983: 466) 사망으로 인한 결손가정과는 관계는 없다고 주장하였으며, 1987년 세른코비와 지오단도는 어떠한 유형과 관계없다는 반론을 제시하였다.

이와 같이 외국의 경우에는 비행간의 관계는 뚜렷한 결론을 내리기에는 무리가 따른다고 볼 수 있으며, 관계가 없는 방향으로 연구가 진행되고 있다고 보면 될 것이다.

2) 부도덕가정(Immoral)

(1) 의의

부도덕 가정이란 반드시 범죄자가 아니더라도 어떠한 의미에서 사회적 부적응자 가족의 구성원으로 되어 있는 경우를 말한다.

가정은 형태적으로는 아무런 결함이 없으나 가정이 가지는 기능이 현저하게 손상되어 있다는 점에서 일종의 기능적 결손가정이라 할 수 있다.

(2) 학자들의 연구결과

학자들의 연구결과를 보면 영국의 버어트는 그의 연구결과를 기초로 하여 비행소년의 가정은 무비행소년의 가정보다 부도덕성과 범죄기록을 가진 경우가 5배나 많다고 하였으며, 글룩부처도 성인교도소 출소자 500명과 여성범죄자 500명 및 소년비행자 1,000명에 대한 연구에서 부도덕가정의 출신자가 각각 84.8%, 80.7%, 86.7%나 되었다고 주장하였다.

3) 갈등가정

(1) 의의

갈등가정이란 가족간 특히 양친간에 심리적 갈등이 있어 가족의 인화가 결여된 가정을 말한다. 가족원간에 감정, 이해관계, 가치관 등에 갈등에 있어서 불화목을 느끼게 하는 가정이다. 갈등가정의 가족원들은 가정 안에서 시간을 보내기보다 바깥에서 지내기를 즐기게 되고 심해지면 가출로 나타나게 된다.

(2) 갈등현상의 원인에 대한 학자들의 견해

갈등현상 원인에 대한 학자들의 견해를 정리해보면 첫째, 세대간의 가치관 차이와 가족원 특히 부모 간에 교양, 지성, 성격, 소망, 인생관 등의 차이를 들었으며, 둘째, 가정의 주도권 다툼 또는 이해관계의 대립, 혈연관계 없는 자가 개입해온 경우와 부모의 일방이 혼외의 성관계를 맺는 경우를 들었으며, 셋째, 근친자의 동거로 가족관계가 복잡해진 경우와 가족 중 정신적·신체적 결함자 또는 불명예자의 존재, 과밀거주, 가족간의 종교적 차이와 빈곤 그리고 모(母)의 옥외활동 등을 들었다.

4) 시설가정

(1) 의의

정신적 불안정이란 고아원 기타 아동양육시설이 가정의 역할을 하는 경우를 말한다. 이와 같은 시설에서 성장한 어린이는 정상적 가정에서 자라난 아이처럼 진정한 애정관계를 느낄 수가 없기 때문에 반항적 거절적 심리 또는 타인의견 무시태도를 가지기 쉽고 안정감을 느끼지 못하여 반사회적 행동에 빠지기 쉽고 범죄성 또는 비행성에 친근하게 된다.

(2) 연구결과

미국의 한 연구결과에 따르면 비행소년집단의 13.3%가 과거에 한때 시설가정에서 생활한 것이 있는데 반해, 일반학교에서 무작위로 추출한 학생집단 중에서는 1.8%만이 그러한 경력을 갖고 있었다고 한다.

3. 가정의 구조적 요인과 비행

가정의 사회경제적 지위와 비행은 가난과 범죄와의 관계에 대한 해답을 얻으려는 시도와 더불어 지금까지 많은 연구결과에서 일관성을 찾기는 힘들다. 공식통계를 보면 대부분의 범죄자는 물론이고 비행소년 역시 하층에 밀집된 것으로 나타났으나 학술적인 연구결과는 다르다. 네이와 그 동료들은 자기보고식 비행척도를 사용하여 연구한 결과 계층과 비행간의 상관성이 없거나 있다고 하여도 미미하다는 결과를 제시하였다.

4. 결어

그간의 연구결과를 요약하면 공식통계에 의한 연구는 비교적 사회경제적 지위와 비행간의 관계를 뒷받침하는 반면, 자기보고식 결과는 관계가 매우 미약하다는 결과를 보여주기는 하나 아직 결론을 내리기는 힘들 것 같다.

5. 핵가족제도의 비행

현대의 핵가족은 지나치게 자녀 중심적이 되어 방관적인 부모나 익애적인 부모가 많아 자녀를 제대로 훈육하지 않아 버릇이 없는 청소년이 많아지고 부모가 바쁘다보니 자녀를 제대로 감독하지 못하여 비행으로 빠져들게 한다는 것이다. 핵가족화로 야기된 이러한 문제들은 대가족제도의 약화가 원인이라고 볼 수 있어 대가족이 다시 강화되어야 한다는 주장이 많아졌다.

6. 가족의 기능적 요인과 비행

가족의 기능적 요인과 비행간의 관계는 다양한 측면에서 연구되어 왔다. 부모자녀와의 관계에 초점을 맞추어 부모자녀 간의 애착, 존경, 영향 등 내적인 측면을 강조하기도 하고 양육태도, 훈육방식, 감독 등 직접적인 통제를 강조하기도 한다.

이와 같이 가족의 기능적 요인은 크게 두 가지로 나누어질 수 있는데, 첫째, 가족의 일반적인 기능으로서 주로 부모자녀 간의 일반적인 관계에 관심을 두고 있는 부분이며, 둘째, 중요한 측면은 부모의 전반적인 양육태도와 감독이다. 부모의 양육태도와 비행간의 관계에 대한 연구를 보면 지나치게 억압적인 가정과 방임적 혹은 과잉보호적인 가정에서 비행소년이 많다는 것이다.

이와 더불어 부모의 감독과 통제 역시 비행과 상당히 연관되어 있음을 많은 연구들이 보여주고 있다.

5 문화환경과 범죄

1. 개관

문화적 환경이라고 하는 것은 한 나라의 국민이 가지는 가치의식, 즉 도덕관, 정치제도, 종교제도와 풍속, 관습, 오락, 교육정도, 문명, 기술적 발전의 정도 등을 말한다. 이러한 문화적 환경이 인간의 태도일반을 제약하고 따라서 범죄성에도 중요한 영향을 준다는 것은 사실이나, 구체적으로 범죄적 인격형성에 어떠한 영향을 주는가에 대해서는 일반적으로 말하기 곤란한 문제이다.

다만, 자연환경은 인위적으로 변화시킬 수 없는 데 대하여 문화환경은 어느 정도 변화 시킬 수 있어 형사정책적으로 중요한 의미를 가진다고 할 수 있다.

일반적으로 문화환경이 범죄에 미치는 영향은 범죄촉진작용과 범죄억제작용이라는 순기능과 역기능이 있다고 볼 수 있는데, 역기능 면에서는 문화발전에 따라 생존경쟁이 격화되고 빈부의 차가 격심해지며 물질적, 정신적 자극이 강렬해지고 사람의 감정적 이변성이 높아져 범죄의 증가를 초래한다는 것이다.

한편, 범죄억제작용으로서의 순기능 면에서는 문화발전에 따라 사회일반인의 생활정도가 높아지고 사회보장 등의 제도에 의하여 가난한 사람들도 일정한 생활수준을 누릴 수 있게 되고 사람의 원만한 정서가 발달함에 따라 이기심을 억제하여 범죄를 감소시킨다는 것이다.

2. 종교와 범죄

1) 의의

종교는 인류사회의 어디에서나 발견되는 보편적 문화형식의 하나이다. 서덜랜드는 종교가 그 자체로서 범죄에 미치는 효과에 관하여는 특별한 증거가 없다고 하였다. 뿐만 아니라 많은 학자들은 종교는 범죄에 대해 억제적 기능을 갖는다고 하였는데, 이는 자기신앙상의 행위규범과 현실사회 중 국가의 법규범이 일치하는 경우에는 종교에 깊이 심취된 사람은 철저한 준법시민이 되며, 범죄, 범법행위의 회피에 철저를 기할 수 있다.

이것은 종교적 확신에 의하여 내적 범죄회피동기(법도의식)가 강화된 결과이다. 그러나 경우에 따라서는 종교상의 규범의식과 일반사회의 법규범이 서로 상반될 때에는 종교가 범죄유발요인으로 작용하게 되는데, 종교적 확신범 예컨대 여호와의 증인의 경우가 바로 그것이다.

종교의 범죄학적 가치가 한마디로는 말하기 어렵다. 그러나 일반적인 경우 종교상의 선악 관념과 법률상의 범죄, 비범죄 관념은 일치하는 경우가 더 많기 때문에 종교는 이를 범죄적 억제기능을 갖는다고 말할 수 있다.

2) 학자들의 연구

종교와 범죄와의 관계는 종파에 의한 범죄성에 대하여 논의되고 있는데, 아샤펜버그와 봉거의 연구는 신교도보다 구교도의 범죄율이 많다고 하고 유태교는 이 셋 중에서 범죄율이 가장 적음을 보여주고 있다. 이에 대하여 Barnes와 Teeters는 구교가 지배하고 있는 지역은 경제적으로 빈곤하기 때문이고 유태교는 그 간부들이 통계의 작성을 통제하고 있기 때문이라고 한다.

이것은 일반적 정교를 말하며, 최근에 문제가 되었던 우리나라 영생교나, 일본의 옴진리교 등의 사이비 종교의 경우는 다르다.

3) 종파별 범죄성의 차이

종파별 범죄성의 차이는 오히려 그 구성원의 경제적 교육적 그리고 가족생활 및 거주지역, 연령, 성별, 등의 차이라는 관점에서 파악하여야 할 것이다. 따라서 종교와 범죄의 문제는 이제 범죄원인으로서의 의미보다는 범죄대책이라는 측면에서 중요한 의미를 가지게 된다고 보겠다.

3. 교육과 범죄

문화적 환경으로서의 교육제도 특히 학교교육은 개인의 인격을 형성하는 사회적 기구로서 일차적 기능을 수행하고 있으며 사회적 존재로서의 인격형성은 대개 학교교육을 통하여 이루어진다고 하여도 과언이 아닐 것이다. 이러한 학교교육이 우리 인간의 범죄성에 어떠한 영향을 주느냐에 대하여는 견해가 달라지고 있다.

즉 학교교육이 범죄억제 작용을 한다는 견해와 그렇지 않다는 견해로 나누어지는데 후자의 경우 타르드가 근대의 학교교육의 기술편중을 지적하고 범죄의 촉진적 작용을 강조하고 있다. 그러나 많은 통계는 교육의 범죄억제 작용을 보이고 있다. 서덜랜드는 하나의 통계를 토대로 하여 범죄는 형식적 교육정도가 높아짐에 따라 감소한다는 결론을 내리고 있다.

4. 매스컴과 범죄

1) 개관

현대를 매스컴의 시대 또는 정보화시대라고 부를 만큼 신문, 방송, TV, 영화, 대중음악, 잡지, 오락게임을 위한 컴퓨터 등의 대중매체에 엄청난 영향을 받고 있다.

우선 대중매체의 외설(Obscenity)은 그 자체가 범죄이며, 특정일탈행위를 전파시키는 도구로써 작용하기도 한다. 또한 어떠한 행위가 매체에 지나치게 노출되는 것도 파괴적인 활동을 잉태시킬 수 있으며 이것을 우리는 흔히 '텔레비전중독(Television Intoxication)'이라고 한다. 즉 대중매체의 폭력성보도에 보다 많이 노출된 사람일수록 범죄에 가담할 확률이 높다는 고전적 주장이 그것이다(Charles Winick, 1978: 7~9).

이러한 매스컴의 여러 수단은 적극적으로 사회구성원에게 기여하는 순기능적인 면이 있는가 하면, 이와는 반대로 직·간접적으로 범죄에 영향을 주어 오히려 범죄를 촉진시키는 역기능적인 견해가 있는데 이를 요약 정리하면 다음과 같다.

2) 매스컴의 순기능 면과 범죄

① 매스컴은 값싸게 대량의 생활상의 정보와 지식을 많은 사람에게 전달함으로써

그 사회경제생활에 낙오되지 않고 건전한 사회생활을 할 수 있도록 함으로써 범죄방지를 할 수 있다. 법률 및 상식에 관한 신속한 정보입수의 무지로 인한 범죄 예방효과가 있다.

② 매스컴은 현대의 복잡한 사회에서는 문화, 가치관의 해체성 및 모순갈등성이 극심하여 사회구성원 상호간의 이해심이 결여되고, 이로 인한 충돌의 가능성이 있는데, 매스컴은 사회 각 분야 사람들의 입장을 널리 전달함으로써 이러한 문제를 해소시켜 범죄, 비행 등을 예방할 수 있다.

③ 매스컴은 반사회적인 범죄나 비행행위를 자행한 사람의 명단과 비행사실을 널리 일반인에게 공개함으로써 사회적 징벌이 가해지게끔 하여 다른 유사행동의 방지에 기여한다. 특히 잘 알려진 사회 저명인사들의 범죄억제에 기여할 수 있다.

④ 매스컴은 소위 말하는 특종사건 등을 보도함으로써 사람들의 마음속에 존재하는 본능적인 범죄행동을 억제, 상쇄하는데 기여한다는 것이다.

5. 매스컴의 역기능과 범죄

1) 개관

매스컴은 또 범죄와 비행의 발생과 발전에 기여하는 여러 가지 역기능적인 면이 있는데 이에 대한 이론으로 단기효과이론과 장기효과 또는 간접효과이론이 있다. 먼저 단기효과이론은 캇츠버코비츠, 윌슨 등이 주장하였는데, 그들에 따르면 매스컴은 폭력을 위장하여 묘사, 표출함으로써 시청자의 모방충동을 일으키고, 범죄의 수법이나 과정 등을 시사해주며, 폭력을 우상화 또는 영웅화(예컨대 대도 조세형, 신창원 사건 등)하여 미화시킴으로써 직접범죄를 일으키는 요인이 된다.

다음으로 장기효과(간접효과)이론인데, 이는 현재 통설적 견해로 두 가지로 나누어 볼 수 있다. 하나는 매스컴과 범죄와의 관계를 태도, 성향 내지 감수성의 문제로 보아 매스컴은 취미생활의 변화를 조장하고 건전한 정신발달을 저해한다.

다른 하나는, 매스컴, 특히 TV의 누적적 효과를 강조하는 입장에서는 폭력 등 묘사에 따라 인상이 누적적으로 쌓임에 따라 이에 대한 배출구를 필요로 하게 된다고 하여 잠재적 폭력으로 매스미디어의 성격을 인정하고 있다.

2) 학자들의 주장 요약

① 매스컴은 범죄실행의 장면을 너무 적나라하게 묘사함으로써 거기서 범죄수법을 배워서 새로운 범죄행위를 자행하게 한다는 것이다.

② 매스컴은 흔히 범죄자들의 딱한 처지를 동정하면서 그를 단속하는 사법기관의 활동에 대해서는 비판적이며 범죄자로 하여금 범죄행위를 반복하게 한다.

③ 범죄자 중에는 자신의 범행사실을 크게 보도함으로써 그들 범죄사회에서의 명예와 지위를 확보하기를 바라는 자로 인하여 범죄가 일어날 수 있다.

④ 매스컴은 다른 사람들의 화려하고 사치스런 생활양식을 공개함으로써 이를 보는 사람들에게 위화감을 조성하여 불만계층의 범죄성을 조장할 수 있다.

⑤ 매스컴 중 안방을 차지하는 TV는 가족원 상호간의 대화마저 단절시키고 이로 인해 가족원 상호간의 연대의식이 와해되는 반면, 개인주의와 고립주의가 증대되어 범죄나 비행에 빠지기 쉽다.

⑥ 매스컴은 회사 간 보도경쟁이 지나친 나머지 언론재판 또는 여론재판(예컨대 오늘날의 한국사회)을 유도하여 형사사법을 방해하며, 시청자들을 지나치게 범죄에 노출시킴으로써 범죄에 무관심하게 하고 때로는 공포에 떨게 하여 법집행과 범죄예방을 어렵게 한다.

3) 매스컴에 대한 대책

매스컴에 대한 대책으로는 법적 규제, 지역사회활동에 의한 정화 등도 중요하나, 근본적으로는 매스컴에 종사하는 사람들이 자율적으로 청소년의 보호라는 관점에서 매스컴에 의한 정보전달에 신중을 기하는 일이 선행되어야 할 것이다.

이외에 가정에서도 소위 정보공해에 오염되지 않도록 TV 시청, 라디오 청취, 저질비디오나 전자오락 등에 빠지지 않도록 지도, 감독이 철저히 이루어져야 할 것이다.

6. 정치적 범죄

1) 의의

정치적 범죄는 그 동기가 정치적이거나 정치적 지위와 권한을 이용하여 정치적 권위에 저항하거나 도전하는 행위라고 볼 수 있는데, 이를 크게 나누어 정부에 의한 범죄행위와 정부에 대한 범죄행위로 양분할 수 있다. 먼저 정부에 의한 범죄는 정부가 기본적인 제도적·사회적 가치를 위반했을 때 가능한 것으로 이해되고 있다.

이와 같은 범죄는 대체로 정치권력에 대한 반대자나 테러리스트에 대한 정부의 과잉반응, 정치적 부패, 그리고 개인적 이득을 위한 공직자의 정치적 범죄 등이 있다. 반면에 정부에 대한 범죄는 대체로 정부에 대한 저항운동이나 테러행위가 그 대상이 되고 있다.

2) 정치적 범죄개념에 대한 학자들의 견해

인그라함은 정치적 질서를 겪고 있는 사람이나 원리에 대한 충성의 배반을 포함하는 것으로 보이는 행위, 그리고 정치적 권위에 대한 도전과 방해를 포함하는 것으로 보이는 행위라고 하였고, 반덴하아그(Vanden Haag)는 권력을 얻기 위해서, 그리고 권위를 집행하기 위해서 이용되는 법률행위라고 하였으며, 로벅과 웨버는 단순히 정부에 의한 범죄와 정부에 대한 범죄로 크게 나누었고, 하스켈과 아블론스키는 권력 내부의 정치적 범죄로 대별하였다.

3) 정치범죄를 범하는 목적

정부에 의한 정치적 범죄를 범하는 목적은 고식적(姑息的) 시혜를 얻기 위한 뇌물수수 등 돈으로 기타 재정적 이득을 취한다거나 체제도전에 의한 정치권력을 유지하기 위하여 정부나 공직자가 자신의 지위와 권한을 과시하기 위한 것 등이었다.

4) 정치적 범죄의 특징

정치적 범죄의 특성은 범죄를 다양한 방법을 통하여 중화시키므로 이를 살펴보면 다음과 같다.

첫째, 현실적으로 분명히 사실임에도 불구하고 그런 사실이 있는지조차 모른다고 딱 잡아떼거나, 일부 특정행위에 대하여 개입되었다는 사실을 시인은 하되 불법적인 범죄행위는 아니었다고 한다.

둘째, 범죄 자체를 무시하는 것으로 만약 공직자 개인에 의해서 이루어진 것이라면 언론과의 접촉을 차단하거나 아무런 대응도 하지 않는데, 이러한 개인적 범행에 대해서 정부가 관련기관이나 단체 등으로부터 어떠한 요구를 취하도록 요구받을 때에는 정부가 개입을 할 만한 근거가 없다는 식으로 발뺌을 하기에 급급하다.

셋째, 비난자를 비난하는 경우인데, 소송을 하면 패소할 것이 뻔하다는 것을 알면서도 범행을 폭로한 사람이나 언론에 대해서 명예훼손 등의 명목으로 소송을 제기하는데, 이렇게 함으로써 시민의 관심을 다른 곳으로 돌리고 자신의 범행을 희석시킨다.

넷째, 강력한 조치를 취하라는 특정한 범죄에 대해서는 철저한 수사를 약속하기도 하지만, 뒤에서는 사실상 수사를 행하지 않고 얼버무리려고 한다.

끝으로, 지금까지 제시한 여러 가지 방법을 적용하기 곤란한 경우에는 어쩔 수 없이 잘못을 시인하기도 하나, 그런 행위는 국가보안 등의 국익을 위하여 어쩔 수 없었다고 변명한다.

6 지리적 환경과 범죄

1. 개관

인간은 그가 거주하는 지리적 환경에 의해 많은 영향을 받게 되고 범죄도 일정한 지역적 특성을 나타내게 되는데, 이러한 범죄의 지리적 분포에 대하여는 몇 가지 연구방법이 있는데, 그것은 통상 도시와 농촌의 범죄에 대한 문제를 중심으로 하여 지역별 범죄성의 문제, 비행지역의 문제 등에 관한 연구로 그것을 구분하고 있다.

2. 지역별 범죄성

1) 의의

지역별 범죄성에 관한 문제는 크게 두 가지로 나눌 수 있는데, 그 하나는 한 국가내의 범죄성에 대한 것이고 다른 하나는 각 국가별 범죄성에 대한 것이다.

국가별 범죄성에 관한 문제는 국가별로 법률제도가 다르기 때문에 범죄개념에 차이가 있고, 더욱이 경찰, 검찰 및 재판의 태도나 능력, 방침에 따라 차이가 있으므로 국가간의 범죄를 비교한다는 것은 매우 어려운 일이다.

2) 학자들의 연구

(1) 일본 高僑正法(다까시) 교수의 연구

일본의 다까시 교수는 지역별 범죄성을 연구할 때에는 범죄개념의 법적 차이가 가장 적은 죄명을 선택하고 표현범과 실제범의 차이가 가장 적은 범죄를 선택하며, 통계가 가장 잘된 국가를 뽑아 장기적으로 비교함으로써 어느 정도 결과를 얻어낼 수 있다고 하면서 이러한 범죄의 조건에 맞는 범죄로는 중상해, 살인, 강도를 들고 있다.

(2) 한 국가 내의 지역별 범죄성에 관한 연구

한 국가 내 지역별 범죄성에 관한 연구는 사회학적 범죄이론이 발달하기 시작한 초기부터 많은 연구가 행해졌다.

예컨대 케틀레는 인신범죄는 따뜻한 지방에, 재산범죄는 추운 지방에서 상대적으로 많이 발생한다고 하여 이른바 범죄의 기온법칙을 주장한 바 있고, 프랑스의 게리도 1825~1830년에 걸친 조사연구에서 프랑스의 북부에서는 인신범죄를 100으로 하면 재산범죄는 181.5%의 수를 나타내고, 남부에서는 인신범죄 100에 대하여 재산범죄는 48.8%에 불과하다고 하여 케틀레의 주장을 따른 바 있다.

(3) 결어

그러나 인간이 지리적 환경에 많은 영향을 받고 있다고 하더라도 그 행동양식은 개인마다 다르고 다른 환경적 요인에 의하여 많은 영향을 받는 것이므로 범죄의 지역차를 단순히 지리적 조건에만 한정하는 것은 타당하다고 볼 수 없다.

3. 도시와 농촌의 범죄

1) 도시와 농촌의 범죄 특징

범죄를 도시의 범죄와 농촌의 범죄로 나누어 분석해 볼 때, 양에 있어서나 질에 있어서 현저한 차이가 있음을 알 수 있다.

2) 범죄의 양

먼저 범죄의 양에 있어서는 농촌과 도시를 비교해 보면, 농촌의 범죄율보다 도시의 범죄율이 훨씬 높고, 그 종류도 다양하여 도시에서는 거의 모든 종류의 범죄가 범하여진다. 이렇게 볼 때 도시는 범죄의 온상이 되고 있음을 알 수 있다.

3) 범죄의 온상이 되고 있는 이유

① 생활의 불안정

② 인구구성의 변천(주민의 이질성 및 심한 이동성)

③ 생존경쟁의 격심

④ 인구의 집중

⑤ 재산의 집중

⑥ 욕망자극과 유혹의 증가

⑦ 도주와 증거인멸의 용이

⑧ 근린간의 협동정신의 박약(신고정신희박)

⑨ 소비, 오락시설 등 불건전한 오락의 집중 등을 들 수 있다.

4) 최근의 변화

그러나 최근에는 매스컴, 교통기관의 발달로 도시와 농촌 간의 지역차가 점차 줄어들고 범죄성의 차이도 아직 본질적인 차이점은 그대로 남아 있다고는 하나 점차 희박해지고 있는 실정이다. 이러한 관점에서 최근에는 지역개발에 따른 신흥지역의 도시화에 따른 범죄가 주된 연구과제가 되고 있다.

5) 범죄의 질

다음 도시와 농촌범죄의 질을 비교해보면 일반적으로 재산범죄, 풍속범죄는 도시의 범죄이고 조폭범죄는 농촌의 범죄라고 한다.

농촌사람들은 주로 농림업과 수산업을 자연적 환경하에 영위하므로 생활양식이 전통적이고 완고하나 진실성이 있으며 도의심이 강하다. 따라서 농촌에서는 본능적이고 충동적 행위가 많게 되어 강간, 폭행과 상해, 살인, 방화 등의 조폭범죄가 많게 된다는 것이다.

이에 반하여 도시에는 경제거래가 불가결의 생활조건이므로 각종의 위조, 사기, 횡령, 배임 등의 지능적·기술적인 범죄, 공갈, 장물죄 등의 직업적 범죄가 많고, 또한 주택난, 성적 해방 분위기 등으로 인한 성적 자극이 강하기 때문에 성적 풍속범죄가 많다.

6) 도시화와 범죄

(1) 의의

도시화라는 말은 도시의 팽창, 교통수단의 발달, 매스미디어의 보급 등을 조건으로 하여 근대기술이 초래한 사회의 구조적 변화 가운데 하나인데, 이는 일반적으로 지역의 도시화와 개인의 도시화로 나누어 볼 수 있다.

지역의 도시화란 도시가 지역적으로 확대되어 주변지역을 그 권내로 흡수해 나가는 일련의 과정을 말하고 개인의 도시화란 도시나 농촌 어디에 거주하든 생활 자체가 도시화되는 것을 말한다.

(2) 범죄의 도시화에 관한 학자들의 연구

일본의 前田信二朗 교수는 도시집중의 법칙, 도시방사의 법칙, 기역교류의 법칙이라는 세 가지 법칙을 주장한 바 있다.

첫째, 도시집중의 법칙이란 범죄의 도시집중은 인구의 사회증가에 따르면 인구의 도시집중률보다 높고, 범죄발생의 증감은 그곳의 산업예비군의 증감에 정비례하는 것을 말한다.

둘째, 도시방사의 법칙은 범죄의 도시화는 도시에서 범죄 과포화 현상에 이르고, 도시에서의 인구증가 및 경제발전에 수반하여 도시지역 밖으로 향하여 그 발생률을 증대시키고 자연범은 정체되고 잠재화하는데 반하여, 법정범과 소년비행 및 사회적 병리현상은 유동하면서 증가한다는 것이다.

셋째, 지역교류의 법칙이란 범죄가 도시집중과 지역적 정착을 할 뿐만 아니라 경제적, 인구적 교류에 따라 항상 도시와 농촌 양지역의 피해율을 높이고 회복률을 감소시키게 된다는 것이다.

(3) 미국의 버제스(Ernest W. Burges)의 연구

버제스는 미국 시카고시의 사회구조를 분석하고 다섯 개의 성층으로 구성되었음을 밝혀내고 대도시의 성층이론을 처음으로 발표하였는데 이것이 그의 유명한 동심원이론(Theory of Concentric Circle)이다.

이를 좀더 구체적으로 살펴보면 현대의 대도시 사회는 사회적 의미에서 몇 개의 띠 모양의 성층으로 이루어지고 그 각 성층에서는 도시화에서의 범인성 특징들이 서로 다르게 구성되어 있고, 그에 따라 범죄발생률이나 죄종에 있어서 상당한 차이를 나타내리라고 본다.

대체로 도시의 중심부에서 멀어질수록 범인성 특징의 정도가 낮고 그에 따라 범죄문제도 점차 감소하는 경향을 보이게 된다고 한다.

(4) 성층이론의 설명

성층은 다섯 지대로 나누는데 지대 Ⅰ는 중심업무지역이다. 이것은 도시의 중심부에 위치하는 상공업 기타 각종 업무의 중심적 업무지역을 가리키고, 지대 Ⅱ는 퇴화과도지역으로 이 지역은 도시의 확대발전의 결과 많은 중심부 사람들이 공기 맑고 넓은 교외지역으로 옮겨감에 따라 퇴화과정을 걷게 된 지역으로 이곳에는 구식건물이 그대로 남아 있고 불결, 불량한 조건들이 산재하여 이른바 빈민가(Slum Area)를 형성한다. 술집, 매음가가 성행하고 각종 실패자가 범람한다.

대개 중심업무지역 주변에 띠 모양으로 산재한다. 범죄학상 가장 문제시되는 지역이다. 지대 Ⅲ은 근로자 계층지대(Working Class)로 이곳은 2, 3세대가 한 건물 안에서 공동 거주하는 예가 많고 저소득의 근로자들이 많이 거주하는 곳을 말한다. 지대 Ⅳ는 교외주변지역(Suburs and Urban Fringe)으로 이는 도시의 주변지대를 말하는 데 정기통근지역이라고도 한다.

(5) 쇼(Shaw)와 멕케이(Makay)의 각 성층별 범죄양상의 차이에 관한 연구

쇼와 멕케이는 버제스가 나눈 5개 성층에 따라 소년비행 및 기타 여러 가지 사회문제사상의 발생상황을 인구 10만명 단위로 환산해서 분석한 결과 중심부로부터 멀어짐에 따라 거의 규칙적으로 감소하는 사실을 발견했다.

그들은 이러한 원심적(방사적) 점감경향을 다른 수개 도시에 대한 연구에서도 비슷하게 발견할 수 있었다고 하는데, 각 성층에 따라 범인성 요인도 점차 감소하는 경향을 나타내는 것이다. 쇼와 멕케이는 이러한 현상은 도시화의 한 특징인 사회해체(Social Disorganization)의 정도와 반비례한다는 것이다.

(6) 일반적인 도시화의 특징

일반적인 도시화의 특징으로는 인구의 밀접에 의한 거래관계의 증대 및 복잡화, 대량적 거래체제의 발달, 이동성의 증대와 근린관계의 해체, 가치관, 윤리의식의 갈등의 극심, 형식, 외관주의 발달과 몰인격화, 개인주의의 발달, 빈민지역의 형성 등을 들 수 있는데, 이러한 요인들이 범죄의 억제작용을 하는 지역사회의 조직화(Community organization), 즉 지역사회 자체가 가지는 범죄통제기능을 저해하여 결국 범죄, 비행을 증가시킨다고 할 수 있다.

최근에는 도시주변의 범죄발생률이 꾸준히 증가되고 있는 일반적인 경향은 이러한 도시화의 결과라고 생각되며 도시와 농촌간의 죄종별 차이가 점차 적어지고 있는 것도 이러한 관점에서 이해되어야 할 것이다.

(7) 도시화에 따른 범죄대책

도시화에 따른 범죄대책으로는 첫째 원인적 측면에서 사회상황이나 조건을 개선해야 하며, 이를 위해 범죄나 비행이 다발하는 지역을 파악하고, 그 지역이 가지는 사회병리적 요소를 개선하기 위한 정책이 개발되어야 하며, 둘째 지역사회가 가지는 범죄통제기능이 원활히 움직일 수 있도록 상황이나 조건을 개선할 필요가 있다. 따라서 도시정책에 있어서도 사회방위의 관점을 고려한 여러 시책들이 포함되어야 한다.

7. 비행지역과 범죄

1) 비행지역의 개념

도시의 비행지역(Delinquency Areas)이란 범죄자나 비행소년들이 밀집 거주하는 지역을 말하는 것으로 이에는 두 가지 의미를 가지는데, 하나는 비행자 다발지역이라는 의미이고 다른 하나는 비행다발지역이라는 의미이다. 이러한 표현은 미국의 사회학자 쇼(C. Shaw)에 의하여 처음 사용되었으며, 그 이후 많은 학자들이 이 문제에 관심을 가지게 되었고, 통상 근린관계의 문제라고도 한다. 비행지역은 도시주변부에 많고 범죄인 또는 비행소년의 생활환경, 인격의 특수성을 잘 나타내주는 지역으로서 이는 범죄가 많이 발생하는 도시중심부의 번화가와는 구별되는 지역개념이다.

쇼(C. Shaw)는 소년범죄 연구에 있어서는 범죄는 도시의 중심부를 둘러싼 대상의 지역 즉 상공업지대의 주변인 슬럼(빈민가) 지역에 가장 많다고 설명하였다.

2) 범죄의 생태학적 연구

거주지역과 범죄에 관한 특수생태학적 연구가 본격화한 것은 1920년부터 미국에서의 일이다. 생물학에서 쓰이던 동식물의 생태학적 연구방법이 사회문제연구에 도입되어 사회의 생태학적 연구방법이 개발됨에 따라 몇몇 사회학자들이 범죄자 및 비행자의 지역적 분포를 생태학적으로 연구하기에 이르렀다.

3) 쇼의 비행자들의 주거지역 특성에 관한 비교연구

① 비행의 발생률은 도시에도 근린환경이 다름에 따라 크게 차이가 있다.

② 비행률은 일반적으로 시의 중심부에 가까운 곳에 있는 저임금 가옥지역에서 가장 높고 중심부에서 멀어질수록 감소하다가 도시주변에 있는 공업 또는 상업지역에 이르면 다시 비행 발생률이 증가하고 거기서 멀어질수록 감소한다.

③ 무단결석의 비율이 높은 지구에서는 소년법원 취급사건 및 유치장 구금자 등 불량요소의 발생률도 높고 남성비행자가 많은 지역에서는 여성비행자도 많다.

④ 비행자율이 높은 지역에서는 그 지역의 인종, 민족의 구성요소 및 구성상태가 크게 변화한 후에 있어서도 계속 높은 비율로 나타났다.

⑤ 독일인 또는 폴란드인이라는 특정한 민족집단의 비행률은 그 민족의 구성비율과는 관계없이 그 지역의 전체 비행률과 비슷한 경향을 나타내었다.

4) 결어

범죄의 생태학적 연구에 있어서는 범죄 내지 비행이 개체의 소질에 기인하기보다는 거주지역의 환경조건에 의해 크게 좌우된다고 보는 점이 특징이다.

이 이론은 문화전달이론이라고 부르며 미국범죄학에 크게 영향을 미쳐왔다.

쇼는 비행지역의 특징을 여러 가지로 분석하고, 비행성의 지역적 형성원리를 더욱 명확히 밝히는 작업을 행함으로써 지역사회의 정화 및 개선을 통한 소년비행의 예방과 선도책 개발에 크게 공헌하게 되었다.

8. 비행지역의 유형과 특징

비행지역은 여러 가지 유형으로 존재한다. 태프트(R. Taft)는 아래와 같이 비행지역을 7가지 유형으로 나누었다.

① 단순한 빈곤지구 : 이 지역은 단지 가난하기는 하지만 가족관계는 대체로 정상적이다. 주민의 대부분은 비행자가 아니고 소규모의 절도행위가 행하여진다.

② 슬럼지역(빈민가) : 이 지역은 빈곤이 여러 가지의 다른 요인과 결합되어 빈곤상태가 더욱 복잡한 지역이다.

③ 간격지역 : 이 지역은 슬럼지역의 개념과 대동소이하다. 이 지역은 철로변 지역으로 깽들의 싸움터가 되기도 한다.

④ 셋방살이지구 : 이 지역은 특히 비인격적 관계를 특징으로 하는데, 대개 슬럼가와 중복되나 생활여건은 나은 경우도 있다. 이들은 타인에 대하여 전혀 무관심하며, 범죄자가 많고 자녀는 적어 고독한 편이다.

⑤ 고립지역 : 유태인 또는 중국인 등 단일한 소수민족이 사는 지역으로, 주민간의 동질성과 집단적 통제가 잘 이루어져 범죄율이 낮은 곳도 있으나, 역시 범죄성이 배양되기 쉬운 곳이다.

⑥ 환란지역 : 대개는 슬럼지역과 일치하는 경우가 많으나 반드시 그렇지는 않다. 이 지역에는 경찰이 묵인하는 도박과 매음이 행하여진다. 이곳은 각 지역으로부터 범죄위험자를 이끌어 들이는 것이 특징이다. 그러므로 그와 가까운 곳에 사는 아동들도 나쁜 영향을 받게 된다.

⑦ 특수촌락지역 : 범죄자들이나 도시의 낙오자들이 은신하기도 하며 퇴폐성이 심하고 쇠퇴해가는 지역이다. 인구가 감소하고 세입이 적어 그 지역의 공공사업에 충당하기도 부족하며, 그 지역을 개선해보겠다는 의욕적인 지도자도 없다.

9. 비행지역 실태 및 비행집중의 이유

1) 비행지역의 실태

비행지역은 여러 유형이 결합되어 있기 때문에 각각의 특수유형을 논하는 것보다 차라리 결합된 비행지역을 슬럼지역(또는 빈민가)으로 보고 이 슬럼지역의 일반적 실태 및 그 특징을 논하는 것이 필요하다고 본다.

슬럼지역의 실태는 일반적으로 노후가옥지역이며 경제소득이 낮고 도덕황폐지역이다. 이를 좀더 구체적으로 살펴보면 다음과 같다.

첫째, 외부적 특징으로는 가옥이나 아파트가 낡았는데 재건축이 이루어지지 않은 곳이 많고, 환경오염이 심한 점과 주민의 대부분이 미숙련 노동자나 저소득취업자로서 도시중심부의 생활에도 적응되지 않고 농촌의 생활에도 적응되지 않는 사람들이라는 점 등을 들 수 있다. 특히 농어촌을 비롯한 다른 지방 출신의 이주자가 많다.

둘째, 이 지역주민의 직업적 특징으로는 무직, 날품팔이, 근로노동자, 부업종사자, 노점상 등이 많고 접대부, 성매매여성, 소년절도범, 장물범 등이 상주하고 있다.

셋째, 범죄성의 특징을 보면 절도를 비롯한 재산범, 폭력범이 많고, 주로 곤궁적 상습범의 형태를 나타낸다. 특히 그들이 가지는 경제적, 사회적, 심리적 불만과 갈등 열등의식은 배타적 반항적 행동을 유발하는 사회심리적 특징이 된다는 점도 고려해야 한다.

2) 비행자 집중의 이유

도시의 상업 또는 공업의 중심부근에 비행자가 집중하는 것에 대하여 서덜랜드는 두 가지로 설명하고 있다.

첫째, 근린관계에 있어서 사회적 해체로 볼 수 있다고 한다. 태프트에 의하면, 이들은 이 지역을 벗어나기를 싫어하며 바깥세상에서 성공을 꿈꾸는 자는 주민들로부터 이단자로 취급된다고 하였다.

둘째, 정신의학자들의 설명에 의하면 비행률이 높은 지역은 집세가 저렴한 지역이고, 집세지급능력이 없는 사람끼리 모이기 때문에 의학자들은 고립화되는 선택적 이주라고 설명하고 있다. 어떤 특정한 시기에 비행률이 높은 지역에 거주하는 주민으로는 세 가지 유형이 있는데, 최근 다른 지역에서 이주해온 자, 예부터 거주해 오고 있는 잔류거주자, 좋은 환경에서 살다가 영락(零落)하여 값싼 셋집으로 옮겨오지 않을 수 없었던 자 등이 그것이다.

10. 비행지역의 대책

도시의 비행지역의 대책으로는 첫째, 이 지역 주민들에게 외부문화의 접촉을 하게 하여 항상 의욕을 북돋아 주고, 둘째, 사회복지시설의 확대와 실업자의 근절 등 일반사회 정책사업을 실시하여야 한다. 또 지역사회 예방대책으로서는 앞에서 설명한 바와 같은 시카고지역계획을 들 수 있는데, 우리나라에서도 지방자치시대를 맞이하여 그 도시에 알맞도록 이와 같은 계획이 지속적으로 추진되어야 할 것이다.

7 연령과 범죄

1. 연령단계와 범죄

인간은 연령에 따라 그 신체생리조건과 정신심리상태가 상당히 변화하게 되고 이것은 바로 그 사람의 범죄성과도 밀접한 관계가 있다. 인격의 발달은 일정한 단계에 이를 때까지 연령단계에 대응한다.

14~24세까지는 심한 외적 사정의 확대와 비약의 연속이나, 그 이후는 급격한 변화가 드물다. 사춘기의 범죄성은 외적 사정과 내적 사정의 복잡한 사정에 기인하고 있다. 서덜랜드(Sutherland), 크레시(Cressey)는 여러 나라의 범죄통계를 분석한 결과, 대체로 범죄성이 최고인 시기(The Age of Maximun Criminality)는 사춘기 또는 그 직전의 시기이며, 이를 정점으로 꾸준히 감소한다는 사실을 발견하였다(Edwin & Donald, 1974, 121~126).

범죄가 가장 높은 연령대는 20~25세의 청소년기이고, 질적으로는 18~25세의 연령대에 살인, 상해, 폭행 중 폭력범이 많은데 이것은 왕성한 체격이 반영된 것이다. 재산범죄의 경우 절도, 강도는 청소년층에 비중이 큰데 비해 사기, 횡령은 고 연령층에 비중이 크다. 성격범죄의 경우 강간은 저연령층에, 추행은 고연령층에 많은 것으로 나타났다.

2. 서덜랜드(Sutherland)의 연구

서덜랜드의 연구에 의하면 최고범죄 연령층의 경우, 나라마다 약간 다르게 나타나는데 영국은 남성은 12~13세 때, 여성은 16~17세 때, 미국은 남녀가 모두 18~24세 때이고, 절도는 15~19세 때가 최고이고 살인, 횡령은 25세 이상에서 최고범죄 연령층이 형성된다. 최고비행연령은 비행 발생률이 높은 지역일수록 연령이 낮고, 범죄발생률은 최고범죄연령에서 나이가 많아질수록 꾸준히 감소된다.

또, 초범의 연령이 낮을수록 재범의 가능성이 크고 그 기간도 짧다. 청소년비행은 성인범죄로 연결되는 경우가 많으나 반드시 그렇게 되는 것은 아닌 것으로 나타났다.

3. 吉益(요시마스)의 연구

1) 사춘기

사춘기를 협의로는 22~16세로 보는 반면, 광의로는 17~23세의 연령대로 보는데 이때는 이성에 대한 동경이 그 특징이다. 소아기의 단조로운 생활방식에서 성인의 복잡한 생활방식으로 이행되는 시기로서 범죄심리학상 가장 위험한 시기이다.

2) 갱년기

갱년기는 45세부터 10년간의 기간을 말하며, 체력의 점차적인 노쇠화, 정신적 능력과 체력의 불균형이 나타난다. 여성은 45~50세(폐경기에 해당)를 정점으로 한다. 남성은 40~60세의 기간 중 가볍게 심리적 장애를 경험한다.

여성은 특히 이 기간 중 흥분성, 감정자극성 등을 느껴 범죄성과 연결되기 쉽다.

3) 퇴행기

55~65세의 연령기 남성보다 여성 쪽에 위험성이 더 있다.

4) 노년기

65세 이후의 연령기로 기억력 감퇴와 함께 신체 각 부위의 노쇠화 현상이 커지고 관심은 사회에서 가정으로, 마지막에는 자기 자신에게만 집중된다. 이때 노인들은 약함에 대한 의식에서 불안감을 느끼고 쉽게 격노하는 경향이 있으나, 범죄와는 소극적으로 관계할 뿐이다.

5) 사춘기 청소년의 심리적 특징

엑스너(Exner)는 사춘기의 심리적 특징으로 공상적인 체험욕, 과대한 충격, 자기현시욕, 자아고양, 자주적 결정감, 권력과 강제에의 반항, 내적 불안, 오만과 혈기 그리고 기분 이변성, 성욕 분방성 등을 들었다.

6) 청소년 범죄자의 질적인 특징

심리적 배경하에서 이루어지는 소년범죄자들의 질적인 특징은 조직폭력성, 집단화, 성범죄성, 누범 및 상습범, 연령저하 등으로 생각할 수 있는데, 이런 현상은 사춘기의 특성에서 오는 경우와 환경 또는 문화의 갈등에서 유래하는 경우로 나누어 볼 수 있다(星也周弘, 税所篤朗 共著, 1982: 117~119).

8 술(알코올), 마약과 범죄

1. 개관

술은 알맞게 마시면 인체의 혈액순환을 촉진시켜 건강에 도움을 줄 뿐만 아니라 사교용, 친목용으로도 크게 도움을 주고, 사람의 기분을 흥겹게 하는 효용이 있으나, 과음으로 여러 가지 해(害)를 끼치게 된다. 특히 음주가 상습화하여 중독 상태에까지 이르면 당사자는 물론 가정이나 사회, 나아가 자손에게까지 악영향을 끼치게 되며, 범죄의 발생증가라는 사회문제를 낳게 된다.

여기서 술과 범죄관계에 대하여 알아보기 위해 당사자가 개인으로부터 가정, 사회 그리고 자손에 끼치는 영향으로 나누어 고찰해보기로 한다.

2. 술이 당사자 개인에게 끼치는 영향

술은 전술한 바와 같이 알맞게 마시면 건강에도 좋고 사교상으로도 좋은 것이나, 술을 과음하거나 상습적으로 마시게 되면 육체적으로 건강을 해치고 정신적으로도 주의력, 기억력, 이해력, 감퇴 및 도의감·책임감의 약화, 자기 비판력의 결여, 근로의욕상실 등의 저격화 형상 등을 초래하며, 비행, 범죄, 알코올중독 등 많은 폐해가 있게 된다.

세계 각국의 통계를 보면, 음주로 인한 범죄증가가 현저함을 알 수 있는데, 퀴르츠 및 글륙크의 조사연구에 의하면 폭력범(폭행, 상해죄)의 2/3는 주점이나 요리점 내 또는 그 앞에서 행하여진다고 한다. 꼭 2/3가 그러하다는 점에 대해서는 의문이 없지 않으나, 일반적으로 그러한 경향이 있는 것만은 수긍이 간다.

또한, 엑스너(Exner) 등 유럽학자들의 '범행일시조사연구'에 의하면 토, 일, 월 등 주말, 주초에 폭력범 등의 범죄발생률이 높은 것도 음주와 관계가 있음을 입증하는 것이다. 기타 축제일, 공휴일 등에 음주로 인한 폭행, 상해사건이 많이 발생하는 것은 최근의 언론매체를 통하여 우리가 경험적으로 알고 있는 것이다.

서부유럽 및 미국의 연구에서도 토, 일, 월요일에 범죄발생이 높고, 특히 우리나라 형사정책연구원에서 발표한 통계자료에 의하면 토요일과 일요일에 범죄가 많이 발생할 것이라는 예상은 갖지 않는 것으로 밝혀졌다.

3. 술이 가정에 끼치는 영향

술을 과음하거나 상습적으로 마시게 되면 간접적으로 가정에 나쁜 영향을 끼치게 된다. 과음자는 왕왕 부부싸움을 하거나 아내와 자녀들을 구타하거나 가구를 파괴하는 일이 많으며, 상습적 음주자는 알코올 만성중독자(中毒者)가 되어 술을 마시지 않으면 무기력해지고 손발을 떨게 되어 낙오자(落伍者)로서 부랑자 또는 범죄자의 무리에 들어가게 된다. 여기서 옐리네크(Jelinek)의 알코올중독자가 되는 과정(단계)을 알아보면 다음과 같다.

알코올중독의 첫 단계는 '징후기'로 각종 사회적 동기에 따라 음주를 시작하나 다른 시기보다 완화감 또는 진정감을 더 느끼고 이에 따라 연일 음주하고 그 양을 늘리는 시기로 보통 6개월에 2년간 계속된다. 둘째 단계는 '전구기'로 이때가 되면 알코올은 이제 기호품이 아니라 약품으로 이용되고, 남몰래 2, 3잔씩 강술을 먹고 끊임없이 술 생각에 빠진다. 전일 주취(酒醉) 중에 한 일을 기억하지 못하는 알코올성 건망증도 생긴다.

한편, 죄의식도 갖게 되어 술에 관한 대화를 꺼리게 된다. 전구기는 6개월 내지 4~5년간 계속된다. 세 번째 단계는 '위험기(The Crucial phase)'로 이 시기는 술의 통제력을 잃고 한번 술을 먹기 시작하면 계속 마시게 되고 양을 조정 못한다.

그리고 음주에 대한 변명 술을 익히고 명예의 손실에 대한 보상으로 허세적 거동과 언사를 행하며 공격성을 띠게 된다. 이러다가 네 번째 단계인 '만성기(The Chromic Phase)'에 들어가는데 이 때는 계속 주취상태에 있고 윤리적 판단이 쇠퇴하고 사고능력이 장애받는다. 이때쯤에 중독자의 10%쯤은 알코올성 정신병자가 된다.

음주는 주로 자기보다 낮은 계층의 사람과만 하고 술 종류를 바꾼다. 그러나 이 시기는 이미 알코올내성이 저하하여 표현할 수 없는 공포와 떨림으로 고통을 느끼게 된다. 그리고 이를 억제하려고 또 음주하게 되고 시계의 태엽을 감는 등 간단한 동작도 알코올 없이는 할 수 없게 된다.

또, 종교적 소원을 갖게 되고 패배를 시인하고 자발적으로 치료를 받게 되나 결국인격의 황폐화가 일어나고 이것이 발전하면 불치(不治)로 된다.

알코올성 치매화의 길을 걷게 되면 더욱 그러하다. 그들의 수명은 평균 12년 정도 평균인들보다 단축된다고 본다.

따라서 술중독자들은 생활비를 탕진하고 가정을 빈곤하게 만들며, 근로의욕을 잃어 직장을 상실함으로써 실업자가 되어 가정을 파탄시키며 그의 가정으로 하여금 범죄에로 이끌어 들어가게 된다. 비행소년 중에 알코올중독자를 부친으로 하는 자가 많은 것은 그러한 까닭이다.

이러한 점에서 알코올중독자의 가정은 소년범죄의 온상이라고 할 수 있는 것이다. 아샤펜버그(Aschaffenburg)는 '만성중독자는 사람을 부랑자화 하고 또 지방 실업에 의한 부랑자는 음주에 탐닉하여 드디어 만성적 부랑자가 된다'고 하고 있다. 또한 슈넬에 의하면 수형자 100인에 대하여 87인은 다년간 '상습' 음주자이며, 그 1일 평균음주량은 1.5리터나 되고, 26.7%는 만성알코올중독자였다고 한다.

최근에는 언론매체를 통하여 알코올중독된 아이들이나 아버지가 방종과 방탕한 생활로 가정을 파탄시켜 가족으로부터 살해를 당하는 비참한 사례도 자주 목격하는 것이다.

특히 알코올중독자를 부모로 모신 가정의 자녀들은 경제적 빈곤뿐만 아니라 정신적으로 나쁜 영향을 받아 더욱 악화되는 것이다. 어릴 때부터 알코올중독자인 부모 밑에서 빈곤과 부부불화, 폭행, 구타, 욕지거리 등의 좋지 못한 환경에서 자라나면서 고민하고 열등감을 느끼고, 공포감, 혐오감, 불안감 속에서 성장하게 되면 정신적으로도 비뚤어지거나 포악하게 되어 정신병적 경향을 띠게 되어 자라나면서 불안한 친구들과 어울려 음주를 하고 비행을 하게 되는 사례가 많은 것이다.

그러므로 알코올중독으로 인한 범죄는 개인당사자만의 문제보다도 가정의 빈곤과 파탄, 그리고 그 가족, 자손들로 하여금 간접적으로 범죄를 저지르게 유발하는 면이 더 중요시된다.

4. 술이 자손에게 끼치는 영향

일반적으로 알코올중독자의 자손에게 소년비행 또는 범죄인이 많이 발생하고 있다는 것과 알코올 중독자의 자손에게서 알코올중독자가 많이 나타나는 것은 일반적으로 통계상 인정되고 있는 사실이다.

힐리(Healy)는 소년범죄자 1,000명 중에서 양친 또는 편견이 대주가였다는 자가 31%나 되었다고 하고, 특히 보스(Boston)에 있어서는 51%나 되었다고 하고 있는데, 이러한 통계를 보고 우리는 두 가지 면에서 고찰해 봐야 한다.

대주가 또는 알코올중독자의 자손에게 범죄자가 많은 것이 생물학적 유전적 원인에 기인한 것인가 하는 문제이다. 전자의 문제에 관하여는 많은 학자들이 연구를 거듭하여 왔으나, 아직 명확한 과학적인 해답을 얻지 못하고 있으며, 오히려 부정적인 경향으로 기울이고 있는 듯하다. 그것은 알코올중독자의 자손이 유전적으로 알코올중독자가 된다는 과학적 해명이 없기 때문이다.

아샤펜부르크(Aschaffenburg)가 '동물실험'으로 장기간 주해(酒害)를 받은 동물의 자손에게 변질작용이 보이고, 이것이 여러 세대 계속되어 알코올에 의한 배종손상(胚種損傷)의 결과를 가져온다고 하는 연구보고 있으나 이에 대하여는 그 후 더 확실한 과학적 증명이 없다.

5. 알코올(술) 범죄대책

최근에 이르러 음주로 인한 범죄가 날로 늘어나고, 청소년 특히 미성년자들의 음주가 증가일로에 있어 이로 인한 범죄가 격증하고 있어 이에 대한 대책이 시급하다고 본다. 이에 대한 대책으로는 첫째, 미성년자음주를 금지하고, 주점에서 미성년자에게 술을 팔지 못하도록 하는 대책인데, 미성년자의 주점출입 연령의 하향조정 등 효과적이고 실질적인 단속이 이루어지도록 하여야 할 것이다.

둘째, 과음한 자에게 술을 판매하지 못하도록 법제화하고 이를 단속하며 또한 음주자를 거리에 방임하지 말고 철저히 선도, 보호하는 대책인데, 이로써 우발적인 범죄를 어느 정도 방지할 수 있을 것이다.

셋째로, 가장 문제되는 것이 알코올중독자에 대한 대책인데, 외국의 경우처럼 보안처분에 처한다든가 국가재정이 허락하는 한 알코올중독자들을 가정에서 격리시켜, 국립병원이나 교정시설 같은데 수용하여 알코올중독증을 과학적인 의학적인 방법으로 고정하여 다시 가정이나 사회에 복귀시키는 대책이 바람직하다고 본다.

9 약물범죄

1. 개관

약물범죄란 약물사범과 환각제사범은 물론 마약 등의 약물에는 속하지 않지만 신나 및 접착제 등의 유기용지 남용사범을 총칭한다. 여기서 약물남용이란 사람의 신경계통의 정신기능에 영향을 끼칠 수 있는 약리작용이 있는 약물을 치료하는 등의 정상적 목적이 아닌 도취, 환각, 흥분 등의 자극을 얻기 위하여 섭취하는 것을 말한다.

약물범죄는 오늘날 거의 모든 나라가 사회적으로 큰 문제가 되고 있으며 특히 국제교류가 빈번해짐에 따라 범죄양상도 국제화, 조직화되어 가고 있는 실정이다. 이에 따라 우리나라도 예외는 아니어서 국제적으로는 중국과 일본 등은 물론 그 밖의 동남아를 중심으로 상호 연계하여 범죄를 일으키게 하고, 국내적으로는 청소년, 주부, 학생, 일반시민에 의한 환각제의 침투는 오늘날 중대한 형사정책상의 과제가 되고 있다.

2. 약물의 유형과 범죄

1) 진정제(Depressants)

진정제로는 아편, 모르핀, 헤로인, 수면제(Bartbiturates) 등을 들 수 있다. 아편은 앵속(罌粟)의 설익은 씨앗껍질의 우유 빛 창출액으로부터 추출된 천연마약류이다. 양귀비의 법적 재배와 분포는 국제마약통제위원회에 의해 국제협정으로 통제된다. 아편은 일반적으로 파이프로 흡입하거나 모르핀으로 사용되기도 한다.

미국이나 유럽에서는 최근에 거의 사용되지 않고 있으며, 우리나라 역시 거의 사용하지 않고 있다가 1980년대부터 다시 고개를 들기 시작하여 계속 증가추세에 있다.

헤로인(Heroin)은 앵 속의 열매에서 채취한 생아편을 여러 화학물질을 혼합하여 만든 천연마약류를 말한다. 이 헤로인은 마약류의 약 2배의 효능이 있고 오늘날 아편중독자들이 많이 복용하는 마약이다. 헤로인을 소지하는 사람은 적어도 하나의 법을 위반한 것이다. 많은 사회적·문화적 요인들의 영향 때문에 마약유형의 모델은 마약의존의 보급이 완전히 예측되는 것은 아니다.

이에 관련된 요인들의 마약의 이용성, 마약하위문화의 존재, 법집행활동 그리고 지위의 상승이동의 다른 습관적 수단뿐만 아니라 교육과 직업에 대한 기회의 상대적 존재를 포함한다. 그런 수단의 존재는 마약, 특히 헤로인 사용과 관계가 있다. 수면제는 사람들을 마취상태르 만들어서 안정을 시키고 쉽게 잠이 들게 하기 때문에 의학적으로 사용되고 있다. 수면제는 마약이나 각성제의 의존과는 그 사용형태는 물론이고 그 연령층도 크게 달리하고 소년을 층을 중심으로 보편적으로 많이 사용하고 있다.

한 조사연구를 보면 수면제를 복용하는 소년들의 성격특징은 비행소년에 많다고 하는 의지박약경향은 적고 자기 현시적 경향, 특히 열등감의 보상으로 보여지는 것 충동성, 미성숙성이 많다고 한다. 수면제, 안정제 그리고 히로뽕은 일반적으로 많이 사용되고 있으며, 위험한 약물로 말해진다. 이러한 약물은 헤로인이나 코카인보다 더 흔히 남용된다. 미국에서는 2012년 수면제의 복용으로 수천 명이나 사망했다.

2) 환각제(Hallucinogenic Agent)

환각제로는 페이오트(Peyote), LSD(Lsergic Acid Diethylamide), PCP(Phencyclidine) 등이 있는데 이를 차례로 살펴보면 다음과 같다. 환각제인 페이오트는 맥시코의 남서부에서 널리 재배되는 가시 없는 선인장에서 추출한다. 순수한 형태에서 페이오트는 실험적인 목적으로 일시적인 정신병을 유발하도록 정신병 유발선의 마약으로 사용되어 왔다. 환각제에 추가하여 페이오트는 극도의 불안과 위장질환을 유발할 수 있다.

LSD는 가장 잘 알려진 환각제 마약이다. 그것은 무향무취의 흰색의 수정 같은 분말로 물에 쉽게 용해되며 그 효능이 강하다. 이것은 정신의식 상태의 측정을 위해 실험용으로 쓰이기도 한다. LSD의 효과와 피해는 개인에 따라 다르며 사용 시에는 판단력이 흐리며, 충동적인 개방성(Openness)이 이루어지고, 수동성 자기사랑우월감 등이 복합적으로 나타난다. PCP는 최근에 인기 있는 환각제로 흰 분말의 형태로 나타나는 비중독성인 진정제이다. PCP는 사용자의 신체이미지를 왜곡할 수도 있고 일련의 과대망상증과 폭력을 야기할 수도 있다. 환각제는 강한 반응을 포함한 많은 부작용을 일으킨다. 초기에는 주로 지식인, 연예인, 중류층 인사들이 사용했다. 또한 청소년층에서 하나의 사회적 반항이나 욕구충족적인 수단으로 사용했다. 또한 청소년층에서 하나의 사회적 반항이나 욕구충족적인 수단으로 사용하였다. 이와 같은 환각제 사용방법은 순수한 호기심에서 비롯되는 경우도 있고 또래집단에서 낙오를 걱정하여 사용하게 되는 수도 있다.

문제는 남용이라 하겠는데 이들은 경제적·사회적 지위가 낮거나 자신이 아무리 노력해도 소위 출세할 수 없다는 계층화된 사회에서 무엇인가의 욕구에서 환각제를 사용한다고 한다. 어떤 이유로든 이러한 약물을 남용하는 경우는 도덕성의 결여와 자제력의 상실 등으로 인하여 범죄로 빠져드는 경우가 있다.

3) 흥분제(Simulants)

마약범죄에 많이 사용되고 있는 흥분제로는 마리화나(Marijuana), 암페타민(Amphetamines), 코카인(Cocaine) 등이 있다. 마리화나는 흥분제인 동시에 진정제로 가벼움과 우스운 감정, 시간감각의 왜곡이나, 억제를 풀게 한다. 이것을 많이 복용하게 되면 나른해지고 잠이 들게 된다. 한 통계에 의하면 마리화나는 흥분제로 전 세계 인구 중 2억 5천만이 사용한다고 한다.

미국에서는 1950년~1960년대에 마리화나 사용이 광범하게 교회나 전국의 모든 지역의 고등학교와 대학에 침투하였다. 이 무렵에 마리화나는 록음악 문화의 상징[4]이 되기도 하였으며, 1970년대에는 많은 중요한 행정부관리와 국회의원 자녀들이 마리화나 사용으로 파면되기도 하였다. 통계에 의하면 마리화나 사용은 청소년들이 가장 많이 사용하고 있어 청소년비행과 밀접한 관련이 있다고 본다.

메스암페타민(Methamphetamine)은 히로뽕, 각성제(Speed)를 말하는 것으로 우리나라에서는 백색의 공포, 공포의 백색가루, 악마의 가루라고 불리며 투약사범들 사이에서는 백색의 황금, 뽕, 술, 또는 크리스탈, 물건, 총 등으로 불리고 있다. 입이나 주사를 통해서 체내로 들어갈 수 있으며 중독이 될 수 있다. 메스탐페타민은 향정신성의 의약품으로서 중추신경을 자극하는 각성제로 그 증상은 기분이 좋아지며, 정신이 번쩍이고 보다 외향적이 되고 흥분되며, 정신이 혼란스러워져 심적 박동의 증가, 두통, 어지러움, 그리고 불면증을 호소할 수 있다.

특히, 남용하였을 경우에는 의심이 많아지고 적대적이 되어서 다른 사람들에게 위험한 존재가 될 수 있다. 또한 일정기간 반복 복용하면 망상(Delusion)을 호소하는 정신분열증과 비슷한 상태에 빠진다는 연구도 있다.

우리나라에서는 1970년 초반까지만 하여도 메스암페타민 중독자는 거의 없었는데, 최근에는 유흥업소종사자, 성매매여성 등을 중심으로 투약자가 증가되고 있어 심각한 사회문제로 되고 있다. 코카인(Cocain)은 고통을 감소시켜 주는 효과 이외에도 두뇌피질에 신속한 영향을 주어 감각성·예민성을 높여 주고 30분 정도 기분이 좋은 상태에 들어가게 해 준다. 성적 욕망이 강해질 뿐만 아니라 자신감, 행복감 등이 머릿속에 가

4) Beatles, Bob Dylan 그리고 Rolling Stones가 그 대표적이다.

득 차게 된다. 남용하면 감기, 매스꺼움 그리고 불면증을 가져다 줄 뿐만 아니라, 급성 편집증세를 나타내거나 벌레가 피부를 기어 다니는 듯한 무서운 환각을 느끼게 된다.

1993년 유럽지역 전체의 코카인 압수량은 18톤이며, 북미지역과 반대로 헤로인으로의 전이현상이 나타남에 전체적으로 코카인남용이 급속히 확산되고 있으며, 일본은 야쿠자의 개입과 함께 일본에서의 검거인원 및 압수량이 최근 꾸준히 증가하고 있고, 우리나라에서도 밀수입반입량이 매년 늘어나고 있어 코카인시장이 넓게 자리잡아가고 있음을 알 수 있다.

가정청소용 화학물질과 같은 용해제와 루엔을 포함하여 나무가구 정착제와 같은 흡입제는 청소년에 의해 많이 사용된다. 미국의 고등학생 2~3학년의 7%가 적어도 1회 이상 이 약을 사용했다는 연구가 있다. 많은 나라에서 미성년자에게는 판매하지 않는다.

청소년들은 마약의존의 면에 있어서 가장 위험한 우리 사회의 구성원들이다. 마약은 많은 청소년들의 부정적 욕구를 충족시켜 줄 수 있는 중요한 선택임으로 청소년의 일탈과 비행의 큰 요인이 된다고 본다.

3. 약물범죄의 문제

1) 일반적 환각제사범의 특색

최근 우리나라 약물범죄 중에서도 특히 환각제의 남용이 당면하고 있는 가장 중요한 문제의 하나라고 할 수 있는데, 환각제사범의 특징적인 경향으로서는 환각제는 동남아를 중심으로 하는 외국에서 밀수입되어 국내에 밀매되고 있는데 그 중심이 되어 있는 것이 조직폭력이라는 것이다. 둘째, 남용자는 일반시민층 특히 소년, 가정주부, 택시 운전기사 등에까지 넓혀 있고, 금단현상 때문에 환각제 사용을 중지하고도 다시 사용하는 자가 많다고 한다.

특히, 주부 남용자의 증가는 가정의 붕괴에 이어지고 있어 청소년비행과도 간접적인 영향이 있다고 볼 수 있으며, 금단현상 때문에 환각제를 사용하기 시작하면 그 습벽을 끊는다는 것은 극히 곤란하다 한다. 예컨대 단기간의 구금 등으로 그 사용을 강제적으로 중지시켰다 해도 사회복귀 후 환각제를 입수하기 쉬운 환경에 이르면 또다시 사용하는 자가 많고 그 습벽을 근절한다는 것은 용이한 일이 아니라고 본다. 따라서 약물범죄 사범에 대해서는 집행유예나 단기형에 처하고 있는 양형문제에 대해서도 다시 한번 생각해 볼 필요가 있다고 본다.

2) 우리나라 환각제 특색

우리나라의 환각제사범의 특색으로써는 첫째, 조직폭력과 관계하는 사람이 많으며 가정에 문제가 있는 자가 많다는 것이며, 둘째는, 무직, 전직 등의 직업상의 문제를 갖고 있는 사람이 많으며, 성격적으로 의지가 약하고 자립심이 부족한 자와 자기중심적인 사람이 많다는 것이다. 셋째는, 환각제사범이라는 죄의식이 희박하며 무단외박, 볼링, 당구 등 밤늦은 오락, 태만한 생활 등 생활태도에 문제가 많은 사람이 많고 신나 등의 남용경력자가 많다는 것을 알 수 있다.

3) 신나사범 등의 특색

신나사범의 특색으로는 첫째, 성격적으로 방종, 의존적, 도피적, 우울 망상적, 무기력적인 자가 많다는 것과 불안감, 열등감이 강한 자 등 자주적인 문제해결 능력이 낮다는 것이다.

둘째는, 보호자 등의 감호능력에 문제가 있으며 방임과 보호 등 부적절한 양음태도의 자가 많다는 것이다.

셋째는, 집단적으로 흡입하는 일이 많고 처우상 교우관계의 개선·조정이 중요한 포인트가 된다.

넷째는, 반복사용의 결과 정신적 의존이 형성된 자에 대해서는 의존으로부터 벗어나기 힘들고 통상의 지도나 원조로는 효과를 볼 수 없다는 것이다.

다섯째, 남용의 결과 태학, 태업, 실업 등 일상생활이 곤란하며 남용의 상태에 따라서는 병원이나 교정시설에의 수용을 고려하지 않으면 안 되는 상태에 이르게 된다는 것 등을 들 수 있다.

4. 환각제 사범의 격증요인과 그 대책

1) 환각제 사범의 격증요인

환각제 사범의 격증요인으로는 첫째, 해외에 풍부한 공급원과 대규모 조직적인 밀수입이 행해지고 있다는 것이며, 둘째, 환각제를 주요한 자금원으로 하는 폭력조직이 밀매조직을 형성하고 시장을 지배하고 새로운 수요층의 확대에 적극적으로 대처하고 있다는 것이고, 셋째는 최근에 사회의 향락적 풍조가 일반국민의 약물을 대하는 경계심을 가볍게 하고 안이한 흥미를 불러일으키는 등을 들 수 있다.

이러한 요인과 근본적으로 환각제 남용제의 습벽을 근절한다는 것은 매우 곤란하다는 것 등을 생각해보면 환각제 사범이 감소하지 않는 첫 번째 이유는 환각제는 한번 사용해보면 좀처럼 끊을 수 없다는 데 있다. 또 환각제 사용은 폭력조직의 하위문화로 되어 있기 때문에 환각제의 남용을 일소한다는 것은 매우 어렵다고 하는 것이다.

2) 대책

이에 대한 대책으로는 첫째, 유관기관과 연락·협조체제가 원활하게 이루어져야 하며, 둘째로, 조직폭력을 중심으로 하는 밀매조직을 괴멸하는 것이다. 환각제의 밀매가 막대한 이익을 얻게 됨으로써 폭력조직을 배경으로 밀매를 감행하고, 새로운 수요층을 개척하고 있다는 실정을 고려하면 환각제 사범을 없애기 위해서는 우선 그 밀매조직을 뿌리뽑아야 할 필요가 있다고 하는 것은 두말할 필요가 없을 것이다.

셋째는, 그 공급원을 차단하고 수요의 근절을 도모할 필요가 있다는 것이다. 그러기 위해서는 아무리 사소한 사용자라 해도 엄격한 처벌이 있어야 할 것이다.

넷째는, 영리목적사범에 대해서는 가중처벌하고, 특히 벌금을 병과할 필요성이 있다는 것이다. 영리목적사범에 대해서 벌금병과 규정을 두는 취지는 그 사건의 악질성 등에 대해서 법정형의 인상과 더불어 고액의 벌금을 병과함으로써 재산적 고통을 주고 따라서 이런 범죄가 경제적으로 이익이 없다는 인상을 주기 위함이며, 범행에 의해 현실적으로 불이익을 받느냐 안 받느냐에 불구하고 원칙적으로 벌금형을 과하는 것을 고려해 볼 만하다.

다섯째, 현실적 문제로서 집행유예와 단기형에 집중되고 있는 양형방법과 환각제 중독자에 대한 치료방법 등에 대해서도 검토할 필요가 있을 것이다.

그런데 약물남용대책에 있어서 가장 중요한 것은 환각제의 해악에 대해서 전 국민의 깊은 환각제 사범을 줄이려고 하는 국민 한 사람 한 사람의 자각과 거국적인 추방운동을 실시하여야 할 것이다.

5. 교우관계와 범죄

1) 개관

우리 인간관계에 있어서 가장 중요한 것 중 하나가 교우관계라고 볼 수 있는데, 특히 사춘기에 있는 소년에 있어서는 그 영향이 대단히 크다고 보겠다. 즉 학교의 학업성적도 좋고 품행이 단정한 소년과 건전한 교우관계를 맺는다면 그 생활 역시 발전적이고 희망적일 수 있지만, 그렇지 않고 학업을 태만히 한다든지, 불량한 소년과 불건전한 교우관계를 맺는다면 직·간접적으로 그 영향을 받아 학교의 학업을 태만히 함은 물론, 가출을 한다든지 급기야는 범죄집단에 뛰어들어 범죄행위까지 할 수 있을 것이다.

2) 글룩부처의 교우생활상의 특징에 관한 분석

첫째, 소년들은 뚜렷한 반사회적 목적 하에서 조직되고 특수한 리더십을 발휘하는 자가 있는 비행집단조직, 즉 이른바 갱(gang)에 소속되어 교우생활을 하는 경우가 절반 이상을 점유하고 있음에 반해, 무비행소년들의 경우에는 그러한 예가 거의 없고 보통의 친구들과 어울려 교우생활을 하였다.

둘째로, 비행소년들은 그 교우대상자 중에 비행소년들을 포함하는 경우가 거의 전부(98.4%)가 되는데 비해 무비행소년의 경우에는 7.4%뿐이었다.

셋째로, 비행소년들은 그 교우대상자를 주로 자기보다 연상의 사람을 선택하는 경향임에 반해(44.6%), 므비행소년의 경우에는 주로 동년배들로 구성시키고 있다.

넷째, 비행소년들 중에는 소녀를 교우대상으로 하는 경우가 무비행소년들보다 더 많은데, 이것은 그들의 성적조숙을 의미할 수 있다. 동 조사대상자 500명 중에는 19.4%가 무비행소년, 500명 중에는 겨우 1.8%가 이성경험을 가졌다는 사실과 관련시켜 생각할 때 이는 더욱 주독할 만하다.

3) 비행소년들이 불량한 교우관계를 맺는 두 가지 학설

첫째, 그들이 이전부터 비행성을 지니고 있었기 때문에 그 부류와 어울리다보니 그렇게 됐다는 것으로, 말하자면 불량교우는 그 자체가 비행성의 징표로서의 의미를 갖는다는 것이다.

둘째, 이러한 불량교우의 관계를 갖기 때문에 그들이 불량화되고 비행행위를 하게 되었다는 것으로, 이 경우에는 불량교우가 비행화를 촉진할 것으로 해석된다. 이 두 가지 중 글룩부처가 취한 입장은 전자이다.

4) 일탈화 과정과 비행집단의 형성

처음에는 그들 각자가 품은 욕구불만, 특히 사회의 공식태도에 대한 불만감 내지 저항감에서 시작하여 일탈감을 느끼다가 비슷한 사람들끼리 우연히 만나 대화를 나누게 되는데 이것이 집단화 1차적 과정이다. 이때부터 이들은 새로운 자기들만의 세계를 형성하고, 자기들끼리 공동으로 문제를 해결하는 방법에 관해 서로 알게 모르게 대화를 계속해 나간다(무언의 대화를 자기들끼리 나누는 것을 알버트 코헨(A. Cohen)은 이를 제스추어 대화(Conversation of Gestures)라고 하였다).

이와 같은 일탈화 과정은 사회인들이 그들에게 취하는 억압적 태도에 의하여 더욱 조장된다. 악의 극화(Dramatization of Evil), 다시 말하면 그들이 취하려는 일탈적 행동(악)을 비난하는 제 규정이 의식됨으로써 그들은 그들끼리의 새로운 가치관이 싹트게 되고 외부세계를 적대시하게 되는데 이것이 집단화되는 2차적 과정이다.

이와 같이 비행집단이 어느 정도 확고히 되면 그들의 특수한 방향이 결정되는데, 이 특수한 행동방향의 결정은 그 지역의 특수조건에 의하여 영향을 받는다. 즉 그들이 처해있는 사회의 가치관과 문화의 특성에 의해 영향 받는 것이다. 이것이 클로와드(Cloward)와 오오린(Ohlin)의 기회구조이론에서 강조되는 것이다.

5) 비행집단이 범죄, 비행문제를 가중시키는 과정

① 비행집단은 그 소속 소년들로 하여금 사회와 사회의 여러 통제기관에 대한 갈등적 태도를 기르게 한다.
② 비행집단은 비행행위과정에서 흔히 보이는 파괴성의 행동방식을 가르친다.
③ 비행집단은 범행수법을 가르친다. 여기에는 물론 범행수법 그 자체와 그 전후의 법망기피 방법까지를 포함한다.
④ 비행집단은 초심자와 상습범의 접촉기회를 제공하기도 한다.
⑤ 비행집단은 범죄집단들 상호간의 접촉기회를 제공하기도 한다.

⑥ 비행집단은 장물애비 등 절취후의 소비처를 알선한다.

⑦ 비행집단은 교정시설출소자들을 환영함으로써 범죄의 계속을 돕는다.

⑧ 비행집단은 소속원의 범죄행위를 조직적으로 자극한다. 서로 망을 보아준다든가 하는 것이 그것이다.

⑨ 비행집단 소년범죄자를 직업적인 성인범죄자로 키우는 역할을 한다.

6. 여가생활과 범죄

1) 의의

우리 인간은 누구나 여가시간을 활용하는데, 여가를 선용할 경우에는 자신의 심신연마와 생활의 활력소 역할을 할 수 있다고 보겠으나, 악용할 경우에는 범죄 또는 비행성의 발전원인이 될 수 있다.

2) 무비행소년과 비행소년의 오락생활상의 차이점에 관한 글룩부처의 연구 결과

첫째, 오락의 경향에 대해 모험적인 것, 활동적이거나 비활동적인 것, 경쟁적인 것 등으로 조사한 결과 비행소년의 47.9%가 모험적인 것에 편향하는 경향이고, 그러한 경향을 띤 무비행소년은 겨우 9.5%에 불과하다는 것이다.

둘째, 영화 관람으로 비행소년들이 모험적인 자극, 흥분성 등을 더 즐기는 경향인 것은 그들의 영화관람 태도에서도 잘 나타났는데, 비행소년들은 무비행소년들에 비하여 44.9% : 11.0%의 차이로 더 높았다. 이것은 형화란 대개 극적인 것을 내용으로 한다는 의미에서 높은 관탐 도는 모험성을 나타낸다고 해석된다.

셋째, 모험적인 활등으로 비행소년들의 모험성 선호경향은 그 평소의 활동내용에 있어서의 모험성에서도 잘 나타나 있다. 즉 그들은 트럭에 몰래 뛰어들어 탄다거나 야간에 늦게까지 밖에서 지낸다든가, 기물을 손괴한다든가, 수일간 가출을 한다거나 하는 점에서 비행소년들보다 압도적으로 높은 선호율을 나타내는 것이 그것이다.

넷째, 놀이의 장소조사에서는 비행소년들은 먼 이웃에 가서 노는 것(86.% : 14.2%), 가로의 구석(95.2% : 58.4%), 그 밖에 공지, 역구내, 당구장, 값싼 텐트장 등에서 여가를 보내는 율이 무비행소년들보다 더 높았고, 반면 가정에서(15.2% : 93.2%) 또는 운동장에 가서 (92.94% : 61.0%) 노는 경우는 무비행소년들보다 훨씬 낮았다는 사실도 비행소년들의 모험성 선호경향과 상관이 있는 것이다.

다섯째, 지도 있는 오락에 대한 태도조사도 클럽활동 등에의 참여, 학교체육관, 운동장 등에 가서 노는 것 등 일정한 지도가 있는 오락에 대한 태도에 대한 조사에서 비행소년들은 더욱 많이 환영적인 태도를 표하였다는 것이다.

3) 대책

이에 대한 대책으로는 유해하거나 불량한 오락장의 지속적인 지도단속과 건전한 오락문화가 싹틀 수 있도록 법적 뒷받침과 정책지원체계가 이루어져야 하고 사회변동과 지역사회실정에 맞는 적절한 오락프로그램의 개발과 학교와 가정은 물론 지역주민의 참여하에 계몽활동 또한 적극적으로 펴나가야 할 것이다.

7. 군집현상과 범죄

1) 개관

군집현상이란 상당수의 사람들이 모여 무리(Crowd)를 형성하는 경우를 말하는 것으로, 이러한 군집현상 아래서는 구성원 상호간에 공개적 또는 묵시적으로 특수한 심리현상이 교환되어 각 개인의 의사가 어느 한 방향으로 결집되는 현상을 보이게 되는데, 그 중에 어떤 것은 비행이나 범죄성과 긴밀한 관계를 갖게 된다.

이 경우의 심리적 특징을 군중심리하고 하는데, 이 군중심리에 가담한 사람들은 평소의 인격특징과는 관계없이 특이한 행동까지 하게 된다.

8. 군집현상의 유형

1) 회중(Audience)

회중이란 다른 사람으로부터 어떤 지시를 받거나 그가 제시하는 사상의 관심 때문에 일시적으로 다수인이 모이는 것을 말하는 것으로, 이는 다시 우연적 회중과 의도적 회중으로 나뉜다. 우연적 회중이란 교통사고가 발생했을 때 그 사고현장으로 다수인이 운집하는 경우와 같은 것을 말하며, 의도적 회중이란 음악회나 강연회를 찾아 모여드는 것과 같은 경우를 말한다. 이를 그 성격에 따라 오락적 회중과 탐지적 회중으로 나누기도 하며 또 수동적 군집현상이라고 한다.

2) 난중(Mob)

난중이란 어떤 대상에 대하여 어떤 행위를 하려는 마음에서 집합하는 경우를 말하는 것으로 이를 적극적 군집현상이라고도 한다. 난중은 다시 그 성격에 따라 다음 네 가지로 나눈다.

(1) 공격적 난중

공격적 난중이란 다른 것을 해치거나 해할 목적에서 군집현상을 이루고 그러한 행동을 기도하는 경우로 린치, 테러, 폭동의 세 가지 형태가 있다. 여기서 린치란 극소수의 개인에 대하여 군집이 무법적인 공격적 행위를 자행하는 경우로 사법기관의 활동구역이 먼 곳에서 일어나는 경우를 말하고, 테러란 공격의 대상이 적은 숫자가 아니고 상당히 많은 경우를 가리킨다.

말하자면, 대량 린치를 말하는 것으로 상대정당의 특정인 및 그 주변을 향해 공격하는 경우가 여기에 해당된다. 폭동이란 두 개의 갈등적인 난중 사이에서 일방이 타방을 공격할 때 일어나는 현상이다.

(2) 도피적 난중

도피적 난중이란 예기치 못한 돌발적인 위험에 대한 공포심에서 그 주변으로부터 도피하려는 심리에서 군집현상을 일으키는 경우로 가령, 영화 관람 중 화재의 경보가 나갔을 때 나타나는 것이 여기에 해당된다.

(3) 획득적 난중

획득적 난중이란 어떤 이익적인 물적 대상을 향하여 일시에 다수인이 쇄도하는 경우로 가령 은행이 파산의 위기에 놓였다 할 때 저금을 빼내기 위해 운집한다든가, 쌀 부족 시 쌀가게를 향해 운집하는 것, 또는 열차의 좌석획득을 위해 개찰구를 빠져나온 사람들이 달려갈 때 보이는 것 등이 여기에 해당된다.

(4) 표출적 난중

이것은 주연, 축제 시 황홀상태에서 감정의 동작적 표출의 결과 일어나는 난중현상으로, 이 경우는 공격이나 도피, 회피 등의 특수한 목표가 있는 것이 아니고, 그 감정 표출의 동작 그 자체가 목표가 된다.

이러한 난중은 처음부터 그 방향으로 나타나는 예도 있으나, 처음에는 단순한 최종으로 모였다가 어떤 원인으로 갑자기 난중으로 되는 경우도 있다. 범죄성과 관계있는 것은 이 난중의 경우인데 군중심리가 주로 문제시되는 것도 이 경우이다.

(5) 군중심리의 특징

군중심리의 특징에 관해서는 학설이 분분한데, 이를 요약 정리하면 크게 셋으로 나눌 수 있는데 이는 정신적 단일성, 감정성과 비합리성, 무책임성과 무절제성 등이다.

① 정신적 단일성 : 군집의 구성원은 처음에는 개별적 의사로 공동관심사에 관한 의견을 교환하지만 심리적 상호영향의 도수가 증대되면 개체의 역할은 거의 사라지고 군집이 리더(지도자)가 이끄는 대로의 단일정신으로 집합하는 경향을 보인다. 이 경우의 단일정신은 개체를 초월하는 하나의 독립정신으로 작용하는데, 이를 르봉(Le Bon)은 군집의 정신적 단일성의 법칙이라 불렀다. 이 경우 이미 정신적 단일화(동질화)가 상당히 이루어진 곳에 개체가 참가하면 그는 더 쉽게 이러한 단일정신에 휘말려들게 된다.

② 감정성과 비합리성 : 군중심리가 일단 단일성(동질성)의 특징을 띠게 되면 그곳에서 각 개인의 사고방식은 고차원적인 이성적 사고에 법칙을 떠나서 수단계 내려간 저급한 감정의 법칙에 따라 작용하고 좌우되기 일쑤이다. 이때 그들은 다른 사람들의 암시에 민감하고(피암시성의 항진), 무비판적 충동적으로 행동하며(충동성, 경동성), 잔인하고 즉흥적인 행동도 쉽게 하며 원시적 영웅주의자로 행동하게 된다. 또 극도로 배타적이고 편집광적인 특성을 나타내며 어린아이들처럼 무분별한 행동을 하기 쉽다. 이 경우 군중의 지능은 일반개인의 지능보다 낮게 평가된다. 여기서 나타나는 현상이 단락반응의 현상이다. 단락반응이란 어떤 충동이 의식될 때 그 가부에 관한 깊은 사려 없이 곧 행동을 취하게 되는 경우를 단락반응이라 하는데, 군중심리에는 그러한 반응이 보인다는 것이다. 이를 가리켜서 군중은 최단거리의 법칙에 따라 행동한다고 표현한다.

③ 무책임성과 무절제성 : 군중심리 속의 각 개인의 마음은 무책임성과 무절제성의 지배를 갖는다. 그는 자기의 과격한 범죄적 충동에 따라 행동함에 있어 자제심을 거의 느끼지 못하거나 그 자제력의 기능을 별반 의식하지 못하게 되고 무책임하

게 행동하고자 한다.

이것은 군중 속에 파묻힌 자기의 행동이 아무에게도 의식되지 않는다는 생각(무명성의식), 또 군중 전체는 처벌받을 수 없고, 그 주모자나 지도자 정도만 처벌받는데 그칠 것이며 자기는 처벌을 면제받을 것이라는 기대감, 그리고 군중의 강세에 편승한 내심의 우월감, 거기서 느끼는 어떤 정당성 등에 기인하는 것으로 생각된다.

군중심리의 폭발은 언제나 가능한 것이 아니고 평소에는 잠재해 있다가 그들의 관심의 대상이 된 사람들로부터 착취나 압박이 가중될 때 폭발하는 것으로, 군집현상이 정치성을 띨 때 더욱 위험하다.

그리고 이러한 군집현상 또는 군중심리의 현상이 지배하는 곳에서도 모든 사람들이 동일하게 피암시성과 범죄적 충동을 나타내는 것은 아니다. 예컨대 남자보다 여자들이, 지능이 우수한 사람보다 열등한 사람들이 더 강한 피 암시성을 나타낸다.

인격 또는 성격내면에 잠재적으로 범죄성을 더 많이 지닌 사람이 더 잘 범죄적 충동의 반응을 보인다고 하는데, 이것은 한마디로 범죄예비군들이 군중심리 하에서 더 쉽게 범죄자로 등장하게 된다는 것이다.

3) 군집지도자와 그 성격

군집지도자란 군집 특히 난중화된 군집의 앞에서 그 정신적 단일성을 지도하는 위치에 있는 자를 말하는 것으로 이들은 일반인과는 다른 특이한 성격과 소질을 갖는 경우가 많다고 한다.

그들은 대개 지능이 우수하다기보다 사람들의 욕동감정면에 자극을 주는 기술에 능한 사람들이라고 볼 수 있는데, 이는 특히 군집이 범죄적 공격성을 띨 때 그러하다고 한다.

대개 혁명초기에는 대 이론가 또는 사상가가 전면에서 진두지휘함으로써 혁명의 기운을 감돌게 하지만, 일단 행동단계에 들어갈 때에는 그들은 후퇴하고 다분히 병질적인 투사들이 앞장서게 되며, 여기서 그들의 병리적 성격특징이 유감없이 발휘되게 된다.

그러나 이들은 혁명이 끝나면 새로운 정상사회에 적응하지 못하고 물러서게 된다.

4) 군집지도자의 성격에 관한 연구

군집지도자의 성격에 관한 연구로는 프랑스혁명 당시 파괴의 광기를 유감없이 발휘한 혁명지도자들의 정신병학적 연구에서 그 지도자들의 다수가 후에 정신병자로 진단됐다는 것이다.

또 바이에른 혁명 시, 비교적 적극적인 역할을 한 66명(그중 17명은 제1급 지도자였다) 이 뮌헨대학 정신의학 임상실에서 정신감정을 받았을 때 단 한 사람도 정신병학적으로 이상이 없다고 진단된 예는 없었다고 하며, 그중 15명은 중증자로 배덕성병질자, 히스테리성격자, 배신성병질자, 순환병질자의 4군으로 나뉘었다 한다. 일단 군집화된 다수인이 이러한 병질적 인격자에 의하여 지도되기 시작하면 그 위험도는 가중되기 마련이다.

5) 군집현상과 그 대책

오늘날과 같은 복잡한 현대사회의 도시화와 인구의 밀집현상 그리고 교통 통신수단과 언론매체의 발달로 주변사람들끼리의 집합이 용이하고 헌법상 집회결사의 자유가 보장되고, 집단이기주의의 발달로 그 군집화의 가능성이 매우 농후하다. 특히 우리나라와 같은 남북간 이념적 갈등과 진보와 보수로 나뉘어 극한 대립양상을 보이고 있는 상황에서는 이에 대한 방지대책이 시급하다고 본다.

따라서 이를 위한 관계 법률의 개정보완(예컨대 국보법)과 더불어 군집지도자는 물론 군중심리에 편승하기 쉬운 자들을 대상으로 한 특별교육 또한 필요하다고 본다.

제4장 시설내 처우와 복지

제1절 교정교육

1 개관

교정교육이라 함은 교정시설에 있어서 수형자의 교화개선과 사회적응성을 높이기 위하여 행하는 여러 가지 교육을 통틀어 일컫는 말이다. 이를 크게 나누어 보면 좁은 의미의 교육과 직업훈련교육, 교회로 구분할 수 있다.

교정교육도 교정의 변천과 그 맥락을 같이 하고 있다고 볼 수 있다. 응보형사상 아래서의 행형은 응보의 수단으로써 고려될 여지가 없는 것이지만, 형벌은 장래의 범죄를 예방하여 범죄로부터 사회를 방어하려는 목적을 갖고 있으며 교정 역시 이러한 목적을 위한 교정수단이라고 보는 교육형의 이념에 입각한다면 교정교육은 자유형 집행의 근간이 되는 것이다.

교육형주의에서 말하는 교정교육의 의미는 범죄인에게 도덕성과 책임성을 환기시키는 제반 교정수단이며, 사회적응성이 결여된 수형자에게 반사회적 성격을 교정하여 정상적인 생활인이 되도록 교육하는 것으로 교도 전반의 전인적인 교화개선행위이다.

따라서 수형자의 인격도야와 지능개발 등과 같은 좁은 의미의 교육은 물론 정신적 결함을 보정하고 선도하기 위한 윤리적인 정신감화방법의 교회 및 사회에서 자립할 수 있도록 기술교육을 실시하는 직업훈련 등 교정 전반의 과정이 곧 교정교육인 것이다.

그렇다고 여기에서의 교정교육은 범죄자에 대한 처우를 맹목적으로 관대히 하거나 우대하는 이완을 의미하는 것이 아니라, 범죄자로 하여금 다시는 사회에서 재범하지 않는 선량한 사회인으로 복귀하도록 하는데 그 의의가 있는 것이다(김용준, 1999: 476).

네덜란드 정부는 독립선언 후 길가에 버려진 걸인을 수용하여 이를 교육하였고 정신병자를 치료하는 데 주력하였다.

그리고 독립 후 15년, 즉 1595년에 수형자에게 정신교육을 시키기 위하여 교회사와 교사를 임용하였는데 이것이 교정교육의 시초가 된 것이다. 그리고 건강유지를 위하여 의무관을 임용하는 등 보건과 수양과 정신의 도야로써 삼위일체를 삼았다. 예수탄생 이후 15세기 동안 아니 인류창조 이래 처음으로 형벌이란 참혹하다는 고정관념을 일소하게 하고 형벌을 사랑으로 다스리는 정치를 펴나갔다.

그 후 신정부는 남녀의 혼금을 피하기 위하여 1607년에 여자 수용사동을 설립하였다. 이 여자 수용사동의 정문 높이에 "두려워하지 말라. 나는 너의 악행에 대하여 복수하려는 것이 아니고 너를 선으로 인도하려는 것이다. 나의 손은 엄하나 나의 마음은 친절하다"라고 게시하였다. 이것이 신정부의 사랑의 행정을 천명한 슬로건이었다.

일본은 1872년에 본원사에서 불교교회, 1887년에 北海島에 교회사를 파송하여 종교교회의 제도적 확립에 기여하였다.

우리나라는 1894년에 감옥규칙을 제정하였을 때, 비로소 서적관독허가제를 정하였는데 여기서 교화적 시설의 일부가 출현한 것이었다.

위의 규칙 중에 다만 교회사를 채용하지 않았는데, 이것은 조선시대에 있어서 불교를 배척하게 보고 승려를 비천하게 본 풍속 때문인 바 1907년에 신감옥제도에도 전옥(소장)이하 간수(교도관) 및 여자사동에 이르기까지 직원을 모두 배치하였는데 교회사만은 제외되어 있었다.

그러나 1908년 통감부 감옥관제도가 시행된 후에는 전임의 교회사를 두었는데, 종로감옥에 '대곡파 본원사 음우현철(大谷派 本願寺 音羽玄哲)'이란 승려가 이 직에 있었다.

따라서 일제시대에 불교교회만 실시되었고, 1945.8.15. 해방 후부터 1961년까지는 기독교교회가 시행되었다.

1962년 수용자교화 대책위원회의 설치 후에는 신교의 자유를 보장하고 수용자의 신양심을 고취하는 취지에서 기독교, 천주교, 불교, 일반교회 등의 교회를 실시하게 되었다. 따라서 초창기 교정교육은 종교교육과 교정교육이라는 뚜렷한 구별이 없었으나, 오늘날에는 교정교육은 일반인과 같은 교정환경 속에서 학과교육은 수용자의 학력 정도에 따라 구분하여 실시하고, 그 외에 방송통신고등학교교육, 전문대학위탁교육, 방송통신대학교육, 독학에 의한 학위취득교육, 외국어교육, 정보화교육 등을 다양하게 실시하고 있다.

종교교육은 오늘날 주로 천주교, 불교, 기독교 등의 종교생활을 통하여 수용자의 그릇된 심성을 순화시키고 마음의 평정을 갖게 하여 수형자를 건전한 사회인으로 복귀시키기 위한 교정교화의 큰 수단으로 활용되고 있다.

2 교정교육의 목적과 원리

1. 교정교육의 목적

교육의 목적에 대하여는 학자에 따라서는 구구하나, 소크라테스(Socrates)는 오류(誤謬)를 바로잡고 원리를 발견함에 있다고 하였고, 아리스토텔레스(Aristoteles)는 완전한 덕을 통하여 행복에 도달하는데 있다고 하였다. 그 후 17세기경 존 로크(J. Lock)는 건전한 신체에 건전한 정신을 달성시키는 데 있다고 하였으며, 칸트(Immanuel Kant)는 아동을 현재의 사회상태에 있어서의 성공에 관해서가 아니라, 인도(人道)의 이상적 개념과 일치하도록 미래에 있어서 가능한 한 보다 나은 상태에까지 훈련하는데 있다고 하였다.

교육학자 페스탈로치(John H. Pestalozzi)는 교육은 모든 힘의 자연적·진보적·조직적 발달을 함에 있다고 하였고, 헤르바르트(Johann F. Herbar)는 잘 균형된 여러 방면의 흥미를 환기시키는데 있다고 하였다.

교육이란 일반적으로 학교 교실에 있어서의 정규의 훈련과정을 의미하며, 가정교육, 사회교육 등 광의적으로 사람의 태도 및 행동을 형성하는 모든 생활체험을 포함한다.

이러한 일반교육의 목적은 우리나라 「교육기본법」 제2조(교육이념)에서와 같이 "교육은 홍익인간(弘益人間)의 이념 아래 모든 국민으로 하여금 인격을 도야(陶冶)하고 자주적 생활능력과 민주시민으로서 필요한 자질을 갖추게 함으로써 인간다운 삶을 영위하게 하고 민주국가의 발전과 인류공영(人類共榮)의 이상을 실현하는 데에 이바지하게 함을 목적으로 한다"(전문개정 2007.12.21) 명시되어 있다.

교정교육도 정규학교교육 측면의 학과교육과 사회생활 전반을 지도하는 생활교육의 양면성이 있기 때문에 궁극적으로는 일반교육과 그 목적하는 바가 동일하다 하겠다. 그러나 교정교육의 궁극적인 목적은 일반교육과 동일하다 하더라도 대상자가 범죄자라는 특수성에 있어, 구체적인 교육목표나 방법에는 동일하지 않음이 오히려 당연하며 보통교육의 방법으로는 교육이 되지 않는 특수하게 시행되는 교육이라고 이해되는 것이다.

이러한 점에서 본다면 교정교육은 수형자 개개인의 필요성에 중점을 둔 유형(有形)·무형(無形)의 다양한 활동을 통하여 그들이 범죄성을 제거하여 사회화 하는 것이다.

이와 같은 사실은 교정교육의 목적이 수형자의 범죄성을 비범죄적인 방향으로 이끌어 수형자가 보다 건전한 생활태도와 선량한 시민으로 처신하려는 의지와 그들의 가족에게 정당한 노동에 의해 부양하는 상당한 기회를 가지도록 지식과 기능을 갖추어 사회에 되돌아가게 하는 데 있다.

결국 교정교육은 수형자를 교정·교화하여 사회에서 재범에 이르지 않고 정상적인 생활을 할 수 있도록 하려는 교정의 목표와도 합치된다고 하겠다.

여기에 유의해야 할 것은 교정교육이 단지 범성의 제거만이 목적이 아니라는 점이다. 범죄성은 가치판단적인 개념으로 범죄행동과 비범죄행동은 개개인의 전인격적인 판단에 의한 것이므로 국가와 사회에 건전한 사고방식을 가지도록 전인격적인 교육을 목적으로 하지 않으면 안 된다(김용준, 2004: 477).

2. 교정교육의 원리

교정교육의 원리는 다음 4가지로 요약된다.

1) 인간의 존엄성존중의 원리

범죄자를 지도함에 있어서 가장 기본적인 이념은 인간존중이다. 비록 범죄자라 하더라도 독립된 인격체임을 인정하고 그가 갱생하려는 의지를 가지고 있으며 갱생을 저해하고 있는 문제나 조건을 해결할 수 있는 능력을 가지고 있는데 대한 신뢰감, 이것이 교정교육에 있어서의 인간존중이다.

모든 교육은 대상자가 바람직한 방향으로 변화될 수 있다는 전제 하에서만이 가능한 것이며 교정교육도 인간에 대한 신뢰와 존중이라는 이념에서 출발되는 것이다.

2) 자기인식의 원리

교정교육의 지도자는 자기 자신을 인식해야 한다. 그리스의 델파 신전에 "너 자신을 알라"고 조각되어 있는 것과 같이 자기인식은 인간관계에 있어 중요한 원리이다. 더구나 교정교육은 지도자와 범죄자와의 인간관계를 통하여 행하여지는 것인 만큼 자기인식 없이 교정교육은 어렵다.

자기를 알지 못하고는 타인을 알 수 없으며 더욱이 타인의 문제해결을 조력할 수가 없다. 이와 같은 의미에서 지도자의 자기인식은 극히 중요한 원리이다. 또한 냉정한 자기인식을 통하여 상대방에 대한 편견이나 선입관을 배제하지 않으면 안 된다.

민주주의의 원리는 연령, 빈부, 직업, 문화, 종교, 민족, 인종, 기타 여러 가지 배경에도 불구하고 인간은 서로가 평등하고 존중되어야 하며, 교정교육도 민주주의에 입각한 까닭에 범죄자를 일정한 편견이나 선입관을 가지고 교육에 임한다면 성과를 기대할 수 없다.

3) 자조의 원리

범죄자에 대한 지도는 그들이 자기의 힘으로 문제를 해결해 나가도록 조력하는 것이며, 그들을 해결해주는 것은 아니다. "말을 물가에 데리고 갈 수는 있으나 물을 먹일 수는 없다."라는 말과 같이 지도자는 범죄자의 자조능력을 조장해 나가는 활동이다.

4) 신뢰의 원리

교정교육의 본질은 그들 자신의 문제를 해결하도록 조력하는 것이며 그들과 함께 해결해 나가는 작업이다. 따라서 이 협동작업에 그들을 참가시킴이 중요하며, 그렇게 하기 위해서는 지도자와 범죄자 사이에 마음과 마음이 연결되어, 믿고 신뢰하는 인간관계를 통해서만이 교정교육의 효과를 올릴 수 있기 때문에, 신뢰관계의 수립은 인간성의 존중과 그들의 비밀을 지켜줌으로써 가능하게 된다는 원리이다.

5) 개인차 존중의 원리

교정교육의 대상자는 개인적 능력차가 있으므로 이를 고려하여 소기의 목적을 달성하여야 한다는 원리이다.

6) 사회화의 원리

사회화의 원리는 교정의 궁극적인 목적은 범죄자를 교정・교화하여 사회에 복귀시키는데 있으므로, 사회적 처우를 통하여 건전한 사회인으로 육성해야 한다는 원리이다.

7) 직관의 원리

직관의 원리는 교육은 직접 체험하는 것이 가장 효과적인 교정교육이 될 수 있다는 원리이다(김용준, 2004: 477).

3 교정교육의 내용

교정시설에서 실시되는 교정교육에는 여러 가지가 있으나, 이를 크게 나누어 생활지도교육, 수형자정신교육, 학과교육, 정서교육, 종교교육, 직업훈련 등으로 볼 수 있다. 그 각각에 대하여 살펴보면 다음과 같다.

1. 생활지도교육

교육개념으로서의 생활지도는 지식이나 기술교육과 더불어 행해지는 일반적인 생활태도의 교육이며, 구체적인 생활 속에서 사물을 바르게 보는 방법, 올바르게 사고하는 방법, 긍정적으로 느끼는 방법, 바르게 행동하는 방법을 지도하는 것이다.

1) 신입자교육

신입수용자에 대하여는 정신의 안정과 수용생활에 필요한 지식을 주지시켜 행형질서에 순응하도록 하는 교육이다. 신입시의 교육에서 특히 유의할 것은 대상자가 과거의 왜곡된 생활규범에 적응하기 곤란한 경향을 가지고 있다는 점이다.

또한, 수형자에 대한 불만, 장차 전개될 교도소 생활에 대한 미지의 불안감 등으로 그의 행동은 대부분의 경우 미분화되고 불안정하다. 또한 대부분의 수형자들은 갖가지 오해와 왜곡된 정보에 의해서 교정시설에 대한 부정적 이미지를 강하게 가지고 있었기 때문에 실제생활을 통하여 오해와 편견을 해소하기까지는 직원으로부터 또는 시청각을 통하여 제시되는 올바른 정보를 솔직하게 받아들이려고 하지 않는 경향이 많다.

따라서 이 시기는 교육 작용의 면에서 볼 때 앞으로 교도소 생활을 바람직한 방향으로 받아들이는 태도를 형성시키는 기간이며, 대상자의 마음가짐을 교도소의 기본적인 교육계획에 따라 학습시키고, 생활에 대한 동기부여에 중점을 두어야 한다.

2) 석방예정자교육

석방자 생활지도교육은 교정처우의 마무리 교육으로써 중요한 의미를 가진다. 석방에는 만기석방과 가석방이 있으며, 특히 가석방의 경우 그 직전의 2~3개월 간의 시설내 개방적 장소에 두어 일반사회에 가까운 상태에서 처우하거나 또는 시설 외의 작업장에 통근시키기도 하는데, 석방이 바로 가까워지면 대개 1주 정도의 출소 시 교육을 실시하여 출소에 관한 제 수속, 출소자의 신체조절 등에 관하여 지도하고 있다.

시설에 따라서는 출소교육의 기간 중 일반사회에 가까운 비품을 설비한 거실에 기거시키거나 또는 직원 동행 하에 보호관찰소나 직업안정소 등에 보내기도 하고 사회견학이나 쇼핑을 시키고 있다.

우리나라의 경우 형기종료 1개월 이내에 전 수형자를 대상으로 3일간 집단으로 교육을 실시하는데, 이 기간은 너무 짧은 기간이라고 생각되므로 교육에 필요한 시간만큼 늘려야 할 것으로 본다.

2. 수형자 정신교육(受刑者 精神敎育)

수형자들의 심성을 순화하여 이들의 비뚤어진 의식구조를 바로잡아 주기 위한 수형자 일반정신교육을 연 1회, 매회 2주간씩 실시함과 동시에 청송 제2교도소에서는 조직폭력, 인신매매범 등 특정강력범을 대상으로 근로적응 훈련을 가미한 특별정신교육을 단계별로 실시하여 심성순화를 촉진시키고 있다.

한편, 각 교정시설마다 신입자 생활교육을 통하여 수용생활의 안정을 도모하고, 석방 전 교육을 실시하여 사회생활적응 능력을 배양시키고 있다.

3. 학과교육

학과교육은 수형자의 학력 정도에 따라 일반학과교육과 방송통신고등학교교육, 학사고시교육으로 구분실시하며, 구금으로 인한 학업중단사례를 방지하는 등 학업기회를 부여하고 있다.

1) 일반 학과교육

수형자 중에서 학교과정교육을 필요로 하는 자에 대하여 초, 중, 고등학교 수준의 학과교육과정을 설치, 1년을 수업연한으로 하여 교육을 실시하고 있으며, 일반학과교육을 이수한 자 중, 성적이 우수한 자는 공인학력을 취득할 수 있도록 매년 2회 검정고시에 응시시켜 학력취득 기회를 부여하고 있다.

또한, 대학에 진학할 수 있는 자격과 소양 및 가석방요건을 갖추고 있는 수형자의 경우 본인의 희망에 따라 대학입학시험에 응시토록 하고 있다.

2) 방송통신고등학교교육

소년수형자에게 사회의 정규고등학교과정을 이수할 기회를 주기 위하여 1982. 3. 14. 김천소년교도소에 김천중앙고등학교 부설 방송통신고등학교를, 1991. 1. 10. 천안소년교도소에 천안중앙고등학교 부설 방송통신고등학교를 각각 설치하여 정규 고등학교과정 교육을 실시하고 있다.

3) 학사고시교육

수용으로 인한 학업중단사례 방지와 고등학교 기회확대로 지적 능력을 배양하여 출소 후 자립갱생 기반조성 및 재범방지를 목적으로 1995년부터 대상자를 선발하여 대전, 청주, 청주여자, 춘천, 청송 제1. 2보호감호소, 안동, 목포교도소에 집결시켜 국어국문학, 영어영문학, 법학 등 1개 전공분야의 학사고시반을 설치, 운영하고 있다.

4) 외국어회화 및 컴퓨터 전문교육

21세기 지식정보화 사회에 대비, 취업과 사회복귀능력을 향상시켜 출소 후 사회정착에 용이하도록 1999. 10. 1. 전국에서 처음으로 의정부교도소에 어학실습실과 컴퓨터교육실을 설치하여 영어, 일본어, 중국어회화와 컴퓨터교육을 실시한 이래 현재는 여건이 아주 어려운 교도소 외에는 전국 대부분의 교도소에서 실시하고 있다. 이 뿐만 아니라 청주교도소, 대전교도소, 목포교도소에서 각각 주성대, 대덕대, 초당대가 캠퍼스를 설치, 운영하고 있다.

5) 학과교육 중점교도소 운영

전국 교정기관에 분산 수용하고 있는 수형자 학과교육은 교육설비 미흡, 유자격자 부족 등 현재 교육기관이 안고 있는 열악한 교육여건을 최대한 개선하여 학과교육 실천화에 기여하고자 1999. 1. 1.부터 춘천, 공주, 목포교도소를 고등과 중점교도소로 지정운영하고 있다.

6) 한자교육 및 마약류사범 재활교육

전국 교정기관에서 전 수형자를 대상으로 하는 교육을 실시하고 있으며, 마약류관리법 위반 투약자를 대상으로 한 기관별 자체교육과정을 실시하고 있다(김용준 2004: 478~480).

4. 교정상담(矯正相談)

1) 교정상담의 의의

그 동안의 연구결과에 의하면 범죄자들은 특별히 어떤 심리적 결함을 가지고 있는 것으로 나타나 있고, 특히 교정시설에 수용되어 있는 수형자들은 긴장, 두려움, 적대감정 등 좌절되고 착잡한 심정의 갈등 속에서 살고 있다는 것이다.

게다가 현실은 그들의 문제를 이해할 수 있는 가족이나 친구들과 정상적인 유대관계가 결여되어 있기 때문에 이에 대한 교정차원에서의 심리적 치료가 필요하며, 또한 이들이 출소한 후에 정상적인 사회생활로의 복귀를 위하여 자신을 조절하고 사회에 동화할 수 있는 심리개발을 촉구하는데 교정상담의 의의가 있는 것이다.

2) 교정상담의 방법

교정상담으로써 심리적 치료와 함께 사용되는 방법은 매우 다양하다. 일반적으로 상담은 상담자의 인원수에 따라 개인상담과 집단상담으로 구분된다.

교정상담에 대한 접근방법으로써 대표적 이론은 현실치료(Reality Therapy)이다. 글래저(W. Glaser)의 현실치료는 원래 소년원과 같은 수용시설의 청소년들에게 적용하였던 방법으로써 상담기간이 짧고 의식의 범위에 있는 행동, 즉 현실을 다룬다는 점에서 장점을 지닌다. 성공적인 '자아정체감'을 강조하면서 복잡한 현실적 장면의 맥락에서 어떤 결정을 내리고 그 결과에 대해 책임을 지니도록 하는 것이다.

주로 이론적이고 행동적인 면을 강조하고 개발하여 내담자가 자신의 행동에 대한 가치관을 가질 수 있게 할 뿐만 아니라 행동을 바꾸려는 결정을 하는 등 궁극적으로는 자율성을 갖도록 한다.

5. 종교교육(宗教教育)

종교교육은 수형자로 하여금 도덕성을 회복하고 사회성을 함양하여 건실한 인격형성에 이바지함은 물론, 영적 감화에 의한 심성순화를 촉구하여 범죄성을 제거하고 명랑한 삶의 지표를 설정함으로써 진정한 삶을 영위하도록 하기 위함이다.

우리나라의 종교교육은 전 수형자의 신자화(信者化)라는 방침아래 실시되고 있다. 그러나 수형자에게 종교를 갖도록 강제할 수 있는 규정은 없으며, 헌법에 정해져 있는 종교의 자유와 관련하여 생각할 때 비록 종교가 유효한 교화수단일지라도 이를 수형자에게 강제하는 것은 허용되지 않는다.

따라서 위의 방침은 수형자에게 종교에 대한 관심과 이해를 깊게 하도록 배려함으로써 수형자의 희망에 따라 신앙의 기회를 부여한다는 의미이다.

4 직업훈련(職業訓鍊)

1. 직업훈련의 의의

수형자에 대한 직업훈련은 노동부 협의 하에 실시하는 공공직업훈련과 노동부 협의 없이 교정기관장이 각 기관의 훈련소 실정에 따라 실시하는 일반직업훈련, 지원직업훈련, 영농직업훈련, 작업병행직업훈련으로 크게 구분해 볼 수 있다. 공공직업훈련은 다시 초보자를 대상으로 하는 양성훈련과 기능향상을 위해 실시하는 향상훈련으로 나눌 수 있다.

1) 공공직업훈련

(1) 양성훈련

기능사보 자격취득을 목표로 수형자 중 기능에 대한 기초과정이 필요한 자 또는 학력이 부족한 자 등을 대상으로 각 교도소 자체에서 기초적인 기능을 연마시키는 훈련이다.

(2) 향상훈련

향상훈련은 다시 중급기능훈련, 정예훈련, 고급기능훈련으로 나누는데, 중급기능훈련은 기능사 2급을 목표로 기능사보 자격취득자와 중학교 졸업정도의 학력소지자를 대상으로 하는 훈련을 말한다. 정예훈련은 기능사 2급 이상을 목표로 기능사보 자격취득자와 중학교 졸업정도의 학력소지자로서 20세 이상 40세 이하인 자를 대상으로 영등포, 청주, 순천교도소의 정예직업훈련소에 집결시켜 실시하는 훈련을 말한다. 고급기능훈련은 기능장 및 기능사 1급을 목표로 기능사 3급 자격취득자와 전국 기능경기대회 입상자를 대상으로 실시한다.

2) 일반직업훈련

(1) 고급기능훈련

각종 면허를 취득하기 위한 훈련으로 산업기사 이상의 과정을 각 소 실정에 따라 실시하는 훈련을 말한다.

(2) 기타훈련

공공직업훈련에 해당되지 않는 기타 작업의 기능사 자격취득을 위한 훈련을 말한다.

(3) 지원직업훈련

직업훈련에 필요한 교사 및 장비, 재료를 기업체로부터 지원받아 실시하며 기업체에서 필요로 하는 기능공을 양성하기 위한 훈련을 말한다.

(4) 영농직업훈련

출소 후 영농에 종사하기를 희망하는 자, 즉 영농후계자양성을 위하여 실시하는 훈련을 말한다.

(5) 작업병행직업훈련

같은 직종의 교도작업과 직업훈련을 연계 병행하여 실시하는 훈련을 말한다.

(6) 외부출장직업훈련

수형자를 교도소 등의 외부에 있는 기업체 및 직업전문학교 등에 실시하는 직업훈련을 말한다.

(7) 교육병행직업훈련

교육생으로서 기능 습득이 필요한 수형자에게 학과교육 또는 외국어교육 등 직업능력개발에 관련된 각종 교육을 병행하여 실시하는 직업훈련을 말한다.

5 교회

1. 교회의 개념

1) 일반적 개념

교회라 함은 수형자를 선량한 사회일원으로 갱생시키기 위하여 덕성을 함양하고 정신감화를 함으로써 인격도야의 개과천선을 촉진하려는 교화의 한 수단을 말한다. 이러한 교회는 넓은 의미의 교회와 좁은 의미의 교회로 나누어 볼 수 있다.

교회라는 용어는 과거 행형법에서 사용하던 용어로 필자가 불가에서 사용하는 일본식용어라고 지적한데 따라 행형법을 「형의 집행 및 수용자의 처우에 관한 법률」로 전면 개정하면서 이 용어를 없애고 대부분 교육이라는 용어로 편입 사용한 것으로 생각된다.

2. 행형법상의 교회의 개념

넓은 의미의 교회는 수형자를 선량한 사회의 일원으로 복귀시키기 위하여 덕성을 함양하고 정신감화를 실시함으로써 그 인격을 도야하고 개과천선을 촉진시키고자 하는 교화의 한 수단을 의미하고, 좁은 의미의 교회란 종교를 기본으로 하여 인격을 함양하는 것만을 가리키는 것이다.

원래 교회는 그 발생사적 측면에서 볼 때에는 좁은 의미로 이해되어 왔지만, 오늘날에는 갖가지 과학의 발달로 인하여 수형자의 교정, 교화를 위해서는 이와 같은 종교외에도 심리학, 사회학, 교육학, 범죄정신의학 등이 다각도로 활용되고 있으므로 현대 행형에 있어서의 교회는 넓은 의미로 해석되어야 할 것이다. 그러나 우리 과거 행형법은 좁은 의미의 교회, 즉 종교교회만을 교회로 규정하였다.

3. 교회의 목적

교회는 도덕성을 회복하고 사회성을 배양하여 건전한 인격형성에 이바지함은 물론 영적 감화에 의한 심성의 순화를 촉진하여 범죄성을 제거하고 명확한 삶의 지표를 설정함으로써 진실한 삶을 영위하도록 하는 데 그 의의가 있다.

4. 교회의 종류

교회의 종류는 여러 가지 관점으로 분류될 수 있는데, 내용에 따라 종교교회와 일반교회로 나눌 수 있고, 교회의 방법에 따라 집합교회, 개인교회, 특수교회로 나눌 수 있으며, 특수교회는 다시 조상교회(弔喪敎誨), 의식교회(儀式敎誨), 관전교회(棺前敎誨)로 나누어 볼 수 있다.

1) 종교교회(宗敎敎誨)의 개념

종교교회란 종파(宗派)별 교의(敎義)에 따라 행하는 교회를 말한다. 종교교회를 실시함에 있어서 교정기관은 중립적 입장에서 어느 한 종교에 편중됨이 없이 모든 종교에 대하여 동일하게 교회를 할 수 있도록 주선하여야 할 것이다.

그것은 종교의 자유를 보장하는 헌법정신과 헌법상 국교를 인정하지 않는 우리나라로서는 수형자에게도 종교의 자유는 보장되어야 하고, 종교에 의한 교회도 동일하게 처우하여야 하기 때문이다.

2) 종교교회의 종류

종교교회에는 종교교회, 개인교회, 특수교회가 있다. 종교교회는 희망자에 한하여 다수인을 집합시켜 하는 교회를 말하고, 개인교회는 승려, 신부, 목사 등 성직자들이 개인을 대상으로 하는 교회를 말한다. 그리고 특수교회는 일반교회와 같이 조상교회, 의식교회, 관전교회 등이 있다.

이와 같은 종교교회는 종교행사, 예배참가, 연구회, 부흥회, 자매결연 등의 내용으로 행하여지고 있다.

3) 일반교회

(1) 일반교회의 개념

- 일반교회라 함은 종교교회에 의하지 않는 방법으로 수형자의 덕성을 함양하고 정신감화를 함으로써 인격도야와 개과천선을 촉구하는 교화수단을 말한다. 즉 사회저명인사나 덕망 있는 인사 등을 초빙하여 수형자에게 건전한 윤리, 도덕관념을 주입시키고 사회사정의 변천을 경청케 하며, 수양 강화를 실시하는 등 건전한 사회일원으로서의 사회복귀를 위한 종교교회 이외의 교화방법을 말한다.

(2) 일반교회의 종류

- 총집교회 : 총집교회란 여러 명의 수형자를 일정한 장소에 집합시켜 행하는 교회를 말한다. 총집교회는 사회 저명인사나 교정직원 또는 교화위원, 종교위원 등이 종교교회 이외의 수형자의 덕성함양을 목적으로 실시하며, 특별한 경우 외에는 휴일에 실시함을 원칙으로 한다.
- 개인교회 : 개인교회는 수형자 각 개인에게 대하여 개별적으로 적당한 경우와 시기에 행하는 교회로써 처우의 개별화라는 목적에 부합되는 것이다. 원래 총집교회가 지나치게 획일적으로 시행된 나머지 수형자의 개성, 개인관계 등을 면밀히 알아볼 수 없는데, 이러한 폐단을 방지하고 교회로써 교회의 효과를 높이자는 의도에서 실시하는 것이다.
- 특수교회 : 특수교회는 특수한 경우에 적당한 기회를 활용하여 시행하는 교회로 이러한 교회로는 조상교회(弔喪敎誨), 의식교회, 관전교회 등이 있다.

그 밖에 조상교회는 수형자가 부모・형제・처자의 부고를 받고 일시 작업이 면제된 자에게 시행하는 교회를 말하고, 의식교회는 일명 은전교회라고도 하는데, 이는 사면・가석방을 하거나 상장 등을 수여할 때 그 식장에 수형자의 전부 또는 일부를 집합시킨 후 행하는 교회를 말한다. 이것은 다른 수형자에게 일종의 시위효과를 얻기 위한 자극적인 교회로써 다른 수형자에게 발분 격려하기 위한 교회라 할 수 있다.

관전교회라 함은 수형자가 사망하였을 때 그와 연고 있는 수형자 또는 그 밖에 필요하다고 인정하는 수형자를 집합시킨 후, 관(棺) 앞에서 교회를 행하는 것을 말한다. 이 교회는 행형관계의 종료인 사망수형자에 대하여 최후로 장례형식을 베풀어주며, 다른 수형자에 대하여 죽음의 엄숙함을 보여주고 자신의 행동을 반성할 뿐만 아니라 의욕을 북돋아 주려는 데 그 목적이 있다고 하겠다.

특별교회란 병실 또는 독거실에 수용된 수형자에 대한 교회를 그의 거실에서 행하는 교회를 말한다.

4. 교회의 대상

교회의 대상자는 기결수형자와 미결수용자로 구분하여 생각할 수 있다. 기결수형자는 특별한 경우, 즉 병자, 노쇠자, 정신이상자, 요(要) 독거수용자 등을 제외하고는 당연히 교회대상이 되고, 미결수용자는 신청에 의하여 인정된다.

따라서 수형자가 정당한 이유 없이 교회를 거부하는 경우에는 강제적으로 교회를 실시할 수 있을 뿐만 아니라 사안에 따라서는 징벌을 과할 수 있으나, 미결수용자에 대하여는 교회 거부의 이유로 징벌을 과할 수 없다.

제2절 교도작업

1 교도작업의 개관

1. 교도작업의 개념

교도작업이란 교도소 등이 교정시설에서 수형자로 하여금 근로정신을 함양하고 출소 후 취업을 용이하도록 하기 위하여 교정작용의 일환으로 수형자들에게 부과하는 노역을 말한다.

교도작업은 징역수형자에게 실시하는 것이 원칙이나, 금고수형자나 미결수용자에게도 실시할 수 있다. 징역수형자에게는 법률에 의해 작업이 강제되고 있는데 이 작업을 '정역'이라 부르고 있다.

이에 대해 금고수형자나 미결수용자에게는 작업의무가 있지는 않으나 신청하면 작업을 할 수가 있는데, 이를 '청원작업'이라 한다. 따라서 정역과 청원작업을 합해 흔히 교도작업이라 부른다(배종대, 2002: 223).

2. 교도작업의 의의 및 제도적 가치

교정시설에서 수형자에게 과하는 교도작업은 수형자로 하여금 근로정신을 함양하게 하고, 사회복귀 후 생활안정으로 재범을 방지하며, 국가예산을 절감하는 데서 그 의의와 제도적 가치를 찾아볼 수 있다.

다시 말해서 교도작업은 교도작업을 통하여 수형자에게 근로정신을 함양하고, 기술교육을 실시하여 수용 중 습득한 기술을 출소 후에 그 생업에 활용하게 함으로써 생활의 안정을 도모하고 사회복귀후의 재범을 방지하며, 아울러 교도작업에서 생산되는 제품을 교도소 자체 수요에 충당함으로써 국가예산을 절감하는 한편, 교도작업 경영에서 발생하는 모든 수익을 국고에 귀속시킴으로써 국가재정에도 기여하게 된다.

3. 교도작업의 발전과정

1) 세계사적 고찰

세계사적으로 교도작업을 고찰해 볼 때 1597년 암스테르담 여자징치장에서 강제노동이 일종의 교도작업으로 활용되었으며, 17C 이전까지는 오늘날의 교도작업과는 전혀 다른 고통부과수단으로 주로 활용되었다.

이러한 교도작업은 18세기 들어 바뀌기 시작하였는데, 그것은 1777년 존 하워드(J. Howard)가 그의 '감옥상태론'에서 "사람들을 근면케 하라. 그렇지 않으면 정직한 사람을 만들 수 없다"고 주장하여 교도작업의 중요성을 강조하였고, UN 피구금자 최저기준규칙에서도 "고통을 주는 교도작업은 금지한다"고 규정함으로써 처음으로 교육형주의에 입각한 교도작업을 실시하게 되었다.

그는 1775년부터 2년간 유럽 각국의 교도소를 시찰하고 돌아와 『The State of the Prison(교도소 상태, 1777)』을 출판하여 교도소 개량운동에 앞장섰다.

2) 한국사적 고찰

우리나라의 교도작업이 처음 실시된 것은 대명률(조선시대)에 도형이 있어 1~3년의 형기로 소금을 굽거나 못을 만드는 작업에 복역토록 하였다는 사실이 있는데, 경범죄자인 도형수가 노역할 때 철색(쇠고리)을 연결하여 발목에 요연환(3근의 쇠뭉치)을 채우게 한 것으로 보아 이때의 교도작업은 응보사상에 기초한 고통부과수단으로 활용된 것으로 본다.

그 후 1894년에 갑오개혁 이후 광무 2년에 개정된 감옥규칙에서 정역(교도작업)을 규정하였으나 실제작업을 과하였다는 기록은 찾아볼 수 없다.

1895년 징역처단례를 제정하여 도형을 폐지하고, 역형(징역형)을 일반범에 부과하였다. 1898년에는 감옥세칙을 제정하여 작업의 부과방법, 급여공전 및 작업면제 일에 대한 규정을 두었으나, 실제 징역으로 작업을 과한 사실은 없으며 수형자가 자비로 짚을 구입하여 거실 내에서 짚신을 만들어 순검 등에 의뢰하거나 직원 계호하에 시장에 매각한 사례가 있었다.

1905년에 제정된 형법대전에서는 역형(役刑)과 금고형(禁錮刑)으로 구분하여 정역을 과하지 않고 역형에 대해서만 복역시킬 것을 규정하였고 감옥의 잡역에 사역하는 것을 작업으로 하였으나, 이때에는 공장이나 기타작업에 필요한 설비가 없었다.

1908년 감옥관제의 실시와 함께 최초 근대적 교도작업이라 할 수 있는 도급작업(짚으로 만드는 수공작업)이 종로감옥에서 이루어진 후 1909년부터 전국 감옥시설의 수형자에게 작업을 부과하였으며, 그 후 1962년 교도작업관용법이 제정되었고, 이어 동 시행령이 1970년에 제정되는 등 교도작업관련법 등이 잇달아 제정·공포되어 오늘에 이르고 있다.

3) 교도작업 특별회계법

교정처우의 낙후성을 타개하고 교도작업의 합리적인 운영과 교도작업 본래의 목적을 달성할 수 있는 방안을 모색한 끝에 착수한 것이 교도작업예산을 일반회계에서 분리하여 특별회계를 설치하는 일이었다.

이때 제정된 것이 1962년의 교도작업 특별회계법(법률 제1217호)과 1979년 동법 시행령(대통령령 제9551호) 및 동법 시행규칙이다.

2 교도작업관용제도

1. 교도작업관용제도의 개념

교도작업관용제도란 교도작업에 의해 생산되는 모든 제품은 국가기관이나 공공단체 등의 수용에만 국한하고 일반시장 또는 개인에게 판매하는 것을 금하는 것을 원칙으로 하는 제도를 말한다. 이러한 제도는 미국·이탈리아를 비롯하여 여러 선진 국가에서 오래 전부터 실시하고 있으며, 우리나라에서도 이를 도입하여 교도작업 관용법을 제정하고 1962년 10월부터 실시하고 있다.

2. 교도작업관용제도의 의의

교도작업관용법은 교도작업에 의하여 생산되는 물건 및 자제를 국가 또는 공공단체의 기관이나 국영기업체 또는 정부관리 기업체에 우선적으로 공급하게 하여 교도작업의 능률을 향상함으로써 교도작업의 원활한 수행을 도모함을 목적으로 하고 있기 때문에 교도작업특별회계법의 견지에서 볼 때, 그 실효성은 별개문제라 하더라도 그 목적달성을 돕는 법제도로써 중요한 역할을 한다고 볼 수 있다.

3. 자급자족제도

자급자족제도(자급자족주의)라 함은 교도소에서 생산되는 교도작업제품을 교도소 내에서 이용하고 소비함으로써 일반사회기업으로부터 구입하여 사용되는 경제적 손실을 방지하고 시중판매로 야기되는 이른바 '민업압박의 회피'를 도모하려는 경제활동을 말한다.

3 교도작업의 운영유형

1. 법적 성질에 의한 분류

1) 일반작업

일반작업은 징역수형자에게 과하는 작업을 말하는데, 이는 응보형주의의 형벌 관념에서 자유형의 형태, 중노동을 중심으로 한 형벌과 그렇지 않는 형벌의 구별에서 유래된 것이다.

2) 청원작업

청원작업은 정역을 과하지 않는 금고수형자나 미결수용자의 신청에 의하여 교도소장이 허가한 작업을 말한다.

금고수형자나 미결수용자는 정역의 의무는 없으나 스스로의 취업의무와 동일하다. 따라서 청원작업자는 정당한 사유가 없는 한 작업을 중지하거나 작업의 종류를 변경하지 못한다(행시 120).

2. 경영방법에 의한 분류

교도작업은 그 경영방법에 따라 관사작업(직영작업), 위탁작업, 수부작업(노무작업이라고도 함), 도급작업 등으로 구별되는데, 이러한 작업은 생산을 위한 작업이므로 생산작업 이라고도 한다. 그 밖에 교도작업에는 비생산작업으로 관용작업이 있다.

1) 관사작업

관사작업이란 교도소의 감독아래서 국가예산으로 가계기구와 설비재료의 구입, 공급, 생산물품의 판매 등 전부를 교도소가 직접 경영하는 작업방법을 말한다. 따라서 이를 일명 '직영작업'이라고 부른다.

2) 위탁작업

위탁작업이란 외부 민간기업체 또는 개인으로부터 작업에 사용할 시설, 기계기구 및 재료의 전부 혹은 일부를 제공받아 물건 및 자체를 가공하거나 수선하여 위탁자에게 교부하고 그 대가를 받는 작업이다.

현재 주종을 이루고 있는 위탁작업으로는 전자부품조립, 목공예, 봉제 등 단순 반복작업이 대부분이지만, 많은 인력을 취업시킬 수 있어 수형자의 교도작업에 기여하는 바 크다.

3) 수부작업

수부작업이라 함은 교도소와 민간인과 계약에 의하여 교도소는 민간인에게 노무만을 제공하고, 그 대가로 민간인으로부터 노임을 징수하는 작업방법을 말한다.

즉 수부작업은 작업에 필요한 재료는 물론 기구, 경비, 기술지도 등 일체를 수부업자가 부담하고 교도소는 단지 노무만을 제공하는 작업방법을 말하며, 노무만을 제공한다는 의미에서 이를 '노무작업'이라고 한다.

4) 도급작업

도급작업이란 교도소가 민간기업체나 사인과 일괄 도급계약을 체결하고 기일 내에 완성시키는 작업을 말한다. 다시 말해서 도급작업은 교도소가 노동력의 제공과 작업용 자재, 비용, 공사감독 등을 맡아 작업을 기일 내에 완성하고 도급계약에 의한 대가를 받는 작업이다. 도급작업도 노무작업과 마찬가지로 사인 등으로부터 일정한 작업량을 주문받고 작업한다는 점에서 같으나 작업내용에 차이가 있다.

즉 도급작업은 구외작업이 대부분이나 노무작업은 구내작업이 보통이고 또 도급작업은 노동력, 자재, 비용 등을 전부 부담하고 노무작업은 노동력만을 제공하는 것이 다르다.

3. 내용에 의한 분류

교도작업은 생산성의 것이냐 비생산성의 것이냐에 따라 생산작업과 비생산작업으로 구분할 수 있다. 생산작업은 다시 공업작업과 농업작업으로 나누어 볼 수 있다.

1) 생산작업

① 공업작업 : 공업작업은 공장기계에 의해서 천연물을 인공적으로 가공, 제조하여 유용한 생활필수품으로 제조하는 생산과정을 말하는데, 이것으로는 제지, 철공, 기계, 제재, 고무, 인쇄 등이 이에 속한다.

② 농업작업 : 농장이나 농원에서 인력, 축력, 기계력을 이용하여 유용한 인공적 농산물을 생산한 것으로써 벼농사, 밀 또는 보리농사, 소채류, 경작 등이 이에 속한다.

2) 비생산작업

비생산작업에는 교도소의 자체 운영에 필요한 취사, 청소, 영선, 이발, 세탁 등과 같은 대가 없이 일하는 유지작업이 있다. 이를 '관용작업'이라고 부른다.

관용작업은 국가세입어의 취업으로 일정한 기준을 마련하여 행형성적이 우수한 수형자만을 선발하고 취업 인원수도 일정한 제한을 두고 있다.

4. 교도작업의 조직운영기구와 소관업무

1) 운영기구

교도작업을 운영하는 기구로는 중앙에 법무부 교정국의 작업지도과와 중간감독기관인 지방교정청작업과가 있고, 그 아래 일선기관으로 교도소 작업과가 있다.

2) 각 기구의 소관 업무

법무부 작업지도과에서는 교정작업의 계획, 관리, 통제 등의 업무를 총괄관장하고 지방교정청작업과에서는 교도작업특별회계의 경리, 용도 및 결산, 교도작업 및 감호작업의 운영지도와 결산, 작업장려금 지급 및 작업연장 승인, 수형자직업훈련에 관한 사항을 관장한다.

일선교도소 등에는 소장을 정점으로 작업과장의 지휘, 통솔 하에 교도작업특별회계의 재산 및 물품수급과 작업계획, 경영, 관리, 수형자의 직업훈련 등의 업무를 수행하고 있다.

또한 일선 작업업무의 합리적이고 능률적인 운영을 위하여 작업운영의 기획, 물품구입, 공장관리, 창고관리, 작업통계, 수주활동 등으로 나누어 전담직원을 각각 배치하여 업무를 분장하도록 함으로써 체계적인 업무집행이 되도록 하고 있다.

5. 작업의 부과

1) 작업의 부과기준

교도작업은 수형자에게 단순한 고통을 주기 위한 것이 아니고 근로정신의 함양과 기술교육을 위한 것이다. 따라서 수형자에게 작업을 부가함에 있어서는 근로의 즐거움을 느끼게 하고 기술교육에 도움이 되도록 하여야 한다. 그러나 교도작업은 한편으로는 수형자에게 작업을 부과할 때에 작업의 종류와 1일의 과정을 지정하여 본인에게 알리는 것으로, 이는 능률고를 표준으로 할 수 없는 작업(예를 들어, 취사, 청소, 간병 등)에 대하여 시간을 표준으로 한 작업을 말한다.

2) 작업의 종류

수형자에게 과하는 작업의 종류는 법무부장관의 승인을 얻어 소장이 정하되(행시 116), 작업의 종류의 신설뿐만 아니라 그 폐지와 중지에도 승인을 얻어야 한다.

6. 휴업 또는 작업의 면제

1) 휴업

국가 경축일, 일요일, 관공서의 공휴일에 관한 규정에 의한 공휴일과 12월 31일은 작업을 과하지 아니한다(행시 123).

2) 작업면제

부모, 처자 또는 형제의 사망으로 인한 부고를 받은 자는 2일간 작업을 면제하고, 부모나 처의 기일은 1일간 작업을 면제한다(행형 §37).

그 밖에도 징벌로써 금치에 처하거나 신입수용자의 독거기간, 이송할 때, 병에 걸렸을 때에는 취업하지 않는다. 그러나 휴업이나 작업면제 시에도 교화를 위한 교회는 실시된다.

7. 구외작업의 개념

구외작업이란 교정시설 밖에서 실시되는 작업으로 구내작업과 대응되는 개념이다. 구외작업(構外作業)은 외역(外役)이라고도 말하는데, 이러한 외부작업으로는 교도소에서 왕복하면서 실시하는 외부통근 작업과, 교도소 밖의 장소에서 숙박하며 이루어지는 외박작업이 있다.

8. 구외작업의 의의

구외작업은 주로 농경작업이 많고 개간, 준설, 벌목, 토목공사 등 여러 형태의 작업이 있다. 주로 초범자, 단기수형자 등 도주의 우려가 없는 자를 개방시설에 수용하여 구외작업에 취업하게 하고 있다. 이는 시설구금의 완화로 수형자의 정신적, 신체적 장애를 제거할 수 있고 사회복귀훈련에 큰 의의가 있다.

9. 구외작업 시 유의할 점

구외작업은 시설 안의 작업이 아니고 시설 밖에서 이루어지는 작업이므로 위에서 본 바와 같이 단점도 없지 않다. 따라서 그 단점을 보완하기 위해서는 다음의 사항에 유의하여야 한다.

① 도주 등 교정사고를 예방하기 위하여 도주의 우려가 없는 자를 엄선하여야 한다.

② 계호근무자는 항상 사계(四界)를 경계하고 수형자의 동작을 철저히 감시하여 도주 등 교정사고 예방에 만전을 기하여야 한다.

③ 작업기에는 일반인의 접촉이 없도록 하여야 한다. 이는 부정물품의 접수 또는 수형자의 인격에 대한 손상감을 예방하기 위함이다.

4 작업장려금과 장해보상금제도

1. 작업장려금제도의 개념

작업장려금이라 함은 수형자에게 근로의욕을 고취시키고 작업능률을 향상시킴과 동시에 출소 후의 생활자금을 조성해 주기 위하여 작업에 출역한 자에게 작업의 종류, 작업성적과 그 교정성적을 참작하여 지급하는 장려금을 말한다(형집행법 §73②).

2. 작업장려금의 법적 성격

1) 공법적 성격의 은혜적 급부

작업장려금은 수형자의 노무제공에 대한 사법적인 대가관계는 없고, 국가가 작업장려를 위하여 정책적으로 급부하는 공법적 성질을 가지며 청구권이 인정되지 않는 은혜적 급부이다.

2) 석방 후 생활안정을 위한 은혜적 급부

작업장려금은 수형자의 근로의욕을 증진시키고 석방 후 생활안정에 활용하도록 정책적 배려를 하는 은혜적 성격을 가진다. 따라서 지급시기도 석방할 때 본인에게 지급하고 예외적으로 가족의 생활부조, 교화 또는 건전한 사회복귀를 위하여 특히 필요하면 석방전이라도 그 전부 또는 일부를 지급할 수 있다고 규정하고 있다(형집행법 §73③).

3) 지급전에는 국가의 소유

작업장려금은 지급전까지는 단순한 계산고로써만 존재할 뿐이고 작업장려금이 지급됨으로써 비로소 수형자의 소유가 된다.

작업장려금이 지급되기 전에는 성질상 국가소유이기 때문에 경우에 따라 계산고의 전부 또는 일부를 삭감할 수 있는데 징벌의 일종으로 시행되는 경우 등이 그것이다.

3. 작업장려금의 종류

작업장려금에는 일반작업장려금과 특별작업장려금이 있으며 그 내용은 다음과 같다.

첫째로, 일반작업장려금이란 작업의 종류 및 작업성적을 참작하여 모든 취업 수형자(직업훈련생 포함)에게 지급하는 장려금을 말한다.

일반작업장려금은 매월 계산하여 작업장려금 장부에 등재하여 계산액으로 관리하고 수용 중 또는 출소 시 본인에게 지급하게 된다.

둘째로, 특별작업장려금은 장기간 취업하고 수용생활의 품행 또는 기능이 우수한 수형자가 가석방으로 출소하는 경우 생활정착금으로 활용한다.

4. 작업장려금의 계산

작업장려금의 계산은 작업장려금 지급규정의 계산방법에 의한다. 이 규정에 의하면 작업종목을 1, 2, 3류로 나누고 이를 다시 작업성적에 따라 상, 중, 하 3개 등급으로 구분하여 기본일액을 정하고 기본일액에 누진계급에 의한 작업장려금 계산율을 적용하여 계산한다.

5. 작업장려금의 지급

작업장려금은 석방 시 지급함을 원칙으로 하나, 본인의 생활부조 또는 교화상 특히 필요하다고 인정할 때에는 석방전이라도 그 일부 또는 전부를 지급할 수 있다(형집행법 §73③).

6. 장해보상금제도

장해보상금이라 함은 수형자가 취업 중 부상을 당하거나 사고로 인하여 불구가 되었을 때에 지급하는 보상금을 말한다.

장해보상금의 지급은 재해의 원인, 정도, 예후, 건강, 연령, 직업, 치료, 입소자의 수입, 가족의 생활상태 등을 상세히 조사하여 액수를 법무부장관이 정한다(형집행법 §74①). 위로금은 석방할 때 본인에게, 조위금은 그 상속인에게 각각 지급하며, 조위금을 지급하는 때에는 그 상속인 등을 대조, 확인한 후 지급하여야 한다(동법 §74②).

제3절 분류처우와 누진처우

1 분류처우

1. 분류처우의 의의와 목적

수형자의 분류(Classification of Prisoner)는 수형자를 처우함에 있어서 각자의 개성과 능력 및 범죄인 등을 조사·분석하여 거기에 따른 개별처우를 실시하는 방법을 말하며, 단순히 수형자의 죄질, 성격, 범수, 연령 등을 참작하여 분류하는 것과는 다르다. 보다 구체적으로 말하면 수형자를 개별적으로 분석하여 같은 성격의 수형자들끼리 모아 구분하는 것을 분류라 한다.

이와 같이 수형자를 분류하는 것은 그 분류취지에 적합한 처우계획을 수립하고 그 모든 처우계획이 실질적으로 각 수형자의 개별처우에 부합되도록 조정하여 수형자 개개인의 수시로 변화하는 심리상태 및 생활태도와 그 수요에 맞추어 적절하게 처우방법을 적용시키는 데 목적이 있다.

2. 분류처우의 개념

분류처우라 함은 앞서 설명한 분류의의에서도 알 수 있듯이 수형자들에 대한 연령,

죄질, 범수는 물론 개개인의 개성과 능력 및 범죄원인 등을 과학적으로 분석, 진단하여 그 결과에 따라 수형자들은 여러 분류급으로 나누어 각각 별개의 수용시설에 수용하거나 동일한 시설내일지라도 구획된 장소에 분리 수용하여 각 수형자에 대해 적절한 처우를 하는 제도를 말한다.

3. 범죄인 분류와 구별

수형자의 분류처우는 어디까지나 교정행정상의 처우를 위한 것이므로 범죄학상의 입장에서 분류하는 범죄인의 분류와는 구별된다.

범죄인분류는 롬브로조 이래 범죄의 과학적 인식에 따라 이루어진 분류임에 비하여 수형자의 분류는 교정시설에서 처우의 실제상 이루어진 분류이다.

그리고 범죄인 분류는 범죄학상의 요청에 따라 범죄자를 대상으로 이루어진 분류임에 대하여 수형자 분류는 행형학상, 교정처우상의 요청에 따라 범죄자를 대상으로 이루어진 분류이다.

한편, 형법상 범죄로써 비판받아야 할 행위에 대한 구분으로 법학·심리학·사회학 등의 여러 측면에서, 즉 범죄행위에 대한 평으로써 분류하고 있는 범죄분류도 범죄인의 처우와 범죄인의 유형 등에 의한 분류와는 근본적으로 다른 것이다.

2 분류처우의 연혁(沿革)

우리나라는 정부수립 이전까지 일본의 조선행형누진처우규칙이 시행되다가 1944년 정지되었다. 정부수립 후에는 행장심사규정과 상우규정을 제정하여 계급의 진급과 처우의 누진을 시행하고 있었다. 그러나 이 규정들이 객관성이 결여되고 비과학적임이 판명되어 새로운 제도로의 전환이 필요해졌고, 이에 따라 분류제도와 누진제도를 함께 도입하였다.

분류제도를 채택하게 된 과정을 살펴보면 1964.7.14. 수형자분류심사제도(例規矯 제39호)와 1969.5.13. 법무부령 제111호로 교정누진처우규정을 제정, 시행하게 되었고, 그 후 1991년 그 명칭을 수형자처우분류처우규칙으로 변경하였는데, 이것은 교정이 누진처우로부터 분류처우로 바뀌고 있다는 것을 시사하는 것이다. 1992.3.23. 제2차 개정, 1996. 1. 8. 제3차 개정, 1997.1.28.에 제4차 개정에 이어 1999.5.20.에 '수형자분류처우요강'을 '수형자분류처우규칙'에 통합 제5차 개정을 하게 되었다.

그 후 2002년에 수형자의 적절한 처우를 위하여 '인성검사'를 '교정심리검사'로 변경하는 등 일부 규정상에 나타난 미비점을 개선, 보완하기 위한 제6차 개정에 이어, 그동안 준법서약서의 제출여부에 따라 수형자의 처우를 다르게 적용하는 것이 헌법상 양심의 자유를 침해한다는 비판이 계속되고 상대적인 불이익과 처벌을 하는 등의 불합리한 문제점이 있다는 지적에 따라, 준법서약서의 제출과 관련된 규정을 삭제하기 위하여 2003.11.24.(법무부령 제541호) 제7차 개정을 하였으며, 2008년에 '행형법'을 「형의 집행 및 수용자의 처우에 관한 법률」로 법명을 개정함과 동시에 분류심사내용도 일부 개정하였으며, 2012.2.27. 법무부 예규 제990호로 분류처우업무지침으로 명칭을 변경하고 신입수형자처우원칙을 수립하는 등 시대감각에 맞도록 내용을 다듬어 오늘에 이르고 있다.

3 분류처우의 방법

1. 적용대상자(適用對象者)

분류심사에서는 그 대상에 제한을 두지 않는다. 분류심사는 수형자처우의 가장 기본적인 핵심이므로 이러한 태도는 타당하다. 그렇다고 하여 모든 수형자가 분류심사의 대상이 되는 것이 아니며, 분류심사를 할 수 없는 특수한 사정이 있는 자, 예를 들어 중환자 또는 일시적인 정신질환자 등이 제외됨은 물론이다.

한편, 누진처우실효가 없는 자 또는 누진처우를 할 수 없는 자 등은 제외할 수밖에 없다. 이런 이유에서 수형자분류처우규칙은 다음과 같은 자를 급외자라 하여 제외하고 있다(수규 39). 다만, 분류심사만은 실시한다.

① 집행할 형기가 6월 이하인 자

② 임산부

③ 장애인 또는 3주 이상의 치료를 요하는 환자로서 작업을 감당할 수 없는 자

④ 70세 이상인 자
⑤ 의사소통이 곤란한 외국인
⑥ 제4급의 자 중 규율을 문란하게 하여 누진계급에 의한 처우가 부적당하다고 인정되는 자

2. 처우등급[1] 기준

1) 처우등급의 구별기준

(1) 기본수용급은 성별 · 국적 · 나이 · 형기 등에 따라 수용할 시설 및 구획 등을 구별하는 기준이다.

① 여성수형자(W급: Woman prisoner)
② 외국인수형자(F급: Foreigner prisoner)
③ 금고형수형자(I급: Imprisonment sentenced prisoner)
④ 19세 미만의 소년수형자(J급: Juvenile prisoner)
⑤ 23세 미만의 청년수형자(Y급: Young prisoner)
⑥ 65세 이상의 노인수형자(A급: Aged prisoner)
⑦ 형기가 10년 이상인 장기수형자(L급: Long-term prisoner)
⑧ 정신질환 또는 장애가 있는 수형자(M급: Mental handicapped prisoner)
⑨ 신체질환 또는 장애가 있는 수형자(P급: Physical handicapped prisoner) 등으로 구분한다.

2) 경비처우급

경비처우급은 도주 등의 위험성에 따라 수용할 시설과 계호의 정도를 구별하고, 범죄성향의 진전과 개선정도, 교정성적에 따라 처우수준을 구별하는 기준으로 개방처우급(S1), 완화경비처우급(S2), 일반경비처우급(S3), 중(重)경비처우급(S4)으로 구분한다.

3) 개별처우급

개별처우급은 수형자의 개별적인 특성에 따라 중점처우의 내용을 구별하는 기준으로

1) 김상균 외, 교정학, 194, 195.

① 직업훈련(V급: Vocational training)
② 학과교육(E급: Educational curriculum)
③ 생활지도(G급: Guidance)
④ 작업지도(R급: Regular work)
⑤ 관용작업(N급: National employment work)
⑥ 의료처우(T급: Medical treatment)
⑦ 자치처우(H급: Halfway treatment)
⑧ 개방처우(O급: Open treatment)
⑨ 집중처우(C급: Concentrated treatment) 등으로 구분한다.

3. 분류수용 기준

1) 처우기준

분류수용된 수형자에 대하여는 급별·범수·죄명·연령·형기·죄질 등을 참작하여 거실지정·작업지정·교육생선발 또는 훈련생선발 등을 하여야 한다.

경비처우급은 도주 등의 위험성에 따라 수용할 시설과 계호의 정도를 구별하고, 범죄성향의 진전과 개선정도, 교정성적에 따라 처우수준을 구별하는 기준으로 개방처우급(S1: 외부통근 작업 및 개방지역 작업가능), 완화경비처우급(S2: 개방지역 작업 및 필요시 외부통근 작업 가능), 일반경비처우급(S3: 구내작업 및 필요시 개방지역 작업가능), (重)경비처우급(S4: 법 제57조 제2항 제4호의 重경비시설에 수용되어 기본적인 처우가 필요한 수형자로 필요시 구내작업은 가능)으로 구분한다.

이에 따라 수형자는 경비처우급에 따라 개방시설, 완화경비시설, 일반경비시설, 중(重)경비시설에 분류 수용하고, 처우가능한 작업을 실시하고 있다.

경비처우급을 상향 또는 하향 조정하기 위하여 고려할 수 있는 평정 소득점수의 기준은 다음 각 호와 같다. 다만, 수용 및 처우를 위하여 특히 필요한 경우 법무부장관이 달리 정할 수 있다(시행규칙 제81조). 상향조정은 8점 이상이나 다만, 5/6 재심사의 경우 7점 이상이다.

그리고 폐결핵 및 정신질환수용자는 진주교도소에, 한센병 수형자는 순천교도소에, 소년수형자는 김천소년교도소에, 그리고 보호감호병과자 수형자는 경북북부제1교도소, 청주여자교도소에 각 분류수용하고 있다.

2) 경비처우급별 처우

경비처우급은 범죄성향의 진전과 개선정도 및 교정성적에 따라 처우수준을 구별하는 기준으로 경비처우급은 가장 낮은 S4급부터 처우단계가 가장 높은 S1급에 이르기까지 4단계로 나뉘고, 수형생활태도(품행, 책임감, 협동심), 작업 또는 교육성적(근면성, 작업교육실적)에 따라 소득점수를 산정하여 형기의 3분의 1, 2분의 1, 3분의 2, 6분의 5 시점에 정기재심사를 통해 처우급을 조정한다.

4 누진처우

1. 개관

누진처우제도(progressive stage system)란 교도소 내에서 수형자에 대한 처우를 여러 단계로 나누고 그 각 단계에서의 교정성적에 따라 1계급씩 승급 또는 강급시키는 방법으로 그 처우효과를 증진시키고자 하는 제도를 가리키다. 따라서 누진처우제도를 일명 계급처우제도라고도 한다.

수형자의 누진처우제도는 교정시설에서의 가혹성과 비인도성 또는 구금의 엄격성을 완화하여 수형자에게 희망을 주고 스스로의 노력에 의한 개과천선을 촉구함으로써 수형자의 사회복귀를 촉진하려는 제도이다. 이 제도는 수형자에 대하여 누진급상의 특전과 자유를 증대시키고 최상급자에게는 궁극적으로 가석방의 특전을 부여하는데 그 의의가 있다.

2. 누진처우의 목적

누진처우제도는 수형자의 뉘우침을 촉진시켜 그 개과천선의 정도에 따라 강제처우를 완화하고 점차 사회생활에 접근케 함을 목적으로 한다. 이는 수형자에게 스스로의 힘으로 개선을 도모하려는 것으로 일정한 조건이 갖추어진 수형자를 진급시켜 최상급에 도달하였을 때 가석방과 연계하는 제도로써 수형자의 개선을 촉진시켜 그 개선의 정도에 따라 처우를 완화하고 점차 사회생활에 근접케 함을 목적으로 한다고 보겠다.

또한, 수형자에게 단계적 처우를 행함으로써 건전한 사회일원으로 복귀시키기 위한 노력과 책임감을 갖도록 하는데 그 목적이 있다. 이것은 타율적인 개선이 아니라 자립갱생을 위해 스스로 노력하는 자에게는 계급과 처우가 완화되는 반면, 질서 문란자에게는 계급과 처우가 누감(累減)되는 불이익을 받게 되는 것이다.

예를 들어, 누진처우제도는 그 목적이 개선의 정도에 따라 강제처우를 완화하여 일반사회생활에 접근케 하려는 것이므로 종국적으로 가석방과 밀접한 관계를 가지고 있다.

누진처우제도는 1820년대에 영국의 유형지였던 오스트레일리아에서 마코노키 해군대령이 진급방법으로 점수제를 창안함으로써 더욱 진전을 보게 되었다.

그리하여 잉글랜드제도의 탄생을 보게 되었고 이어 1856년에는 아일랜드의 교정국장이었던 월터크로프톤에 의해 아일랜드제도라 칭하는 일종의 누진제가 창안되었다. 이 아일랜드제가 제1차 세계대전에서 제2차 세계대전 사이에 세계 행형계에 파급되어 오늘날과 같은 누진처우의 제도가 확립된 것이다.

3. 일원론과 이원론의 관계

누진처우제도와 분류처우제도의 관계는 일원론과 이원론의 두 가지 학설이 있다. '일원론'은 누진처우제도가 분류처우제도에 이행 흡수되고 있다는 주장이며 일명 '일원론'이라고도 한다. '이원론'은 분류제와 누진제는 상호보완적이므로 병존하여야 한다는 것이다. 따라서 이 학설을 일명 '병존론(竝存論)'이라고도 부른다. 절충론은 일원론과 이원론에서 긍정적인 부분을 상호보완하여 실행하자는 이론이다.

4. 한국의 누진처우

1) 누진처우의 목적

누진처우제도는 수용자의 개선 정도에 따라 처우를 점차적으로 완화해 나감으로써 수용자의 자기개선 욕구를 촉구하는 제도이다. 이는 누진급의 승급과 함께 구금에 따라 강제를 완화하여 처우상의 특전과 자유를 확대하여 줌으로써 수용자의 개선을 촉진시키고자 하는 형사정책적 의미를 가지고 있다고 할 수 있으며, 상기 분류처우제도와의 조화를 통해 수용자의 교정효과를 극대화하려는 제도라고 할 수 있다.

2) 한국의 누진처우

우리나라는 누진처우를 폐지하였지만, 현재 4단계 처우를 하고 있다는 점과 소득점수를 매월 계산한다는 점에서 아일랜드제와 유사하며 교도관회의 심사를 거쳐 처우등급별 사정 등을 결정한다는 점에서 고사제의 성격을 가미하고 있다.

5. 누진처우의 측정방법

1) 고사제

누진계급의 측정방법으로 고사제(기간제)는 1843년 호주의 제임스 그레이엄(James Graham)과 로드 스탠리(Lord Stanly)가 창안한 것으로 일정기간을 경과하였을 때에 그 기간 내의 교정성적을 담당교도관의 보고에 의하여 교도위원회가 심사하고 진급을 결정하는 방법인데, 이것은 교도관의 자의가 개입되기 쉽고 관계직원이 공평을 저하시킬 우려가 있다는 비판을 받는다[2].

2) 점수제

점수제(점수소각제)는 일일 또는 월마다의 교정성적을 점수로 나타내는 것이고, 교정성적에 따른 소득점수로 소각하여 진급시키는 것으로 교정성적이 숫자로 표시되므로 자력적 개선을 촉진할 수 있다. 그러나 규정점수를 소각만 하면 진급이 되므로 형식에 흐르기 쉽고, 가석방부적격자 등이 최상급에 진급하는 단점이 있다.

따라서 이 점수제는 점수의 계산방법에 따라 England System과 Ireland System으로 구분하는데, 잉글랜드제는 점수를 매일 계산하는 반면 아일랜드제는 매월 계산한다.

3) 기타 측정방법[3]

(1) 잉글랜드제(England System)

잉글랜드제란 수형자를 최초 9개월간 독거구금을 한 후에 공역(公役)교도소에 혼거시켜 강제노역에 취업시키고, 수형자들 고사급(考査級)・제 3 급・제 2 급・제 1 급・특별급의 5급으로 나누어 책임점수를 소각하면 상급으로 진급시켜 가석방하는 것으로

---

2) 이윤호, 2007: 154-156
3) 김상균 외, 2013, 200

소득점수를 매일 계산하는 것이 특징이다.

(2) 아일랜드제(Irish System)

한국의 누진처우방식과 유사한 아일랜드제는 마코노키(Machonochie)의 개혁사상을 응용하여 1854년 아일랜드의 교정국장인 크로프톤(Walter Crofton)이 창안한 것으로 매월의 소득점수로 미리 정한 책임점수를 소각하는 방법이며, 잉글랜드제의 독거구금·혼거작업·가석방이라는 3단계에 반자유구금인 중간교도소제를 두고 있으며, 가석방자를 경찰감시에 붙인 점이 다르다. 당시 크로프톤은 휴가증(ticket-of-leave)제도를 시행했는데, 이것이 보호관찰부 가석방(parole)의 시초가 되었다고 한다.

(3) 엘마이라제(Elmira System)

Elmira제도는 자력적 개선에 중점을 둔 행형제도로서 일명 감화제라고도 하는데, 1876년 뉴욕의 Elmira에서 Zebulon Brockway에 의해서 시도된 새로운 누진제도이다.

16세부터 30세까지의 초범자들을 위한 시설로서 수형자 분류와 누진처우의 점수제(mark system), 부정기형 그리고 보호관찰부 가석방(parole)과 함께 운용되었다. 범죄자가 판사에 의해서 Elmira에 보내지면 교정당국이 당해 범죄에 대해서 법으로 규정된 최고 형기를 초과하지 않는 범위 내에서 재소자의 석방시기를 결정할 수 있었다.

제4절 교정기관 생활상의 복지처우

교정시설 내의 수형자 생활에 있어서의 복지처우는 어떻게 이루어지고 있는가에 대하여 알아보고자 한다.

1 물품지급

1. 물품지급의 개념

물품지급이라 함은 수용자가 교도소·구치소 등의 교정시설 내에서 의·식·주의

문화생활을 영위하는데 있어서 소용되는 생활필수품을 지급하는 것을 말한다.

물품지급은 다음과 같은 두 가지 측면에서 중요한 의미를 갖는다.

첫째, 물품지급은 교정복지에 있어서 요체가 된다. 교정의 목적인 수용자의 구금 및 교정교화작용은 수용자에 대한 물품지급이 합리적이고 원할하게 수행되는 가운데서만이 가능하다. 따라서 이러한 관점에서 볼 때 물품지급은 교정복지의 요체가 된다고 하겠다.

둘째, 물품지급은 수용자의 인권보장 측면에서 중요한 의의가 있다.

우리 헌법 제10조는 "모든 국민은 인간으로서의 존엄과 가치를 가지며…"라고 서언하고 있고 또 헌법 제34조 제1항에도 "모든 국민은 인간다운 생활을 할 권리를 가진다"고 규정하고 있다. 이러한 헌법정신, 즉 인간의 존엄과 가치의 존중성은 수용자에게도 적용되어야 한다고 본다.

2. 음식물의 지급

1) 음식물의 지급원칙

음식물의 지급은 수용자의 건강상태, 나이, 부과된 작업의 종류, 그 밖의 개인적 특성을 고려하여 건강 및 체력을 유지하는 데에 필요한 음식물을 지급하며(형집행법 §22①) 수용자에게 지급하는 음식물은 주식・부식・음료, 그 밖의 영양물로 한다(형집행법 시행령 §27). 음식물의 지급기준 등에 관하여 필요한 사항은 법무부령으로 정한다(형집행법 §23②).

2) 물품의 자비구매

수용자는 소장의 허가를 받아 자신의 비용으로 음식물・의류・침구 그 밖에 수용생활에 필요한 물품을 구매할 수 있으며, 물품의 허가범위 등에 관하여 필요한 사항은 법무부령으로 정한다.

2 급양(給養)

수용자에게 지급하는 음식물은 주식・부식・음료 그 밖의 영양물로 하되(형집행법 시행령 §27), 수용자에게 지급하는 주식은 쌀과 보리의 혼합곡으로 하며, 양곡수급이 곤란하거나 그 밖에 필요하다고 인정하면 곡류를 변경하거나 대용식을 지급할 수 있다. 아울러 수용자 주·부식의 총열량은 1인당 1일 2,500킬로칼로리를 기준으로 하고 있다.

1. 주식

음식물 지급에 있어 주식의 혼합비 등은 동 제10조) 주식은 쌀과 보리의 혼합곡으로 지급하며, 쌀 9, 보리쌀 1의 비율로 한다.

또한 소장은 양곡 수급사정 또는 그 밖에 부득이한 사유가 있는 경우에는 제1항의 혼합 비율을 변경할 수 있으며 소장이 「형의 집행 및 수용자의 처우에 관한 법률 시행령」(이하 "영"이라 한다) 제28조제2항에 따라 곡류를 변경하거나 대용식을 지급하는 경우에는 법무부장관이 정하는 바에 따른다.

이러한 주식의 지급에는 주식은 1명당 1일 550 그램을 기준으로 하며(동 규칙 제11조 개정 2013.4.16) 소장은 수용자의 기호 등을 고려하여 주식으로 빵이나 국수 등을 주 2회의 범위에서 지급할 수 있도록 하고 있다.

2. 부식

부식은 주식과 함께 지급하며, 1명당 1일의 영양섭취기준량은 19세 이상인 사람과 19세 미만인 사람과 차이를 (동 규칙 제13조)두며 주·부식의 지급횟수 (제14조) 1일 3회로 한다.

수용자에게 지급하는 음식물의 총열량은 1명당 1일 2천500킬로칼로리를 기준으로 하며 영 제29조에 따라 특식을 지급하는 경우에는 주식은 보리를 혼합하지 아니하거나 예산의 범위에서 보리 외의 곡류를 혼합하여 지급할 수 있으며 부식 또는 간식은 예산의 범위에서 특별히 마련하여 지급한다.

또한 소장은 작업시간을 3시간 이상 연장하는 경우에는 수용자에게 주·부식 또는 대용식 1회분을 간식으로 지급할 수 있다.

3. 외국인 수용자 급식

외국인수용자에게 지급하는 음식물의 총열량은 동법 시행규칙 제14조 제2항에도 불구하고 소속 국가의 음식문화, 체격 등을 고려하여 조정할 수 있다.

또한 외국인수용자에 대하여는 쌀과 보리의 혼합곡, 빵 또는 그 밖의 주식으로 지급하되, 소속 국가의 음식문화를 고려하여야 하며 외국인수용자에게 지급하는 부식의 지급기준은 법무부장관이 정한다.

3 의류 및 침구

교도소에 수용중인 수형자에게 필요한 의류나 침구는 국가가 지급하는 것을 원칙으로 하고 있다. 다만, 수용자는 소장의 허가를 받아 자신의 비용으로 수용생활에 필요한 의류 및 침구를 구매할 수 있으며, 그 허가범위는 법무부령으로 정한다.

의류와 침구는 질적으로나 색채에 있어서 시대의 흐름에 따라 많이 달라졌는데, 현재 그 색채는 청남색으로 정하고 있다. 그러나 20세 미만의 자, 여자수형자, 이송자(移送者) 또는 출정자(出廷者), 기타 교화상 특히 필요하다고 인정되는 자에게는 따로 정하는 색채의 의류 및 침구를 급여할 수 있다.

'UN 피구금자처우최저기준규칙'에서도 "피구금자에게 급여하는 의류가 피구금자의 품위를 손상하는 치욕을 주는 것이 되어서는 안 된다"고 정하고 있다(피구금자규칙 §17).

4 건강관리의 의의 및 대책

1. 수용자의 건강관리의 의의

교정시설은 많은 인원을 집금, 수용하고 있으므로 엄격한 위생관리가 필요하다. 특히 수용자는 자유박탈에서 오는 심리적 압박감과 정신적 불안감 및 초조, 그리고 부자유스런 생활로 인한 육체적·정신적 불안감 및 초조 그리고 육체적 고통 등으로 항상 질병에 걸릴 요인이 내재하고 있으며, 또 입소하기 이전, 이미 비정상적인 생활로 인하여 건강이 해쳐진 경우도 있어 그들에 대한 철저한 위생관리와 의료보호의 실시가 과제로 되고 있다.

더욱이 현대문명국가에 있어서는 수형자로 하여금 건강하고 문화적인 생활을 영위할 수 있도록 하기 위하여 생활환경을 개선하고 보건위생관리와 의료보호의 실시가 중요한 과제로 되고 있다.

2. 위생과 의료대책

우리나라 교정당국에 있어서도 다각도로 수용자의 위생관리에 만전을 기하기 위하여 최선의 방책을 강구하고 있다.

첫째, 교정시설의 건축구조에 있어서는 통풍이나 환기·채광 등에 충분한 배려를 하고 있음은 물론, 그 입지조건이나 수질에 이르기까지 면밀한 검토를 하고 있다.

둘째, 각 교정시설에서는 수형자의 진료·방역·위생·보건관리를 위하여 의사 및 약사와 간호사 등 보건관계직원들이 배치되어 있으며, 각 전문과 즉 치과, 방사선과, 정신과 등에서 위촉된 외부의사가 진료업무에 종사하고 있다.

셋째, 수용자에게 건강한 생활을 유지케 하기 위하여 머리를 짧게 한다든가, 목욕, 운동을 알맞게 실시하고 전염병 예방에 필요한 방역조치 등을 취하고 있으며, 수형자의 신체·의류·거실 및 기타 생활환경의 청결을 유지하고 있다.

넷째, 수용자는 언제든지 의사의 진료를 받을 수 있으며, 한편 의사는 수형자의 건강상태를 파악하기 위하여 거실, 공장 등에 순회 진료를 하고 있다.

결핵환자의 조기발견을 위하여 결핵협회 등의 조력을 얻어 연 1회 이상 전 수용자에게 X-ray촬영을 하여 적절한 치료를 실시하고 있다.

3. 위생관리

1) 위생관리의 의의

교정시설에 수용된 수형자는 자유가 박탈된 가운데 집단생활을 하는 관계로 정신적·신체적 질병에 걸릴 개연성이 높다. 이것은 제한된 교도소 내의 집단생활에서 오는 위생관념의 해이와 병적 요인의 감염에 의한 것으로써 철저한 개인위생관리와 집단위생관리가 요구된다.

2) 청결유지

거실·공장 등의 생활환경의 청결을 유지하는 것은 수형자 위생관리에 있어서 중요할 뿐만 아니라, 수형자의 정서순화에도 매우 큰 영향을 주는 것이므로 수용소 내의 생활환경의 청결을 유지하기 위하여 다방면으로 노력하고 있다.

「형의 집행 및 수용자의 처우에 관한 법률」(이하 "형집행법"이라 한다) 제32조와 같은법 시행령에서 청결의무를 규정한 것은 바로 이러한 취지에서 규정된 것이다. 뿐만 아니라 수용자의 침구·피복 및 각종 일용품 등은 일광소독과 약품소독을 병행하여 청결유지에 노력하고 있으며 취사부, 간병부, 이발부에게는 정기적으로 의무관의 진단을 받게 하고 있다.

3) 두발과 수염

수용자는 위생을 위하여 두발 또는 수염을 단정하게 유지하여야 한다. 구행형법 시행령 제93조에서는 수형자의 두발은 1월에 1회 이상, 수염은 10일에 1회 이상 짧게 깎도록 되어 있었으나 개정된 '형집행법' 제32조 제2항에서는 "수형자는 위생을 위하여 두발 또는 수염을 단정하게 유지하여야 한다"고 규정함으로써 수형자의 두발을 짧게 깎는 것은 고통의 부과를 위하는 등 수형자의 인권침해적 요소가 있을 수 있다는 그 동안의 학자들의 견해와 판례에서 나타난 문제를 불식시키기 위한 조치라고 하겠다.

4) 운동

교정시설이라는 일정한 제한된 영역 안에서 행동의 자유를 제약받는 수용자로서는 보건상 운동은 중요한 역할을 한다. 따라서 소장은 수용자가 건강유지에 필요한 운동을 정기적으로 할 수 있도록 하였다. 소장은 수용자가 매일(공휴일 및 법무부장관이 정하는 날은 제외한다) 「국가공무원복무규정」 제9조에 따른 근무시간 내에서 1시간 이내의 실외운동을 할 수 있도록 하였다.

5) 목욕(沐浴)

목욕은 신체를 청결하게 함으로써 건강생활에 필수적인 것이다. 따라서 수용자의 목욕은 작업의 종류, 기타 사정에 따라서 적법하게 실시하여야 할 것이지만, 원칙적인 기준으로 작업의 특성, 계절, 그 밖의 사정을 고려하여 수용자의 목욕횟수를 정하되, 부득이한 사정이 없으면 매주 1회 이상이 되도록 한다(동법 시행령 §50).

이러한 취지는 목욕은 운동과 함께 수형자 개인의 건강유지 및 증진을 위하여 필요불가결한 것인 동시에 집단적인 구금생활에 있어서는 위생상의 견지에서도 매우 중요한 것이기 때문이다.

6) 방역위생

방역위생 이라 함은 전염병 등의 질병의 예방과 이미 발생한 질병의 전염을 방지하기 위한 방역적 위생행위를 말하는 것으로 '형집행법' 제35조에 따르면 "소장은 전염의 우려가 있는 수용자에 대하여 예방접종 · 격리수용 · 이송, 그 밖에 필요한 조치를 하여야 한다"고 규정하고 있다.

여기서 "전염병"이란 「전염예방법」에 따른 전염병을 말한다.

전염병예방조치로는 수용자가 전염병에 걸렸다고 의심되는 경우에는 1주 이상 격리수용하고 그 수용자의 휴대품을 소독하여야 한다.

5 의료보호(醫療保護)

의료보호는 직접피구금자의 생명이나 건강에 관련되기 때문에 구금 중에도 질병에 대한 적절한 진료의 기회는 자유로운 사회에서와 마찬가지로 보장되어 있지 않으면 안 된다. 그럼에도 불구하고 교정시설에서의 의료는 자유로운 사회에 비해 여러 가지의 특색을 가지고 있으며 현저하게 불비된 점이 많다고 하겠다.

따라서 전문 의료진을 확대보강하고 선진국처럼 빠른 시일 내에 의료교도소를 설립하는 것은 물론 의료환경 개선에 최선을 다하는 등 교정의료복지에 심혈을 기울여야 할 것으로 본다.

1. 건강검진

수용자는 구금생활로 인한 심리적 불안이나 갈등 때문에 일반사회인에 비하여 질병에 걸릴 소인이 많은 바, 신속하고 철저한 건강검진을 통하여 질병의 예방과 치료에 만전을 기해야 한다고 본다.

따라서 소장은 수용자에 대하여 건강검진을 정기적으로 하여야 하고, 정기검진의

횟수는 수용자에 대하여 1년에 1회 이상 건강검진을 하여야 하는데, 다만 19세 미만 수용자와 계호상 교정시설에 수용되어 있는 수형자는 구금생활로 인한 심리적 불안이나 갈등 때문에 질병에 걸릴 요인이 많다. 그러므로 철저한 건강진단을 통해 질병의 예방과 치료에 만전을 기하고 있다. 다만, 19세 미만의 수용자와 계호상 독거수용자에 대하여는 6개월에 1회 이상 건강검진을 하도록 되어 있다(형집행법 시행령 §51①).

2. 일반의료

일반 의료라 함은 수용자의 병실치료를 교도소 내에서 교도소 소속의무관이 직접 치료함을 말한다. 환자는 원칙적으로 병실에 수용하고 적당한 치료를 하여야 하나(형집행법 §36), 경미한 환자에 대해서는 치료실에서 치료를 하든가 투약으로 거실치료로서 족할 경우도 있다.

환자를 별실에 혼거수용할 때에는 분류수용의 원칙을 어겨서는 안되며, 환자에 대하여는 그 질병에 적합한 치료조치를 하여야 함은 물론, 그 질병의 경중에 따라 작업과정의 경감 또는 휴업도 시킬 수 있다. 이 외에 의류, 침구 및 식량의 일부로서 특별한 부식을 지급할 수 있다.

3. 특별의료

특별의료라 함은 교정시설 내의 시설불비, 예산의 사정 또는 당해 질병에 대한 전문의가 없는 경우 등 교정규율에 위배되지 않는 범위 내에서 외부의 협력에 의한 치료행위를 말한다.

현행법이 규정하고 있는 자비치료와 외의보조치료, 외부병원이송치료 등을 들 수 있다.

1) 자비치료 및 외부의료시설 진료

수용자의 치료는 시설 내의 의무관에 의하여 하는 것이 원칙이나 수용자가 자비로서 치료를 원하는 때에는 교정시설에 근무하는 의사의 의견을 고려하여 이를 허가할 수 있다(형집행법 §38).

2) 감염병에 관한 조치

수용자가 감염병에 걸렸다고 의심되는 경우에는 1주 이상 격리수용하고 그 수용자의 휴대품을 소독하여야 한다. 특히 감염병이 유행하는 경우에는 수용자가 자비로 구매하는 음식물의 공급을 중지할 수 있다. 수용자가 감염병에 걸린 경우에는 즉시 격리수용하고 그 수용자가 사용한 물품과 설비를 철저히 소독하여야 하고, 이 사실을 지체 없이 법무부장관에게 보고하고 관할 보건기관의 장에게 알려야 한다(동법 시행령 §53~.①~④).

3) 중환자 가족 통지 및 의료시설 입원 등 보고

소장은 수용자가 위독한 경우에는 그 사실을 가족에게 지체 없이 알려야 하고(형집행법 시행령 §56), '형집행법' 제37조 제1항에 따라 수용자를 외부의료시설에 입원시키거나 입원중인 수용자를 교정시설로 데려온 경우에는 그 사실을 법부부장관에게 지체 없이 보고하여야 하다(동법 시행령 §57).

6 종합과 평가

교정기관의 생활상의 교정복지는 교정기관에서 수용생활을 하는 수용자에게 수용생활에 기본이 되는 의식주가 어떻게 이루어지고 수형자의 건강관리는 어떻게 이루어지는가에 대한 것으로써 어떻게 보면 수용자에게 가장 직접적이고 가장 중요한 교정복지가 아닌가 생각한다.

따라서 음식물의 조리나 보관에 유의하여야 하며, 의류 및 침구 등을 제때 세척하여 청결하게 하여야 하고, 목욕을 자주 하고 운동을 적절히 함은 물론 전염병 예방대책을 철저히 강구하고 제때 건강검진을 하여 질병에 걸리지 않도록 하여야 한다.

건강검진을 통하여 질병에 걸린 자가 발견된 경우에는 신속히 병실에 수용하고, 자체 의무실에서 치료가 불가능하다고 판단될 경우에는 외부병원에 이송치료하고, 이러한 제반조치를 취했음에도 수용자의 질병이 위독한 때에는 그 사유를 가족에게 통지하고 미결수용자인 경우에는 구속집행정지를, 수형자의 경우에는 형집행정지를 하는 등 질병으로 교정시설에서 사망하는 일이 없도록 하여야 한다.

제5절 수형자 안전

1. 안전과 질서유지

(1) 전자장비를 이용한 계호(제94조)

교도관은 자살·자해·도주·폭행·손괴, 그 밖에 수용자의 생명·신체를 해하거나 시설의 안전 또는 질서를 해하는 행위(이하 "자살 등"이라 한다)를 방지하기 위하여 필요한 범위에서 전자장비를 이용하여 수용자 또는 시설을 계호할 수 있다. 다만, 전자영상장비로 거실에 있는 수용자를 계호하는 것은 자살 등의 우려가 큰 때에만 할 수 있다.

(2) 보호실 수용(제95조)

① 소장은 수용자가 자살 또는 자해의 우려가 있는 때 등의 경우 의무관의 의견을 고려하여 보호실(자살 및 자해 방지 등의 설비를 갖춘 거실을 말한다. 이하 같다)에 수용할 수 있다.

(3) 진정실 수용(제96조)

① 소장은 수용자가 다음 각 호의 어느 하나에 해당하는 경우로서 강제력을 행사하거나 제98조의 보호장비를 사용하여도 그 목적을 달성할 수 없는 경우에만 진정실(일반 수용거실로부터 격리되어 있고 방음설비 등을 갖춘 거실을 말한다. 이하 같다)에 수용할 수 있다.

1. 교정시절의 설비 또는 기구 등을 손괴하거나 손괴하려고 하는 때
2. 교도관 및 경비 교도(이하 이 장에서 "교도관 등"이라 한다)의 제지에도 불구하고 소란행위를 계속하여 다른 수용자의 평온한 수용생활을 방해하는 때

② 수용자의 진정실 수용기간은 24시간 이내로 한다. 다만, 소장은 특히 계속하여 수용할 필요가 있으면 의무관의 의견을 고려하여 연장할 수 있다.

③ 제2항 단서에 따른 기간연장은 12시간 이내로 하되, 계속하여 3일을 초과할 수 없다.

④ 진정실 수용자에 대하여는 제95조 제 4 항부터 제 6 항까지의 규정을 준용한다.

(4) 보호장비의 사용(제97조)

교도관은 수용자가 다음 각 호의 어느 하나에 해당하면 보호장비를 사용할 수 있다.

1. 이송·출정, 그 밖에 교정시설 밖의 장소로 수용자를 호송하는 때
2. 도주·자살·자해 또는 다른 사람에 대한 위해의 우려가 큰 때
3. 위력으로 교도관등의 정당한 직무집행을 방해하는 때
4. 교정시설의 설비·기구 등을 손괴하거나 그 밖에 시설의 안전 또는 질서를 해칠 우려가 큰 때

(5) 보호장비의 종류 및 사용요건(제97조)

① 보호장비의 종류는 다음 각 호와 같다.

1. 수갑
2. 머리보호장비
3. 발목보호장비
4. 보호대(帶)
5. 보호의자
6. 보호침대
7. 보호복
8. 포승

② 보호장비의 종류별 사용요건은 다음 각 호와 같다.

1. 수갑·포승: 제97조 제1항 제1호부터 제4호까지의 어느 하나에 해당 하는 때
2. 머리보호장비: 머리부분을 자해할 우려가 큰 때
3. 발목보호장비·보호대·보호의자: 제97조 제1항 제2호부터 제4호까지의 어느 하나에 해당하는 때
4. 보호침대·보호복: 자살·자해의 우려가 큰 때

③ 보호장비의 사용절차 등에 관하여 필요한 사항은 대통령령으로 정한다.

(6) 보호장비의 남용 금지(제99조)

보호장비는 남용되어서는 안 되는데 ① 교도관은 필요한 최소한의 범위에서 보호장비를 사용하여야 하며, 그 사유가 소멸하면 사용을 지체 없이 중단하여야 한다.

② 보호장비는 징벌의 수단으로 사용되어서는 아니 된다.

(7) 교도관의 강제력의 행사(제100조)

① 교도관 등은 수용자가 다음 각 호의 어느 하나에 해당하면 강제력을 행사할 수 있다.

1. 도주하거나 도주하려고 하는 때
2. 자살하려고 하는 때
3. 자해하거나 자해하려고 하는 때
4. 다른 사람에게 위해를 끼치거나 끼치려고 하는 때
5. 위력으로 교도관등의 정당한 직무집행을 방해하는 때
6. 교정시설의 설비·기구 등을 손괴하거나 손괴하려고 하는 때
7. 그 밖에 시설의 안전 또는 질서를 크게 해치는 행위를 하거나 하려고 하는 때

② 교도관등은 수용자 외의 사람이 다음 각 호의 어느 하나에 해당하면 강제력을 행사할 수 있다.

1. 수용자를 도주하게 하려고 하는 때
2. 교도관등 또는 수용자에게 위해를 끼치거나 끼치려고 하는 때
3. 위력으로 교도관등의 정당한 직무집행을 방해하는 때
4. 교정시설의 설비·기구 등을 손괴하거나 하려고 하는 때
5. 교정시설에 침입하거나 하려고 하는 때
6. 교정시설의 안(교도관이 교정시설의 밖에서 수용자를 계호하고 있는 경우 그 장소를 포함한다)에서 교도관등의 퇴거요구를 받고도 이에 응하지 아니하는 때

③ 제1항 및 제2항에 따라 강제력을 행사하는 경우에는 보안장비를 사용할 수 있다.

④ 제3항에서 "보안장비"란 교도봉·가스분사기·가스총·최루탄 등 사람의 생명과 신체의 보호, 도주의 방지 및 시설의 안전과 질서유지를 위하여 교도관등이 사용하는 장비와 기구를 말한다.

⑤ 제1항 및 제2항에 따라 강제력을 행사하려면 사전에 상대방에게 이를 경고하여야 한다. 다만, 상황이 급박하여 경고할 시간적인 여유가 없는 때에는 그러하지 아니하다.

⑥ 강제력의 행사는 필요한 최소한도에 그쳐야 한다.

⑦ 보안장비의 종료, 종류별 사용요건 및 사용절차 등에 관하여 필요한 사항은 법무부령으로 정한다.

(8) 무기의 사용(제101조)

교도관의 가장 중요한 무기의 사용에 대한 규정은 다음과 같다.

① 교도관등은 다음 각 호의 어느 하나에 해당하는 사유가 있으면 수용자에 대하여 무기를 사용할 수 있다.

1. 수용자가 다른 사람에게 중대한 위해를 끼치거나 끼치려고 하여 그 사태가 위급한 때
2. 수용자가 폭행 또는 협박에 사용할 위험물을 소지하여 교도관등이 버릴 것을 명령하였음에도 이에 따르지 아니하는 때
3. 수용자가 폭동을 일으키거나 일으키려고 하여 신속하게 제지하지 아니하면 그 확산을 방지하기 어렵다고 인정되는 때
4. 도주하는 수용자에게 교도관등이 정지할 것을 명령하였음에도 계속하여 도주하는 때
5. 수용자가 교도관등의 무기를 탈취하거나 탈취하려고 하는 때
6. 그 밖에 사람의 생명·신체 및 설비에 대한 중대하고도 뚜렷한 위험을 방지하기 위하여 무기의 사용을 피할 수 없는 때

② 교도관등은 교정시설의 안(교도관이 교정시설의 밖에서 수용자를 계호하고 있는 경우 그 장소를 포함한다)에서 자기 또는 타인의 생명·신체를 보호하거나 수용자의 탈취를 저지하거나 건물 또는 그 밖의 시설과 무기에 대한 위험을 방지하기 위하여 급박하다고 인정되는 상당한 이유가 있으면 수용자 외의 사람에 대하여도 무기를 사용할 수 있다.

(9) 재난시의 조치(제102조)

① 천재지변이나 그 밖의 재해가 발생하여 시설의 안전과 질서유지를 위하여 긴급한 조치가 필요하면 소장은 수용자로 하여금 피해의 복구나 그 밖의 응급용무를 보

조하게 할 수 있다.

② 소장은 교정시설의 안에서 천재지변이나 그 밖의 사변에 대한 피난의 방법이 없는 경우에는 수용자를 다른 장소로 이송할 수 있다.

③ 소장은 제2항에 따른 이송이 불가능하면 수용자를 일시 석방할 수 있다.

④ 제3항에 따라 석방된 자는 석방 후 24시간 이내에 교정시설 또는 경찰관서에 출석하여야 한다.

(10) 수용을 위한 체포(제103조)

교도관은 수용자가 도주 또는 제133조 각 호의 어느 하나에 해당하는 행위(이하 "도주등"이라 한다)를 한 경우에는 도주 후 또는 출석 기한이 지난 후 72시간 이내에만 그를 체포할 수 있다.

2. 규율과 상벌

(1) 규율(제105조)

① 수용자는 교정시설의 안전과 질서유지를 위하여 법무부장관이 정하는 규율을 준수하여야 한다.

② 수용자는 소장이 정하는 일과시간표를 준수하여야 한다.

③ 수용자는 교도관의 직무상 지시에 복종하여야 한다.

(2) 징벌(제108조)

1. 경고, 2. 50시간 이내의 근로봉사, 3. 3개월 이내의 작업장려금 삭감, 4. 30일 이내의 공동행사 참가 정지, 5. 30일 이내의 신문열람 제한, 6. 30일 이내의 텔레비전 시청 제한, 7. 30일 이내의 자비구매물품(의사가 치료를 위하여 처방한 의약품을 제외한다)사용 제한, 8. 30일 이내의 작업 정지, 9. 30일 이내의 전화통화 제한, 10. 30일 이내의 집필 제한, 11. 30일 이내의 서신수수 제한, 12. 30일 이내의 접견 제한, 13. 30일 이내의 실외운동 정지, 14. 30일 이내의 금치(禁置)

(3) 징벌위원회(제111조)

징벌시 징벌위원회가 설치되어야 한다.

① 징벌대상자의 징벌을 결정하기 위하여 교정시설에 징벌위원회(이하 이 조에서 "위원회"라 한다)를 둔다.

② 위원회는 위원장을 포함한 5인 이상 7인 이하의 위원으로 구성하고, 위원장은 소장의 바로 다음 순위자가 되며, 위원은 소장이 소속 기관의 과장(지소의 경우에는 7급 이상의 교도관) 및 교정에 관한 학식과 경험이 풍부한 외부인사 중에서 임명 또는 위촉한다. 이 경우 외부 위원은 3인 이상으로 한다.

(4) 징벌의 집행(제112조)

① 징벌은 소장이 집행한다.

② 소장은 징벌집행을 위하여 필요하다고 인정하면 수용자를 분리하여 수용할 수 있다.

③ 제108조 제14호의 처분을 받은 사람에게는 그 기간 중 같은 조 제 4 호부터 제13호까지의 처우제한이 함께 부과된다. 다만, 소장은 수용자의 권리구제, 수형자의 교화 또는 건전한 사회복귀를 위하여 특히 필요하다고 인정하면 집필 · 서신수수 · 접견 또는 실외운동을 허가할 수 있다.

(5) 징벌의 실효(제115조)

① 소장은 징벌의 집행이 종료되거나 집행이 면제된 수용자가 교정 성적이 양호하고 법무부령으로 정하는 기간 동안 징벌을 받지 아니하면 법무부장관의 승인을 받아 징벌을 실효시킬 수 있다.

② 소장은 수용자가 교정사고 방지에 뚜렷한 공로가 있다고 인정되면 분류처우위원회의 의결을 거친 후 법무부장관의 승인을 받아 징벌을 실효시킬 수 있다.

③ 동법에 규정된 사항 외에 징벌에 관하여 필요한 사항은 법무부령으로 정한다.

제5장 소년보호복지제도

제1절 소년범죄(비행) 보호복지

1 개관

소년보호라 함은 범죄 내지 비행소년을 대상으로 하여 궁극적으로는 소년의 건전한 육성을 기하고 구체적으로 문제된 소년을 개별적으로 관찰하여 그 요보호성(要保護性)을 제거하고 소년을 보호 육성하는 것 및 그 가정과 사회환경을 적절히 조정하여 소년과 사회를 범죄로부터 보호하려는 일련의 활동을 말한다(정영석, 1992: 319).

이러한 소년보호를 위하여 소년법은 그 목적을 소년의 건전한 육성에 두고 보호처분을 수단으로 하여 비행소년이 지닌 범행성 인격과 환경을 개선함으로써 요보호성을 제거하고 소년과 사회를 다 같이 범행으로부터 보호하는 데 주안점을 두고 있다.

이와 같은 보호주의 이념은 곧 소년이 성인에 비하여 정신기능의 발달이 미숙하고 책임능력이 결여되어 있기 때문에 보호를 요하는 소년에 대하여는 국가가 자진해서 그 보호자가 되어야 한다는 국친사상(國親思想)이 기초가 되고 있다.

곧 소년법의 기본정신은 보호목적의 국가후견기능을 대행하는데 있으며, 소년심판의 대상과 심리절차도 이를 뚜렷이 뒷받침하고 있다.

소년법은 독일 소년법 체계에서처럼 범죄소년에 한정하지 않고 영미법체계에서와 같이 비행소년뿐만 아니라 촉법소년과 우범소년도 그 대상으로 하고 있다. 심리에 있어서도 어떤 범죄를 범했느냐보다는 소년이 국가의 특별한 보호를 요하는 조건들을 가지고 있는지가 중시되며, 심리절차도 비송사건절차를 취하고 비공개로 심리하고 결정함으로써 종결짓게 하는 등 비형식적인 국친절차를 취하고 있다.

2 소년보호의 원칙

소년보호라 함은 범죄 내지 비행소년을 대상으로 하여 궁극적으로 소년의 건전한 육성을 기하고(구체적으로 문제된 소년을 보호 육성하는 것), 그 가정과 사회환경을 적절히 조정하여 소년과 사회를 범죄로부터 보호하려는 일련의 활동을 말한다. 따라서 소년보호는 비행소년에 대한 적극적인 보호육성을 위한 이념과도 일치하는 것이다.

이에 따라 소년보호의 원칙을 들면 다음과 같다(김용준, 1999: 365).

1) 인격주의와 규범주의

소년보호의 가장 기초적인 원리는 과거의 비행보다는 소년의 비행을 유발한 인격 및 환경적 요인, 즉 요보호성(要保護性)을 중시하는 데 있다. 소년보호절차에 있어서는 교육적 기능과 사법적 기능이 함께 적용되기 때문에 객관적인 비행사실을 무시할 수 없으나, 처분을 결정하는 단계에서 소년의 인격에 내재하는 비행위험성이 중요한 기준이 된다.

2) 예방주의

소년보호제도는 비행소년은 물론 우범소년(虞犯少年)을 대상으로 하여 소년을 건전한 사회인으로 보호육성 하는데 비중을 두고 있다. 따라서 이 제도는 범죄로부터 소년과 사회를 미리 보호하기 위한 것으로써 비행소년일 경우에도 법률적 제재조치에 국한하지 않고 장차 재비행을 예방하자는데 목적이 있다.

3) 개별주의

소년의 개별인격체를 중심으로 사건을 독립하여 취급하고 소년의 개성을 중시하여 행위와 외형보다는 소년의 인간성 인식을 통해 보호조치를 강구하는 것이 개별주의의 본질이다. 개별주의는 형사정책상 처벌을 범죄보다 범죄인에게 중점을 두는 입장이다. 즉 소년사건을 조사함에 있어서 소년의 개성, 환경 등을 중시해야 한다는 것이다.

4) 과학주의

과학주의라 함은 소년보호사건 처리과정에서 비행사실이나 내용보다는 심리학, 교육학, 사회학, 의학 등 과학적 전문지식과 방법에 의한 인격 및 자질이 중시되어야 한다는 주의이다. 비행소년을 처우함에 있어서 각국의 소년보호관계법은 소년사건 절차를 법해석과 적용을 다루는 법관만의 직권사항이 아니라 인간행동을 전공한 전문가의 협력을 통해서 처리될 수 있도록 규정하고 있다.

5) 교육주의

오늘날 비행소년처우는 비행의 결과에 의한 법률적 대응보다 원인적 접근에 의한 교육을 통하여 소년의 인격 및 행동의 변화를 가져옴으로써 재비행을 방지하려고 하는데 중점을 두고 있다. 이러한 이념을 교육주의라 한다. 교육주의는 행위에 대한 처벌보다 비행성을 지닌 행위자의 인격 및 행동적·환경적 제 요인의 치료 및 개선을 위한 교육적 방법을 통해서만이 재비행을 방지하는데 효과적이라는 소년보호이념을 기본으로 하고 있다. ㅇ` 같은 주장은 세계적으로 널리 채택하고 있으며, 교육의 범위로 소년의 인격과 행동에서부터 보호환경의 개선에 이르기까지 점차 확대되는 경향이다.

6) 협력주의

원래 사법(司法)은 국가의 독립적 색채가 강하다. 그러나 소년보호에는 사법(司法)과 행정(行政), 관(官)과 민(民)의 일치협력이 요청된다. 소년의 관계자는 물론이고 사회전반에 걸쳐 소년보호 활동에 각계의 의견과 협력의 연대성을 그 바탕으로 하고 있다.

이렇게 볼 때 협력주의는 소년보호제도가 사법적(司法的) 권위를 배경으로 하면서도 각계의 참여를 허용하는 민주적이고 개방적인 색채가 강한 방법이라 하겠다.

7) 밀행주의(비공표성)

소년보호 이념은 소년의 인격적 명예와 정조 등 1인권을 존중하고 성장가능성을 기반으로 하여 비행자의 낙인으로 인한 사회적 배척으로부터 소년을 보호하기 위한 정신이며, 이른바 비범죄화, 재판절차의 배제, 적법절차의 보장 및 비시설수용화를 내세우는 4D이론의 근거가 되고 있다.

「소년법」상 소년사건 심리의 비공개주의 원칙(소년법 §24②)은 소년의 비행행위를 사회일반에 공표함으로 인한 피해를 방지하기 위한 제도적 장치이며, 소년의 신상 등을 신문·방송 등에 보도를 금지한 취지도 같은 맥락에서 이해할 수 있다. 이 원칙을 따르는 외국의 입법례로는 일본 소년법 제61조, 독일 청소년재판소법 제48조 등이 있다.

3 소년범죄(비행)의 원인

1. 일반적 원인

청소년비행의 원인에 대해서는 학자들마다 상이한 원인을 들고 있으나, 여기서는 구미제국(歐美諸國)의 학자들이 제시한 요인들을 중심으로 살펴보면 다음과 같다(藤本哲也, 前揭書, 522⑥524).

첫째, 풍부한 도시형·대중소비화에 있어서 물질주의와 감상주의(약물, 성 등), 비행기회의 확대(백화점, 슈퍼의 상품진열방식 등)

둘째, 교육·취직기회의 불평등, 실업, 슬럼 등의 제 문제

셋째, 전통적 가치관 또는 이상화(국가, 가족에의 헌신, 정의 국면 등)의 비공식적인 사회통제 기능의 약화

넷째, 소년의 신체적·성적 발달의 가속과 정신적·정조적 발달의 퇴행(유아화현상), 사회적 의식 그리고 자발적 미성숙

다섯째, 소년의 신체적·정신적 에너지의 소모·승화시키는 건전한 놀이, 스포츠 및 근로기회의 감소

여섯째, 가족공동체의 붕괴 또는 저락(低落)(이혼, 별거, 핵가족화 등)으로부터 오는 가정의 교육기능의 퇴화(방임, 과보호, 과간섭 부모의 교육방침의 모순)

일곱째, 현대공업사회에 있어서 교육기간의 연장(고학력 사회)과 노동 또는 취직의 자연화

여덟째, 텔레비전, 출판물 등 매스미디어의 영향, 특히 폭력의 찬미 또는 합리화

아홉째, 생활수준의 향상으로 인해 용돈을 과다하게 받아 억제, 근로, 근검절약 등의 가치상실

열째, 물질적 욕망의 격증, 억제력의 감퇴, 가치관의 변화 등에서 오는 규범・윤리의식의 저하(低下) 등이 그것이다.

2. 한국적 원인

우리나라 특유의 사회적・문화적 환경에서 오는 원인을 중심으로 고찰해보면 첫째, 청소년의 보호로 인한 정신적 자립성의 결여, 둘째, 입시실패 등으로 인한 청소년의 좌절감의 팽배, 셋째, 청소년의 애로점과 어려움을 해결해 줄 만한 상담자의 부족, 넷째, 과보호와 개인주의의 발달로 자기중심성의 비대화, 다섯째, 대인접촉의 멀어짐과 사회적 인간관계의 훈련 미흡 등을 고려할 필요가 있다(김용준, 1999: 365).

1) 가정적 원인

첫째, 핵가족화, 가족의 소규모화에 따라 가정의 전통적 제 기능의 변화

둘째, 가정교육의 결여

셋째, 모성적 기능의 과잉과 부성적 기능의 결함

넷째, 부모의 자주성 결여

다섯째, 부친의 권위 실추 등의 제 원인을 검토하는 것도 필요하다.

2) 학교적 원인

첫째, 입시위주의 교육

둘째, 내신성적과 학업성적 우선의 생각

셋째, 학교의 맘모스화에 의한 교사의 단결력 결여

넷째, 교사와 학생간의 신뢰관계 부족

다섯째, 학생 상호간의 인과관계의 희박 등을 생각해 보는 것이 중요하다.

종전 우리나라의 소년비행은 구미(歐美)에 비하여 낮게 나타나는데, 그 원인으로써는 민족적・문화적 등질성, 가족, 지역사회 등 사회집단의 연대성, 교육의 높은 수준과

기회균등, 국민의 근면성과 상승지향, 전반적인 사회안정성 등의 사회적 · 문화적 특질을 들고 있지만, 현대의 소년비행의 증가는 이러한 우리나라 고유의 특징이라고 불리는 여러 가지 원인도 현대의 사회변화와 같은 무엇인가 서서히 변화되어 가는 것을 확인할 수 있다.

4 범죄(비행)소년의 처리절차

소년 범죄자에 대한 처리절차는 성인범죄자의 처리절차와 약간의 차이를 보이고 있는데, 이는 소년의 경우에는 아직 인격적으로 미완성의 상태에 있고 성인범보다는 개선가능성이 크므로 비록 범죄자라 하더라도 보호적 측면에서 처리함을 원칙으로 해야 하기 때문이라 할 것이다(범죄백서, 1995: 136).

본래 소년범죄자라 함은 범죄소년(죄를 범한 14세 이상 소년), 우범소년(장래 형벌법에 저촉되는 행위를 할 우려가 있는 12세 이상의 소년)을 포괄하는 의미이나, 현재 우범(虞犯)소년에 대한 처리 예는 거의 없는 실정이므로, 여기서는 특별히 명시한 경우를 제외하고는 범죄소년과 촉법소년만을 지정하여 사용키로 한다.

범죄소년에 대한 경찰, 검찰 및 법원의 처리과정은 기본적으로 성인범죄자의 경우와 동일하다. 다만, 검찰단계에서 검사는 소년의 행위가 벌금 이하의 형에 해당하는 범죄이거나 보호처분에 해당하는 사유가 있다고 인정되는 때에는 가정법원 소년부 또는 지방법원 소년부에 송치하여야 하고, 법원은 기소된 소년에 대하여 위와 같은 사유가 있으면 결정으로 사건을 소년법원에 이송하도록 되어 있는 점 등이 서로 상이하다.

기소된 소년 중 범죄를 범할 당시 18세 미만의 소년에 대하여는 사형 또는 무기형으로 처할 경우에는 유기징역으로 완화하고, 금고에 관한 부정기형의 특칙이 소년법에 규정되어 있고, 보호관찰법은 소년에 대한 보호관찰부 선고유예 및 집행유예의 규정을 두고 있다.

촉법소년 또는 우범소년이 있을 때에는 경찰서장은 이를 직접 소년법원에 송치하여야 하고, 촉법소년, 우범소년 및 범죄소년을 발견한 보호자 또는 학교나 사회복지시설의 장은 이를 관할 소년법원에 통고할 수 있다.

검찰 및 일반 형사법원으로부터 범죄소년을 송치 받거나 경찰 등으로부터 촉법소년, 우범소년 등을 송치통고 받은 소년법원은 당해 소년에 대하여 조사를 실시하는데, 조사관에게 필요한 사항의 조사를 명할 수 있고, 소년분류심사원의 위탁에 의하여 자질 분류심사를 청구할 수도 있다. 조사 및 심리를 마친 후에는 검찰청 송치, 형사법원 이송, 심리 불개시, 불처븐 등의 결정을 하거나 보호자 등에 위탁, 단기보호관찰, 소년보호시설에의 보호위탁, 병원이나 치료소 위탁, 단기소년원송치 및 단기보호관찰과 함께 사회봉사명령 및 수강명령을 할 수 있다. 그밖에 보호관찰에 붙여지는 소년으로서는 보호관찰부 선고유예, 집행유예의 판결을 받은 소년 및 소년원에서 가퇴원하거나 소년교도소 등 행형시설에서 가석방된 소년이 있다.

제2절 청소년비행의 보호

1 청소년비행의 보호대책

1. 일반적이고 종합적인 대책

청소년 비행대책은 소년사법 또는 형사정책 문제뿐만 아니라 국가적, 사회적인 문제이다. 전 국민적인 대응이 필요불가결하다고 보고 다음 3단계의 대응책에 대하여 언급하고자 한다. 즉 제1차적 대응이란 가정, 학교, 고용, 사회보장, 레크리에이션, 매스미디어 등의 각 분야에 있어서 소년비행방지를 위하여 양호한 사회적, 경제적, 문화적 환경의 정비에 있다. 제2차적 대응이란 비행화의 우려가 있는 소년에 대한 경찰 및 소년복지기관의 보도, 원조에 의한 소년비행의 방지에 있다. 그리고 제3차적 대응이란 형사법의 적절하고 타당한 집행에 의한 검거적정, 유효한 소년사법의 운용과 시설내 처우 및 사회내 처우 등을 통하여 비행소년의 재사회화와 재범방지에 있다고 하고, 이중 제1차적 대응이 소년비행방지에 결정적인 중요성을 갖고 있다고 한다(김용준, 1999: 370).

종합적인 대책으로써는 첫째, 국민의식의 고양과 건전한 가정의 건설이다. 둘째는 청소년단체의 육성지도의 강화와 학교에 있어서 비행방지 대책의 촉진이다. 셋째는 불량문화 대책의 촉진과 비행소년 보호체계의 개선을 들 수 있다. 넷째, 요보호아동 대책의 강구와 청소년 대책에 관련된 법률과 행정기구 등의 정비 등을 들 수 있다.

그러나 이것은 일반상식론적인 대책이라고 볼 수 있으며 소년비행 대책의 근간은 가정이나 학교의 교육과 사회환경의 개선이 아닐까 생각한다.

2. 주요 분야의 구체적 대책

1) 지역주민이 주체가 되는 유관기관의 연계체계의 확립

지역주민들을 포함하여 가정, 학교, 복지기관, 보호관찰기관, 기업체, 종교기관 등 청소년범죄와 관련된 기관들이 청소년보호라는 하나의 공통된 업무를 위해 조화롭게 분담하여 문제를 해결하기란 그리 쉽지 않다. 왜냐하면 이해관계가 상충될 수 있으며, 예산의 배분의 문제나 주도권을 획득하려는 힘의 경쟁에서 연계체계는 협조보다는 오히려 갈등 유발의 소지가 매우 높기 때문이다(이성식, 2002: 137).

따라서 청소년범죄를 예방하기 위해서는 개인적인 서비스 이외에 지역사회범죄예방활동에서 강조되듯이 지역주민들의 자발적 참여로 지역의 환경을 개선함과 동시에 지역의 비공식적 통제력을 강화하는 것이 절대적으로 필요하며, 자발적 조직체가 중심이 되어 지역주민들이 적극적으로 범죄예방활동에 참여할 수 있도록 하는 방안이 가장 적절하다고 볼 수 있다. 따라서 지역주민들의 자발적 조직체가 중심이 되고 지역주민들이 주체가 되어 범죄예방활동에 자발적으로 참여하는 가운데 여러 기관들이 연계될 수 있는 방안이 가장 적절하다고 볼 수 있다.

2) 도시지역의 대책

도시에서는 지역적 연대성의 희박, 익명성의 증대, 유해한 향락적·오락적 환경의 확산 등으로 인하여 소년비행이 증가하기 때문에 이를 예방하기 위해서는 지역적 연대성을 강화시킴과 동시에 청소년들이 쉽게 접촉할 수 있는 향락적 유해업소를 철저하게 규제하고 감시·감독해야 할 것이다(강영철, 2002: 75). 그러기 위해서는 지역주민으로 구성된 그 지역의 실정에 맞는 명실상부한 '청소년비행방지위원회'와 같은 조직을 구성하여 일시적이고 개별적인 단속이나 제도가 아니라, 통상적으로 소년비행과 소년유해업소를 단속하고 감시·감독할 수 있는 일정한 권한을 부여하여 소년비행의 방지활동을 할 수 있도록 하는 것이 필요하다고 본다. 한편, 비행이 빈발하는 지역에 대해서는 경찰순찰을 강화함과 동시에 지역주민이 자발적으로 참여하는 가칭 '청소년 선도위원회' 등을 통하여 비행예방효과를 높임과 동시에 앞에서 언급한 지역주민이 주체가 되는 유관기관의 연계체계가 제대로 이루어지도록 그 도시지역 특성에 맞는 유관기관협의체를 구성하여 청소년들에 대한 비행예방교육에서부터 청소년 비행자들의 자활에 이르기까지 모든 청소년 보호를 위한 시책이 체계적이고 효율적으로 이루어져야 하되, 이러한 활동이 이루어지도록 정부나 청소년보호위원회와 같은 국가기관의 적극적인 뒷받침이 이루어져야 할 것이다.

3) 학교에 있어서의 대책

학교가 홍익인간을 양성하는 장으로써의 기능을 상실한 근본적인 원인은 한마디로 우리 사회가 그동안 지나치게 학력을 중시한 점에 있다고 볼 수 있다. 그리고 학력에 의하여 그 사람의 사회적·경제적 조건이 좌우되는 풍조가 팽배한 사회에서는 학교가 자연히 대학진학만을 목표로 삼는 학력위주의 교육을 하지 않을 수 없을 것이다.

그리하여 이러한 사회환경 하에서는 학교교육에서 지(智)·덕(德)·체(體)라는 균형 있는 전인적 교육을 소홀히 할 수밖에 없게 될 것이고, 성적위주의 학과교육에만 치중하지 않을 수 없게 될 것이다. 따라서 학력이 뒤처지는 학생은 자연히 교사의 관심 밖의 대상이 되지 않을 수 없는 것이며, 이러한 학생은 열등감, 좌절감, 소외감 등으로 인하여 정상적인 학교생활을 할 수 없게 됨으로 말미암아, 비행에 쉽게 접하게 될 가능성이 높다는 것이 주장되고 있다(Hawkins, J. D., and R. F. Catalano, 1992: 25).

그렇기 때문에 학교에서는 학력이 뒤처지는 학생도 각자의 소질을 살릴 수 있는 프로그램을 개발하여 실시해야 할 것이며, 정부에서도 대학입학만을 목표로 삼고 있는 현재의 교육제도를 근본적으로 바꾸는 적극적인 시책을 펴야 할 것이다.

또한, 입시에서 실패한 자나 대학에 진학하지 못하는 청소년을 위하여 2세기 지식정보화사회에 필요한 직업교육을 시켜 면허증이나 기술자격증 등을 취득하여 사회복귀 능력을 길러야 할 것이다. 또한 부모가 자녀의 능력과 소질을 고려하지 않은 채 지나친 학과 성적만을 올리도록 압력을 가한다거나 또는 부모의 부모 자신이 못다 이룬 꿈을 자녀가 대신하여 이루어질 것을 기대하는 것과 같은 부모의 비뚤어진 교육관도 확달라져야 할 것이다.

우리나라도 이제는 학력이 아닌 능력에 의해서 그 사람의 사회적, 경제적 조건이 좌우되는 능력 중시 사회에 들어선 만큼 대학진학 등 상급학교 진학만이 능사가 아니라는 것을 깨달아야 할 것이다.

4) 가정에 있어서의 대책

가정의 사회적 기능은 어린이로 하여금 가족구성원 안에서의 자기 확인 과정과 가정환경요인은 청소년범죄의 가장 중요한 원인의 하나로 다루어진다. 사춘기 감수성이 한창 예민한 때에 가정은 청소년범죄와의 중요한 상관관계를 갖는다고 볼 수 있는데, 우리나라 가정의 이혼율은 이미 세계 3위 수준에 올라가 있어 인구 1,000명당 이혼건수는 2001년 2.8쌍으로 결혼한 24쌍 중 10쌍이 헤어진다고 한다.

이러한 이혼은 결손가정을 낳고 결손가정은 청소년비행을 낳는다. 원조교제에 응한 청소년 중 결손가정비율이 43.3%에 달하는 것이 이를 입증하는 것이다.

가정은 이러한 결손가정에만 청소년범죄에 관계있는 것이 아니고 부모간의 불화, 자식 간의 갈등과 유대약화, 부모의 자식에 대한 감독부족, 훈육방법과 같은 가정의 기능적 요인도 청소년범죄와 많은 상관관계를 가지고 있다는 것이 그동안 연구한 많은 학자들의 주장이다. 실제로 한 통계에 의하면 학교폭력의 75%가 정상적인 가정의 자녀들이 저질렀다는 통계가 이를 입증한다(강영철, 2002: 76).

가정은 사람이 태어나서 처음으로 사회화되는 곳이다. 어린이는 가정에서 처음으로 자기와 가족구성원 간의 관계를 확인하고 자기의 정체성의식을 형성하게 된다고 해도 과언이 아니다. 가치체계를 갖게 하고, 자신의 감정을 통제할 수 있도록 가르쳐주며, 정신적 안정의 보호를 통해 미래의 건강한 시민으로 성장할 수 있도록 도와주는 역할을 한다.

그러나 전술한 바와 같이 핵가족의 증가, 자녀에 대한 부모의 방임적 태도 및 과보호, 결손가정의 증가로 인하여 자녀에 대한 가정에서의 예의범절교육 내지 도덕교육이 거의 상실되었다(Loeber and Stouthamer-Loeber, 2000: 127~133).

그렇기 때문에 가정의 제 기능을 회복하는 것이 무엇보다도 청소년범죄 문제를 해결하는데 중요한 열쇠가 되고 있다고 해도 과언이 아니다. 가정의 기능을 회복하기 위해서는 부모가 자녀의 가정교육에 대한 충분한 준비를 할 수 있도록 국가·사회가 적극 지원하는 시책을 펴는 것이 필요할 것이다. 또한 소년비행의 시책을 펴기 위해서는 가정과 학교가 긴밀한 유대관계를 가지고 충분한 협력관계를 유지해야 할 것이다. 왜냐하면 가정과 학교의 일관되지 못한 교육방식은 청소년의 가치관의 혼란을 초래하고, 이것은 다시 청소년의 일탈로 이어질 수 있기 때문이다. 가정과 학교의 단절 및 잘못된 관계 내지 있어야 할 관계의 부재는 곧 청소년 일탈을 그 대가로 요구한다는 사실이다.

아울러, 부모 자신도 자녀가 자기에게 종속된 존재가 아니라 독립된 하나의 인격적 존재라는 사실을 올바르게 인식하고 자녀와 동등한 입장에서 자녀의 고민을 이해하기 위하여 적극적인 대화 자세를 가져야 할 것이며, 자녀에게 모범이 될 수 있는 생활태도를 견지해야 할 것이다.

5) 건전한 교우관계의 지도

그동안 학자들의 청소년범죄의 원인에 관한 연구에서 비행친구와 어울리는 것이 중요한 원인이 된다는 것을 밝혀왔다. 가정에서 문제가 있거나 학교생활에 적응하지 못하는 아이들도 결국은 비행친구와 어울림으로써 범죄를 저지르게 된다는 것이 지배적이다. 실제로 법무부보호국 통계에서도 보호인원 3,382명 중 교우불량이 원인이 된 경우가 1,403명으로 거의 절반에 가까웠다.

우리나라의 속담에 '근묵자흑', '근주자적(近墨者黑, 近朱者赤)'이라는 말이 있듯이 먹물을 가까이 하는 사람은 먹물이 들고, 붉은 물을 가까이하는 사람은 붉은 물이 든다는 것과 미국의 범죄학자인 서덜랜드의 학습이론, 프랑스의 범죄사회학자 따르데의 모방의 법칙 등의 이론에서도 나타나는 바와 같이 범죄는 주위 사람들로부터 모방하고 배우고 익히는 것이기 때문에 건전한 친구관계를 유지하도록 가정의 부모나 학교의 교사 등 성인들이 지속적인 지도와 교육이 있어야 할 것으로 본다.

6) 매스미디어의 규제 강화

현대를 매스컴의 시대 또는 정보화시대라고 할 만큼 방송(라디오), 텔레비전, 영화, 대중음악, 잡지, 오락게임을 위한 컴퓨터 등의 대중매체에 엄청난 영향을 받고 있다.

특히 자기 통제력이 약하고 매우 충동적이며 감수성이 예민한 청소년의 경우에는 매스컴의 영향이 매우 크다고 볼 수 있다. 그런데 매스컴, 특히 텔레비전·영화 등이 범죄실행 장면을 적나라하게 묘사함으로써 모방심리를 자극하고, 폭력을 미화하거나 포르노 장면을 여과없이 방영하게 되면 청소년에게 미치는 폐해는 엄청나게 클 것이다.

따라서 이러한 폐해로부터 청소년을 보호하기 위해서는 청소년 유해 매체물에 대한 철저한 심사와 엄격한 통제를 통하여 이러한 유해 및 매체물에 대한 철저한 심사와 엄격한 통제를 통하여 이러한 유해 매체물이 청소년들에게 노출되지 않도록 엄격한 규제를 하여야 할 것이다.

한편, 지역사회활동에 의한 환경의 정화 등도 중요하나 근본적으로는 매스컴에 종사하는 사람들이 자율적으로 청소년보호라는 관점에서 매스컴에 의한 정보전달에 신중을 기하는 일이 선행되어야 할 것이다. 이외에 가정에서도 소위 정보공해에 오염되지 않도록 텔레비전 시청, 라디오 청취, 불량 잡지구독, 저질비디오나 전자오락 등에 빠지지 않도록 지속적인 지도와 감독이 이루어져야 할 것이다.

7) 인터넷상의 청소년 유해환경으로부터 보호

지식정보화사회에 있어서 인터넷정보는 일반적으로 사용자들에게 유익한 콘텐츠들이다.

그러나 이런 정보는 법률적으로 제공해서는 안 되는 불법적(Illegal)인 콘텐츠와 불법적이지는 않으나 청소년이나 아동에게 유해(Harmful)하다고 느낄 수 있는 콘텐츠들이 서로 섞어져 있는 상태로 제공된다. 불법콘텐츠들은 범죄와 관련된 정보로써 도박, 사기, 무기밀매, 마약밀매, 또는 성매매를 매개하는 것이나, 국기훼손, 체제를 부정하는 반국가적 정보나 반사회적 정보, 그리고 명예권, 초상권, 몰래카메라 등의 인격권 침해정보 등으로 여러 가지 청소년비행과 관련되어 있다. 이러한 정보화사회에 있어서 인터넷상의 청소년유해정보를 이용한 청소년비행을 방지하기 위해서는 인터넷사용의 남용 및 일탈행동의 위험에 처한 청소년을 조기에 발견하여 적절한 조치를 취함으로써 (피해가 최소화될 수 있도록 하고) 청소년을 교육하고 선도하는 교사나 선도위원 등이 인터넷유해환경에 관한 전문지식을 지녀야 하며, 심리적·사회적 행위능력 그리고 지역사회의 통제기관이나 상담기관 등과 연결하여 대응할 수 있는 능력을 갖추는 것이 중요하다고 본다(김문섭, 2002).

2 소년관련법상의 보호대책

1. 소년법상의 문제점과 개선방안

1) 법원선의제도의 소년법개정

소년법은 소년에 대한 사법처리를 소년법원에 의한 소년보호절차와 소년형사절차라는 이원적 구조를 취하고 있음으로 해서 소년사법절차에 있어 선의권이 문제가 된다.

검사가 모든 소년사건을 반드시 소년법원에 송치해야 하고 소년법원에서 선의권을 행사하는 것을 법원선의제라 하며, 검사가 선의권을 행사하여 소년사건을 형사법원에 기소할 수도 있고 소년법원에 송치할 수도 있는 것을 검사선의제라 한다.

이 선의권의 행사에 따라 중국처분으로서의 형벌 또는 보호처분이 1차적 · 우선적으로 선택된다는 점에서 소년사법구조에 있어 선의권의 문제는 소년에 대한 사법처리방향을 결정짓는 대단히 중요한 의미를 가지고 있다[4].

일본은 1948년 소년법을 개정하기 이전까지는 검사선의제를 선택하였으나, 소년법 개정에서 법원의 선의제를 취하고 있는데 반하여, 우리나라는 소년법 제4조 제1항 제2호의 촉법소년과 제3호의 우범소년에 대해서는 법원선의제를, 제1호의 범죄소년의 처리에 있어서는 검사선의제를 채택하고 있다.

그러나 소년법 제1조는 반사회성이 있는 소년에 대하여 그 환경의 조정과 품행의 교정에 관한 보호처분을 행하고 형사처분에 관한 특별조치를 함으로써 보호처분의 우선주의를 취하고 있다는 것을 볼 때 선진외국과 같이 법원선의제도로 소년법을 개정하여야 소년보호정신에 합당하다고 본다.

2) 촉법소년의 신병 확보 규정의 미비 및 우범소년의 문제

소년법상 보호처분의 객체는 범죄행위를 한 범죄소년(14세 이상 19세 미만), 형벌 법령에 저촉되는 행위를 한 촉법소년(10세 이상 14세 미만), 형벌법령에 저촉될 우려가 있는 우범소년(10세 이상 19세 미만)을 말하는데, 이중 우리 소년법에서는 촉법소년의 신병을 확보할 수 있는 법적 근거가 마련되어 있지 않다. 이에 대해 박형남 판사는

---

4) 선의권이란 범죄소년이나 비행소년을 처리하는 과정에서 소년보호절차에 의한 보호처분을 과할 것인가, 아니면 소년형사절차로 보낼 것인가를 재량으로 결정할 수 있는 것을 말한다.

"경찰관이 촉법 및 우범소년을 인치하여 조사한 후 사건을 법원에 송치하면서 소년을 법원에 동행하는 경우에 동행영장 또는 호송영장제도를 도입하여야 한다"고 주장한다.

우범소년이란 객관적인 우범사유 즉 소년법 제4조 제1항 제3호에서 규정한 소년에 해당하는 것이다. 그런데 여기서 우리가 짚고 넘어가야 할 것은 우범성과 우범사유에 관한 것이라고 말할 수 있다.

우범성은 일정한 범죄 또는 형벌법령을 위반할 가능성이 개관적·주관적 조건에 비추어 인과적으로 예측가능한 상태를 말한다. 여기서 말하는 우범성이 실질적 요건이라고 한다면 앞에서 말한 우범사유는 형식적 요건으로 개개의 우범사유를 검토함에 있어 우범성을 고려하여 해석하여야 할 것으로 본다.

그런데 과연 범죄사실 없이 우범성과 우범사유만으로 하여 소년에게 보호처분을 과하는 것이 타당한 것인지에 대하여 논란이 있다. 이에 대해 외국의 경향을 보면 독일의 소년법원은 범죄소년만을 그 대상으로 하며, 미국에서는 우범소년(Status Offender)을 소년법원의 관할대상으로 하는 것은 위헌이라는 주장이 강하게 제기되고 있다. 따라서 우범소년을 보호처분대상으로 하여야 할 것인가는 매우 민감한 문제로 보다 진지하고 깊은 연구 끝에 결정해야 할 문제로 생각한다.

왜냐하면 오늘날 청소년문제가 날로 흉포화·조직화·지능화되어가고 있는 것이 세계적 추세로 볼 때, 앞으로 범죄를 범할 우려가 있는 우범소년에 대해서는 어떤 형태로든 적극적으로 대처하는 것이 청소년 자신과 사회를 보호하는 것으로 볼 때에는 당연히 보호처분의 대상으로 해야 하겠으나, 한편, 범죄를 범한 것도 아니고 막연히 범죄를 범할 우려가 있다고 하여 외국과 같이 다양한 보호시설이 갖추어져 우범소년에 적합한 처우의 개별화가 이루어지지 않고 획일적이고 형집행시설이나 다름없는 보호시설에 보호처분을 한다는 것은 자칫 청소년의 인권침해가 될 수 있기 때문이다.

3) 일사부재리원칙 및 가위탁의 변경문제

소년법 제53조에는 "보호처분을 받은 소년에 대하여는 그 심리가 결정된 사건은 다시 공소를 제기하거나 소년부에 송치할 수 없다"라고 규정하여 일사부재리의 원칙을 천명하고 있으나, 같은 법 제7조 제1항에 "소년부는 조사 또는 심리한 결과 금고 이상의 형에 해당하는 범죄사실이 발견된 경우 그 동기와 죄질이 형사처분을 할 필요가 있다고 인정하면 결정으로써 사건을 관할지방법원에 대응한 검찰청 검사에게 송치하여야 한다"고 규정되어 있어 소년부판사가 검사에게 사건을 송치할 경우 새로 발견된 비행사실이 보호처분을 결정하는데 참작할 수 없어 일사부재리의 원칙이 깨질 수 있는바, 새로운 비행사실에 관하여 요보호성의 판단자료로 참작하였을 경우에는 결정문에 이를 표시하고 이에 대하여도 일사부재리의 효력이 인정되도록 명백히 규정할 필요가 있다고 본다.

소년법 제18조 제6항에 의하면 가위탁된 결정은 언제든지 결정으로써 취소 또는 변경할 수 있다고 규정되어 있을 뿐, 보호소년이나 그 보호자 또는 보조인 등이 가위탁결정에 대하여 불복하거나 변경을 신청할 권한이 부여되어 있지 않고 소년부 판사만이 직권으로 위탁변경할 수 있는 방법만이 규정되어 있다.

그럼에도 실무상으로는 이와 반대로 보호소년의 보호자나 보조인 등이 위탁변경을 신청한 경우에는 그 변경 여부를 결정하고 있을 뿐 직권으로 가위탁을 변경하는 경우에는 거의 없다.

따라서 입법적으로 보호처분결정에 대한 항고권자는 가위탁결정에 대하여 항고할 수 있는 제도를 마련하거나, 적어도 위탁변경 신청권을 인정하여 실무와 법제를 일치시킬 필요가 있다.

4) 보호처분의 변경문제

소년부에서 소년법 제7조, 제49조 제2항에 의하여 검사에게 송치하거나 같은 법 제51조에 의하여 형사부로 사건을 이송할 경우 신병에 관한 조치 및 임시조치의 효력에 관하여 아무런 규정이 없다. 해석상으로는 검사에게 송치 또는 이송결정에 의하여 종전의 가위탁조치 등은 당연히 효력을 잃는 것으로 보아야 하는데, 그 이후 신병확보에 필요한 규정이 없다는 것이 문제이다.

이에 대하여 사건이 송치 또는 이송된 뒤 일정기간까지 임시조치의 효력을 유지시키고 그 기간 내에 다른 조치가 없는 때에는 임시조치의 효력을 소멸시키거나, 송치 또는 일본의 소년법 제45조와 같이 이송결정에 의하여 소년분류심사원 위탁이 자동적으로 구속으로 변경되는 것으로 간주하는 제도를 도입하여야 한다는 주장도 있다.

소년법 제52조에 의하면 검사나 형사법원사건을 소년부에 송치한 경우 구속영장의 효력은 소년부판사가 그 효력 기간 내에 소년법 제18조 제1항에 따른 결정을 한 때에는 상실하도록 규정되어 위의 입장을 취하고 있으므로, 반대로 소년부에 송검이나 이송결정을 한 경우에도 이에 준하여 법률을 개정할 필요가 있을 것이다.

제3절 보호기관

1. 소년원의 처우

소년원은 법원 소년부에서 송치한 14세 이상 19세 미만의 범죄소년, 형벌법령에 저촉되는 행위를 한 10세 이상 14세 미만의 촉법소년과 성격 또는 환경에 비추어 장래 형벌법령에 저촉되는 행위를 할 우려가 있는 10세 이상 19세 미만의 우범소년을 수용하여 교정교육을 행하는 국가 기관이다.

기능면으로 볼때 소년원은 사법적 기능보다는 교육적 기능을 중시하여, 비행에 대한 책임을 추궁하는 것이 아니라 국가가 소년들의 보호자가 되어 인성교육 등 생활지도와 특성화교육, 교과교육 및 직업능력개발훈련, 의료처우 등을 실시함으로써 이들의 왜곡된 성격과 행동을 교정하고 건전한 청소년으로서 인격을 도약케 한다는 점에서 소년교도소와는 법적·이념적으로 그 성격을 달리하고 있다.

이러한 소년원제도는 1942년 경성소년원(현 서울소년원)의 개원이 그 효시이며 범죄예방정책국이 2007년 소년보호기관 조정에 따른 교육과정 통폐합 및 교육기능 조정개정작업을 통하여 2010년 12월 현재 전국적으로 10개의 소년원이 운영되고 있다.

1) 분류처우 및 수용보호

분류처우로서는 소년원에서는 소년법원으로부터 보호처분을 받고 송치된 소년에 대하여 교정교육과 개별처우에 필요한 각종 자료를 수집하기 위한 분류조사를 한다.

이러한 분류조사에서는 소년의 가족관계, 성장환경, 교육력, 직업력 및 비행력 등 생활사를 중심으로 한 사회환경적 조사를 위시하여 지능, 성격, 적성, 취미, 학력조사 등 심리검사와 신체 및 정신상의 이상 유무를 밝히기 위한 의학적 검진과 행동관찰, 보호자상담 등이 이루어진다.

분류수용에 있어서 소년법원은 소년원송치처분을 함에 있어서 소년원의 종별은 지정하지 아니한 채 소년원 측에 이를 일임하고 있다.

따라서 최근 소년원에 수용되는 소년들의 문제점을 분석해보면 더욱 복잡·다양화되는 양상을 보이고 있다. 따라서 법무부에서는 이들 본인의 장래 진로 등을 종합 고려하여 개별적인 특성에 따라 처우를 하는 것이 효과적이라는 판단 아래 소년원을 초·중등교육, 직업능력개발훈련, 의료·재활교육, 인성교육 소년원으로 분류하고, 같은 소년원 안에서도 학생들의 연령, 비행의 질, 입원횟수, 공범유무, 교육정도 등에 따라 분류 수용하고 있다.

2) 급식 및 급여

소년원 학생들에 대한 급식을 과학적이고 합리적으로 관리하기 위하여 각 소년원에 급식관리위원회를 설치하여 학생들의 급식에 적정을 기하고 있는데 질병, 기타사유로 인하여 특별한 급식이 필요한 경우를 제외하고는 일정 혼합식을 원칙으로 하고 있는데, 1명당 한 끼니에 급여하는 주식 및 부식의 열량은 900kcal(여자는 667kcal) 이상으로 하고 있다.

주식은 1일 3회 혼합식으로 하며, 그 혼합비율은 쌀 80% 이상으로 하되 사안에 따라 비율을 조정할 수 있다. 1명당 한 끼니 급여량은 124g(여자는 92g) 이상으로 하며, 그 외 교정교육 및 생활지도를 위하여 특별급식 또는 대용식을 급여하고 있다.

학생들의 식단은 한국영양학회에서 제시한 영양섭취 기준과 보호소년 등의 기호를 고려하여 엄격히 관리하며, 그 밖에도 이들에게는 「보호소년 등의 처우에 관한 법률 시행규칙」에 따라 피복, 침구, 기타 일상생활에 필요한 물품을 급여 또는 대여하고 있다.

3) 교육과정 및 내용

소년원에서의 교육은 학생들에게 규칙적인 생활과 개방적인 인성교육 등을 통하여 사회부적응의 원인을 제거함과 동시에 학생들의 흥미·적성 등을 고려하여 교과(특성화·보통)교육 및 직업능력개발훈련을 실시함으로써 사회적응 능력을 길러 건전한 청소년으로서 사회에 복귀할 수 있도록 하고 있다. 교육이 완료되면 전적학교장 또는 소년원학교장 발급의 수료증 및 졸업장 수여한다.

(1) 생활지도

소년원에서는 소년원 학생들이 지닌 왜곡된 성행과 생활습관을 교정하고 사회생활에 적응하지 못하는 제요인을 제거하기 위하여 모든 생활현장에서 종합적이고 체계적인 생활지도를 하고 있다.

(2) 인성교육

2007년 소년보호기관 조정에 따른 교육과정 통폐합 및 교육기능 조정의 필요성이 대두되면서 소년원학교 교육과정이 개편됨에 따라, 학생들의 특성과 욕구를 반영한 전문화된 인성교육과정을 운영하기 위해 대구・청주・춘천・제주소년원을 인성교육 전문기관으로 지정하여 기본교육과정 중 50% 이상을 인성교육 시간으로 편성・운영하였다.

구체적인 인성교육은 분노조절훈련, 사회성향상훈련 등 집단상담 20%, 준법교육, 생활예절, 독서지도 등 집단지도 40%, 사회봉사활동, 체험학습 등 특별활동 15%, 체육교육 25%로 편성되어 있으며, 잔여시간은 검정고시, 컴퓨터교육 등으로 구성・운영하는 한편, 인성교육 전문기관 이외의 소년원에서도 매주 인성교육 시간을 편성・운영하도록 하고 있다.

또한, 2008년 '보호소년 등의 처우에 관한 법률', '동법 시행령' 및 '동법 시행규칙'이 시행되면서 1개월 이내 집중 인성교육을 실시하는 8호 처분자 전담소년원을 대덕・청주・제주소년원으로 지정하여 남자 8호 처분자는 대덕, 여자 8호 처분자는 청주, 남자 8호 처분자 중 제주거주자는 제주소년원에서 각각 교육을 받도록 하였다.

8호 처분자 (1개월)기본교육으로는 기초질서교육, 생활예절, 독서지도 등을 교육하고, 전문교육으로는 폭력예방교육, 절도예방교육, 약물예방교육, 성비행예방교육, 정보화역기능예방교육, 교통안전교육 등을 실시한다.

(3) 체험학습 위주의 열린 교육

특성화교육 전환과 함께 그간 기업체 현장방문 실습, 산업체 통근취업 등 개방적 교육을 실시해 온 경험을 바탕으로 기존의 교내에서 이루어지던 폐쇄적 인성교육을 탈피하여 문화・예술공연 관람, 청소년 야영훈련 등 다양한 체험학습 위주의 열린 교육을 실시하고 있다.

구체적인 체험교육은 자연체험, 봉사활동, 극기훈련, 영화・미술・웃음치료 등이고,

집단상담으로는 가족관계회복, 사회성향상, 자아성장, 법교육, 감수성훈련, 분노조절 프로그램 등을 교육하고 있다.

(4) 완전한 사회복귀 지원

소년원 교육의 궁극적인 목표는 소년원에서 교육과정을 이수한 소년이 재비행을 하지 않고 사회에 정착하여 완전한 자립을 이룰 수 있도록 하는 데 있다.

이를 위해 가정관을 신축·운영하여 손상된 가족관계를 회복하고 문신제거시술을 통한 사회적응상 장애요소를 제거해 주고 있다.

① 가정관 운영

② 문신제거시술

③ 취업 및 사후정착지도: ⓐ 취업지원협의회, ⓑ 자립생활관「청소년쉼터」운영, ⓒ 무의탁학생 등 생활안정 특별지원

(5) 출원(퇴원 및 가퇴원)

「보호소년 등의 처우에 관한 법률」 제43조는 보호소년이 22세가 되면 퇴원시키도록 하는 한편, 22세에 달하지 아니한 경우에도 수용중인 학생이 교과성적이 양호하며 교정의 목적을 이루었다고 인정될 때에는 소년원장이 보호관찰심사위원회에 퇴원을 신청하도록 하고 있다.

또한 교정성적이 양호한 보호소년 중 보호관찰의 필요성이 있다고 인정되는 경우 소년원장은 보호관찰심사위원회에 임시퇴원을 신청하고, 보호관찰심사위원회에서는 보호소년의 인격, 교정, 성적, 생활태도 등을 종합적으로 고려하여 적부를 심사·결정한 후, 법무부장관의 허가를 받아 임시퇴원을 시키고 있다.

그러나 임시퇴원생이 임시퇴원기간 중 준수사항을 위반하고 그 정도가 무거워 임시퇴원을 취소함이 상당한 때에는 임시퇴원 허가를 취소하고 재수용하여 교육을 하도록 하고 있다(「보호관찰 등에 관한 법률」 제48조 제1항).

2. 소년분류심사원의 처우

「소년법」 제12조는 소년부가 조사 또는 심리를 할 때에는 정신건강의학과 의사, 심리학자, 사회사업가, 교육자나 그 밖의 전문가의 진단, 소년분류심사원의 분류심사 결과와 의견, 보호관찰소의 조사결과와 의견 등을 고려하여야 한다고 규정하고 있으며,

「소년법」 제18조 제1항은 소년부 판사가 사건을 조사 또는 심리하는 데에 필요하다고 인정하면 소년의 감호에 관하여 결정으로써 보호자, 소년을 보호할 수 있는 적당한 자 또는 시설에 위탁, 병원이나 그 밖의 요양소에 위탁, 소년분류심사원에 위탁하는 임시 조치를 할 수 있도록 규정하고 있다.

또한 「소년법」 제49조의2는 검사가 소년 피의사건에 대하여 소년부송치, 공소제기, 기소유예 등의 처분을 결정하기 위하여 필요하다고 인정하면 피의자의 주거지 또는 검찰청 소재지를 관할하는 보호관찰소의 장, 소년분류심사원장에게 필요한 사항에 관한 조사를 요구할 수 있도록 규정하고 있다.

소년분류심사원의 임무로는 「보호소년 등의 처우에 관한 법률」 제2조 제2항에 따르면, 「소년법」 제18조 제1항 제3호[5]의 규정에 의해 법원소년부로부터 위탁된 소년의 수용과 분류심사, 「소년법」 제12조에 따른 전문가 진단의 일환으로 법원소년부가 상담조사를 의뢰한 소년의 상담과 조사, 「소년법」 제49조의 2에 따라 소년 피의사건에 대하여 검사가 조사를 의뢰한 소년의 품행 및 환경 등의 조사, 그 밖에 소년원장이나 보호관찰소장이 의뢰한 소년의 분류심사를 주요 임무로 하고 있다.

1) 목적

분류심사의 목적은 「보호소년 등의 처우에 관한 법률」 제24조에 명시하고 있는바, 동법 제2조 제2항에 해당하는 소년의 신체, 성격, 소질, 환경, 학력 및 경력 등에 대한 조사를 통하여 비행 또는 범죄의 원인을 규명하여 심사대상인 소년의 처우에 관하여 최선의 지침을 제시토록 하고 있으며, 분류심사를 할 때에는 심리학, 교육학, 사회학, 사회복지학, 범죄학, 의학 등의 전문적인 지식과 기술에 근거하여 보호소년 등의 신체적, 심리적, 환경적 측면 등을 조사·판정하여야 한다고 규정하고 있다.

또한 「보호소년 등의 처우에 관한 법률」 제26조에 따라 「청소년기본법」 제3조 제1호에 따른 청소년이나 그 보호자가 적성검사 등 진로탐색을 위한 청소년심리검사 또는 상담도 함께 실시하는 등 소년분류심사원의 임무가 매우 강조되고 있다.

그러나 소년보호기관 조정에 따른 교육과정 통폐합 및 교육기능 조정개정작업으로 2013년 1월 현재 소년분류심사원은 서울 1개 지역에서만 운영되고 있으며, 소년분류심

5) 소년분류심사원에 위탁.

사원이 설치되어 있지 않은 부산, 대구, 광주, 전주, 대덕, 홍천, 제주 지역은 소년원에서 그 기능을 대행(이하 "대행소년원"이라 한다)하고 있다.

2) 조사업무 및 기간

분류심사는 면접, 심리검사, 정신의학적 진단, 행동관찰, 생활사 및 환경자료의 분석 등의 조사방법에 의하여 이루어지고 있다.

소년조사제도의 종류로는 방법과 사법절차 및 대상자에 따라 여러 형태로 구분할 수 있지만, 현재 소년보호기관에서 실시하고 있는 소년조사제도에 국한하여 분류하면 크게 수용분류심사와 상담조사 등으로 구분할 수 있다.

위탁기간은 1월 이내 위탁, 단 1회에 한하여 법원 소년부의 결정으로 연장 가능하다.

(1) 분류심사의 과학화 · 전문화

① 분류심사의 전산화

2000년 '분류심사결과통지서관리 프로그램'과 '특수인성검사 프로그램'을 개발하여 분류심사전산화의 획기적 발전을 가져왔으며, 2003년에는 서울소년원 연구실에서 개발한 「재비행예측프로그램」을 전산화하였다.

이후 2008년에 「교육종합관리시스템(TEAMS: Total Education & Management System)」의 개발로 전자심리검사 및 종합적인 진단 · 분석시스템을 마련함으로써 위탁소년분류심사에서부터 처우 및 수용관리 등의 업무에 이르기까지 연속선상에서 업무를 처리할 수 있게 되었다.

② 분류심사의 전문화

2000년부터 자체 연구진에 의해 개발된 '특수인성검사'를 실무에 도입, 심리검사의 신뢰도를 높였고, 특히 2005년에는 이 검사를 재표준화하여 2006년 6월 이후 본격적으로 활용함으로써 효용성을 더욱 높였으며, 2003년에는 비행청소년의 특성을 고려한 '지능 · 적성검사'를 개발하여 위탁소년 심리검사, 청소년 적성검사 등에 활용하고 있다.

최근에는 형소법상 양형조사관 제도 도입과 관련하여 조사관의 전문성을 더욱 강화하고자 일정한 요건을 갖춘 직원에 한해 자격검증시험 절차를 거쳐 공인자격을 부여하는 '조사관인증제도'를 도입, '조사관인증자격'을 취득한 사람이 조사업무를 수행함으로써 법무부의 다양한 조사제도 전문성 확보는 물론 대국민 신뢰도를 높일 것으로 기대하고 있다. 이에 따라 2010년 8월 제1회 조사관인증자격 검정시험을 실시하였다.

(2) 비행원인진단 기능 강화

분류심사제도는 청소년비행 예방과 재범 방지를 위해 구속 송치자 위주로 시행해왔는데 불구속 송치자를 포함한 모든 소년보호사건 대상자로 확대할 필요가 있어 대법원과의 정책협의를 거쳐 2003년 7월부터 '보호소년 상담조사제'와 '분류심사관 심리 참여제도'를 시행하고 있다.

① 보호소년 상담조사제

2003년 7월 새롭게 도입된 '보호소년 상담조사제'는 불구속 송치자 중 보호자 등에게 위탁되어있는 소년을 대상으로 법원 소년부 판사가 전문가의 진단이 필요하다고 인정되는 경우 대상소년을 소년분류심사원에 주간에만 3~5일 출석하게 하여 상담과 조사를 받도록 하는 제도이다.

이에 따라 소년분류심사원에서는 대상소년의 성격과 행동특징, 능력과 욕구 등 개인이 지니고 있는 자질과 환경적 특성에 대한 조사와 비행원인 규명을 위한 종합적인 진단을 실시한 후, 그 결과를 담당 소년부 판사에게 심리자료로 송부하는 한편, 보호자에게는 소년의 훈육과 지도지침으로 제공하고 아울러 소년의 비행성 제거를 위한 '대안교육'을 병행하고 있다.

상담조사는 현재 서울소년분류심사원 및 그 외 7개의 소년분류심사원 대행소년원에서 실시하고 있다.

② 분류심사관 심리참여제도

이 제도는 소년사건 심리중에 소년부판사가 분류심사결과통지서에 의문이 있거나 그 보고서만으로는 소년이 처한 상황을 정확하게 파악할 수 없는 경우, 소년의 성행과 비행환경 등을 정확히 알고 있는 담당 분류심사관을 법정에 참여시켜 직접 의견을 듣는 제도로서, 이는 대법원에서 추진하고 있는 '국민의 사법참여 방안'과 맥을 같이하고 있으며, 소년분류심사원의 국가 후견자적 역할을 강조하고 있는 소년법 이념을 충실히 구현할 수 있다는 점에서 매우 의미 있는 제도로 평가받고 있다.

3) 청소년비행예방 역량 강화

(1) 청소년비행예방센터 신설

① 최근 학교폭력 등 저연령 소년에 의한 비행이 증가함에 따라 위기청소년 및 비행 초기 단계에 있는 청소년의 재범방지를 위한 장기적이고 체계적인 대책의 일환으로, 2007년 7월부터 소년원 및 소년분류심사원 기능조정과 함께 폐지를 한 부산·광주·청주 등 전국 6개 지역에 청소년 예방센터를 설립·운영하고 있다.

② 청소년비행예방센터는 위기청소년 및 그 보호자에 대한 심리검사, 상담 및 교육과 검사의 기소유예 처분을 받은 자, 학교장이 의뢰한 학교부적응학생 등에 대한 대안교육, 판사가 의뢰한 상담조사 및 검사가 의뢰한 결정전조사 외에 청소년 비행관련 연구·교육프로그램 개발, 청소년 법교육 및 자원봉사자 전문교육 등을 실시하고 있다.

(2) 일반학교 부적응학생 등 대안교육 내실화

① 지역사회 일반 청소년들의 비행을 예방하기 위해 2001년 10월 시범운영을 거친 후 2002년부터 일반학교 부적응학생에 대한 대안교육을 실시하고 있다.

② 2010년 말 현재 5개 청소년비행예방센터 및 5개 대행소년원(대구·전주·대덕·춘천·제주)이 각 시·도 교육청으로부터 초·중등교육법시행령 제31조에 의한 '중·고등학생 특별교육 이수기관'으로 지정되어 운영하고 있다.

③ 대안교육은 진로·성격 등 심리검사, 심성훈련, 체험교육 등 1~5일 과정의 프로그램으로 운영되고 있는데 교육과정을 이수하면 대안교육 수료증을 수여하고 교육결과를 해당학교에 보내어 학생 생활지도의 자료로 활용토록 하고 있으며, 학부모에게 적성검사 결과 등 자녀지도에 필요한 정보를 제공하고, 해당 학교와 협조하여 교육수료 학생에 대한 사후지도도 실시하여 비행청소년 전문기관으로서의 청소년비행예방센터 역할을 강화함으로써 신뢰도 제고에 기여하고 있다.

④ 대안학교 임무는 법원·검찰청·학교 등에서 의뢰한 위기청소년에 대한 대안교육 및 부모 등에 대한 보호자교육을 실시하고, 소년부 판사가 의뢰한 비행청소년의 상담조사를 실시하며 지역사회 청소년에 대한 각종 심리검사 및 상담 활동을 한다.

(3) 기소유예자 및 선고유예자 대안교육 실시

안산청소년비행예방센터 등 10개 기관에서 각 관할 지방검찰청과 협의를 통해 기소유예자에 대한 체험교육을 실시함으로써 그들의 비행성 조기개선과 아울러 재비행 방지에 기여하고 있다. 이는 청소년비행예방센터의 비행청소년에 대한 전문 진단기법과 교육 프로그램을 비행의 초기단계에 있는 청소년 교육에 적극 활용함으로써 청소년 선도 강화 및 재비행 방지를 목적으로 실시하고 있다.

(4) 청소년심리상담실 운영

1996년 2월부터 서울소년분류심사원과 대구·춘천·전주·제주소년원 등에 청소년 적성검사실을 설치하였고, 2007. 12. 21. '보호소년 등의 처우에 관한 법률'이 개정되면서 '청소년심리상담실'로 명칭을 변경하여 2010년 현재 안산청소년비행예방센터 등 5개 비행예방센터와 대구소년원 등 5개 대행소년원에서 지역사회 청소년들의 진로지도 및 비행예방 활동을 적극전개하고 있다.

4) 분류심사의 종류

세 가지로 나눌 수 있는데 일반분류심사는 문제가 비교적 경미한 소년으로, 면접조사, 표준화검사, 신체·의학적 진단, 행동관찰 등 종합심사를, 특수분류심사는 문제해결이 용이하지 않은 소년으로 일반분류심사 외에 개별검사, 정신의학적 진단, 현지조사 등을 추가한다. 상담조사는 보호자 위탁소년 중 법원 소년부 판사가 의뢰한 소년이며 3~5일단 주간에만 출석하여 조사 및 상담·교육을 병행 실시한다.

2013년 7월1일부터는 미성년자 입양시 가정법원의 허가를 받아야 하는데 아동학대 습벽이 있는 사람이 신고만으로도 입양이 가능한 현행 제도상 허점을 보완한 것이다.

- 또 친양자 입양 가능 연령은 현행 15세 미만에서 미성년자로 완화된다.
- 아울러 금치산·한정치산제도 대신 본인의 의사와 현존능력을 존중할 수 있는 성년후견제가 도입된다.
- 현재 정신적 제약이 있는 사람 뿐만 아니라 향후 정신적 능력이 약해질 것에 대비해
- 후견제도를 이용하려는 사람은 재산 행위는 물론 치료, 요양 등 복리와 관련해 폭넓은 도움을 받을 수 있다.

제6장 사회내 처우와 보호복지

제1절 개관

사회내 처우란 수용자에 대한 처우의 기초가 교정시설 밖의 장소 즉 일반사회이고 처우대상자는 사회에서 자율적인 생활을 하면서 처우를 받는 것을 말한다. 사회내 처우의 유형으로는 중간처우의 집, 사회내 처우센터 등이 있고, 형의 유예제도(집행유예・선고유예)나 가석방, 보호관찰 등도 사회내 처우의 일종이다(김용준, 2004: 311~322).

사회내 처우가 사회적 처우와 크게 다른 점은 사회적 처우의 경우처럼 처우의 기초를 교정시설(교도소 등)에 두고 직접 내지 간접으로 시설외 처우를 하는 것이 아니고 그 대상자에 대한 처우나 생활의 기초를 일반사회에 두고 있다는 것이다.

오늘날 자유형 집헝으로 강조되고 있는 사회내 처우제도는 근대 계몽사상을 배경으로 하여 싹텄다. 형벌이 사형중심의 시대로부터 자유형(自由刑) 중심의 시대로 전환된 후 자유형은 교정의 근간을 이루는 위치를 차지하게 되었던 것이다. 당시의 자유형은 어디까지나 교도소 등의 교정시설 내에서 처우하는 것만이 수용자의 개선・교화에 도움이 되고 사회복귀에 커다란 기여를 하는 것으로 생각되었다.

그러나 최근에 이르러 자유형의 집행은 가능한 한 시설내 처우를 피하고 사회내 처우를 확대하려는 추세에 있다.

1 사회내 처우의 발전과정

사회내 처우는 1840년 마코노키가 호주의 노포크섬에서 실시한 단계적 처우가 그 기원이라 할 수 있다. 이것을 바탕으로 아일랜드의 크로프톤이 중간처우제도로 발전시켰고, 이러한 교도소에서 석방된 사람들의 보호시설인 '중간처우의 집'이 생겨났다.

이러한 제도가 미국 등 여러 나라에 보급되어 오늘날 석방 전 지도센터, 가석방 호스텔(Hostel), 집행유예 호스텔 등 사회내 처우센터로 발전을 보게 된 것이다.

2 사회내 처우제도의 유형

1. 중간처우의 집(Halfway House)

1) 설립(개설)

1961년 미국의 시카고, 뉴욕, 로스앤젤레스 등의 대도시에서는 연방교도소에 수용된 수용자를 석방 전 3~4개월 동안 특수 시설에 옮겨 외부사회의 직장에 통근할 수 있도록 석방 전 지도센터를 개설하였다. 이 시설이 발전하여 오늘날 '중간처우의 집'이 된 것이다.

2) 중간처우의 집 개념

'중간처우(中間處遇)의 집'은 이름 그대로 교도소도 아니고 구치소도 아니며 완전한 구금생활과 완전한 자유생활의 중간에 해당하는 생활장소로써 보통 50명 이하의 수용자를 수용하는 시설이다.

이 시설은 교도소의 일 구획을 사용하기도 하고, 교도소 밖에 독립된 시설을 설치하기도 하는데, 일반적으로 영국에서는 호스텔이라고 불리고 있으나 처우의 방법은 중간처우의 집과 동일하다. 중간처우의 집은 보호관찰대상자에 대한 교도소적 시설인 반면 가석방자에 대한 비교도소적인 시설로써의 성격도 가지고 있다. 이러한 의미에서 바로 중간시설이라고 할 수 있으며, 또한 사회내 처우에 기반을 둔 개방처우제도라고 할 수 있다.

2. 사회내 처우센터

사회내 처우센터는 수용자 석방 전에 그 준비를 위해 교도소와 일반사회의 중간에 설치한 처우시설로써 1953년 영국에서 최초로 시작한 호스텔제도가 그 선구라고 하겠다. 다만, 미국의 경우 1981년까지 미연방 소관의 11개청을 보유하고 있으나, 같은 해 10월경에 재정상의 이유로 폐쇄 또는 민간위탁의 방식으로 전환하였기 때문에 현재로써는 연방과의 계약에 의하여 운영되는 민간센터만 남아있다. 대표적인 형태는 다음과 같다.

1) 석방 전 지도센터

석방 전 지도센터는 교정시설과 일반시민생활과의 중간적 처우를 하고 있는 곳이며 사회에의 단계적 복귀, 사회생활에 있어서의 책임성의 부여, 사회 내에서 실제 상황의 준비 등이 이 센터에서 이루어지고 있다. 이러한 기능을 갖고 등장한 이 센터는 수용자들의 생활을 위한 장소와 식사를 제공할 뿐만 아니라 여기서 실제 의미의 성격교정과 같은 교정시설에서 할 수 없었던 교육을 실시하고 있다.

2) 가석방 및 집행유예호스텔

가석방호스텔은 가석방된 수용자를 위한 처우시설이며 주로 종교단체나 복지단체 등에 의하여 운영되고 있다. 한편, 집행유예호스텔은 집행유예 기간에 있는 자들을 보호하기 위한 시설로써 보호당국이 운영하고 있다.

3) 다목적센터(Community Diagnostic Treatment Center)

미국에서의 교정정책은 연방정부・주정부・군정부로 분리되어 그 소속 교정당국과 보호관찰 당국이 각각 독립된 지위에서 시설을 설립・운영하도록 되어 있다.

그러나 군정부의 경우에는 재정의 부족으로 인하여 하나만의 목적을 위해 독립된 시설을 설립 운영할 능력이 있다. 이러한 이유로 군정부는 주로 소년을 대상으로 하여 여러 가지 처우의 목적에 두루 이용할 수 있는 시설을 설치하고 있다.

즉 소년분류심사원처럼 소법원의 결정을 돕기 위한 진단을 한다든가, 수개월 동안의 처우를 한다든가 하는 여러 가지 목적에 이용할 수 있는 시설로써 설치한 것이 이른바 다목적 센터이다.

3. 형(刑)의 유예제도

1) 집행유예(執行猶豫)

집행유예란 일단 유죄로 인정하여 형을 선고하되 일정요건 아래 일정기간 동안 그 형의 집행을 유예하고(뒷날로 미루고) 그것이 취소 또는 실효됨이 없이 유예기간을 경과하면 형의 선고의 효력을 상실케 하는 제도이다(형법 §62).

이 제도는 단기자유형의 폐해를 제거하고 범죄인의 자발적·능동적인 사회복귀를 도모하겠다는 형사정책적인 의지를 반영한 것이라 하겠다.

집행유예는 영국이나 미국의 보호관찰에서 유래한 제도이다. 미국의 보호관찰은 형을 선고하지 않고 단순히 유죄판결만 하여 피고인을 보호관찰하도록 한 후 보호관찰기간을 무사히 경과되면 형을 선고하지 않는 제도로써 1830년부터 시행되었다. 이러한 보호관찰은 유죄판결을 선고받아도 피고인의 명예를 보호하고 사회복귀가 쉽다는 장점이 있다.

2) 선고유예(宣告猶豫)

(1) 개념

선고유예제도란 범정(犯情)이 가벼운 범죄인에 대하여 일정기간 동안의 형의 선고를 유예하고, 그 유예기간을 특정한 사고 없이 경과하면 면소된 것으로 간주하는 제도를 말한다(형법 §59).

(2) 의의

선고유예제도는 앞에서 설명한 형의 집행유예보다 훨씬 더 발전된 제도로써 다음과 같은 형사정책적 의의를 지니고 있다.

① 범죄인의 사회복귀의 곤란성을 제거할 수 있다.

② 교정시설의 수용밀도를 완화함으로써 다른 수용소에 대한 적극적인 교정정책을 시행할 수 있다.

③ 형의 선고를 유예함으로써 범죄인이 감격과 감사의 마음으로 그의 행장을 고쳐, 합법적 생활을 할 수 있는 기회를 보다 유효하게 해줄 가능성이 있다.

④ 선고유예제도는 단기자유형 및 재산형의 집행이 범죄인의 성격 내지 생활에 악

영향을 미치는 폐해를 피할 수 있는 대용조치로써 활용할 수 있다.

4. 가석방자

1) 가석방의 개념

가석방이라 함은 자유형의 집행 중에 있는 자가 행상이 양호하여 뉘우치는 빛이 뚜렷한 경우와 형기 만료 전에 이를 임시로 석방하고 잔형기간 중 석방조건에 위반하여 임시석방이 취소 또는 실효되지 않는 한 형의 집행이 종료된 것과 같은 효과를 발생하게 하는 행정처분을 말한다(형법 §72①).

2) 가석방의 의의

형벌은 수용자를 교화·개선하여 사회에 복귀함을 목적으로 한다. 따라서 형의 집행 중에 뉘우치는 빛이 뚜렷한 때에는 이미 형벌의 목적은 달성된 것이나 다름이 없으므로 남은 형기를 계속 집행한다는 것은 형사정책으로 무의미한 일이다. 뿐만 아니라 수용자에게 장래의 희망을 가지게 하여 갱생을 촉구한다는 점에서 이 제도의 가치가 있는 것이다.

또한, 교정시설 내의 질서유지나 재범방지 및 교정경비의 절약이라는 면에서도 유익하다. 그것은 가석방을 통해 다른 수용자를 교화목적으로 유도하고 석방된 자에게는 잔형기간 동안 사회 내에서 적응을 위한 노력으로 재범방지효과를 가져오기 때문이다.

3) 가석방의 목적과 기능

(1) 개선노력의 촉구

가석방제도는 자기운명을 개척하도록 개선노력을 촉구하자는데 첫째의 목적이 있다.

(2) 질서유지 및 재범방지

가석방제도는 형집행기간 중 행상이 양호하고 뉘우치는 빛이 뚜렷한 자에 대해 상우(賞遇)의 한 방법으로 이를 인정함으로써 다른 수형자의 수형자세를 바르게 유도하고, 이로써 교정시설 내의 질서유지 및 교정·교화의 효과증진에 이바지하는 것이다. 또한 형기 만료 전에 일단 조건부로 석방시킴으로써 그 잔형기간 동안 사회 내에서 사회적응력을 위한 노력을 촉구하여 재범을 범하지 않도록 예방하자는데 그 목적과 기능이 있다.

(3) 경비의 절약

가석방제도는 수용자의 구체적 사안을 관찰하여 그들을 적정시기에 석방함으로써 국가예산의 절약과 함께 교정효과의 증진이라는 이중적 이익을 가져온다.

4) 가석방의 요건

가석방의 요건으로는 첫째, 수용자가 가석방의 허가를 받기 위하여 어느 정도의 복역기간이 경과하여야 하고, 둘째, 행상이 양호하여 뉘우치는 빛이 뚜렷하여야 하는데, 전자를 형식적 요건이라 하고 후자는 실질적 요건이라 한다.

실질적 요건은 어느 나라에서나 같으나 형식적 요건은 나라마다 다소 차이가 있다. 우리나라의 경우 다음과 같은 형식적 요건을 갖추어야 한다.

(1) 형법상의 요건

징역 또는 금고의 집행 중에 있는 자가 그 행상이 양호하여 뉘우치는 빛이 현저하고 무기형에 있어서는 10년, 유기형에 있어서는 형기의 1/3을 경과한 자로서 벌금 또는 과료의 병과가 있는 경우에는 그 금액을 완납한 경우이다(형법 §72①,②). 이때에 있어서 형기에 산입된 판결선고 전의 구금일수는 형의 집행을 경과한 기간에 산입한다(형법 §73①).

(2) 소년법상의 요건

소년법은 비록 범죄행위를 했다 해도 이들의 심신이 미숙한 상태임을 감안하여, 18세 미만인 경우에는 사형 또는 무기형에 해당하는 죄를 범했을지라도 15년의 유기징역에 처하도록 하고 있고(소년법 §59), 소년이 법정형 장기 2년 이상의 유기형에 해당하는 죄를 범한 때에도 그 형의 범위 안에서 장기와 단기를 정하여 선고한다. 이 경우 장기는 10년, 단기는 5년을 초과하지 못하도록 규정(소년법 §60)하고 있기 때문에 이에 맞춰 가석방허가요건도 별도로 규정하고 있는 것이다. 단, 부정기형인 때에는 단기의 1/3을 경과해야 한다.

(3) 실무상의 요건

이상과 같은 법정요건 이외에 실무상 일정한 기준을 설정하여 가석방을 합리적이고 효과적으로 운영하고 있다. 그것은 수용자의 누진계급과 입소횟수에 따라 일정한 비율의 형집행이 있어야 하고, 기능자격취득자나 검정고시 합격자 등에 대하여는 허가기준을 더욱 완화하여 초기에 사회에 복귀할 수 있도록 하고 있다. 그러나 고질적인 사회악 등의 특정한 범죄를 범한 자에 대하여는 더욱 그 허가요건을 강화하고 있다.

5) 가석방의 신청과 허가

(1) 가석방의 신청

소장은 가석방의 심사신청을 결정할 때에는 가석방심사산청서에 가석방심사 및 신상조사표, 판결문등본, 형집행지휘서 · 범죄경력조회서 및 기타관계서류를 첨부하여 5일 이내에 법무부장관에게 가석방허가를 신청하여야 한다(행시 154, 행형 51③).

(2) 가석방의 허가

가석방의 허가권자는 법무부장관이다. 법무부장관은 가석방심사위원회의 가석방신청이 정당하다고 인정되는 때에는 이를 허가할 수 있고, 허가통지를 받은 소장은 12시간 이내에 석방하여야 한다(행형 52,54).

제2절 사회내 처우의 유형

1 보호관찰

1) 보호관찰 의의 및 연혁

(1) 의의

보호관찰이란, 범죄인에 대한 사회 내 처우의 하나로서, 유죄가 인정된 범죄자에 대하여 교도소 또는 소년원 등 교정시설에 수용 · 처벌하는 대신 일정한 의무를 조건으로 자유로운 사회생활을 허용하면서 국가공무원인 보호관찰관이 직접 또는 민간자원봉사자인 범죄예방위원의 협조를 받아 지도 감독 및 원호를 하거나, 사회봉사 수강명령을 집행함으로써 성행을 교정하여 건전한 사회복귀를 촉진하고 재범을 방지하는 선진형사제도이다.

이러한 관계로 보호관찰제도는 전문지식과 소양을 갖춘 보호관찰관의 지도・감독과 원호를 받게 하여 건전한 사회복귀를 도와줌으로써 재범을 방지함과 아울러 범죄로부터 사회를 방위하고자 하는 새로운 형사정책수단이다.

보호관찰은 구금 즉, 자유형의 폐해에 대한 인식의 확산에 따라 구금의 대체처분으로써 활발하게 사용되는 형사제재수단이라 할 수 있다. 이 제도는 유죄가 인정된 범죄자에게 사회 내에서 기본적인 자유, 예컨대 직업의 자유, 교육을 받을 권리, 정상적인 가정생활・사회적 교제・종교활동 등의 자유를 허용하면서도 단순한 형의 유예나 석방이 아니고 선량한 일반시민에게 요구되는 준법의무 이상의 강도 높은 준수사항 이행의무를 부과한다.

보호관찰관은 범죄인의 준수사항 이행을 지도・감독하고, 무보수의 강제근로 등을 집행함으로써 일면 구금형에 내재된 처벌적 요소를 갖게 하여 국가형벌권을 구현하는 동시에 시민의 법적 정의관념의 충족을 도모한다. 따라서 보호관찰제도는 개혁적이고 전향적인 형사정책수단으로서 범죄자의 성공적인 사회재통합(reintegration)은 물론이고 사회안전의 확보면에서도 적극적인 형사제도로 평가받고 있으며 중추적인 형사정책수단으로 발전하기에 이르렀다.

(2) 연혁

서구 각국은 보호관찰제도를 도입하여 시행한 지 100년 이상의 오랜 역사를 지니고 있다(영국 1878년, 뉴질랜드 1886년, 호주 1907년, 일본 1949년, 독일 1953년, 프랑스 1958년 보호관찰제도 도입・실시).

최초의 보호관찰은 1841년 미국 메사추세츠 보스톤의 독지가였던 존 어거스터스(John Augustus)가 알콜 중독자를 판사로부터 인계받아 개선시킨 것을 효시로 보호관찰활동이 처음으로 시작한 이래 많은 변화를 겪어왔다. 그 후 1878년 미국 메사추세츠주에서 처음 입법화한 이래 영미법계 국가에서는 형의 선고나 집행을 유예하면서 일정기간 선행유지의 조건을 부과하는 프로베이션의 형태로, 대륙법계 국가에서는 교정시설 내의 구금중인 자에 대하여 가석방을 허용하고 잔형기 동안 선행유지의 조건을

부과하는 퍼롤의 형태로 발전하여 왔다.[6)]

(3) 우리나라 보호관찰

우리나라에서는 본래적 의미의 유권적 보호관찰제도를 도입, 실시하게 된 것은 1981년 법무부에 보호국이 설치된 후 1982년 보호관찰제도 도입연구반을 편성하고 1983년 1월 27일 훈령으로 보호관찰 시험실시 지침을 마련, 시행한 데서 비롯된다.

법무부에서는 보호관찰 시험실시 지침에 따라 1983년 3월 1일부터 부산지방검찰청 관내 일부 가석방자를 대상으로 보호관찰을 시작하였고, 이 같은 시험실시의 성과를 바탕으로 1988년 12월 31일 보호관찰법이 제정되어 1989년 7월 1일부터 우선 소년 범죄자에 대한 전면적이고 체계적인 보호관찰제도를 실시하기에 이르렀다. 성인 범죄자에 대하여는 1989년 3월 25일 사회보호법의 개정으로 보호감호 가출소자 등에 대하여 보호관찰법상 보호관찰관의 직무로 규정되었고, 1994년 4월 1일 성폭력범죄의 처벌 및 피해자 보호 등에 관한 법률의 시행으로 성폭력소년에 대하여 필요적으로 보호관찰을 부과하고, 성인 성폭력범죄자에게도 보호관찰을 확대하였다.

특히 1995년 12월 29일 개정된 형법(법률 제5057호) 규정에 따라 1997년 1월 1일부터 선고유예자에 대한 보호관찰(동법 제59조의2), 집행유예자에 대한 보호관찰, 사회봉사명령·수강명령(동법 제62조의2)과 가석방자에 대한 보호관찰(동법 제73조의2)이 시행됨으로써 비로소 성인범을 포함한 전체 형사범에 대한 보호관찰제도 운용의 기본 틀을 완비하게 되었다.

그 후 각종 특별법 제정을 통하여 특정행위 범죄자에 대한 보호관찰, 사회봉사 및 수강명령 등 사회 내 처우 적용을 점차 활성화하게 되었다. 1997년 12월 13일 가정폭력범죄의 처벌 등에 관한 법률 제정으로 가정폭력범죄에 대한 형사처벌의 특례로써 보호관찰, 사회봉사·수강명령 등 보호처분을 부과할 근거를 마련하였다.

2000년 2월 3일에는 청소년의 성보호에 관한 법률 제정으로 청소년 대상 성범죄자에 대하여 수강명령 및 보호처분을 부과하게 되었다. 2004년 3월 22일에는 성매매알선 등 행위의 처벌에 관한 법률 제정으로 성매매자에 대하여 특별한 사정이 없는 한 보호처분 성격으로 보호관찰 등을 부과하게 되었다. 2007년 4월 27일에는 특정 성범죄자에

6) 김상균 외, 328면.

대한 위치추적 전자장치 부착에 관한 법률 제정으로 2008년 9월 1일부터 특정 성폭력범죄자에 대하여 위치추적 전자장치 부착을 통한 전자감독을 실시하고 있으며, 2009년 5월 8일에는 미성년자 유괴범죄로 전자감독이 확대되면서 법률의 제명도 「특정 범죄자에 대한 위치추적 전자장치 부착 등에 관한 법률」로 변경되었다. 또한 2009년 3월 25일 「벌금 미납자의 사회봉사 집행에 관한 특례법」 제정으로 2009년 9월 26일부터 벌금대체 사회봉사제도가 시행되는 등 보호관찰은 우리나라 형사법체계에서 업무 영역을 넓히는 가운데 중요한 역할을 수행하고 있다(법무연수원, 2012: 373).

(4) 보호관찰의 효과

교도소 등 수용시설에 수용 시 예상되는 범죄오염과 가정·학교·직장 등 사회와의 단절을 방지하고, 체계적이고 전문적인 지도 감독을 통해 효과적인 재범방지는 물론, 사회 각계각층이 범죄자 처우에 함께 참여함으로써 공동체 의식을 강화하면서도, 수용처우에 따르는 국가 예산을 절감할 수 있다.

2) 보호관찰의 현황

(1) 행정조직

보호관찰소 행정조직은 중앙감독기관인 법무부 범죄예방정책국 산하에 전국 대도시마다 보호관찰소 및 지소를 설치하여 2009년 12월 현재 보호관찰소 16개소(서울, 서울동부, 서울남부, 의정부, 인천, 수원, 춘천, 대전, 청주, 대구, 부산, 울산, 창원, 광주, 전주, 제주)와 지소 40개소(서울서부, 서울북부, 고양, 부천, 인천서부, 성남, 여주, 안산, 평택, 안양, 강릉, 원주, 속초, 영월, 홍성, 공주, 논산, 서산, 천안, 충주, 제천, 영동, 대구서부, 안동, 경주, 포항, 김천, 상주, 영덕, 부산서부, 진주, 통영, 밀양, 거창, 목포, 순천, 해남, 군산, 정읍, 남원)로 총 56개소가 있다.

그리고 2008년 9월 1일 이후 특정 성폭력범죄자에 대한 위치추적 전자장치 부착에 관한 법률 시행에 따라 위치추적중앙관제센터 1개소가 설치·운영되고 있다.

(2) 보호관찰 담당자

보호관찰은 형사정책학, 행형학, 범죄학, 사회사업학, 교육학, 심리학 기타 보호관찰에 필요한 전문적 지식과 소양을 갖춘 5급 이상의 국가공무원인 보호관찰관과 이들을 도와 보호관찰 대상자의 지도감독 및 명령집행의 실무를 수행하고 있는 6급 이하의 보호관찰 공무원이 담당하고 있다.

형법개정에 따라 1997년 성인범 확대실시 이후 대상자가 급증하였으나 직원 증원은 미미하여, 직원 1인당 실시인원은 1999년에 404명 수준을 기록하였다.

이후 직원 1인당 실시인원 수준은 점차 나아져 수년간 300여명 수준을 기록하다 2005년도부터 소년보호기관으로부터 전입된 직원의 증가로 1인당 200명 수준으로 감소하여 2007년도에는 1인당 171명 수준으로 감소하였다.

이후 특정범죄자 전자감독 등 업무영역의 급속한 확대로 2008년부터는 직원 1인당 실시인원수가 다시 증가하다가 2010년에는 직원 1인당 실시인원수가 160.3명으로 감소하였으나 고위험대상자 증가에 따라 보호관찰직원의 수는 현저히 부족한 상황이다.

한편, 보호관찰 등에 관한 법률은 법무부장관이 위촉하는 민간자원봉사자인 범죄예방자원봉사위원(약칭 범죄예방위원)으로 하여금 보호관찰관을 도와 지도・감독 및 원호 등 업무의 일부를 지원하게 하고 있다.

3) 대상자 및 보호관찰기간

현행 법령상 보호관찰 대상자 및 기간은 다음과 같다.

① 형사법원에서 보호관찰을 조건으로 선고유예를 받은 자는 1년

② 형사법원에서 보호관찰을 조건으로 집행유예를 받은 자는 집행유예기간 또는 유예기간 내에서 법원이 정한 기간

③ 가정법원소년부(소년법원)에서 단기 보호관찰처분을 받은 소년은 1년

④ 가정법원소년부(소년법원)에서 장기 보호관찰처분을 받은 소년은 2년(단, 1년에 한하여 연장 가능)

⑤ 가석방자는 잔형기간

⑥ 보호관찰심사위원회에서 임시퇴원 결정을 받은 소년은 6월 이상 2년 이하의 범위 안에서 심사위원회가 결정한 기간

⑦ (구)사회보호위원회에서 가출소 결정을 받은 자는 3년

⑧ 치료감호심의위원회에서 치료감호 가종료 또는 치료위탁 결정을 받은 자는 3년

⑨ 가정폭력법상 보호관찰처분을 받은 자는 6월(1차에 한하여 6월 연장가능)

⑩ 성매매알선 등 행위의 처벌에 관한 법률상 보호관찰처분을 받은 자는 6월(1차에 한하여 6월 연장 가능)

⑪ 기타 다른 법률에 의하여 보호관찰을 받는 자는 그 법률에서 정한 기간

4) 보호관찰의 개시와 종료

「보호관찰 등에 관한 법률」 제29조에 의거하여 보호관찰은 법원의 판결 및 결정이 확정된 때 또는 가석방, 임시퇴원된 때부터 개시된다. 이 경우 보호관찰 대상자는 보호관찰 개시일로부터 10일 이내에 주거, 직업, 생활계획 기타 필요한 사항을 관할 보호관찰소의 장에게 출석하여 서면으로 신고하여야 한다.

한편 「보호관찰 등에 관한 법률」 제47조와 제51조에 의거하여 보호관찰은 당해 보호관찰대상자의 보호관찰기간의 경과, 보호관찰 조건부 형의 선고유예의 실효, 집행유예의 실효 또는 취소, 가석방의 실효 또는 취소, 가출소 또는 가종료 결정의 취소가 있거나 보호관찰 기간 중 재범하여 금고 이상의 형의 집행을 받게 된 때에 종료하게 된다.

5) 보호관찰의 실시 및 내용

(1) 개별지도

보호관찰관은 보호관찰대상자가 준수사항을 지키고 스스로 건전한 사회인이 되도록 지도·감독을 실시한다. 보호관찰대상자의 준수사항은 주거지에 상주하고 생업에 종사할 것 등 「보호관찰 등에 관한 법률」 제32조 제2항에 규정되어 있다.

(2) 집합교육

① 개시교육

보호관찰소에서는 매월 1회 신규 접수된 보호관찰대상자에게 보호관찰기간 중 지켜야 할 준수사항을 고지하고, 건전한 인격형성과 사회적응에 필요한 교육을 실시함으로써 대상자로 하여금 올바른 생활방식 및 문제해결능력을 갖도록 지도한다.

② 보호자교육

보호관찰대상 소년의 보호자들에게 보호관찰제도의 의의, 가정의 중요성, 부모의 역

할 등에 대해 교육함으로써 소년의 건전한 사회복귀에 그 가족이 적극 참여 및 협력하도록 유도한다.

③ 종료교육

보호관찰 기간 동안 준수사항을 성실히 이행하여 보호관찰이 종료되는 보호관찰대상자들을 격려하고 향후 건전한 사회활동을 하도록 계도하며 다양한 설문조사 및 보호관찰 결과분석을 통해 보호관찰 기법 개발 등 업무개선을 도모한다.

(3) 명령집행 및 감독

보호관찰관은 사회봉사명령 및 수강명령을 부과 받은 대상자에 대하여 명령의 집행을 지시하고 이를 엄정투명하게 감독한다. 이를 위하여 대상자는 보호관찰관의 집행에 관한 지시에 따를 것과 주거를 이전하거나 1월 이상의 국내외 여행을 할 때에는 미리 보호관찰관에게 신고할 의무가 준수사항으로 부과되어 있다. 사회봉사명령의 집행은 무보수 강제근로활동으로써 보호관찰소에서 주도하는 자체집행이나 지역사회 내 공공시설 및 복지시설 등과 협력을 통한 방식으로 집행한다. 수강명령의 집행은 법원의 명령부과에 따라 준법운전 프로그램, 약물 오·남용방지 프로그램, 심리치료 프로그램, 성폭력방지 프로그램, 가정폭력방지 프로그램 등 각종 교육프로그램의 집행으로 이루어진다.

6) 성적에 따른 은전조치 및 제재조치

보호관찰관은 보호관찰대상자의 보호관찰 상태에 따라 차별적인 지도·감독을 실시하는데, 성적 양호자에 대하여 임시해제를 실시하고 준수사항위반자에 대하여 제재조치를 실시한다.

제재조치 중 경고는 준수사항을 위반하거나 위반할 위험성이 있다면 형의 집행 등 불이익한 처분을 받을 수 있음을 고지하고 준수사항의 이행을 촉구하는 것이다.

경고에도 불구하고 준수사항을 위반하였거나 위반하였다고 의심할 상당한 이유가 있고, 일정한 주거가 없거나 소환불응, 도망한 때 또는 도망할 염려가 있는 때에는 보호관찰소장의 신청에 의하여 검사의 청구로 판사가 발부한 구인장을 받아 보호관찰대상자를 구인하여 준수사항 위반사실을 조사한다.

긴급을 요하여 구인장을 발부받을 시간적 여유가 없는 경우, 보호관찰관이 영장 없이 대상자를 구인하고 12시간 이내에 검사의 승인을 받도록 하는 긴급구인이 있다. 구인된 대상자에 대하여 보호처분의 변경, 집행유예 취소 등을 취할 필요가 있을 때에는 검사의 청구로 판사의 유치허가를 받아 수용기관에 유치한다.

7) 원호

보호관찰대상자의 자립갱생을 위한 지원 및 주변 환경의 개선을 통해 실질적이고 항구적인 사회복귀를 도와주기 위하여 숙소 및 취업을 알선하고, 직업훈련 등 교육훈련의 기회를 제공하며, 장학금 지급 등 경제적 지원이나 사회적 자원의 수혜대상이 되도록 주선해주는 것을 주요내용으로 하고 있다.

8) 특정 범죄자에 대한 위치관리제도

(1) 의의와 현황

위치관리제도는 범죄자의 신체에 위치추적 전자장치를 부착함으로써 대상자에 대한 24시간 위치추적과 보호관찰관의 밀착 지도·감독을 통해 특정 범죄자의 재범을 억제하는 보호관찰 프로그램이다.

1997년 미국 플로리다주에서 가석방 보호관찰대상자에게 최초로 활용한 이래 미국 44개 주에서 실시 중에 있고, 특히 미국 콜로라도주 등 7개 주는 종신 위치추적을 실시하는 등 미국, 프랑스, 호주, 네덜란드, 스페인 및 뉴질랜드 등 세계 약 10개국 이상에서 도입·운영하고 있다.

특정 성폭력범죄자 위치관리제도는 2007년 4월 국회를 통과한 「특정 성폭력범죄자에 대한 위치추적 전자장치부착에 관한 법률」에 근거하여 2008년 9월 1일부터 전면 시행되었다. 2009년 5월 8일에는 성폭력범죄자로 한정되었던 적용 범죄의 범위가 미성년자 유괴범죄로 확대되면서 법률의 제명도 「특정 범죄자에 대한 위치추적 전자장치 부착 등에 관한 법률」로 변경되었다.

2010년 7월 16일 시행된 개정 법률에서는 적용 범죄의 범위가 살인범죄로 확대되었다. 이 법에 따라 전자장치를 부착하는 대상자 유형은 징역형 종료 이후 단계, 가석방 또는 가종료 단계, 집행유예 단계 등으로 3가지 대상자 유형이 있고, 특히 2010년 7월 16일 시행된 개정 법률에서는 끔직한 성폭력 범죄를 저지른 자임에도 동 제도가 최초

시행되기 전에 출소되었다는 이유로 어떠한 관리・감독도 되고 있지 않은 문제점을 시정하기 위해 2008년 9월 1일 이전에 제1심 선고를 받아 징역형 등이 종료된 지 3년이 경과하지 아니한 자에 대해서도 전자발찌를 부착하는 '소급형기종료자에 대한 전자장치 부착명령제'를 추가하여 시행되었다.

징역형 종료 이후 단계는 보호관찰관에 의한 청구 전 조사 등을 참고한 검사의 전자장치 부착명령청구에 의하여 법원은 30년의 범위 내에서 기간을 정하여 부착명령을 선고하고(소급형기종료자에 대한 전자장치 부착명령의 최장기간은 10년), 집행유예의 경우는 보호관찰 기간 내에서 기간을 정하도록 되어 있다. 가석방 또는 가종료 단계는 보호관찰심사위원회 및 치료감호심의위원회가 가석방 또는 가종료 결정시 전자장치 부착을 결정하고 있다.

위치추적 전자장치는 부착장치(일명 '전자발찌'), 휴대용 추적장치, 재택감독장치 등 3가지 장비로 구성되어 있다. 부착장치는 피부착자의 동일성을 인증하기 위해 휴대용 추적장치와 재택감독장치에 전자파를 발신하는 장치로써 주로 대상자의 발목에 착용시키고 있다. 휴대용추적장치는 GPS 및 이동 통신망을 통해 피부착자의 위치를 확인하는 장치로써 외출시 대상자가 항상 휴대하여야 한다. 그리고 재택감독장치는 피부착자의 주거지에 설치하여 재택 여부를 확인하는 장치이다.

이와 같이 특정 범죄자의 중단 없는 감독을 위해 법무부 산하에 위치추적중앙관제센터를 설치하여 24시간 365일 연중무휴 감독시스템을 구축・운영하고 있다. 위치추적 중앙관제센터는 특정 범죄자의 전자장치로부터 수신된 위치정보 등 수신자료의 보존・사용 및 폐기를 전담하고 특정 범죄자의 이동경로 모니터링 및 각종 위반경보에 대한 대응을 실시하고 있다.

특정 범죄자의 위치관리제도는 특정 범죄자에 대한 24시간 위치추적을 통하여 범죄동기를 사전에 억제시키고, 보호관찰관의 밀착감독으로 범죄기회를 차단하는 효과가 있다. 만일 대상자가 특정지역・장소에의 출입금지 등 준수사항 위반시 신속・강력한 형사처벌을 실시할 뿐 아니라 특정 범죄자의 위치정보를 수사 및 재판자료로 활용함으로써 특정 범죄자에 대한 수사 및 재판의 효율성을 높이고 국민의 강력범죄에 대한 불안감을 해소하는 효과를 기대하고 있다.

(2) 전자발찌의 법적 성격

「특정 성폭력범죄자에 대한 위치추적 전자장치 부착에 관한 법률」에 의한 전자감시 제도는, 성폭력범죄자의 재범방지와 성행교정을 통한 재사회화를 위하여 그의 행적을 추적하여 위치를 확인할 수 있는 전자장치를 신체에 부착하게 하는 부가적인 조치를 취함으로써 성폭력범죄로부터 국민을 보호함을 목적으로 하는 일종의 보안처분이다.

이러한 전자감시제도의 목적과 성격, 그 운영에 관한 위 법률의 규정 내용 및 취지 등을 종합해 보면, 전자감시제도는 범죄행위를 한 자에 대한 응보를 주된 목적으로 그 책임을 추궁하는 사후적 처분인 형벌과 구별되어 그 본질을 달리하는 것으로서 형벌에 관한 일사부재리의 원칙이 그대로 적용되지 않으므로, 위 법률이 형 집행의 종료 후에 부착명령을 집행하도록 규정하고 있다 하더라도 그것이 일사부재리의 원칙에 반한다고 볼 수 없다(대판 2009. 9. 10, 2009도 6061, 2009전도13).

(3) 헌법재판소의 결정

헌법재판소는 2012.12.27. 전자발찌 부착대상을 소급적용함이 「합헌」이라고 하였다. "성범죄로부터 국민 보호 공익목적, 형벌과 구분"한다는 취지의 결정이다.

9) 성구매자 교육프로그램, 존스쿨

존스쿨(John School)은 성을 구매한 초범 남성들에 대한 처벌형태로 일반화된 벌금 또는 단순 기소유예 처분보다는 성구매 남성의 성의식 개선과 재범방지를 위한 전문적인 교육을 통해 재범을 방지하기 위한 제도로 용어는 미국에서 성을 구매한 혐의로 체포된 남성의 대부분이 자신의 이름을 '존(John)'이라고 밝힌 사실, 샌프란시스코의 시민단체 세이지(SAGE)가 1995년 성매매 재발 예방 프로그램을 만들어 이를 '존스쿨'로 명명한 사실에서 유래하였으며 미국, 스웨덴 등 세계 10여개 국가에서 운영 중이다.

우리나라는 2004년 3월 22일에 「성매매알선 등 행위의 처벌에 관한 법률」이 제정되어 같은 해 9월 23일부터 시행되었고, 2005년 7월 대검찰청이 '성구매자 재범방지를 위한 교육 실시방안 및 성매매알선 등 처리지침'을 수립하여 '성매매 사건의 수사과정에서 피의자가 초범인 성구매자로 성구매자의 동의가 있으면, 보호관찰소에서 실시하는 교육 프로그램(일명 '존스쿨')을 이수하는 조건으로 기소유예 처분을 부과할 수 있다'

라고 규정함으로써 존스쿨 제도가 실시되게 되었다.

10) 범죄예방위원의 보호관찰활동

보호관찰 분야에서 활동하는 범죄예방위원은 보호관찰대상자를 지정받아 지도하거나 사회봉사명령 집행감독을 보조하는 업무, 수강명령 등 대상자 교육치료 프로그램 참가, 환경조사 보조 등의 업무를 수행한다.

따라서 보호관찰 분야에서 활동하고자 하는 범죄예방위원은 보호관찰소에서 실시하는 범죄예방위원전문화교육에 참석하여 일정시간 교육을 이수하여야 한다. 전문화교육은 보호관찰 관련법령, 청소년 비행의 이해, 보호관찰대상자 지도요령, 보호관찰 경과통보서 작성요령 등의 내용으로 구성된다.

2 보호관찰심사위원회

보호관찰심사위원회는 「보호관찰 등에 관한 법률」 제5조에 의거하여 보호관찰에 관한 사항을 심사 · 결정하기 위하여 법무부장관 소속으로 전국 고등검찰청 소재지 등 대통령령으로 정하는 지역에 설치한다.

(1) 보호관찰심사위원회의 기능

보호관찰심사위원회는 「보호관찰 등에 관한 법률」 제6조에 의거하여 다음과 같이 심사 · 결정을 한다.

① 소년수형자의 가석방과 그 취소

② 성인가석방자의 보호관찰 부과 및 가석방 취소

③ 소년원에 수용된 보호소년의 임시퇴원과 그 취소

④ 보호관찰대상자에 대한 보호관찰의 임시해제와 그 취소

⑤ 보호관찰의 정지와 그 해제

⑥ 가석방 중인 자에 대한 부정기형 종료

⑦ 기타 ① 내지 ⑥에 관련된 사항 등을 심사 · 결정하는 업무를 수행하고 있다.

(2) 보호관찰심사위원회의 구성

보호관찰심사위원회는 「보호관찰 등에 관한 법률」 제7조에 의거하여 위원장(고등검찰청 검사장 또는 소속 검사 중에서 법무부장관이 임명)을 포함하여 5명 이상 9명 이하의 위원(판사, 검사, 변호사, 보호관찰소장, 지방교정청장, 교도소장, 소년원장 및 보호관찰에 관한 지식과 경험이 풍부한 사람 중에서 법무부장관이 임명하거나 위촉)으로 구성하며, 동법 제8조에 따라 위원의 임기는 2년으로 하되 연임할 수 있다.

3 사회봉사 · 수강명령

1) 사회봉사명령

(1) 사회봉사명령의 의의 및 연혁

① 사회봉사명령의 의의

사회봉사명령은 법원이 유죄가 인정된 범죄자나 비행소년을 교도소나 소년원에 구금하는 대신 일정기간 무보수로 근로에 종사하도록 명하는 제도이다.

사회에 일정한 해악을 발생시킨 범죄인에 대한 처벌적 성격과 그로 인하여 발생한 피해 회복에 대한 책임을 묻는 배상적 성격 그리고 범죄에 대한 뉘우침을 지향하는 속죄적 성격을 통하여 자유형을 대체하거나 보완하고 대상자의 재범을 억제하는 기능을 추구한다(법무부, 2009: 268).

② 사회봉사명령의 연혁

1960년대 영국에서 자유형을 대체하려는 목적으로 과밀수용을 해소하려는 시도에서 출발하였다. 1970년 영국의 형벌제도에 대한 자문위원회가 작성한 '비구금형벌과 반구금형벌 보고서'에서 사회봉사명령제도의 도입을 제시하였다. 그 후 1972년 형사재판법에서 최초로 입법화하여 영국 및 각국으로 퍼져나갔다. 한국의 경우 1988년 소년법 개정에 따라 1989년에 시행되었으며, 1995년 형법 개정으로 인하여 성인에게도 부과하였다.

(2) 사회봉사명령의 기능 및 유형

① 사회봉사명령의 기능

사회봉사명령은 처벌적 기능(범죄자의 여가 시간을 박탈하여 일정기간 동안 무보수로 사회봉사활동을 통하여 임하게 하는 것), 배상적 기능(범죄자의 노동으로 인하여 범죄로 야기된 피해 배상 및 범죄행위에 대한 속죄할 수 있는 기능을 부여하는 것), 재통합 기능(봉사활동을 통한 사회와의 화해 및 재통합 기능을 하는 것)으로 구분한다.

② 사회봉사명령의 유형

자연보호활동, 복지시설 및 단체봉사, 행정기관지원, 공공기관지원, 공공시설봉사, 병원지원, 공익사업보조, 농촌봉사, 문화재 보호봉사 등이 있다.

2) 수강명령

(1) 수강명령의 의의 및 연혁

① 의의

수강명령은 법원에서 유죄가 인정되거나 보호처분의 필요성이 인정된 자에 대하여 일정시간 동안 강의, 체험학습, 심신훈련, 봉사활동 등 범죄성 개선을 위한 교육을 받도록 명하는 것을 의미한다. 수강명령을 부과하는 이유는 범법행위의 주요 원인이 행위자의 잘못된 인식과 오래된 습관에 있다고 보고 재범을 방지하기 위해서는 이러한 인식과 습관을 교정할 수 있는 교육이 필요하다고 판단하기 때문이다(윤웅장, 2009: 63).

② 연혁

1948년 영국에서 형사재판법에 의하여 비교적 비행성이 약한 21세 미만의 범죄자에게 주말에 수강센터에 참석, 강의를 받도록 도입됨으로써 처음으로 입법화되었는데, 그것은 소년범죄자들에게 짧고 예리한 충격을 주기 위하여 주말의 여가시간을 박탈함으로써 범죄의 기회를 줄이고 여가선용을 통하여 건전한 사회생활의 습관을 익히도록 하는 데 목적이 있었다(공정식, 2002: 495).

(2) 수강명령의 기능 및 특징

수강명령의 기능은 규정하고 있는 법률 내용의 차이에 따라 크게 두 가지로 구분된다. 첫째, 보호관찰에 따른 부수적 처분이며, 둘째, 형집행유예의 보완조치로서 형집행유예와 결합되는 보호관찰의 대체처분이다. 전자는 「소년법」 제32조에 의거하여 보호관찰을 받은 자에게 병과되는 수강명령을 말하며, 후자는 「형법」 제62조의2에 의거하여 형집행유예시 보호관찰과 독립적으로 선고되는 수강명령을 말한다. 다만 어떤 성격의 것이든지 사회 내 처우로서 시설 내 처우의 폐단을 줄이고 비용을 절감할 수 있다는 것과 지역사회의 관심과 협력을 통해 범죄자의 교정·교화를 촉진할 수 있다는 일반적 특징을 공유하고 있다.

4 갱생보호(after-care)

1) 갱생보호의 의의 및 연혁

(1) 의의

갱생보호(更生保護)[7]란 전과자에 대하여 재범 방지를 위한 관찰 보호를 하는 한편, 자활을 위한 생업의 지도, 취직 알선 등의 직접 보호를 행하는 일로서 출소자의 건전한 사회복귀 촉진과 효율적인 범죄예방 활동을 통한 사회보호와 공공복지 증진을 위해 만들어진 특수법인체이다.

(2) 갱생보호의 연혁

① 1766년 미국의 리차드 위스터(Richrad Wister)가 고통받는 수형자를 돕기 위한 필라델피아협회를 조직하여 출소자 보호를 위한 민간조직활동을 시작하였다.

② 1789년 미국의 존 오거스터스(John Augustus)가 교도소의 열악한 상태를 완화하기 위한 필라델피아 협회로 명칭을 변경한 후 행형개량과 갱생보호에 대한 활동을 하였다.

③ 1826년 독일에서는 교도소협회, 1827년에는 수형자 개선을 위한 협회를 조직하여 갱생보호활동을 시작하였다.

④ 1862년 영국에서는 갱생보호법을 제정하여, 1907년에 갱생보호에 해당하는 보호

---

7) daum 백과사전 브리태니커.

관찰을 실시하였다.

⑤ 1870년 미국 교도소협회가 개최한 국제회의에서 신시내티선언을 하여 '범죄자에 대한 국가의 책임으로는 개선 이외에 취업의 기회제공, 사회적 지위의 회복 등을 해주어야 한다'는 지침을 만들어 채택하였다.

⑥ 1911년 한국에서 출옥인보호회가 발족하여 갱생보호활동이 시작되었다.

⑦ 1960년 스위스 스톡홀롬에서 개최된 제 2 회 국제연합 범죄방지 및 범죄자처우회의에서 수형자 가족에 대한 처우, 석방자의 처우 및 사후보조, 사회 내 처우의 최저기준을 논의하였다.

⑦ 1961년 한국에서 갱생보호법이 제정되어 도청단위로 갱생보호회가, 각 교도소 소재지에는 갱생보호소가 설립되었다.

⑧ 1988년 한국에서 보호관찰법을 제정하면서 유권적 갱생보호가 가능하게 되었다.

(3) 우리나라 갱생보호

1961년 갱생보호법에 의거해 만들어진 중앙갱생보호지도회와 8개 지방갱생보호회를 뿌리로 두고 있다.

1963년 갱생보호회와 지부가 설립되었고, 1995년 출소자 사후관리법률을 통합하여 상호역할 분담 및 협조체제 강화를 통해 출소자 사후관리 업무의 효율적인 추진을 도모하고자 갱생보호법과 보호관찰법이 「보호관찰등에 관한 법률」(법률 제4933호)로 통합 제정 · 공포되면서 한국갱생보호공단이 설립되었다.

2009년에 현재의 명칭으로 변경된 한국법무보호복지공단에서는 무의탁 출소자에게 최대 2년 동안 숙식을 제공하는 사업, 출소 후 취업에 어려움을 겪는 출소자들에 대한 직업훈련과 취업 알선, 창업지원 사업, 출소 후 질병과 부상 등의 어려움을 겪는 대상자들에게 치료비와 월세임차료, 임대주택 등을 지원하는 긴급원호 사업과 주거지원 사업 등을 펴고 있다.

한국법무보호복지공단은 본부에 주거지원사업단, 보호기획팀, 행정지원팀을 두고 있으며 14개의 지역 지부와 여성지원센터를 운영하고 있다.[8)]

---

8) 한국법무보호복지공단 븐부는 서울특별시 양천구 목동남로 93에 위치하고 있다.

2) 갱생보호의 필요성

수용시설에서 출소한 사람들은 사회로부터 상당한 기간 격리된 생활을 함으로써 현실에 대한 적응이 어렵기도 하고 구금생활 동안에 허황된 계획을 세웠다가 출소 후에 그 계획들이 현실과 부합되지 않게 되므로 사회생활을 올바르게 영위하기가 어렵기 마련이다.

뿐만 아니라 수감생활로 인해 본인뿐 아니라 가정적으로 궁핍하여 자립을 위한 경제적인 도움을 받기가 어려워 재범으로 나아가는 경우도 적지 않다.

이들에 대한 중간처우적인 보호적 역할을 함으로써 그간의 사회변화를 경험하게 하여 형편에 맞는 계획을 세워 생활에 적응할 수 있도록 지도, 원호함으로써 정상적인 사회복귀를 도울 필요가 있다.

3) 사업단의 명칭변경

갱생보호사업은 「보호관찰 등에 관한 법률」 제71조에 의해 설립되어 법무부의 지휘・감독을 받는 공법인인 한국법무보호복지공단(갱생보호회가 1995년 6월 1일 한국갱생보호공단으로, 한국갱생보호공단이 2009년 3월 27일 한국법무보호복지공단으로 명칭 변경)에서 담당・집행하고 있다.

한국법무보호복지공단은 서울에 소재하고 있는 본부·이외에 전국 대도시에 14개의 지부가 있고 11개의 출장소가 있으며, 각 지부에는 갱생보호 분야에서 활동하는 범죄예방위원이 갱생보호업무를 돕고 있다.

4) 갱생보호의 방법

「보호관찰 등에 관한 법률」 제65조에 의거한 갱생보호의 방법에는 먼저, 직접보호방법으로 무의무탁한 출소자에 대하여 생활관 등 보호시설에서 6월~1년 범위 내에 자유롭게 기거하게 하면서 숙소・음식물 등을 제공하고 정신교육을 하는 숙식제공, 일정한 기술이 없는 갱생보호대상자에게 취업에 필요한 기능훈련을 실시하는 직업훈련, 일정한 취업처를 구하지 못한 갱생보호대상자에게 취업을 알선하고 필요한 경우 신원을 보증하는 취업알선, 갱생보호대상자에 대한 기타자립지원이 있다.

그리고 면접・통신・방문 등 적절한 방법으로 갱생보호대상자의 선행을 지도・장려하고 가정・주거・교우 등 환경을 조정・개선하도록 노력하며 직업훈련・취업알선 및 자립지원에 대한 사후관리를 하는 제도가 있다. 이를 지원 분야별로 약술하면 다음과 같다.

① 숙식제공

무의탁 출소자에게 전국 지부, 센터, 지소에서 운영하는 생활관에서 원활한 사회복귀를 위해 최대 2년 동안 숙식을 제공하며, 취업활동을 통한 저축 등을 장려하고 사회진출에 필요한 재사회화교육을 실시하여, 조기 자립할 수 있도록 도와주는 프로그램

② 직업훈련

기술이 없어 취업에 애로가 있거나 새로운 기술을 배우고자 하는 출소자에게 전문학원 등에 위탁교육을 실시하여 자격증을 취득시켜 직업을 갖고 안정된 생활을 할 수 있도록 지원하는 프로그램

③ 취업알선

취업처를 구하지 못한 출소자에게 취업 관련 기관이나 기업을 경영하는 범죄예방위원, 직능별 후원회원, 기타 독지가와 연계하여 취업을 지원하는 프로그램

④ 창업지원

직업훈련 교육 후 자격증을 취득하였거나 특정 직종 취업으로 숙련기술을 습득한 자 중 창업을 희망하는 출소자에게 소자본 창업에 필요한 창업 임대보증금을 휴면예금관리재단(미소금융중앙재단)과의 업무협약을 통해 지원하는 프로그램 (※출소자 창업 점포 임차보증금 등 지원(1인당 최대 5천만원))

⑤ 긴급원호

출소 후 질병, 부상, 생계 등으로 어려움을 겪고 있는 대상자에게 원활한 사회생활을 할 수 있도록 치료비, 취업교통비 양곡, 월세임차료 등 원호를 지원하는 프로그램

⑥ 주거지원

출소로 해체된 가정기능 복원을 위해 부양가족이 있는 출소자에게 국토해양부・한국토지주택공사와 업무협약을 체결하여 임대주택을 저렴하게 지원하는 프로그램

⑦ 기타 자립지원

의탁알선, 호적취적 및 주민등록 재등록, 의료시혜, 생계보조금 지급, 합동결혼식

거행 등 대상자가 자립에 필요한 사항 지원

⑧ 재사회화교육

구금 생활로 인하여 변화된 사회에 적응이 어려운 대상자들에게 체험 학습, 인지 역량 강화, 대인관계 능력 증진, 집단 상담치료 등 재교육을 실시

⑨ 멘토링 및 사후관리

숙식제공, 직업훈련, 주거지원 대상자에 대하여 보호·진로·교육·상담·생활 지도 등의 멘토링 및 사후관리를 실시하며 이 기간 동안 면접·통신·방문 기타 적절한 방법으로 대상자의 선행을 지도·장려하고 가정·주거·교우 등 환경을 조정 ·개선하도록 지도. 갱생보호사업은 형의 선고유예, 집행유예, 가석방 또는 형기의 종료 등으로 출소한 자에 대하여 자립의식을 고취하고, 경제적 자립기반을 조성시켜 건전한 사회복귀를 촉진함으로써 재범의 위험을 방지하기 위한 사업이다. 보호관찰은 법적 강제성을 바탕으로 유권적인 사회 내 처우라고 한다면 갱생보호는 대상자의 신청을 받아 이루어지는 임의적인 사회 내 처우라는 점에서 서로 비교할 수 있다. 숙식제공은 무의탁 출소자에게 전국 지부, 센터, 지소에서 운영하는 생활관에서 원활한 사회복귀를 위해 최대 2년 동안 숙식을 제공하며, 취업활동을 통한 저축 등을 장려하고 사회 진출에 필요한 재사회화교육을 실시하여, 조기 자립할 수 있도록 도와주는 프로그램이다.

5 새로운 사회내 처우

전통적인 사회내 처우인 보호관찰(Probation), 가석방(Parole) 외에 최근에는 미국과 유럽에 있어서 중간적 처벌(Intermediate Sanctions)이라는 것이 있는데, 이것은 전환(Diversion), 집중감시보호관찰(Intensive Supervision Provation), 가택구금(Home Arrest), 전자감시시스템(Electronic Monitoring System), 병영식 캠프 등 House에는 교도소에서 본격적인 수용생활을 하기 전에 수용에 따른 극도의 불안감을 완화하기 위하여 일정한 중간시설에 수용 후 교도소로 이송하여 수용하는 Halfway in House와 석방예정자의 갑작스런 출소에 충격을 완화하기 위하여 석방 전 일정한 시설에 수용하는 Half out

House가 있다.

1) 전환(Diversion)

전환은 광의의 전환과 협의의 전환으로 나누어 볼 수 있는데, 광의의 전환은 시설내 처우를 사회내 처우로 대체하는 것과 같은 형사제재의 최소화를 뜻하는 것이고, 협의의 전환은 법원의 판결이 내려지기 전에 형사사법기관의 통상의 사법처리 절차를 중지하는 것으로 낙인(烙印)을 줄이는 데 궁극적인 목표가 있다.

2) 집중감시보호관찰

집중감시보호관찰이란 조직폭력집단이나 약물중독자, 교통범죄자 등에 대하여 집중적인 접촉관찰과 병행하여 대상자의 신체에 전자추적 장치를 부착하여 제한구역을 이탈하면 즉시 감응장치가 작동되도록 하는 것으로 많은 경우 사회봉사명령과 전자감시를 수반한다.

3) 가택구금(Home Arrest)

가택구금이란 이 프로그램이 없다면 수감되어질 것이라고 생각되어지는 범죄자 또는 프로베이션 및 퍼롤을 하는 것이 위험하다고 생각되는 범죄자를 자택에 있는 채로 그 행동의 자유를 제한하는 것이다. 전형적으로 가택구금을 당한 사람은 사전에 허가받은 특정의 행동(예를 들어, 통근, 통학, 의료상 필요한 경우의 치료프로그램 및 금주회(禁酒會)에 참석, 교회에 출석 등)을 제외하고 자택에서 외출하는 것이 일절 금지된다.

4) 쇼크 프로베이션(Shock Probation)

이 제도는 일정기간의 구금에 의해서 범죄자를 처벌한 뒤 통상의 프로베이션에 의한 사회복귀운동을 진행하는 것을 말한다. 법관의 입장에서 보면 이 제도의 이점은 순수한 구금형과 완전한 프로베이션을 더해 제3의 선택을 가능하게 하는 점이다. 즉 교도소에 수용할 정도는 아니고 그렇다고 해서 곧 보호관찰처분으로 하기에는 사회방위상 불안한 범죄자에 대해서는 혼합형이 가장 유효한 방법이라고 할 수 있다.

5) 동의에 의한 프로베이션(Concent Probation)

동의에 의한 프로베이션이라는 것은 간단히 말해 체포된 자가 유죄판결이나 스스로 유죄라고 인정하기 전에 프로베이션에 동의하는 것이다. 이 동의에 의한 프로베이션의 이점은 범죄자의 입장에서 보면 평생 동안 붙어 다니는 전과 딱지를 붙이지 않고 끝내는 것이고, 검찰관과 법원의 입장에서 본다면 범죄자가 유죄판결을 받지 않지만 결국 형을 복역하는 점이다.

6) 조건부 석방(Conditional Release)

조건부·석방은 동의에 의한 프로베이션과 함께 기각판결을 예상한 재판의 정지와는 달리 범죄자는 유죄판결을 받지만 어느 정도 조건을 붙여 형을 면제시키는 것을 말한다.

제7장 교정복지 관련 법

제1절 개관

교정복지와 관련된 정부조직과 법은 어떻게 관련되어 있고 또 관련된 법은 어떤 것들이 있는지 고찰해 보자. 먼저 교정복지를 관장하는 대표적 중앙부처로 법무부를 들 수 있으며, 사회복지를 관장하는 대표적 중앙부처로 보건복지부를 들 수 있다. 다음 관련된 법으로는 국가의 근본법인 헌법을 비롯하여, 「사회보장기본법」, 「국민기초생활보장법」, 「아동복지법」, 「노인복지법」, 「장애인복지법」, 「한부모가족법」, 「정신보건법」, 「사회복지공동모금회법」 등이 있다.

1 헌법과 교정복지

헌법은 국가기본법으로써 교정복지 영역에서도 그 원칙과 방향을 제시하는 중요한 성문법이다. 헌법의 교정복지 증진을 몇 가지 논의방향을 제시하면 다음과 같다.

첫째, 헌법 제34조제2항의 '국가의 사회보장', '사회복지증진의 의무'에 관한 규정의 정비다. '사회복지의 개념을' '사회보장'의 개념과의 문제에 어떻게 이해할 것이냐에 대해서 「사회보장기본법」에서는 사회보장을 사회보험, 공공부조, 사회복지서비스, 관련 복지제도라고 규정함으로써 헌법 제34조의 '교정복지'를 협의의 교정복지로 이해할 가능성을 더욱 증대시켰다. 그러나 사회복지학계의 많은 의견은 광의의 개념으로 이해하는 것이 현실이다. 이렇게 본다면 이 규정의 '사회보장'과 '교정복지'의 개념을 예시적 의미로 이해할 수밖에 없다.

둘째, 헌법 제34조는 국민의 인간다운 생활을 보장하는 교정복지의 기본규정이지만, 제3항 이하에서 여성, 아동, 노인, 저소득층 등으로 그 대상자를 열거함으로써 이 조문에 규정되지 아니한 대상에 대해서는 사회복지의 대상이 아닌 것으로 오해될 가능성도 없지 않다. 헌법의 일반 하위법에 대한 상대적 추상성을 이해한다면, 굳이 이와 같이 열거할 필요는 없다고 생각한다.

셋째, 헌법의 기본권규정의 법적 권리에 대해서 보다 명확한 표현이 있어야 한다. 현행과 같은 헌법에서는 사회복지학계에 사회복지의 구체적 권리성을 주장해 왔지만, 실제 법률전문가들의 견해는 기본권규정을 추상적 권리성의 의미로 받아들이는 경우가 많은데, 앞으로 추상적 권리성의 의미로 받아들일 것이 아니고 앞으로는 직접적이고, 구체적인 권리성을 인정하여야 할 것으로 본다.

2 사회보장기본법

1. 개관

「사회보장기본법」은 모든 국민이 인간다운 생활을 할 수 있도록 최저생활을 보장하고 국민 개개인이 생활의 수준을 향상시킬 수 있도록 제도와 여건을 조성하여, 그 시행에 있어 형평과 효율의 조화를 기함으로써 복지사회를 실현하는 것을 기본이념으로 한다.

'사회보장'이라는 용어는 1929년의 대공황을 극복하기 위하여 1930년 미국에서 사회보장법(Social Security Law)을 제정하면서 처음 사용되었다. 우리나라에서 최초의 사회보장에 관한 기본적 성격의 법률은 1963년에 제정된 '사회보장에 관한 법률'이다. 이 법의 입법배경은 기존의 여러 법들이 시대적 당위성과 명분에 의해서 분산적으로 입법되고 사회보장에 관한 법으로 체계화되지 않았으므로 이 법들을 조정하고 사회보장사업의 균형 유지 및 발전의 필요성 때문이었다. 그러나 이 법은 매우 한정된 규정으로 사회보장에 관한 기본법으로써 기능을 수행할 수 없다는 여론에 따라 1995년에 '사회보장에 관한 법률'이 폐지되고 「사회보장기본법」이 제정되었다.

사회보장이란, 사회정책을 실현하기 위한 방법인데, 보통 사회정책이란, 사회적 요구에 대한 서비스, 사회문제에 대한 대책 및 사회적 평등과 보장을 증진시키는 정부의 역할을 말한다. 이 사회정책을 시행하기 위한 주요 제도로는 사회봉사, 사회보장, 사회계획, 사회사업, 조세정책, 노동정책 등이 있다.

1942년 ILO가 출간한 보고서인 「사회보장에의 길」에는 "사회보장은 사회가 적절한 조직을 통하여 사회구성원이 겪는 일정한 사고에 대하여 제공하는 보장이다. 이 구성원이 겪는 사고는 소자본의 개인으로서는 스스로의 능력이나 예지, 혹은 동료와의 개인적 결합에 의해서도 유효하게 대처할 수 없는 본질적인 사고다"라고 규정하였다.

과거 우리나라의 '사회보장에 관한 법률'은 사회보장의 범위를 사회보험에 의한 제급여와 무상으로 행하는 공적 부조로 한정하였으나, 현행 「사회보장기본법」은 사회보장의 범위를 사회보험, 공공부조, 사회서비스 및 관련복지제도로 규정하고 있다(제3조).

법은 그 시대의 사회사상을 바탕으로 설정된 사회적 목표로 나타내는 구체적 실현도구다. 사회보장법은 그 근거가 되는 사회보장사상 내지 사회보장정책에 따라 다의적일 수밖에 없다. 그러므로 사회보장법의 개념구성은 쉽지 않다. 사회보장법은 형식적으로는 사회보장제도에 관련된 법의 총체이며, 이념적으로는 생존권을 직접적이며 구체적으로 실현하는 법체계이며, 실질적으로는 국민의 사회보장의 권리 및 이를 실현해야 할 국가의 의무관계를 규정한 법체계다.

2. 국민기초생활보장법

1) 개관

국민기초생활보장법은 저소득 국민, 영세 도시빈민, 실업자 등을 지원하여 빈곤문제에 대한 사회안전망의 기초를 튼튼히 하고, 빈곤가구별로 자활지원계획을 수립하여 그에 맞는 자활급여를 실시함으로써 빈곤의 장기화를 방지하려는 목적으로 제정되었다. 즉 국민기초생활보장법은 생활이 어려운 자에게 필요한 급여를 행하여 이들의 최저생활을 보장하고 자활을 돕는 것을 목적으로 한다(제1조).

이와 같은 목적을 달성하기 위하여 국민기초생활보장법은 생존권보장의 원리, 국가

책임의 원리, 최저생활보장의 원리, 보충성의 원리(제3조①) 등 공공부조의 원리를 구체화 하였다(김훈, 2004: 189).

2) 대상

수급권자(대상자)는 법(제2조⑤)이 정한 부양의무자가 없거나, 부양의무자가 있어도 부양능력이 없거나 부양받을 수 없는 자로서 소득 인정액이 최저생계비 이하인 사람으로 한다(제5조①). 이외에 생활이 어려운 자로 일정기간 동안 이 법이 정하는 급여의 전부 또는 일부가 필요하다고 보건복지부장관이 정하는 자는 수급권자로 본다.

3. 급여의 종류

국민기초생활보장법이 규정하는 급여(서비스)의 종류는 생계급여, 주거급여, 의료급여, 교육급여, 해산급여(解産給與), 장제급여(葬祭給與), 자활급여(법 제7조①)가 있다.

3 아동복지법

1. 개관

아동복지법은 아동이 아무런 차별 없이 완전하고 조화로운 인격발달을 위하여 안정된 가정환경에서 행복하게 자랄 수 있는 사회환경을 조성하는 데 목적을 두고 있다.

아동을 위한 사회복지법의 연혁은 1923년에 제정한 '조선감화령(朝鮮感化令)'을 폐지한 후 1961년 '아동복리법(兒童福利法)'으로 제정・공포되었다가, 1981년 4월 전문 개정되면서 '아동복지법(兒童福祉法)'으로 개칭되었다. 1981년 4월 13일 법률 제3438호로 개정되었고, 2000년 1월 12일 법률 제6151호로 전문 개정되었으며, 2002년 12월 18일 법률 제6801호로 일부개정, 2004년 01월 29일 법률 제7143호로 일부개정, 2004년 03월 22일 법률 제7212호로 일부 개정을 거쳐 2013년 3월 23일 정부조직법 개정으로 일부 개정된 후 오늘에 이르고 있다.

아동복지법은 어린이에 대한 사랑과 보호의 정신을 높이고 이들을 옳고 아름답고 슬기로우며 씩씩하게 자라나도록 하기 위하여 매년 5월 5일을 어린이날로 정하고 5월

1일부터 5월 7일까지를 어린이주간으로 정하고 있다(법 §6).

2. 대상

아동복지법이 규정하고 있는 보호대상자는 18세 미만의 아동으로서 보호자로부터 유실, 유기, 이탈, 학대받았거나, 보호자가 아동을 양육하기에 부적당하거나 능력이 없는 경우이다. 또한 이 법에 아동의 건강한 출산이 어려운 임신 중이거나 출산 후 6월 이내의 임산부도 보호대상자로 포함하고 있다. 임산부를 보호하는 것은 앞으로 출생할 아동의 건강한 출산과 육성에 목적을 두고 있다.

한편, 아동복지법은 시설입소대상 아동을 ① 보호자로부터 유실 · 유기 · 이탈된 경우, ② 보호자가 아동을 양육하기에 부적당한 경우, ③ 아동이 결함을 지니고 있는 경우 등으로 정하고 있다.

3. 복지사업 내용

주요 아동복지사업으로 아동의 건강 및 아동의 안전에 대한 보호조치, 시설수용 보호조치, 입양, 아동전용시설의 설치 등을 들 수 있다. 이들 내용을 살펴보면 다음과 같다.

첫째, 아동에 대한 보호조치는 시 · 도지사와 시장 · 군수 · 구청장에 의해 ① 아동과 보호자에 대해 훈계, ② 아동복지지도원을 통한 지도, ③ 보호자 또는 대리양육을 원하는 연고자에 대해 필요한 조치, ④ 희망자에게 보호위탁, ⑤ 병원 또는 요양소에 입원 또는 입소, ⑥ 선도기관에의 의뢰 등으로 이루어진다.

둘째, 시설수용 보호조치는 아동의 형편상 필요하다고 인정할 때 아동 양육시설, 아동일시보호시설 등에 입소 조치하여 보호한다.

셋째, 입양을 아동의 부모 혹은 후견인의 동의를 얻어 자격을 갖춘 자에게 가능하도록 규정하고 있다.

넷째, 정부는 어린이 공원, 어린이 놀이터, 어린이 회관, 체육 · 연극 · 영화 · 과학실험전시시설 등 아동 전용시설을 설치하도록 노력해야 한다.

다섯째, 아동복지시설, 유치원, 초 · 중 · 고등학교장은 대통령령으로 정하는 바에 따라 교통안전, 약물 오 · 남용 예방, 재난대비 안전교육을 실시하도록 규정하고 있다.

4. 시행기관

아동복지의 시행기관은 보건복지부장관, 서울특별시장 · 광역시장 · 도지사와 시 · 군 · 읍 · 면 · 동장으로 정하고 있다. 보건복지부에 중앙아동복지위원회와 시 · 도에 지방아동복지위원회를 두어 아동복지정책, 아동복지시설의 발전에 관한 사항을 심의하도록 하고 있다.

한편 아동들에게 실제로 서비스를 제공하는 아동복지시설로 아동양육시설, 아동일시보호시설, 아동보호치료시설, 아동직업훈련시설, 자립지원시설, 아동단기보호시설, 아동상담소, 아동전용시설, 아동복지관이 있다.

5. 교정사업과 관계

아동복지법의 서비스 대상자에 대해 살펴본 바와 같이 이들의 주변 환경과 가족의 기능을 고려할 때 이들 아동은 비행 혹은 범죄에 매우 취약하다. 교정실무자들은 소년원과 소년교도소를 포함하여 교정시설에 수용되어 있는 18세 미만의 청소년들이 퇴원 혹은 퇴소할 때 아동복지법상의 서비스와 관련하여 다음 몇 가지 사항을 고려할 수 있다.

첫째, 아동복지법이 정하고 있는 아동보호치료시설에는 소년법에 의해 4호 처분을 받은 비행청소년들이 수용되어 있어 교정실무자들과 밀접한 관계를 가지고 있다.

둘째, 소년보호시설과 교정시설로부터 퇴소 혹은 출소한 무의탁자는 아동복지시설을 이용할 수 있으므로 교정실무자는 이를 충분히 활용할 수 있도록 도와야 한다.

셋째, 아동의 부모가 교정시설에 수용되어 있을 때 아동복지법이 규정하는 가정위탁보호서비스를 받도록 조치할 수 있다.

4 노인복지법

우리나라의 노인인구가 전체인구의 7%를 넘어서면서 고령화사회로 진입하였다. 앞으로 머지않아 노인인구가 14%를 차지하는 고령사회를 얼마 두지 않고 있다. 이와 함께 노인범죄도 날로 증가하고 있다. 이런 상황에서 교정 관련 주요 사회복지제도로써 노인복지법을 강조하지 않을 수 없다.

1. 개관

노인의 질환을 사전예방하고 질환상태에 따른 적절한 치료와 요양으로 심신의 건강과 생활안정을 위해 필요한 조치를 취하는 데 목적을 둔 노인복지법은 1981년에 제정되어 최근 2013년 8월 13일 개정이 있은 후 오늘에 이르고 있다. 이 법에서는 기본이념으로 노인에 대한 존경과 안정된 생활보장, 노인의 사회적 활동보장, 사회발전을 위한 노인의 참여기회 제공을 명시하고 있다. 또한 이 법은 10월 2일을 노인의 날로, 10월을 경로의 달로 정하고 있다.

2. 대상

노인복지법에 의한 서비스 대상자는 65세 이상의 전체 노인으로 정하고 있고, 예외로 노쇠가 심하여 특별한 보호를 필요로 하는 65세 미만의 노인을 포함하고 있다.

3. 서비스 내용

노인복지법에서 규정하고 있는 주요 조치와 서비스 내용으로 경로연금, 보호·복지조치, 생업지원, 경로우대, 건강진단, 상담·입소 조치, 치매관리사업, 노인재활요양사업을 들 수 있다.

4. 시행기관

보건복지부장관, 서울특별시장·광역시장·도지사 또는 시장·군수·구청장이 노인복지의 증진을 위해 책임을 지도록 하고 있다. 노인복지대책에 관한 국무총리의 자문에 응하기 위해 국무총리 소속 아래 중앙노인복지대책위원회를 두고, 각 지역에는 지방자치단체장 아래 지방노인복지대책위원회를 두고, 각 지역에는 지방자치단체장 아래 지방노인복지대책위원회를 두고 있다. 또한 노인의 복지를 위한 상담과 지도업무를 담당하는 노인복지상담원을 임용하고, 지역사회의 실정에 밝고 노인복지에 관한 학식과 경험이 풍부한 자를 노인복지 명예지도원으로 위촉하여 활용하고 있다.

이 법은 노인복지서비스를 제공하는 주요 시설을 노인주거복지시설(양로시설, 노인복지주택 등), 노인유료복지시설(노인요양시설, 노인전문요양시설, 노인전문병원 등),

노인여가복지시설(노인복지회관, 경로당, 노인교실 등), 재가노인복지시설(가정봉사원 파견시설, 주간보호시설, 단기보호시설)로 구분하여 규정하고 있다.

5 장애인복지법

1. 개관

장애인복지법에 규정하는 장애인의 범주가 확대되면서 범죄장애인의 재활에 대한 관심이 증가하고 있다. 따라서 교정현장의 실무자들은 지체장애범죄인뿐 아니라 정신장애범죄인에 관한 사회복지제도를 숙지해야 할 것이다.

'심신장애자복지법'으로 1981년에 제정되어 '장애인복지법'으로 개정된 이후 수회의 개정을 거쳐 오늘에 이르고 있다. 이 법은 장애인대책에 관한 정부의 책무를 명백히 하고 장애발생의 예방과 장애인의 의료, 훈련, 고용의 증진, 수당의 지급 등 장애인의 복지증진에 기여함을 목적으로 하고 있다. 또한 이 법은 4월 20일을 장애인의 날로 하고, 이날로부터 1주간을 장애인주간으로 정하고 있다.

2. 대상

장애인에 대한 구분은 장애의 유형과 급수에 의해 정하고 있다. 장애인복지법은 장애인을 지체장애인(1~6급), 시각장애인(1~6급), 청각장애인(2~6급), 언어장애인(3~4급), 정신지체장애인(1~3급)으로 유형화하고 있다.

한편, 1999년에 이 법은 일부 만성질환자도 장애인복지의 대상자로 포함시켰다. 이들 장애유형별 급수는 서비스의 내용과 수준을 결정하는 주요 기준이 되고 있는데, 청각장애인과 언어장애인은 각각 1급과 1~2급이 없으며, 정신지체장애인은 4~6급이 없다.

특별히 장애인 중 공주치료감호소를 제외하고 일반 교정현장에서 가장 많이 접하는 지체장애인의 기준은 팔, 다리, 몸통의 기능 정도에 따라 1급에서 6급까지 구분하고 있다.

3. 서비스 내용

장애인을 위한 서비스를 업무담당 부서별로 구분하여 정리하면 다음과 같다.

첫째, 보건복지부 주관으로 장애인 생계보조수당, 장애인 자녀교육비, 장애인 자립자금, 장애인 의료비, 장애인 자동차표지발급, 장애인 결연사업 등이 있다.

둘째, 국가기관 주관으로 승용차에 대한 특별소비세 면제, 승용차 LPG 연료 사용 허용, 상속세 인적 공제, 철도·지하철 요금 감면 등이 있다.

셋째, 지방자치단체 주관으로 장애인용 차량에 대한 등록세·취득세·자동차세·면허세 면제, 고궁 등 입장요금 감면 등이 있다.

넷째, 공공기관·민간기업 주관으로 전화요금할인, TV 수신료 면제, 공동주택공급알선, 무료법률구조서비스, 항공료할인, 고속도로통행료 50% 할인 등이 있다.

4. 시행기관

중앙정부와 지방정부에 각각 중앙장애인복지위원회와 지방장애인복지위원회를 두어 장애인복지에 관한 사항을 심의·건의하도록 하고 있다.

장애인복지법은 시·군·구에 사회복지사 2급 이상 또는 특수학교의 교사자격증 소지자를 장애인복지지도원으로 두도록 하고 있다.

5. 교정사업과 관계

교정시설의 실무자들은 장애수용자들의 재활을 위해 장애인복지제도를 파악하고 있어야 한다. 특히 교정시설에서 지체장애수용자가 출소할 때 이들에게 합당한 사회복지서비스를 받을 수 있도록 도와야 한다. 뿐만 아니라 사회복귀가 원활하지 못한 정신장애 범죄인의 재활을 위해 공주치료감호소와 갱생보호공단 등은 장애인복지법이 정하는 사회복지시설 또는 기관과 활발히 교류하는 것이 바람직하다.

6 한부모가족법

1. 개관

한부모가족지원법은 오늘날의 산업사회에서 일어나고 있는 이혼, 사별, 유기, 별거 등과 같은 가정의 해체현상으로 배우자가 없거나 배우자가 있어도 질병이나 교정시설 등의 장기수용 등으로 근로를 제대로 할 수 없어 여성 또는 남성이 생계를 책임지는 모・부자 가정이 날로 격증하고 있으므로, 이들 모・부자 가정이 건강하고 문화적인 생활을 영위할 수 있게 함으로써 모・부자 가정의 생활안정과 복지증진에 기여함을 목적으로 하고 있다.

2. 한부모가족복지 내용

모・부자복지 내용을 보면 복지급여 및 자금대여, 고용의 촉진, 시설설치 및 시설우선이용, 국민주택의 분양 및 임대 등을 들 수 있다.

1) 복지급여 및 자금대여

국가 또는 지방자치단체는 생계비, 아동교육지원비 등의 복지급여의 신청이 있는 경우에는 복지부령이 정하는 바에 이를 실시하되, 이 법령에 의한 보호대상자가 국민기초생활보장법 등 다른 법령에 의하여 보호를 받고 있는 때에는 그 범위 안에서 이 법에 의한 급여를 하지 아니하며(법 §12①,②), 모・부자 가정의 생활안정과 자립을 촉진하기 위하여 사업에 필요한 자금, 아동교육비, 의료비, 주택자금 그 밖의 대통령령이 정하는 모・부자 가정의 복지를 위하여 필요한 자금을 대여할 수 있도록 하였다.

2) 고용의 촉진

국가 또는 지방자치단체는 모・부자 가정의 모 또는 부와 아동의 고용을 촉진하기 위하여 적합한 직업훈련의 실시와 취업알선에 노력하며, 각종사업장에 모・부자 가정의 모 또는 부와 아동이 우선고용이 되도록 노력하도록 되어 있다(법 §14①,②).

3) 시설설치 및 우선사용

국가 또는 지방자치단체가 운영하는 공공시설의 장은 그 공공시설 안에 각종 매점 및 시설의 설치를 허가하는 경우 이를 모・부자 가정 또는 모・부자복지단체에 우선적으로 허가할 수 있으며, 모・부자 가정의 아동이 공공의 아동편의시설과 그 밖의 공공시설을 우선적으로 이용할 수 있도록 노력하여야 한다(법 §15,16).

4) 국민주택 분양 및 임대 등

국가 또는 지방자치단체는 주택건설촉진법이 정하는바에 의하여 국민주택을 분양하거나 임대하는 경우에는 모・부자 가정에 일정비율이 우선 분양될 수 있도록 노력하여야 하고(9법18), 모・부자 가정 중 농・어업을 경영하는 모자가정의 여성농어업인의 삶의 질을 향상시키기 위하여 '여성농업인육성법'에 의한 지원을 하도록 되어 있다(법 §2조1호라목).

5) 교정복지적 관점

교도소 등 교정기관이나 소년원 등 보호기관 등에 수용되어 있는 수용자 중에 많은 경우 이혼이나 사망 등으로 편부나 편모 또는 불건전가정이나, 시설가정 출신들이 많다.

따라서 법무부나 보건복지부 등의 유관부서에서는 상호 유기적인 협조체제를 강화하여 이들의 생계유지를 위하여 복지자금의 신청이나 고용의 촉진 등 모・부자복지법이 규정하고 있는 최대의 복지서비스를 받을 수 있도록 노력하여야 할 것으로 본다.

7 정신보건법

1. 개관

정신보건법은 정신질환의 예방과 정신질환자의 의료 및 사회복귀에 관하여 필요한 사항을 규정함으로써 국민의 정신건강증진에 이바지하는데 목적을 두고 있으며(법 §1), 기본이념으로는 모든 정신질환자는 인간의 존엄과 가치를 보장받으며 최적의 치료를 받을 권리를 보장받을 뿐만 아니라 정신질환이 있다는 이유로 부당한 차별대우를 받지 아니한다.

또 미성년자인 정신질환자에 대하여는 특별히 치료, 보호 및 필요한 교육을 받을 권리가 보장되어야 하고, 입원치료가 필요한 정신질환자에 대하여는 항상 자발적 입원이 권장되어야 한다.

'정신질환자'라 함은 정신병(기질적 정신병을 포함한다), 인격 장애, 알코올 및 약물중독 기타 비정신병적 정신장애를 가진 자를 말한다(법 §3조1호).

정신보건법은 1995.12.30. 최근 생활환경의 급격한 변화로 인하여 정신질환자가 증가함에 따라 정신질환을 예방하고 정신질환자에 대한 효율적인 의료 및 사회복귀를 위하여 필요한 사항을 정함으로써 국민의 정신건강에 이바지하려는 목적으로 1995.12.30. 제정되었다.

또한 불필요한 장기입원을 억제하고 정신질환자의 인권보호를 강화하려는 취지에서 1997.12.31. 1차 전문개정을 하였으며, 일부 미비점을 개선・보완하려는 목적으로 2000.1.12. 2차 개정을 하였다.

그간 시행과정에서 제도의 운영상에 나타난 미비점을 개선, 보완하기 위하여 2004. 1. 29. 3차 개정이 이루어졌는데, 주요 개정요지로는 첫째, 정신의료기관이 시설기준 등에 미달하게 된 때에는 허가를 취소하거나 폐쇄 또는 사업의 정지를 명할 수 있으며(법 §12③), 국가 및 지방자치단체가 지역사회정신보건사업을 전문적으로 수행하기 위하여 보건소 또는 국・공립 정신의료기관에 정신보건센터를 설치하며(법 §13③), 지역사회 정신보건사업의 전문적이고 집중적인 지원을 위하여 보건복지부장관과 시・도지사에게 중앙 및 지방 정신보건사업지원단을 각각 설치・운영할 수 있도록 하였다(법 §13⑥).

2. 정신보건복지서비스

정신보건복지서비스로는 크게 보호 및 치료, 권익보호, 지원 등을 들 수 있는데 이를 분설하면 다음과 같다.

1) 보호 및 치료

정신질환자의 민법상의 부양의무자 또는 후견인은 정신질환자의 보호의무자가 되는데(법 §21①), 보호의무자 사이의 보호의무의 순위는 부양의무자, 후견인의 순위에 의하여 부양의무자가 2인 이상인 경우에는 민법 제976조의 규정에 따르고 보호의무자가 없거나 보호자가 보호의무를 이행할 수 없는 경우에는 현재지를 관할하는 시장・군수 또는 구청장이 그 보호의무자가 된다(법 §21③). 보호의무자는 피보호자인 정신질환자로 하여금 적정한 치료를 받도록 노력하여야 하며, 보호하고 있는 정신질환자가 자신 또는 타인을 해치지 아니하도록 유의하여야 하며, 정신과 전문의의 진단에 따라 정신질환자가 입원 및 퇴원할 수 있도록 협조하여야 한다(법 §22②).

2) 입원

입원에는 자의입원, 보호의무자에 의한 입원, 시 · 도지사에 의한 입원, 응급입원이 있다.

(1) 자의입원

정신질환자는 입원신청서에 의하여 정신의료기관에 자의로 입원할 수 있고 정신의료기관의 장은 자의 입원한 환자로부터 퇴원신청이 있는 경우에는 지체 없이 퇴원시켜야 한다(법 §23①,②).

(2) 보호의무자에 의한 입원

정신의료기관의 장은 정신질환자의 보호의무자의 동의가 있는 때에는 정신과 전문의가 입원이 필요하다고 진단한 경우에 한하여 당해 정신질환자를 입원시킬 수 있으며, 입원 시 당해 보호의무자로부터 보건복지부령이 정하는 입원동의서 및 보호의무자임을 확인할 수 있는 서류를 받아야 한다(법 §24①).

보호의무자에 의한 입원의 경우 입원기간은 6월 이내로 하되, 정신의료기관의 장은 6월이 경과한 후에도 계속입원이 필요한 경우에는 법절차에 따라 계속입원치료에 대한 심사를 청구하여야 한다. 심사청구의 결과 퇴원명령을 받은 때에는 정신의료원의 장은 즉시 퇴원시켜야 한다(법 §24③,④).

그 외에도 입원 동의서를 제출한 보호의무자로부터 퇴원신청이 있는 경우나 입원한 환자로부터 퇴원의 청구가 있는 때에는 정신의료기관의 장은 정신과 전문의의 의견에 따라 퇴원이 가능한 경우 당해 환자를 즉시 퇴원시켜야 한다(법 §24⑤,⑦).

(3) 시 · 도지사에 의한 입원

정신질환으로 위험이 있다고 의심되는 자를 발견하면, 당해 정신질환자로 의심되는 자를 발견한 정신과 전문의 또는 보건정신전문요원은 시 · 도지사에게 당해인의 진단 및 보호를 신청할 수 있고 이 신청을 받은 시 · 도지사는 즉시 정신과 전문의에게 당해 정신질환자로 의심되는 자에 대한 진단을 의뢰하여야 한다(법 §25①,②).

(4) 응급입원

정신질환자로 추정되는 자로서 자신 또는 타인을 해할 위험이 큰 자를 발견한 자는 그 상황이 매우 급박하여 자의입원의 규정에 의한 입원을 시킬 수 없는 때에는 의사와 경찰관의 동의를 얻어 정신의료기관에 당해 인에 대한 응급입원을 의뢰할 수 있다(법 §26①).

(5) 퇴원

정신보건에 관하여 보건복지부장관과 시・도지사 및 시장・군수・구청장의 자문에 응하고 정신보건에 관한 중요한 사항의 심의와 심사를 하기 위하여 보건복지부장관 소속하에 중앙정신보건심의위원회를, 시・도지사 소속으로 광역정신보건심의위원회를, 시장・군수・구청장소속으로 기초정신보건심의위원회를 각각 둔다. 또한, 퇴원 등의 심사, 재심사의 회부 등 및 시・도지사에 의한 입원조치의 해제의 규정에 의한 심사를 하기 위하여 중앙 및 지방정신보건심의위원회 안에 정신보건심판위원회를 각각 두도록 되어 있다(법 §27①,②).

정신의료기관에 입원중인 자 또는 그 보호의무자는 시・도지사에게 자신 또는 당해 입원환자의 퇴원 또는 처우개선을 청구할 수 있고 시・도지사는 보호자에 의한 입원의 계속입원청구 및 재심의 청구의 규정에 의한 청구를 받은 때에는 즉시 당해 청구내용을 지방정신보건심의위원회에 회부하도록 되어 있다(법 §29,30).

3. 권익보호

권익보호를 위하여 정신과 전문의의 진단에 의하지 아니하고는 정신질환자를 정신의료기관에 입원시키거나 입원을 연장시킬 수 없도록 하여 입원에 신중을 기하였고(법 §40①), 누구든지 정신질환자였다는 이유로 교육 및 고용의 기회를 박탈하거나 기타 불공평한 대우를 하여서는 아니 되도록 하였다(법 §40,41).

누구든지 이 법 또는 다른 법령에 의하여 정신질환자를 의료보호할 수 있는 시설 외의 장소에 정신질환자를 수용하여서는 아니 되며, 정신질환자에 대한 전기충격요법, 인슐린혼수요법, 정신외과요법 기타 대통령령이 정하는 특수치료행위는 당해 정신의료기관이 구성하는 협의체에서 결정하되 본인 또는 보호의무자에게 특수치료에 대한 필요한 정보를 제공하고 그 동의를 얻도록 하여 특수치료를 제한하였다.

정신의료기관의 장은 정신질환자에 대하여 의료를 위하여 필요한 경우에 한하여 통신의 자유, 면회의 자유 기타 대통령령이 정하는 행동의 자유를 제한할 수 있고 환자의 격리는 정신과 전문의의 지시에 따라야 하며 이를 진료기록부에 기재하도록 하였다(법 §45,46).

4. 지원

국가 또는 지방자치단체는 정신질환으로부터 회복된 자가 그 능력에 따라 적당한 직업지도, 직업훈련을 받을 수 있도록 노력하고 정신질환자의 사회복귀 촉진 및 권익 보호를 목적으로 하는 단체 또는 시설을 보호, 육성하고, 이에 필요한 비용을 보조할 수 있다(법 §47,48).

정신질환자 및 그 브호의무자의 경제적 부담을 경감하고 정신질환자의 사회복귀를 촉진하기 위하여 의료비의 경감, 보조 기타 필요한 지원을 할 수 있으며, 지역사회정신보건사업을 위하여 그 사업자에게 보조금 등으로 지원할 수 있도록 하였다(법 §49,52).

제8장 교정복지 실천기법

제1절 주요 교정치료기법

교정복지 실천기법은 범죄인과 비행청소년의 사회복귀를 위한 구체적인 방법론이라고 볼 수 있는데 이는 두 개의 이론적 계보가 있다. 그 하나는 이른바 마음의 병(病) 모델(The Sickness Model)에 의한 교정치료이론이다. 이것은 한마디로 범죄나 비행의 원인을 마음의 병에 두고, 예를 들어, 열등감이라든가 욕구불만 또는 갈등이라는 마음의 심층에 잠재되어 초래된 하나의 증상에서 오는 범죄나 비행을 찾고자하는 입장이다.

이러한 경우에서의 교정치료의 기법은 당연한 것으로 범죄자나 비행자의 내면적인 심리에 그 관심을 두고 범죄행동이나 비행행동의 직접적인 정황보다는 오히려 내면에 잠재하는 열등감이나 욕구불만과 갈등의 해소라는 점에 그 역점을 두고 있다. 이러한 입장을 취한 처우기법으로는 크게 교정상담기법과 교정심리치료로 대별할 수 있다.

1 교정상담(Correctional Counseling)

교정상담은 일반상담의 한 구체적 영역이라고 할 수 있는데, 다만 교정상담은 일반적인 상담의 원리와 기법을 범죄자나 재소자라는 특수한 집단의 내담자(來談者)를 주로 교정시설이나 이와 관련된 시설에서 상담하는 것이라고 할 수 있다[1].

1. 교정상담의 기능

교정상담의 기능은 크게 두 가지로 나누어 볼 수 있는데 그 하나는 시설내 적응기능이고 다른 하나는 사회적응이라고 할 수 있다. 우선 재소자들에게 문제되는 것은 시설내에 잘 적응하도록 하는 것이다. 즉 무사히 형기를 마치도록 하는 것이다.

교정시설에 수용되는 것은 일반인들에게는 인내하기 어려운 상황이다. 무엇보다 지금까지 누려왔던 자유의 억제, 동료재소자나 교도관으로부터 받는 부당한 처우, 급격한 환경변화로 인해서 오는 불안과 공포, 미래에 대한 우려 등 참아내기 어려운 여러 가지 극한상황에 처하게 된다.

이들이 이러한 상황에 잘 적응해서 극복을 하면 나중에 출소해서 정상적인 생활을 영위할 수 있겠으나, 만일 시설 내에서 적응하는데 실패하면 오히려 큰 정신적 피해를 받고 출소하게 되어 사회에 정상적으로 복귀하게 하는 것이 훨씬 더 어렵게 된다.

재소자가 시설에 적응하지 못하면 본인이 피해를 받는 것은 물론이지만 다른 재소자들에게도 커다란 피해를 줄 수 있다. 따라서 교정상담의 첫 번째 기능은 재소자들에게 변화된 환경에 잘 적응해서 사회에 복귀할 준비를 하도록 하는 것이다.

교정상담의 두 번째 기능은 재소자들로 하여금 사회에 적응할 수 있는 능력을 길러주는 것이다. 어떻게 보면 이 기능이 궁극적인 교정상담의 기능이 되고 앞에서 언급한 것은 이 기능을 수행하기 위한 과정적 기능이라고 할 수 있다. 교정상담을 포함한 교정시설의 모든 활동은 궁극적으로 재소자들로 하여금 사회에 복귀해서 정상인으로 생활할 수 있도록 하는데 목적이 있다고 할 수 있다.

이런 의미에서 교정상담을 포함한 모든 활동은 궁극적으로 재소자들로 하여금 사회에 복귀해서 정상인으로 생활할 수 있도록 하는데 목적이 있다고 할 수 있다. 앞에서 지적한 다양한 이유 때문에, 사회에 적응하지 못한 채 범죄나 비행을 저지르고 수용된 사람들에게 사회에 적응할 수 있는 사고체계, 정서상태, 생활기술 등을 갖추도록 하는 것이 바로 교정상담의 기능인 것이다.

---

1) 법무부에서 2002년 발간한 교정현장상담이라 제목의 저서에는 교정현장상담이란 "교정현장에서 수용자를 직접 대면하고 있는 교정직원이 수용자가 가지고 있는 여러 심리적, 행동적 문제를 대화를 통해 지도관리 하여 수용생활의 적응을 돕고, 수용자 스스로 부정적인 감정과 억눌린 욕구를 긍정적인 방향으로 전환시켜 자신의 문제 상황과 위기를 성장과 발전의 기회로 바꿀 수 있도록 이끌어주는 것이다."라고 하였다.

이상과 같은 기본적인 기능 이외에 재소자들을 분류하고 훈육하는 기능을 갖기도 하고, 경우에 따라서는 재소자들의 활동, 문화, 대인관계 등과 같은 실태를 교도관들에게 알리는 기능도 아울러 갖게 된다.

이러한 상담의 기능을 수행하기 위하여 교정상담자는 분류(Classification), 처리(Treatment), 훈련(Training), 자문(Consultation), 연구(Research)등의 기능을 수행해야 하고, 아울러 변화촉진자(Change Agent), 자원관리자, 전통적인 치료자의 기능도 가져야 한다.

2. 교정상담기법의 접근방법

교정상담에 대한 접근방법들을 하나로 묶는 공통철학은 없으나 각 상담기법은 대체로 다음 세 가지 일반적인 범주에 속한다고 볼 수 있다.

1) 정신역동적 접근법

이 접근방법은 주로 통찰과 무의식적 동기(Unconscious Motivation) 그리고 성격의 재구성에 근거하는 것으로 심리요법의 대부분은 분석적 접근법으로부터 통합된 원리와 기법에서 세분화되고 있다고 보며 역사적으로나 실체적으로 이 모형은 우월한 위치에 있고 현대에도 중요한 역할을 한다. 정신분석적 개념을 확장하고 적용한 사람으로는 자아심리학자인 에릭슨(Erikson)이 있다.

2) 경험적이고 관계지향적인 접근법

경험적이고 관계지향적인 접근법으로는 실존적 접근법, 인간중심적 접근법과 형태상담법이 있는데 실존적 접근법은 완전한 인간이 무엇인가에 관심을 두는 것으로 이것은 자유, 책임성, 불안, 죄의식, 인간의 유한성에 대한 인식, 의미의 창조, 적극적 선택에 의한 자신의 미래조형(Shaping) 등과 같은 '인간조건(Human Condition)'이라는 주제에 관심을 갖고 있다는 것이며, 인간중심적 접근법은 인도주의철학에 바탕을 둔 것으로 상담자의 인간적 태도를 중시하는 것으로 상담자와 상담자간의 관계의 질(Quality)이 상담과정의 결과를 결정짓는 가장 중요한 요소가 된다.

경험적 접근법으로는 형태 상담법이 있는데 이것은 내담자가 현재 경험하는 것, 그리고 어떤 순간에서는 자신이 느끼는 감정이 다양하다는 것을 인식케 하는 광범위한 기법의 제공을 말한다.

3) 인식적 · 행동적 성향의 행동상담

이 접근법들은 1920년대와 1940년대의 아들러의 관심을 재생시킨 것으로 1980년대 이후 현재의 심리상담에 크게 공헌한 것으로 이에 대한 것으로는 아들러학파의 상담 행동요법, 합리적 · 정서적 상담, 교류분석, 현실요법 등이 있다.

교류분석은 '인생극본'이나 생활계획, 개인 등을 강조하며 현재수준에 보다 적합한 새로운 결정을 하는 내담자의 능력에 초점을 두는 것으로 어린 시절에 부모에게서 받아들였던 메시지에 대한 반응으로써 초기 결정이 어떻게 인간의 행동을 결정하는가를 보여주는데 공헌한 접근법이라고 말할 수 있다.

합리적 · 정서적 상담은 인간의 불행을 만드는 비합리적 신념에 어떻게 도전하는가를 학습하는 것에 강조점을 두고 있다.

현실요법은 내담자(內談者)의 현재 행동에 초점을 두는 것으로 변화에 있어서의 개인의 책임성을 중시하고 새로운 행동을 채택하기 위해 명확한 계획을 개발할 것을 특히 강조한다고 볼 수 있다.

행동상담은 행동을 강조하며 변화를 위한 구체적인 계획 설정을 강조하는 것으로 행동상담에서의 최근경향은 행동의 중요한 결정인자로서 인지적 요인에 주의를 기울인다.

3. 교정상담과 일반상담의 차이

교정시설에서 직원이 수용자를 효과적으로 관리하고 지도하기 위해 활용하는 교정상담은 일반인을 대상으로 하는 상담과는 다른 차이점이 있다.

첫째, 교정상담에서는 수용자가 문제행동을 유발했을 때, 내담자의 복지를 최우선으로 고려해야하는 되는 것이 아니라 수용질서를 먼저 생각해야 하기 때문에 수용자의 문제행동이 규율에 위반된 경우에는 행정적, 법적 제재를 하면서 상담을 시작해야 하는 것이 일반상담과는 가장 큰 차이가 있다.

둘째, 교정현장상담은 일반상담과 달리 이중적 구조를 가지고 있다. 직원이면서 상담자이고, 수용자이면서 내담자라는 두 가지 역할이 동시에 존재하여 상담관계에서 일차적으로 확보되어야 할 동등한 인격을 지닌 두 개인과 진솔한 만남이어야 한다는 조건을 갖추지 못하게 된다.그래서 자신의 수용태도에 대한 평가를 내리는 직원에게 자신과 동료에 대한 저의를 솔직히 털어놓기가 매우 어려운 것이 특징이다.

셋째, 일반상담은 내담자가 호소한 문제점과 관련된 사항에 초점을 맞추어 진행에 나아가는 반면, 교장현장상담에서는 개인의 문제뿐 아니라 수용 질서를 해치는 수용자에 대한 호출상담도 필요하다. 그래서 현장상담을 하는 직원은 교정의 목표인 수용자를 교정・교화하기 위한 관리자로서의 역할과 수용자 개개인의 생각과 감정 그리고 행동의 '인간적 성장'을 위해 도움을 주는 상담자로서의 역할도 담당해야 한다.

넷째, 대부분의 직원들은 상담을 전공한 상담전문가는 아니다. 오히려 상담전문가로서의 역할보다는 부여된 직책에 맞는 관리자로서 지도력이 우선적으로 요구되며 이 역할을 효과적으로 발휘하기 위해서는 상담의 원리와 기법을 배우고 익혀야 한다.

다섯째, 교정상담은 상담하기 이전에 이미 내담자에 대한 정보를 가지고 있다. 일반상담에서는 사전정보가 없는 상태에서는 상담하게 되지만 교정현장에서는 내담자에 대한 다양한 정보(범죄나 비행성, 가족관계, 학력, 경력, 성장배경 등)를 갖고 있으며, 수용태도와 성격 등 내담자의 특성을 파악하고 상담에 임할 수 있다. 하지만 이러한 많은 정보가 편견과 선입견으로 작용하여 상담의 진행을 방해하는 위험한 요인이 될 수 있으므로 세심한 주의를 기울여야 한다.

여섯째, 교정직원은 상담이 끝나면 곧장 다시 관리자로서의 위치로 돌아가야 한다. 그래서 때로는 수용질서 확립을 위해 관리자로서 수용자를 즉시 호출하여 상담하기도 하며, 동료와의 관계에 어려움을 호소한 수용자의 경우 필요하다면 관련수용자를 즉시 한자리로 불러 모아 대화를 나눌 수도 있다. 이러한 사항은 일반상담에서는 거의 일어나지 않는다.

일곱째, 교정현장상담에서는 상담자가 필요하다고 인정될 때 언제나 호출상담이 가능하다. 예컨대, 조직의 분위기를 해치는 수용태도를 보이거나, 개인적인 고충을 감추려 하거나, 격려와지지 혹은 칭찬이 필요하다고 판단되거나, 또는 주위로부터 새로운 정보를 들었을 때 의도적으로 불러 상담에 임할 수가 있다.

여덟째, 교정상담에서는 일정한 시간을 정해놓고 하는 일반상담과 달리 근무시간

중에 이루어진다. 직원이 다루어야 할 수용자의 숫자는 차츰 늘어가고 형편이고, 수용자의 요구는 다양해지고 있어 많은 시간을 투자해서 깊숙이 개입할 시간적인 여유가 없기 때문에 지도력을 중심으로 하는 단기간의 상담이 이루어진다. 이상과 같은 내용은 법무부에서 발간한 교정현장상담이라는 책의 일부내용을 소개한 것으로 전문교정상담사가 아닌 교정직원이 교정현장에서 이루어지는 상담을 중심으로 연구된 것이다.

4. 교정상담기법의 종류

1) 정신분석법 치료의 원리

다양한 심리요법을 생각할 때 결코 무시할 수 없는 것이 프로이드(Freud)의 정신분석학이다. 정신분석적 심리요법이란 정신분석학의 원리와 방법을 응용해서 행해지는 심리요법을 말하는 것이다. 결국 임상장면 속에서 치료자나 치료조건에 따라서 정통 정신분석의 기법을 수정해서 행해지는 정신분석이라는 의미로 사용되고 있다.

대표적인 사람으로 아들러(A. Adler, 1924), 융(G. C. Jung), 호나이(K. Horney, 1939), 프롬(E. Fromm, 1950), 설리번(S. h. Sullivan, 1940), 프롬라이히만(E. Fromm Reichmann, 1950) 등이다.

2) 전통적 정신분석의 기법

정신분석의 치료목적은 유아기에 생긴 무의식의 내적 갈등을 의식의 층으로 들어올리는 일이다. 결국 환자의 정신 상태를 유아기로 되돌려 가는 것이다. 이같이 되돌려간 상태를 인공적 또는 치료적 퇴행이라 부르고 있다.

정신분석의 기법 중 중요한 자유연상법은 이 같은 상태를 일으키는 데 사용된다. 즉 환자가 자신이 말하는 것을 의식적으로 정리한다거나 검열해서 선택하는 작용을 적게 해서 치료자에게 무엇이든 말하는 가운데 유아기에 경험한 불안에 대한 방어기재가 나타나게 된다. 그리하여 치료자는 그것을 분석하고 해석하여 환자로 하여금 그 방어기재를 풀기 위한 이해와 통찰을 가질 수 있도록 작용시키는 것이다. 그러나 환자는 자기의 방어를 좀처럼 풀지 않고 오히려 그것이 제거되는 일에 비상한 저항을 나타낸다. 여기에서 이들의 작용을 방어분석 또는 저항분석이라고 말하는 것이다.

방어분석의 과정에 있어서 환자는 치료자에게 자신이 과거의 대상, 예컨대 어린 시절의 부친에게 향하고 있었던 감정, 욕망, 자아의 방어기재, 초자아, 이들에 대한 갈등 등을 이전한다. 그것은 일반적으로는 치료자에 대한 불합리한 비현실적인 태도, 감정, 공상, 이미지 등의 형태로 나타난다.

이 전이현상은 과거에 있어서의 환자의 인과관계를 가리킨다는 점에서 치료가로서 분석의 대상이 된다. 이것이 전이분석이다.

이와 같이 방어분석, 전이분석 및 유아체험의 분석을 통해서 환자는 한번 억압하고 방어에 성공했던 불안에 대해서 다시 한 번 대결을 강요받는 셈이 되는 것이다. 여기에서 환자의 자아가 치료자의 해석에 의해서 생기는 정신적 위기를 견디고 그것을 견뎌 냄으로써 자기의 정신을 합리적으로 재구성하고 재통합할 수가 있다. 이 상태가 되면 증상은 소실되고 현실로의 적응도 높아지게 된다.

3) 범죄자 및 비행소년에의 적응

우리나라에서는 지시적 카운슬링, 교류분석 등의 해석이나 지시 등에 정신분석적인 사고방식이 많이 포함되어 있고 소년분류심사원이라든가 소년원에서 행해지고 있는 회화요법, 심리극 등 중에도 정신분석의 원리가 채택되고 있는 경우가 많다.

2 경험적 · 관계지향적 접근법

1) 인간중심의 상담법

이 상담법은 원래 비지시적 상담으로 1940년대에 정신분석상담에 대한 반동으로 생겨났는데 로저스(C. Rogers)와 동료들의 내담자 중심 또는 비지시적 상담은 랭크와 같은 다른 상담자들의 연구에서 그 뿌리를 찾을 수 있으며 상담심리분야 내에서 발전한 최초로 알려진 기법으로 인간의 주관적 경험에 기초한 문제를 다룸에 있어 내담자를 보다 신뢰하고 내담자에게 책임을 부여하는데 그 특징이 있다.

2) 실재요법(實在療法)

① 이 기법은 초점을 인간조건의 본질에 두고 있으며 여기에는 자기 자각의 능력, 자신의 운명을 결정할 수 있는 선택의 자유, 책임성, 기본적 요소로서의 불안, 무

의미한 세계에서의 독특한 의미의 창조, '고독하게 있기'와 '남과의 관계 맺기' 그리고 '생애의 유한성과 죽음' 등이 포함되는데 이 이론은 이론적 모형으로 확정된 것이라기보다는 심리요법의 접근법이라고 할 수 있으며 핵심적인 인간조건을 강조한다.

주요인물로는 메이(May), 프랭클(Frankle), 야롬(Yalom) 등이 있다.

② 이 접근법은 미래지향적이며, 행동 이전에 자기자각을 강조하는 경험적 상담이다. 내담자가 자유와 능력을 인식하도록 돕고 사건에 대한 책임이 있다는 것과 자신이 확고하게 생각하는 것이 실은 우연히 일어난 사건일 뿐이라는 것을 내담자에게 인식시키며, 자유를 봉쇄하는 요인들을 확인한다.

3) 행태요법(行態療法)

① 행태요법은 현재의 성격발달에 영향을 주는 미결과제와 감정을 강조하는 경험적 요법으로 펄스(Perls)가 창시하였는데 이는 분석요법에 대한 반동으로 만들어진 것으로 인간은 사고, 정서, 행동의 전체성과 통일성을 추구하기 때문에 비결정론적이며 인간은 과거의 경험이 현재의 장애에 어떻게 영향을 미치는가를 인식할 수 있는 능력을 갖고 있다고 본다.

② 이 기법은 내담자가 순간순간의 경험을 자각하도록 돕고 내담자로 하여금 외부적인 자원에 의존하지 않고 내부적인 자원을 위한 책임성을 수락하도록 도전하게 한다. 내담자는 현재의 기능을 간섭하는 과거의 미결과제를 확인하고 해결하는 작업을 한다. 그들은 과거의 외상경험이 마치 현재에 다시 일어나고 있는 것처럼 재 경험함으로써 이것을 할 수 있다.

③ 광범위하게 쓰이는 기법은 경험을 확인하고 갈등의 감정을 통합하는 것이다. 기법으로는 직면, 양극적인 대화, 역할연기, 감정에 머무르기, 궁지에 몰리기, 분노나 죄의식의 형태로 남아 있는 미결과제를 재 경험하고 없애기 등이 있다. 형태적인 꿈의 작업은 유용하다. 형식적인 진단이나 검사는 하지 않는다. 해석은 상담자 대신에 내담자에 의해서 행해지며 직면은 불일치가 있을 때 사용된다.

④ 이 기법은 광범위한 문제와 사람들에게 적합한데, 즉 위기상담, 심신장애의 처치, 부부 및 가족상담, 정신건강 전문가의 자각훈련, 아동의 행동문제, 학습, 조직의

발달 등 이것은 개인 및 집단 상담에도 잘 맞는데 내담자의 감정을 열고 현재 중심적인 경험을 만나게 하는 강력한 촉매이다.

3 인지적 · 행동적 성향의 행동요법

1) 아들러 학파 상담법(Adler 學派 相談法)

① 이는 성장모형을 제시하고 책임성을 강조하며 자신의 운명을 창조한다는 것으로 인생에 방향을 부여하는 의미와 목표의 발견에 초점을 두고 있는 것으로 가장 선구적인 사람은 아들러(Adler)이며 그의 뒤를 이어 루돌프 드레이커스가 미국에서 이론을 보급시켰다.

② 이 상담법의 중심 개념들은 오늘날의 다른 상담법에서 활용되고 있는데 이 접근법은 긍정적 인간관을 강조하고 인간은 사회적 관심에 의해 음직이며 목표를 추구하고, 생애과정을 처리하려고 한다는 데 있다.

성장모형에 기초된 이 접근법은 사회에서 협동적으로 살아가는 개인의 긍정적 능력과 성격의 통합, 주관적 관점에서 인간을 보려는 욕구, 행동에 방향을 제시하는 인생목표의 중요성을 강조한다. 인간은 관심과 목표추구에 의해 동기화 된다.

③ 상담은 인지적 관점에서 내담자가 변화하는데 있어 격려와 지원을 제공하는 것이다. 내담자가 사회적으로 유용한 목표를 갖도록 격려하고 잘못된 동기를 변화시키고 다른 사람과 동등한 감정을 갖도록 돕는다.

공동책임성, 공동의 목표설정, 상호신뢰와 존경, 평등성 등을 강조하고 협동적 관계는 상담계약을 통해 이루어진다.

생애극본을 검토하는 것에 초점을 두는데 이것은 내담자의 모든 행동을 통해 표현된다.

④ 상담자들이 주로 쓰는 기법은 재해석, 격려, 직면, 해석, 개인의 생애사에 관한 자료(가족의 위치, 초기경험의 재생), 상담계약, 과제부과, 질문(Question)의 사용, 역설적 의도, 제안 등이다. 이 기법은 생활의 모든 범주들, 즉 부모 - 아동상담, 부부 및 가족상담, 아동과 청소년의 개인상담, 교정 및 재활상담, 집단상담, 약물

남용 프로그램, 노인문제의 처리 등에 쓰일 수 있다.

이것은 성장모형이기 때문에 이상적으로는 정신건강을 보호하고, 성장을 방해하는 광범위한 영역의 조건을 제거하는 데 적합하고, 인간적이고 통일되고 목표 지향적이며, 사회적·심리학적 요인들을 강조하는 최초의 상담접근법의 하나이다.

⑤ 아들러(Adler)식의 접근은 접근에 비해 신경증에 관한 이론에 있어서 성적 문제(性旳 問題) 및 심리성적 발달에 관해 덜 강조하는 대신 힘과 남성의 성에 대한 보상의 욕구와 열등감을 강조하고 있다.

상담에서는 개인의 생활양식, 개인의 신경증적 목표, 내담자의 증상으로 인해 얻어지는 이득과 힘을 위한 투쟁에 사용되는 왜곡 등을 알아내려는 시도를 한다.

⑥ 내담자의 증상은 자신의 자기중심적 목표를 제공한다고 간주된다.

한 예로 사람은 자기 자신의 신경증적 증상을 다른 사람의 생활을 지배하고 통제하기 위하여 사용할 수도 있다. 이런 관점에서 볼 때 신경증적인 사람은 좀 더 사회적으로 이타적이 될 필요가 있는 자기중심적인 사람으로 보여진다.

프로이드(Freud)가 개발한 많은 기법들을 아들러(Adler)학파가 사용하지만, 이 학파는 이론적 강조점을 달리하므로 약간 다른 방식으로 그 기법들을 사용한다. 예를 들어, 꿈, 기억 그리고 다른 자료 등은 프로이드(Freud)식의 억압된 갈등에서보다는 개인의 생활양식, 자신의 목표 등에 의해서 해석된다.

상담기간도 정신분석보다 대개 더 짧고 의식적인 자료를 더 강조하며, 의식적 자료와 무의식적 자료는 성격에서의 상반된 힘으로 보는 것이 아니라, 오히려 신경증 내담자가 힘에 대한 투쟁에서 나타낼 수 있는 표현의 전이로 본다.

2) 교류분석(交流分析)

① 교류분석의 연혁

교류분석은 번에 의해 창단된 정신치료의 체계로 정신분석의 여러 가지 요소와 개인 및 사회심리학 내지는 학습이론의 개념들을 포함하고 있다.

이 이론은 개인보다는 집단치료에 알맞게 되어 있으며 사실적인 인격의 구성요소에 그 근거를 두고 있다.

교류분석의 이론적 형성은 번이 1949년부터 1962년 사이에 집필한 직관(直觀)에 관한 주요 논문들에 근거하고 있다.

1952년에 발표된「진단의 본질에 관하여」라는 논문은 진단적 범주를 다루고 있다.

번은 육군병원의 한 격리수용소에 수용된 군인들이 군의관의 질문에 대해 나타내는 반응을 관찰하면서 그들의 표정과 몸짓 또는 자율적 내지는 타율적 행동을 기초로 해서 일체의 행위를 세 가지로 분류했는데, 이 때 개인 심리학적인 견지에서 자극과 반응의 관계를 조사한 것이 훗날 교류분석의 기초가 되었다.

번은 1954년부터 구조분석을 그의 일부로 쓰기 시작했다. 60년대에는 이 이론들이 다방면에서 개발, 성장되었고 70년대 와서는 각종 치료에 이용되었다.

② 교류분석의 기본개념과 원리

교류분석은 자아상태, 인간교류, 심리연극 및 이 네 가지 분석을 통해 교류분석은 진단으로부터 치료까지의 전반적인 과정을 진행한다. 이 네 가지 분야의 분석과정을 간략하게 설명하면 다음과 같다.

㉠ 구조분석 : 번에 의하면 모든 인간은 세 개의 자아상태로 성격을 이루고 있다. 이 세 개의 성격은 각각 분리되어 있으며 특이한 행동의 원천이 된다. 세 개의 자아란 곧 어버이 자아상태, 어른상태 및 아이 자아상태이다.

㉡ 교류분석 : 교류분석은 PAC 상호간에 이루어지는 대인적 교류전환을 분석하는 것이다. 교류방법에는 다음의 세 가지 대표적인 모델이 있다.

- 충족교류(充足交流) - 충족교류란 발신된 메시지나 자극이 예상했던 자아상태로부터 기대했던 응답이나 반응을 주고받는 교류방법이다. 이 교류는 항상 자극과 반응 사이에 평행선적인 관계가 유지되어 충돌이나 방해가 없다.
- 교차교류(交叉交流) - 교차교류는 충족교류의 방향과는 정반대로 이루어지는 교류를 말하는데 발신된 메시지나 자극이 예상했던 응답을 주고받는 것이 아니라 전혀 엉뚱하고 의외적인 교류가 되는 교류방법으로 서로 어긋나는 교차선을 이룬다. 이런 교류가 진행되면 말이 안 통한다, 또는 대화가 안 된다고 한다.
- 저의교류(底意交流) - 저의교류는 이차원적인 교류교환으로써 한 가지 자극을 가지고 두 가지 사실을 동시에 의미하는 교류방법이기 때문에 한 가지 자아만을 동원해 가지고는 대화가 되지 않는다. 이것은 일종의 엉큼한 교류로써 속임

수가 개재되어 있어 쉽게 그 진의를 파악하기 힘들다. 그러므로 이 교류는 혼란이나 정신적 질환의 주된 원인이 된다.

ⓒ 시간구성 : 시간구성이란 출생으로부터 죽음까지 장기간, 또는 순간순간에 주어진 시간을 인간이 어떤 방법과 내용으로 채우느냐 하는 교류의 문제를 다루는 것이다. 번은 인간이 시간을 구성하는 동기를 세 가지 열망으로 설명한다. 첫째 자극열망, 둘째 인식열망, 셋째는 구조열망이다.

시간구성에는 교류교환에 쓰이는 여섯 가지 방법이 있다.

- 움츠리기 - 이것은 사회적 현실로부터 자신을 전이시켜 심리적 환상 속으로 빠지는 것을 의미한다. 이 시간구성의 장점은 상상이나 회상을 통해서 자족자극(自足刺戟)을 얻게 하고 반성의 기회를 주며 긴장을 풀 수 있게 해 준다. 그러나 고립을 자초해서 다른 사람으로부터 스트로크를 못 받게 하는 결점이 있다.
- 겉치레 - 이것은 사회적으로나 문화적으로 공인된 인간행동의 표준적 교류로써 인습적이고 피상적인 시간구성이다. 장점은 자신을 노출시키거나 전념하지 않고도 안전한 교류교환이 가능하다는 것이다. 그러나 최소한의 스트로크 밖에는 주고받을 수 없기 때문에 스크로크 교환이 철저하게 제한되는 약점을 가지고 있다.
- 시간 보내기 - 이것은 여유가 있거나 무료한 때에 무해무익하게 기다리면서 시간을 구성하는 방법이다. 이것의 장점은 손해 없는 보상감(補償感)이고 결점은 겉치레의 경우와 비슷하게 인간적 진심이 결여된 비위임성이다.
- 연극 - 이 시간구성 방법은 연극의 각양 요소를 다 지니고 있으며 유혹과 전환과 청산의 단계를 거치는 복잡한 교류방법이다. 장점은 궁극적 목표의 방어기능과 심리적 청산의 기능을 가지고 있다는 점이다. 결점은 위장과 기만의 술책을 벗어나지 못하는 것이다.
- 작업 - 이것은 물리적이고 외적인 실재를 취급함으로써 특수한 삶의 역할이나 직능을 수행하려는 교류방법이다. 장점은 인간의 역할을 극대화하고 관심사를 성취할 수 있게 해주는 것이다. 결점은 긴밀한 참여가 없이는 도달할 수 없는 벽이 있다는 것이다.
- 일치 - 이것은 솔직하고 강력한 스트로크의 교환을 통해서 공개적이고 신뢰에

찬 인간관계를 가능케 하는 바람직한 시간구성이다. 장점은 순수성과 통전성(Wholeness)의 실현이다. 결점은 아무 때나 가능한 것이 아니며 가능하다 해도 순간적으로만 지속된다는 것이다.

㉣ 연극분석 : 번은 심리적 연극을 다음과 같이 정의한다. '연극이란 잘 규명되고 예측할 만한 결과를 향해 진행되는 충족적이고 저의적인 교류의 연속이다.' 연극의 네 가지 요소를 정리하면 다음과 같다.

- 표면상 합리적인 Adult의 자극
- 은폐된 Child 대 Parent의 메시지
- 위의 메시지에 대한 응답(P → C)
- 부정적인 감정에 대한 궁극적 청산

인간은 교류교환을 통해서 적극적인 스트로크나 소극적인 스트로크를 받게 된다. 적극적인 스트로크를 받으면 불쾌한 기분을 수집하게 되고 부정적인 스트로크를 받으면 불쾌한 기분을 수집하게 된다.

이와 같은 상품권수집 과정에서 나타나는 기분수집의 형태를 교류분석에서는 라켓(racket)이라고 한다. 번은 라켓을 '죄책감, 부적합성, 상처, 공포, 회환의 기분에 대한 자기방기(自己放棄)'라고 한다.

심리적 연극은 생활의 복잡성만큼이나 그 종류가 다양하다. 성적 연극, 파티 연극, 치료실 연극, 결혼 연극 등의 다양한 연극이 있는데 여기에는 각각 어울리는 주제가 있다. 이 주제를 완수하기 위해서는 이에 적합한 역할도 있다.

㉤ 삶의 입장(Life Positions) : 삶의 입장이란 인간이 자신에 대해서나 다른 사람에 대해서 또는 어떤 문제를 해결하는 데 있어서 특수한 견해를 가지고 있는 것을 말한다. 이것은 인간의 탄생시기부터 서서히 결정된다.

- 〈나는 틀렸고 - 너는 옳다〉의 입장(I'm not OK - You're OK)

  이것은 내향적 입장이다. 다른 사람과 비교해서 무력감을 느끼는 사람들이 공통으로 취하는 입장이다. 움츠리기, 의기소침, 자살충동 등은 이러한 입장에서 유발된다.

  울분과 배고픔을 경험하면서 모든 문제를 해결해 주는 부모를 '너는 옳다'로 보고 연약한 자신을 '나는 틀렸다'로 보게 된다. 이때에 A는 스트로크를 얻기 위한 구실을 찾는 데 전력을 기울인다.

• 〈나도 틀렸고 - 너도 틀렸다〉의 입장(I'm not OK - You're not OK)
 이것은 무용론적 입장이다. 삶의 의미를 상실하고 정신분열증 증세를 보이거나 자살 및 타살의 충동을 느끼게 하는 삶의 입장이다.

• 〈나는 옳고 - 너는 틀렸다〉의 입장(I'm OK - You're not OK)
 이것은 투사적(投射的) 입장이다. 자신의 실수를 남에게 전가시키고 희생이나 박해를 받았다는 기분으로 삶을 살아가는 입장이다. 비행자와 범죄자들은 주로 이런 입장을 견지하고 있으며 심하면 타살충동으로 이어진다.

• 〈나도 옳고 - 너도 옳다〉의 입장(I'm OK - You're not OK)
 이것은 발전적 입장이다. 정신적으로나 신체적으로 건강해서 사물을 건설적으로 대하고 타 존재의 의미를 충분히 인정하는 입장이다.
 앞서 언급한 세 가지 입장은 비언어적(non-verbal)차원에서 스트로크나 비스트로크에 의해 어린 시절에 결정된다. 그러나 이 네 번째 입장은 의식적이고 언어적인 결단에 의해 결정된다. 세 번째까지의 입장은 교류에 따른 정보 분석에 의한 것이지만 네 번째의 입장은 종교나 철학 같은 미경험의 가능성 안에 존재하는 추출(抽出)에서도 가능하다. 세 번째까지의 입장은 기분에 근거하고 네 번째 입장은 사고, 신앙, 행동의 보상에 근거하고 있다. 세 번째까지의 입장은 왜(Why)와 관계가 있으나 네 번째 입장은 왜 아닌가(why not)와 관계가 있다.

ⓑ 각본분석 : 각본이란 어린 시절의 결단에 기초한 삶의 청사진으로서 부모에 의해 보강되고 후속사건에 의해 정당화되어 선택된 결단으로서 검정에 이르는 삶의 계획이다.
 인간이 각본에 얽매여서 산다는 것은 자율성의 결여를 의미한다. 각본분석은 그러므로 예정된 프로그램에 얽매인 인간의 삶에다 정확한 정보와 활력을 불어넣어서 재결단에 의한 자유로운 삶을 회복시켜 주자는 데 그 목적이 있다.

④ 결론

교류분석은 사회정신의학으로부터 시작해서 독특한 정신치료의 체계를 형성했다. 그러므로 교류분석은 인간의 긍정성과 정신적 복지를 집단적 내지는 구조적 상황 속에서 극대화시킬 수 있는 교정적 잠재성을 보유하고 있다. 번은 정신치료의 체계는 그 자체가 목적이 아니라 인간의 삶을 향상시키는 도구가 되는 것이라고 했다.

인간의 삶의 질을 향상시키기 위해, 특히 교류분석은 인간의 자발성과 사회적 변화를 통합시킬 수 있는 기법을 지니고 있다. 교류분석의 여러 가지기법 중에서도 연극(놀이)분석은 예견할 수 있는 인간의 파괴적 행동유형을 개선하고 조정할 수 있는 결단의 기법을 지니고 있다. 인간의 자아상태를 구조적으로 분석해서 삶의 계획을 변화시키는 각본분석은 문화 속에서 형성된 인간의 제한성과 가능성을 알게 해주기 때문에 전통의 억압으로부터 벗어날 수 있는 안목을 제공해 준다. 집단 속에서 이루어지는 대화의 교류는 개인의 문제를 사회적 차원에서 조명해 볼 수 있는 기회를 제공해 준다.

이러한 교류분석의 사회적 내지 집단적 성격은 개인의 내면적인 문제뿐만 아니라 사회적, 경제적, 정치적 갈등으로부터 파생되는 병리적 구조에 관심을 갖게 한다. 교정의 목표를 효과적으로 성취하려면 개인을 둘러싸고 있는 여러 가지 환경적 내지는 문화적 요인들에 유념해야 하는데 교류분석은 이런 점들을 충분히 고려하고 있다.

3) 행동요법

① 치료(治療)의 원리(原理) 행동요법이란 '인간의 행동과 정동을 현대행동이론에 따라 좋은 방향으로 바꾸는 시도'(아이젠크) 또는 '적응적이 아닌 행동을 변화시키기 위해서 실험적으로 확립된 학습의 제 원리를 사용하는 것'(프랭크스 Franks. C. M.)이라고 일반적으로 정의되어 있는 것처럼 학습이론으로부터 비롯된 치료법인데 종래의 심리요법과는 명확히 구별되어 있다. 행동요법을 일반화한 아이젠크(Eysenck, H. J.)와 처음으로 행동요법이라는 언어를 사용한 스키너(Skinner. B. F.)의 조건화요법 등이 있다. 이 요법에 있어서의 기본 가설은 다음과 같다.

㉠ 이상행동은 학습된 부적응행동이다.

㉡ 행동은 사람과 환경의 상호관계에서 성립되어 있는 까닭에 환경을 바꿈으로써 치료가 가능하다.

㉢ 치료의 목표는 현재의 행동의 변화를 일으키는 것이지 인격전체를 직접 바꾸는 것이 아니다.

㉣ 치료의 경과는 일정한 공식(S-O-R-K-C)으로 나타낼 수가 있다. S-자극, O-생체, R-반응, K-반응과 그 결과의 연결(수반성 Con - tingency 관계), C-결과

② 행동요법의 기법 행동요법은 이론으로부터 추출한 치료법이다. 그 기법은 다음과 같이 정리할 수 있다.

㉠ 조건화법(고전적 조건화)

㉡ 소법(消法)에 의한 법(조건 성 억지)

㉢ 벌에 의한 법(혐오요법)

㉣ 길항(拮抗)조건화법(억제지법)

㉤ 사회적 학습법(모델링법)

③ 합리적 - 정서적 상담법

㉠ 이 상담기법은 고도의 교훈적 · 인지적 · 행동지향적인 행동모형으로 인간문제의 뿌리로써 사고의 역할과 신념체계를 강조하는 것으로 창시자는 아들러(Adler)이다. 인간은 합리적 사고를 하는 동시에 비합리적 사고를 한다. 그들은 비합리적 사고에 빠질 위험을 갖고 있으며 이런 신념들을 자신 속에 주입시키는 경향을 지니고 있다. 상담의 인지적, 행동적, 행위적이며, 사고, 판단, 분석행동 재결정을 중시한다.

이 모형은 교육적이고 직접적이며, 상담은 재교육의 과정이며 신경증은 비합리적 사고와 행동의 결과이다.

㉡ 정서장애는 아동기에 뿌리를 두지만 현재의 계속적인 자기주입의 결과이다. 개인의 신념체계는 정서장애의 원인이다. 따라서 자신의 신념체계타당성을 검토해야 한다. 과학적인 방법을 일상생활에서 사용할 수 있다. 내담자의 삶에 대한 자기 패배적 관점을 제거하고 보다 참을성 있고 합리적인 관점을 얻도록 돕는다.

내담자가 과학적인 방법을 일상적인 문제나 행동적 문제를 해결하는 데 적용하도록 돕는다. 상담자는 교사로, 내담자는 학생으로 기능한다.

인간관계는 필수적인 것이 아니며, 내담자는 문제에 통찰을 얻어서 자기패배적인 행동을 바꾸는 데 그것을 이용해야 한다.

㉢ 상담자들은 다양한 인지적 · 정서적 행동기법을 쓰는데 이 기법들은 개인에 맞도록 고안해야 한다. 인지적 기법들로는 비합리적 신념의 논박 · 인지적 과제의 이행 · 언어와 사고의 유형을 변화시키기 등이 있고, 정서적 기법들로는

역할연기 · 이디지기법 · 부드러운 공격연습 등이 있다. 다양한 행동적 기법들은 내담자로 하여금 상담에서 요구되는 힘든 작업을 하는데 사용되는 것으로 성문제 상담 · 교육 · 집단상담, 주장훈련 · 우울증 · 아동상담 그리고 개인상담에 적합한 모든 문제들의 상담에 광범하게 적용될 수 있다.

㉣ RET는 집단상담, 마라톤상담, 간이상담, 위기상담, 부부 및 가족상담을 포함하여 중요한 상담모형들을 사용한다. 이 접근법은 특히 내담자의 인지를 수정하는데 유용하다 대다수의 자기조력 접근법에서는 RET의 원리를 적용한다.

㉤ 주요 공헌점은 포괄적이고 절충적인 상담의 실행이다. 즉 수많은 인지적 · 정서적 · 행동적 기법들, 다른 접근으로부터의 통합의 개방성, 비합리적 신념을 공격하는 방법론 등이다. 한편 정서장애에 영향을 주는 요인으로써 과거사건을 강조하지 않는다. 또한 행동지향적인 과제부과, 테이프듣기, 행동녹음기, 읽기과제 등의 보조적인 접근법들도 모두 사용한다. RET의 원리와 절차들은 다른 접근법에 적용될 수 있는 장점이 있는 반면 성급하게 비합리적 신념을 확인하고 너무 강하게 이것들을 공격하는데서 오는 위험이 있다는 단점이 있다.

4) 현실요법

① 치료의 원리 현실요법은 글래저(W. Glasser, 1965)에 의해서 창시된 방법이다. 그리고 현실요법의 기본개념으로서 인간의 기본적 욕구, 책임을 다루고 있다.

㉠ 기본적 욕구 : 모든 인간이 똑같은 생리적 욕구를 갖는 것처럼 어떠한 문화나 문명 하에서도 사람들은 똑같은 기본적 욕구를 갖는다고 보고 특히 다음의 두 가지 심리적 욕구, 즉 '사랑하고 사랑받는 욕구'와 '자기는 자기 자신과 타인에게 있어 가치가 있는 존재라고 느끼는 욕구'에 관심을 나타내야 한다고 주장한다.

㉡ 책임 : 글래저는 '이것은 욕구를 충족하는 능력이며 더구나 타인이 욕구충족 능력을 빼앗기지 않고 욕구를 충족하는 능력이다.'라고 정의한다. 따라서 책임 있는 사람은 자기가치의 감정과 동시에 자신은 타인에게 있어서도 가치가 있다는 감정을 자신에게 주는 그러한 행동을 취한다.

② 현실요법의 기법

글래저에 의하면 '치료란 정상적으로 성장하고 있는 사이에 확립되어야 할 것을 비교적 단기간에 달성시키려는 특수한 교육 내지 훈련'이다. 이 현실 요법은 다음의 3개의 절차에 의해서 이루어진다.

첫째는 서로 어울리는 것이다. 환자가 현실에 직면해서 자신의 행동이 비현실적이라는 것을 깨닫기 시작할 수 있도록 치료자는 환자와 같이 어울리도록 한다.

둘째는, 치료자는 환자의 비현실적 행동을 거절하지 않으면 안 되지만, 더 나아가서 환자를 수용해서 환자와 함께 어울리는 것을 유지한다.

셋째는, 환자에 따라서 정도를 바꿀 필요가 있는데 현실의 한계 내에서 욕구충족의 최선책을 환자에게 가르친다.

③ 범죄자 및 비행청소년에의 적용

현실요법은 글래저 자신이 비행청소년에게 적용한 보고 외에 미국의 교정시설에서는 상당히 활발하게 시행되고 있다.

4 집단상담요법과 개인상담요법

1) 개요

개별상담(Individual Counseling)은 간혹 개인상담이라고 불리 우는 것으로 상담자가 내담자 한 사람을 대상으로 하는 상담형태이다. 우리가 '상담'하면 개별상담을 언급할 정도로 개별상담은 상담의 가장 대표적인 상담형태이다.

사실 상담의 공통적인 목표가 개인의 행동변화에 있기 때문에 모든 상담이론이 다 교정상담에 적용된다고 할 수 있다. 그러나 특히 많이 활용되고 있는 상담방법을 보면 다음과 같다.

선행연구나 문헌에 나타난 것을 보면, 교정시설에서 현재 가장 많이 사용되고 있는 이론은 인간중심치료(Person-Centered Therapy), 교류분석(Transaction Analysis : TA), 현실치료(Reality Therapy) 그리고 다양한 행동주의 기법들이다. 이 외에도 정신역동(Psychodynamic), 형태치료(Gestalt Therapy), 합리적 정의적 치료(Rational Emotive Therapy) 등이 사용되고 있다.

인간중심치료는 전문적인 상담자뿐만 아니라 의사전문가들이나 교도관들도 많이 사용되고 있는 것으로 나타나 있다.

예를 들면, 교도관들에게 대인관계기술을 가르치는 100시간 훈련 프로그램을 카르크프후프(Carkhuff)가 개발한 바 있다. 이러한 프로그램은 캘리포니아주의 놈포크에 있는 연방교도소(Federal Correctional Institution of Lompoc)에서 잘 실시되고 있다.

교정시설에서의 집단상담은 1940년대 캘리포니아주의 산퀸틴(San Quentin) 교도소에서 실시되었는데 여기에서 성격자체를 개조하는 것보다 개인적인 기술을 향상시키기 위한 내용으로 구성되었다. 캘리포니아주의 노르만 휀톤(Norman Fenton) 박사의 지도에 의해 집단상담 모형은 전문가와 비전문가가 다같이 집단을 지도하도록 하였다. 집단은 적정한 크기로 알려진 10~12명으로 구성되었고 비지시적이었다. Fenton(1974)에 의하면 집단의 목표는 기본적인 성격변화보다 건강하고 건설적인 인간관계를 통해서 개인의 잠재능력을 개발하는 것이었다.

2) 집단상담의 활용

집단상담의 사용은 여러 가지다. 이중 특히 교수적인 집단상담이 보다 널리 사용되었는데 종종 선택된 즈체에 관한 일련의 강의들이 대규모 내담자 집단에게 행해졌다. 각 강의가 끝난 후에 집단은 지도자가 있는 보다 작은 몇 개의 집단으로 나누어진다. 그리고 소집단에서의 자유토론 재료로 강의내용이 이용된다.

다른 경우에는 익명으로 질문할 수 있는 질문상자를 사용하는데 상담자는 질문에 대답하거나 질문에 대해 논의하도록 자극한다. 따라서 집단상담은 군병원과 상담센타에서의 집단심리법 사용으로 인하여 민간병원에서의 집단상담이 제2차 세계대전 이후에 점차 늘어났는데 이는 수많은 정신병 내담자를 상담해야 하는 재향군인 병원이나 주립병원에서 뚜렷해졌다.

3) 집단상담의 과정

집단상담은 여러 단계를 거쳐 진행되는데 집단이 거쳐야 할 단계의 종류는 학자에 따라 다르다고 볼 수 있지만, 이들의 공통적 의견을 토대로 다음과 같이 4단계로 나눌 수 있다.

① 참여단계

참여단계란 상담자가 집단상담을 위한 사전준비를 철저히 한 후 첫 번째 모임을 시작하는 단계를 말하는 것으로 집단의 초기단계는 마치 연극의 서막과 같아서 그 내용이 대개 앞으로의 성패를 좌우할 수 있다.

집단상담이 시작되기 전에 상담자는 사전면접을 통하여 각 구성원들이 집단에 참가하는 이유를 개별적으로 알아두어야 하는데 집단상담의 초기단계에서 집단원들이 갖는 관심은 다음의 다섯 가지로 정리될 수 있다.

㉠ 상담집단에 처음 참여하는 사람들은 상담의 이론적 근거들은 상담의 이론적 근거를 탐색하고자 한다.

㉡ 집단원간에 서로 평가를 하기도 한다.

㉢ 집단의 초기에는 대부분의 구성원들이 상담자에게 의존하려는 경향이 있다.

㉣ 참여단계에서 집단의 대화내용이나 의사소통의 양식이 비교적 제한되어 있다.

㉤ 집단원들은 서로 갖고 있는 유사점을 찾으려고 한다.

② 과도적 단계

과도적 단계는 참여단계에서 생산적인 작업단계로 넘어가는 '과도적 과정'이라고 볼 수 있는데 참여단계와 엄격히 구분되지 않는 특징이 있다.

이 단계의 성공여부는 주로 상담자가 집단원들에게 얼마나 수용적이고 신뢰할만한 태도를 보이며 상담기술을 어떻게 발휘하느냐에 달려있다고 말할 수 있는데 집단상담의 과정상 특징으로 다음 세 가지를 들 수 있다.

㉠ 집단원들 사이에서 주도권 쟁탈전을 벌이게 된다.

㉡ 집단상담자에 대한 적대감이나 저항이 표면화 된다.

㉢ 상담자 자신이 불편감이나 저항에 대한 방어가 일어난다.

③ 작업단계

작업단계는 집단상담의 가장 핵심적인 단계로 앞의 단계들이 잘 조정되면 작업단계는 매우 순조롭게 진행되고 지도자는 집단으로부터 한걸음 물러나서 집단원들에게 대부분의 작업을 맡길 수도 있다. 집단이 집단원들이 '우리집단' 이라는 느낌을 가질 뿐만 아니라 집단원들 간에 서로서로 경쟁적으로 도우려하거나 명석한 통찰과 처방만을 제공하는 분위기가 되지 않도록 주의해야 하며, 진정한 자기감정의 표출과 교류가 이루어지도록 도와야 한다.

④ 종결단계

종결단계는 '상담자와 집단원들은 집단과정에서 배운 것을 미래의 생활 장면에 어떻게 적용할 것인가를 생각해야하는 단계'로 어느 면에서나 하나의 '출발'을 의미한다고 볼 수 있다.

집단원 각자의 첫 면접 기록과 현재의 상태를 비교한 후, 일정한 정도의 진전이 있다면 상담자는 종결을 준비하는데, 이러한 판단은 적어도 집단에 참여할 때 약정했던 목표가 달성되었을 때 가능하다고 본다.

바꾸어 말하면, 자신을 사랑할 수 있고 문제적 상황들에 융통성 있게 대처하며, 자신의 가치를 신뢰하고 이를 추구하게 되었다면 집단상담을 종결시켜야 한다.

4) 집단상담의 장 · 단점

① 집단상담의 장점

㉠ 교정상담자는 집단상담을 통해 보다 많은 재소자나 소년원생들과 접촉할 수 있으며 교정상담자는 적게는 4~5명에서 많게는 1여명의 재소자나 소년원생들을 면접할 수 있어 교정상담자의 인력이 부족한 현실에서 큰 장점이 된다고 보겠다.

㉡ 재소자나 소년원생들은 대체로 교정시설에 대한 두려움이 있기 때문에 개인상담보다는 집단상담을 더 쉽게 받아들이는 데 이것은 다른 참여자들과 동석함으로 인하여 특별한 자기만이 다르거나 이상하다고 생각하는 경향이 적어지기 때문이다.

㉢ 재소자나 소년원생들에게 있어서는, 집단상담에 참여함으로써 동료 재소자와의 상호교류를 향상할 수 있는 능력이 개발된다.

㉣ 집단상담은 시간, 에너지 및 경제적인 면에서도 효율적이다.

㉤ 집단상담은 현실적이고 실제생활에 근접한 사회장면을 제공한다. 여기서 말하는 '실제에 근접한 사회장면'이란, 특히 남녀노소의 참여자들로 구성된 집단상담에서의 다양한 상호작용을 가리킨다.

ⓗ 집단상담의 참여자들은 같은 내용이라도 개인적인 조언은 거부하거나 저항하지만 동료들의 집단적인 공통의견은 잘 받아들이는 경향이 있다.

ⓢ 집단상담은 문제해결 행동을 보다 구체적으로 해결할 수 있게 하는데 이것은 상담집단이 실제생활에 근접한 사회장면을 제공하기 때문이다.

ⓞ 집단상담에서는 교정상담자의 지시나 조언이 없이도 참여자들 상호간에 깊은 사회적 교류경험을 가질 수 있다.

② 집단상담의 단점

㉠ 특정재소자나 소년원생의 개인적인 문제가 충분히 다루어지지 않을 가능성이 있다.

㉡ 참여자들이 심리적으로 준비되기 전에 '자기의 마음속을 털어놓아야 한다.'는 집단압력을 받기 쉽다는 점이 있다.

㉢ 동료들과의 상담집단이 대체로 유리하지만, 그 반대의 경우도 생길 수 있다. 즉 비슷한 연령과 생활배경을 가진 참여자들로부터 자극을 받거나 베풀 기회가 없게 된다.

5) 집단상담과 개인상담의 비교

① 집단상담이 적합한 경우

㉠ 여러 사람들을 보다 잘 이해하고 다른 사람이 자기를 어떻게 보는가를 알아야 할 것으로 판단되는 재소자나 소년원생

㉡ 특히 자기의 성격, 생활배경 등이 다른 사람들에 대한 배려의 존경심을 습득해야 할 것으로 판단되는 재소자나 소년원생

㉢ 다른 사람과의 대화를 포함한 사회적 기술습득이 필요한 재소자나 소년원생

㉣ 다른 사람과의 유대감, 소속감 및 협동심의 향상이 필요한 재소자나 소년원생

㉤ 자기관심사나 문제에 관해 다른 사람의 반응, 조언이 필요한 재소자나 소년원생

㉥ 동료나 타인의 이해와 지지가 도움이 되리라고 판단되는 재소자나 소년원생

㉦ 자기문제에 관한 검토, 분석을 기피하거나 유보하기를 원하고, 자기노출에 관해 필요 이상의 위협을 느끼는 재소자나 소년원생 등이다.

② 개인상담이 적합한 경우

㉠ 문제가 위급하고, 원인과 해결방법이 복잡하다고 판단되는 재소자나 소년원생

㉡ 재소자나 소년원생 자신과 관련 인물들의 신상을 보호할 필요가 있는 경우

㉢ 자아개념 또는 사적인 내면세계와 관련해서 심리검사결과를 해석해 주는 면담의 경우

㉣ 집단에서 공개적으로 발언하는 것에 대해 심한 불안 공포가 있는 재소자나 소년원생

㉤ 상담집단의 동료들로부터 수용될 수 없을 정도로 대인관계(행동, 태도 등)가 좋지 못한 재소자나 소년원생

㉥ 자기 자신에 대한 탐색, 통찰력이 극히 제한되어 있는 재소자나 소년원생

㉦ 교정상담자나 다른 사람들로부터의 주목과 인정을 강박적으로 요구할 것으로 판단되는 재소자나 소년원생

㉧ 폭행이나 비정상적인 성적 행동을 취할 가능성이 보이는 재소자나 소년원생 등이다.

③ 집단상담과 개인상담의 유사점

㉠ 두 상담은 다 같이 재소자나 원생들로 하여금 자기관리, 인격상의 동정(조화 속의 통일 상태) 그리고 생활상의 문제해결 등을 달성하도록 도와주고 두 방법은 재소자나 소년원생의 자기이해를 촉진한다는 점에서 유사하다.

㉡ 재소자나 소년원생들의 자기공개, 자기수용을 촉진하기 위하여 양자가 다 같이 이해적이고 허용적인 상담분위기의 조성과 유지를 강조하는 점과 재소자나 소년원생들은 두 상담에서 다 같이 자기의 감정과 생활경험 등을 자유롭게 탐색·검토하도록 허용되는 점과 재소자나 소년원생 스스로 선택한 일에 대해 책임을 질 능력이 있음을 인정하는 면에서도 유사하다고 보겠다.

㉢ 상담의 기법 면에서 유사한 것이 많다. 재소자나 소년원생의 감정을 명료화하고 반영하고 해석하는 교정상담자의 역할 면에서는 대동소이하다고 볼 수 있다. 즉 재소자나 소년원생들로 하여금 자기의 감정과 태도 등을 지각·검토하도록 유도하기 위하여 교정상담자의 여러 가지 기법이 활용된다는 면에서 보면, 두 상담이 근본적으로 동일하다.

㉣ 교정시설에서도 두 상담 모두 재소자나 원생들의 개인적인 자질과 개성을 발휘하기 위하여, 사적인 정보의 비밀을 보장한다는 면에서 양자는 유사하다고 볼 수 있다.

6) 집단상담과 개인 상담간의 차이점

① 개인상담에 비해서 집단상담은 남을 대하는 바람직한 태도나 행동반응을 즉각적으로 시도해 보고 확인해 볼 수 있으며, 남과의 친밀감에 관한 경험을 가질 수 있는 좋은 방법이다.

② 집단상담에서는 개인상담과는 달리 참여자들이 다른 사람들로부터 도움을 받을 수 있을 뿐만 아니라, 참여자 자신이 다른 사람을 도와주는 경험을 가질 수 있다. 집단상담의 분위기보다 이해적이고 상호 수용적일수록, 이러한 도움을 주고받는 호혜관계는 잘 이루어 질 것이다.

③ 집단상담과 교정상담자는 개인상담에서보다 더욱 복잡한 과제를 짊어진다고 볼 수 있다. 집단상담의 교정상담자는 재소자나 소년원생의 감정을 이해하고, 그들 스스로 자신을 지각할 수 있도록 유도해야 한다. 또한 이야기되고 있는 대화의 의미를 파악하고 있는 동시에, 참여자들 간의 상호관계의 역동에 민감해야 하는 것이 집단상담자의 주요한 과제인 것이다.

7) 개인상담과 집단상담의 방법

앞에서 설명한 바와 같이 상담은 내담자의 인원수에 따라 개인상담과 집단상담으로 구분되는데 특히 많이 사용되는 방법들은 아래와 같다.

▼ 표 6-1

상담방법	변화를 촉진하기 위해 사용하는 개입
심리치료	가치, 태도, 감정에서의 변화를 이끌기 위해 상담자와 내담자가 대화
사회적 케이스워크	인격의 발달을 증진하기 위해 개인과 그 환경의 변화에 관심을 가지는 사회사업과 지지
현실치료	책임있는 범죄자의 행동을 돕기 위한 대화
의사교류 분석	내담자가 참여한 다양한 게임들을 분석하고 인격의 성숙한 부분을 강화시키기 위해 대화

직업상담	직업을 선택하고 이에 필요한 기술을 습득하도록 교육함
직업지도	직업에 대한 목표와 숙련된 기술을 갖도록 용기를 북돋움
행동치료	행동의 변화에 대해 상과 벌을 줌
행동제약	기대수준에 대해 동의하고 특정한 행동에 대해서 상과 벌을 줌
위기개입	과거의 문제들을 해결하기 위해 현재의 위기를 해결함
상담	지지와 재교육
집단상담	문제들을 해결하기 위해 집단적으로 대화
사회적 집단작업	집단의 일원으로서 효과적으로 기능하기 위해 같은 집단의 구성원을 서로 지원
심리치료	인격의 재형성과 현실감을 갖도록 깊은 통찰력을 개발하기 위해 대화
활동치료	놀이 또는 연극 등에 활동을 통해 문제해결, 자아조절, 사회적 책임 등을 배움
집단교류	집단 안에서 서로의 문제, 역할, 관계들을 토론하고 분석
환경치료	변화와 성장, 적응을 도모하기 위해 1일 동안 준비된 환경 속에서 지냄
가족치료	훈련을 받은 부모 또는 친지와 함께 지내면서 적응훈련

제2절 개인상담의 방법들

1 심리치료기법

심리치료란 정신적 또는 심리적인 면에 문제가 있는 범죄자나 비행청소년에게 재적응(Readjustment)할 수 있도록 심리적 기술로써 치료하는 방법을 말한다. 이것은 내담자로 하여금 안정감을 가지게 하여 자신의 자아방어(Ego-defense)를 원만하게 하며, 개인적 욕구를 사회적으로 인정받을 수 있는 방법으로 성취하며, 당면하는 문제를 효율적으로 처리할 수 있도록 돕는 것이다.

이 교정심리치료요법에는 약물요법(화학요법)이나 정신외과적 치료법 또는 전기충격요법과 같은 신체치료(Physical Therapy)인데, 정신장애를 생리적, 생화학적인 가정에서 의학적으로 치료함을 말한다. 둘째, 치료방법은 정신치료 또는 심리요법(Psychotherapy)

인데 소년보호기관에서 주로 활용하는 방법으로 인간의 성장과 환경에의 적응을 저해하는 정서적, 정신적 장애 또는 한계성이 있을 때에는 언제나 이를 제거하고 극복하며 부적응행동을 치료해줌으로써 인간자원의 최적발달을 성취하도록 개인을 도와주는 것을 말한다. 심리치료기법으로는 미술치료 프로그램, 자기주장훈련 프로그램, 심리극, 감수성훈련 프로그램, 가치관명료화훈련 프로그램, 분노조절훈련 프로그램, 자아성찰 프로그램, 마인드콘트롤, 단악수련 프로그램, 금연학교 등이 있는데 이를 개략적으로 설명하면 다음과 같다(법무부, 1999: 173~174).

1) 미술치료 프로그램

미술치료라는 용어는 1961년 울만(Ulman)이 처음 사용하였고, 그림, 조소, 디자인, 서예 공예 등 미술의 전 영역의 미술활동을 통해 내담자의 인격 통합 혹은 재통합을 돕기 위한 것이라고 할 수 있다. 간단히 정의하면 모든 시각매체를 사용하여 범죄자나 비행자 등이 가지고 있는 비행성에 변화를 주는 것이라고 할 수 있다. 미술치료를 하는 궁극적인 목적은 범죄자나 비행자를 비롯한 심신의 어려움을 겪고 있는 사람들을 대상으로 하여 미술활동을 통해서 그들의 심리를 진단하고 치료하는데 있다고 보겠다.

미술치료 중 집단미술치료는 개인이 성장하고 학습하고 문제를 해결하는데 있어 독특한 기회를 제공하므로 개인의 문제행동에 따라 교정목적으로, 역기능적인 잠재적 위험에 대한 예방책으로 혹은 개인과 집단의 자아실현, 자긍심 향상 등의 질적 향상과 교육적인 목적을 위해 활용될 수 있다. 집단미술치료는 여러 사람이 하나의 집단에 참여하게 되므로 새로운 대인관계가 형성되어 개인치료에서는 기대할 수 없는 또 다른 치료효과를 거둘 수가 있다고 한다.

2) 자기주장 훈련 프로그램

자기주장행동(Assertiveness Behavior)이라 함은 자기상대방의 권리를 침해하거나 상대방에게 피해를 주지 않으면서 자신이 나타내고자하는 바를 나타내는 학습된 행동을 의미한다. 여기서 '상대방의 권리를 침해하지 않는다.'라고 하는 것은 상대방의 인권을 침해하지 않는다는 것을 말하는 것으로 내가 나의 생각, 욕구, 느낌 등을 나타낼 수 있는 것처럼 상대방도 자신의 생각, 욕구 느낌 등을 나타낼 수 있는 권리가 있음을 의미한다.

또 '다른 사람에게 피해를 주지 않으면서'라는 것은 다른 사람의 권리를 침해하거나 다른 사람을 불쾌하게 하지 않음은 물론 신체적으로 상대방에게 피해를 주지 않아야 한단 것을 말하고 '학습행동'이란 대하는 장면에 따라 주장행동을 할 수도 있고 그렇지 못할 수도 있는데 이는 모두 학습된 것이라고 보는 것이다.

주장행동의 의미를 보다 분명히 하기 위해서는 주장 행동이 아닌 소극적 행동과 공격적 행동을 주장행동과 비교해 볼 수가 있다. 주장행동은 상대방의 권리를 침해하거나 상대방을 불쾌하게 하지 않으면서 자신을 나타내는데 비해 공격적 행동은 상대방의 권리를 침해하거나 상대방을 불쾌하게 하면서 까지 자신이 나타내고자 하는 바를 나타내는 행동이고, 소극적 행동은 자신이 나타내고자하는 바를 나타내지 못하거나 나타내더라도 마음속에 있는 그대로 솔직하게 상대방에게 직접 나타내지 못하는 행동이라고 볼 수 있다.

이러한 주장훈련은 인간의 내면세계를 다루어 새로운 가치관을 정립시키려는 다른 기법들과는 달리 친사회적인 행동기술을 가르쳐주는 훈련으로 성장과정에서 자신의 발달단계에 따른 적절한 사회적 기술을 익히지 못함으로써 사회적 비행과 신경증적 비행이 반복되는 비행 청소년들에게 많은 도움을 준다고 볼 수 있다.

3) 심리극

심리극은 1912년 모레노(J. L. Moreno)에 의해 창안된 것으로 연극의 형식을 빌려 개인의 내면문제를 행동을 통한 연기로 드러내어 갈등을 명료화시키고 해결책을 찾아가는 집단상담의 한 기법이다. 자신의 갈등 상황을 단순히 말로 설명하는 대신 그 상황을 연기로 표현하는 방법이다. 심리극은 우리자신의 문제를 단순히 말로 표현하는 대신에 자발적인 행동으로 표현하는 즉흥극인 것이다. 다시 말해, 극은 주인공의 삶을 중심으로 주인공의 과거, 현재 미래를 이동하면서 삶의 여러 측면을 탐구하게 된다.

심리극의 진행은 준비단계(warning-up), 본극단계(Action-out), 종결단계(Sharing) 등 세 가지로 이루어지는데 이 심리극은 사회의 여러 집단에서 생겨나는 다양한 형태의 제반문제들을 제시하고 표출시키고, 해결시켜주는데 치료적 가치가 높다.

4) 감수성훈련

감수성훈련(Sensitivity Training)이란, 어떤 학술용어가 아니라 인간이 지닌 참된 마음과 감성으로써 어떤 장면(Program)에서 구성원들이 느낀 점을 서로 솔직하게 말하고 타인의 느낌을 경청하거나 또는 마음의 상태를 행동으로 나타내는 과정을 통해 개인의 성장을 예견하는 활동이다. 즉 나, 너, 그리고 우리에 대한 감성과 생각을 개발함으로써 자기의 내면세계에 보다 정확한 인식과 조화를 기하고 타인과 인간관계를 협동적으로 발전시킬 수 있는 특수한 소집단 체험학습이며, 이를 통하여 지금까지 개발 형성되지 않은 감성을 개발하고 또 자신과 타인에 대하여 잘못된 인식을 새롭게 하여 새로운 인격에 도움을 주고자 하는 것이다.

감수성훈련은 원래 인종적 편견을 없애기 위하여 미국에서 실시하였다. 최근에는 우리나라에서도 소년원 등에서 활발하게 활용되고 있다. 감수성훈련의 모체라 볼 수 있는 집단경험학습은 1947년 미국에서 집단역학(Group Dymatic)의 기초적 연구와 그 원리에 따른 사회적·실험적연구인 행동연구(Action Reseach)를 추진하던 레인(K. Lewin)에 의해서 시작되었다. 이들은 집단에 기대하는 효과 면을 꾀하여 집단의 훈련방법 집단의 훈련방법(Training Group)을 착안하였고 이를 실험적으로 최초로 시도한 사람은 1947년 미국의 메인(Maine)주의 베설(Bethel)에서 시작되었으며, 우리나라에서는 최초로 1973년 김여옥에 의해서 심성훈련이라는 이름으로 중학생 20명에게 처음으로 시도되었으며 최근에는 우리나라에서도 소년원이나 교육기관 등에서 활발하게 실시되고 있다.

5) 가치관 명료화 훈련 프로그램

가치관명료화 훈련은 비행청소년을 대상으로 그들이 가지고 있는 심각한 문제행동의 기저에 자리 잡고 있는 그릇된 가치체계를 표면화하고 이를 바탕으로 상호토론을 거치면서 자신의 가치체계를 다시 한 번 확인·수정하여 올바른 가치관을 학습하여 바람직한 태도변화와 더불어 인격을 형성하는데 그 의의가 있다고 볼 수 있다. 대상은 집단 속에서 개인 간의 상호토론을 통해 본인의 가치를 확인하고, 올바른 가치관의 선택과 행동화의 과정을 거치면서 서로 상반되는 가치관을 조정할 수 있고 균형 있고 통합된 자기 자신을 바라볼 수 있는 가치관명료화 훈련은 현세대의 혼란과 갈등 속에서 삶의 의미를 이해하고 개인적인 성장이나 자기결정력을 향상시키고자 하는 사람이면 누구나 대상이 될 수 있다.

하아민(Harmin), 시믄(Simon) 등과 같은 학자들은 다음과 같은 사람들에게 가치관명료화 훈련이 효과적이라고 하였다.

① 냉담하고 무관심하며 모든 일에 흥미가 없는 사람
② 경솔하고 변덕이 심하여 많은 일에 관심을 표시하지만 한 가지 일에도 집중할 수 없는 사람
③ 자신의 지능에 비해 저조한 성적을 나타내는 사람
④ 말과 행동에 일관성이 없으며 불확실한 사람
⑤ 계획성 포부도 없이 이리저리 표류하는 우유부단한 사람
⑥ 지나치게 동조적이고 순종적인 사람
⑦ 만성적으로 반대 의견만을 내세우거나 지나치게 반항적인 사람
⑧ 인위적이며 역할 연기자처럼 '…척' 하기를 잘하는 사람이다.

집단 크기와 기준은 대체로 참여자들의 성숙도와 지도자의 경험 및 성장을 위한 참여자의 요구 등에 따라 다를 수 있지만, 가장 큰 효과를 얻기 위해서는 참가자 상호간에 경청하고, 수용하고, 지지하는 등의 역할을 줄 수 있는 집단의 크기가 가장 적합하다고 볼 수 있는데, 이를 위해서는 5~15명의 범위 내라고 볼 수 있는데, 특히 7~8명이 이상적인 수라고 한다.

6) 분노조절훈련 프로그램

분노란 인간이 가지고 있는 기본적인 정서들 중 하나라고 볼 수 있는데 분노의 저의는 학자에 따라 다소 다르게 정의하고 있는데, 훼인들러(Feindler)와 엑톤(Ecton)은 분노의 정의를 '분노는 분노촉발사건에 대한 정서적인 스트레스 반작용'이라고 소개하여 분노가 인지적이고 생리적인 요인들과 관련이 있음을 말하고 있다. 이를 요약하여 정의하면 분노는 공격적인 행동들과 구분되는 개념으로써 스트레스를 유발하는 사건에 대한 정서적인 반응이라고 할 수 있다. 그런데 청소년들의 경우 미숙하기 때문에 자신의 감정을 통제하지 못하여 비행을 저지르는 경우가 많은데 특히 비행이 공격성과 관

계가 있으며 그것은 또한 분노와 밀접한 연관성을 가지고 있다고 한다.

분노와 관련된 개념은 공격성, 적대감, 우울감, 불안감 등을 들 수 있는데 마이우로(Maiuro), 칸(Cahn), 와그너(Wagner)는 분노, 적대감, 우울감 등의 개념들을 가장 폭력적인 집단과 일반적인 공격적인 집단, 비폭력적인 통제집단 사이에 어떤 차이가 있는지에 대해서 129명의 피험자를 대상으로 연구를 실시한바, 분노와 적대감의 수준은 가장 폭력적인 집단과 일반적인 공격적인 집단에서 통제집단에 비해서 유의미하게 높은 것으로 나타났다. 또한 가장 폭력적인 집단의 사람들은 현저하게 우울하였다라고 보고하며 이들은 분노조절을 위해서는 분노라는 감정뿐만이 아니라 우울감이라는 감정도 중요하게 다루어야한다고 보고하고 있다.

이를 토대로 학자들의 연구결과에 따라 분노조절훈련 프로그램은 인지-정서-행동의 통합을 하나의 모델로 하는 이론적인 근거를 바탕으로 구성하였다. 이러한 분노조절훈련 프로그램은 비행청소년들에게 분노조절 훈련을 실시함으로써 자신을 화나게 하는 요인들에 대하여 인식을 하게 되고, 이러한 자신들의 화난 감정에 대처하는 방법을 숙지하여 정서적, 심리적인 안정을 도모한다. 즉 비행청소년들에게 심리적이며 내적인 요인들을 효과적으로 통제할 수 있도록 하며 분노의 공격적인 표현을 줄여 원만한 대인관계를 형성할 수 있는 학습의 장으로 이끌어 건전한 청소년이 되도록 할 수 있어 분류심사원이나 소년원 등의 보호기관에서 교정・교화의 교정복지 프로그램으로 많이 활용하여야 할 것으로 본다.

7) 자아성찰 프로그램

자아성찰법이란 외부와의 격리된 조용한 장소에서 일정기간을 자기성찰이라는 내면적 사고를 계속함으로써 바람직한 태도변화를 기하려는 심리요법의 하나이다. 특히 자율적인 교화 및 수련 방법으로써 '선(禪)에서 시사를 받아 동양적인 윤리 감정과 사고방식을 토대로 창안된 것이지만 양자는 자기발전과 개선, 증진된 인간관계, 건전한 생활의욕 고취 등의 공통적인 점 외에는 차원과 깊이 면에서 차이가 있다.

'보호소년 자아성찰법 실시요령'에서는 '자아성찰법이란 주체적 반성에 의해서 자신의 과거경험을 스스로 반성하여 정신 상태와 동기 등을 하나하나 내면으로 관찰 또는 반성하는 방법인데 구체적으로 자신의 인간 관계사를 비판적인 입장에서 계통적으로

회상하고 미래를 전망하는 것이다'라고 정의하고 있다. 비행청소년이 자기를 안다는 것, 즉 자기이해를 심화시키는 것은 심리적 안정에 있어서 매우 중요한 일이다. 자신의 있는 그대로를 정확히 파악하지 못하고는 자기개선이나 삶의 목표를 향해 나갈 수가 없다.

비행이나 범죄의 원인은 생육과정의 인간관계가 커다란 위치를 점한다는 것은 잘 알려진 사실이다.

자아성찰법은 이러한 과거의 잘못된 인간관계를 반성하게 함으로써 바람직한 태도 변화를 가져와 자기수용태도를 육성시키는 것을 기초로 하여 자기개선에 대한 동기를 유발시키고, 인간관계에 대한 재학습의 실마리를 잡게 하여 깊은 내면적인 동요와 변화를 통하여 청소년의 인격개선과 대인관계의 적응성을 높여 건전한 인격을 형성하려는 것이다.

2 기타 치료기법

1) 마인드콘트롤

마인드콘트롤이란 흔히 마음조절법이라고도 부르는데, 좁은 의미로는 인간에게 주어진 무한한 잠재능력을 개발하여 자기 자신의 문제를 해결하고 타인도 도와줄 수 있도록 고안한 명상법을 뜻하고, 넓은 의미로는 마음조절에 도움을 주는 특별 프로그램 즉 기공수련, 종교교육 등과 같은 것들을 총칭하는 말이다.

프로그램 실제로는 수면조절법, 상상력개발법, 성적향상법, 긴급문제해결법, 긴급명상법, 성공의식배양법 등이 있다.

이러한 마인드콘트롤 프로그램을 실시하는 목적은 심신의 안정을 기하여 건전한 인격을 형성하고, 마음조절법을 익혀 자기 통제력을 증진하며, 명상을 통하여 통찰력 향상과 문제해결능력을 배양하여 사회적응능력을 길러주는 것으로 분류심사원이나 소년원 등의 보호기관에서 교정・교화의 교정복지 프로그램으로 많이 활용하여야 할 것으로 본다.

2) 단학수련 프로그램

단학은 인간이 기(氣)를 활용하여 스스로의 완성에 이를 수 있도록 하는 한민족고유의 학문이며 체내의 기의 순환을 원활하게 하는 이치, 그리고 천지기운과 인체의 기가 서로 통하는 이치를 실질적으로 터득하면서 궁극에는 천지기운과 자신의 인체의 기운이 서로 통하는 이치를 실질적으로 터득하면서 궁극에는 천지 기운과 자신의 기운이 하나임을 깨달아 자신의 실체를 깨닫게 하는 인간완성학이라고 볼 수 있다.

단학을 수련하는 목적은 이란 심리치료 프로그램과는 달리, 첫 번째 목적을 육체적, 정신적 평화를 얻어 고귀한 인격을 양성하는데 두고 있다. 몸과 마음은 밀접한 관계를 가지고 있으므로 건강해야 정신도 건전하게 되고 마음이 평안해야 몸도 건강하게 된다.

이러한 단학수련은 범죄자나 비행청소년은 물론 자아성찰이 필요하다고 인정되는 자나 심신수련의 필요성이 있다고 인정되는 자는 누구나 가능하며 가능한 한 지원자를 우선적으로 선발하는 것이 좋으며 원칙적으로 대상에 제한이 없다. 다만 소년원이나 분류심사원 등 수용시설에서의 단학수련 프로그램은 일반적으로 단학선원에서 하는 수련 프로그램을 그대로 적용할 수가 없다. 왜냐하면 일반적으로 행도의 변화를 일으키는데 필요한 기간은 집중적으로 수련을 하여 최소 100일 정도는 소요될 뿐만 아니라 수용기간이 앞에서 제시한 단학수련과정을 모두 수련하기 어렵고, 수용기간이 정해져 있으며 하나의 단계를 거치는데도 상당한 시간이 걸리기 때문이다. 이상과 같이 심리치료 프로그램에 대하여 개략적인 소개를 하였으나 보다 자세한 운영 프로그램은 1999년 법무부 보호국에서 발간한 심리치료프로그램 등을 참고하면 좋을 것으로 생각한다.

제9장 지역사회 및 시설 중심 교정 프로그램

제1절 지역사회 중심 교정복지 프로그램

1 개관

범죄가 발생할 경우 이에 대한 우리나라의 대응은 주로 범죄인을 구금하고 이들을 사회로부터 격리시키는 소극적인 예방활동에 중점을 두어 왔다. 그러나 단순한 구금을 통해 지역사회내 범죄를 충분히 예방하고, 범죄의 재발 방지를 담보하기는 역부족이다. 따라서 사회로부터의 분리나 격리가 주는 문제점을 인식하고 보다 근본적인 대안을 모색하는 동시에 지역사회내 통합을 이끌어 낼 수 있는 지역사회 교정의 중요성이 강조된다. 다시 말해, 소극적인 구금의 확보와 시설내 범죄인만을 대상으로 하는 교정교육 및 훈련을 지양하고, 새로운 교정의 방법으로써 지역사회 중심의 프로그램의 활성화가 필요하다.

본 장에서는 교정복지 실천을 토대로 한 지역사회 중심 프로그램에 대해서 살펴보고, 그 발전적 방향을 모색하고자 한다.

2 지역사회 중심 프로그램의 이해

21세기의 교정철학은 다양한 대체 형벌의 대두 및 처우, 피해자 개입제도의 강화, 교정의 민영화 진전, 그리고 엄격주의로의 복귀 등으로 특징지어질 수 있다. 그런데 이러한 방향성에 발맞추어 논의되고 있는 현대 교정복지의 가장 중요한 과제 중 하나는 다름 아닌 지역사회 중심 프로그램의 원리라고 할 수 있다(양문승, 2003). 사실 이에 대한 논의가 우리나라에서 본격적으로 이루어지기 시작한 것은 불과 수년에 지나지 않는다. 1990년대 중반부터 나타나기 시작한 이른바 '세계화'의 시류와 '지방자치'시대의 개막은 지역사회에서 교정행정의 중요성을 알리는 계기가 되었다. 그러나 아직도 그 내용 면에 있어서는 지역사회 교정의 개념이나 외국의 대표적 사례 등을 소개하는 데 그치고 있다.

지역사회 중심 프로그램은 지역사회와 범죄인 간에 상호 의미 있는 유대관계가 성립되어야 함을 전제하고 있다. 즉 범죄인에 대한 지역사회의 역할은 단지 교정분야 뿐 아니라 경찰이나 검찰, 법원 등의 형사사법 분야에서도 모두 고려될 수 있는 집합적 개념이며, 범죄의 예방에서부터 수사, 진압, 기소, 재판, 행형에 이르는 일련의 과정에서 그 중요성이 강조되어야 한다.

1. 지역사회 중심 프로그램의 개념

지역사회 중심 교정프로그램은 범죄인들에게 지역사회의 자원을 활용한 서비스 프로그램들을 제공함으로써 보다 더 효율적으로 사회에 복귀할 수 있도록 하고, 시설내 구금이나 통제를 통해서만 사회안정을 꾀하기보다는 지역사회를 기반으로 소기의 목적을 달성한다는 점에서 전통적인 행형방식과는 구별된다(Hass & Alpert, 1995: 신연희, 2004 재인용).

이러한 지역사회 중심 프로그램은 범죄인들에게 본래의 가정생활이나 직장생활을 지속적으로 수행하게 함으로써 이들의 자율권을 최대한 보장하고, 사회적 낙인을 최소화하는 동시에 지역사회의 안정적 발전을 도모하려는데 그 목적을 두고 있다. 이러한 처우모형은 교정정책에 있어서 변화의 1차적 대상은 범죄인 자신이지만, 경기침체에 따른 실업이나 탈선을 조장하는 지역사회의 제반 여건 또한 교정의 대상이라는 것을 인식하는 것에서 출발한다.

따라서 교정복지에서 지역사회 중심 프로그램이란 범죄인 당사자 뿐 아니라 범죄를 유발할 수 있는 지역사회내 모든 잠재적 요인까지도 변화시키려는 총체적 활동이라고 정의될 수 있다.

2. 지역사회 중심 프로그램의 의의

지역사회 중심 프로그램이 갖는 가장 큰 특징은 범죄인의 재활을 위한 지역사회 주민의 직접적인 참여이다. 다시 말해서 지역사회 중심 프로그램은 교정사업 전반에 지역사회의 시민이 함께 참여함으로써 보다 효과적인 범죄의 예방과 범죄인의 재활이 가능하도록 한다. 다음은 범죄인의 재활과 관련하여 중요하게 대두되는 지역사회 중심 프로그램의 의의에 관한 최옥채(2003)의 요약이다.

첫째, 지역사회 중심 프로그램을 통해 비행청소년 및 범죄인 재활의 효율성을 극대화 시킬 수 있다. 비행청소년이나 범죄인을 시설에서 단순히 구금하기보다는 지역사회 중심 프로그램을 활용할 경우, 이들의 재범률이 낮아지고 지속적인 사회활동을 가능토록 하여, 궁극적으로는 시설에 수용하는 것보다 그 효율성을 높일 수 있다는 것은 이미 선행연구에서도 충분히 밝혀진 사실이다.

둘째, 지역사회 중심 프로그램을 통해 비행청소년이나 범죄인의 발생을 사전에 예방할 수 있다. 청소년비행이나 범죄행위를 미리 예방하여 이를 최소화시키는 것은 개인적으로나 국가적으로나 매우 바람직한 일이다. 지역사회 중심 프로그램은 교육과 캠페인을 통해 비행과 범죄행위를 예방하고, 범죄를 유발할 수 있는 지역사회의 잠재적 위험요소를 근절해 나가는데 상당한 영향력을 행사할 수 있다.

끝으로 지역사회 중심 프로그램에 대한 지역주민의 참여는 비행청소년과 범죄인의 예방과 재활에 긍정적인 영향을 미친다. 지역사회의 주민은 비행청소년이나 범죄인과 가장 가깝고 밀접한 관계인이다. 이들은 범죄인들과의 상호작용을 통해 지지자, 조력자, 옹호자 등의 역할을 수행할 수 있고, 삶의 모범(Role Model)이 될 수 있다. 따라서 지역 주민들의 적극적인 참여 여부는 본 프로그램의 성패를 좌우하는 가장 큰 변수라고 할 수 있다.

3. 지역사회 중심 프로그램의 종류

최근 범죄의 수가 늘어나고 그 형태도 변모함에 따라 지역사회 중심 프로그램 역시 다양화 되어가고 있다. 이처럼 다양한 형태와 특성을 지닌 지역사회 중심 교정 프로그램을 크게 예방과 재활, 그리고 교정복지 운동이라는 3개 차원으로 나누어 분석해 보면 다음과 같이 정리할 수 있다.

1) 예방차원의 프로그램

지역사회의 범죄예방은 지역 전반에 걸친 광범위한 홍보활동 외에도 문제가정 등을 찾아 이들의 문제 해결을 위한 적극적인 개입전략이 필요하다. 따라서 지역사회 종합사회복지관을 중심으로 보다 체계적인 범죄예방시스템을 구성하고 해당지역의 위험지구를 중심으로 생활환경을 개선해 나가는 것이 중요하다. 특히 청소년들에 대한 지역사회의 범죄예방활동은 청소년들에게 올바른 도덕적·법적 판단의 기회를 제공하고, 국가 형사사법제도의 부담을 덜어주어, 궁극적으로는 건전하고 안정된 사회환경의 확립에 기여할 수 있다(이윤호, 2001). 또한 이러한 예방차원의 프로그램들은 비행청소년과 범죄인을 사후에 교정하는 것보다 비용 - 효과적 측면에서도 상대적으로 우수하다.

(1) 대상자

비행과 범죄에 대한 구체적 개입보다는 예방적 차원의 프로그램이기 때문에, 프로그램의 대상자는 비행의 가능성이 높은 청소년을 포함한 일반청소년이나 잠재적 범죄의 가능성을 가지고 있는 지역사회의 주민이라고 할 수 있다.

(2) 제공자

지역을 순찰하는 방범대원부터 비행청소년을 담당하는 전문 인력인 학교사회사업가까지 지역사회에 거주하는 모든 사람들이 범죄의 예방을 위해 활동할 수 있다. 예컨대, 주민, 경찰, 교사, 전문상담가, 사회복지사, 시민단체 등이 주요 활동을 전개할 수 있으며, 이들이 청소년 비행을 예방하고, 각종 유해 환경을 개선하는 데 일조할 수 있다. 이와 더불어 지역사회내 우범지역 해소를 위한 지방정부의 노력 또한 향후 지역사회내 범죄발생률을 낮출 수 있는 중요한 예방전략이 될 수 있다.

(3) 사례

지역사회 중심 교정프로그램 중 예방적 차원 프로그램의 대표적인 사례로는 청소년폭력예방재단에서 실시하고 있는 '청소년폭력 예방을 위한 청소년 문화사업 전개 사업'과 '학교폭력 예방관련 홍보물·매체 발간 및 배부 사업', 그리고 '청소년 지킴이 봉사활동 사업' 등이 있다.

먼저 '청소년폭력 예방을 위한 청소년 문화사업 전개 사업'은 청소년 전문단체로서의 공신력을 통해 서울시립 노원청소년수련관, 노원청소년수련관 내의 문화의 집, 여

의도 청소년전용광장, 대학로 푸른 쉼터, 서울시립 정보문화센터 등을 위탁받아 운영하는 사업으로 청소년들 사이에 인기 있는 문화공간을 자료로 제작하여 청소년들에게 정보제공을 함으로써 청소년 폭력을 예방하는 프로그램을 실시하고 있다.

다음으로 '학교폭력 예방관련 홍보물·매체 발간 및 배부 사업'은 국내 최초로 학교폭력 예방지침서, 청소년 지킴이집 활동지침서, 유해환경 바로 알기 등의 소책자를 발간하여 전국 학교, 경찰, 시민사회단체 등에 배포하였으며, 각종 학교폭력 관련 전단, 리플렛, 소책자, 자료집, 스티커, 교육용 비디오테이프, 왕따 극복을 위한 안내서 발간 등, 각종 홍보물 및 인쇄물의 제작 및 배부를 통해 학교폭력 예방에 대한 관심과 시민대상의 교육을 새롭게 전개하고 있다.

끝으로 '청소년 지킴이 봉사활동 사업'은 중·고등학생을 중심으로 청소년 스스로가 청소년 유해환경을 감시하고, 자신들의 문화공간, 건전한 문화환경을 만들 수 있는 능력을 배양하며, 이웃과 지역사회에 관심을 갖고 더불어 살아가는 시민으로 성장할 수 있도록 다양한 체험과 나눔의 기회를 제공하고 있다.

2) 사회복귀 차원의 프로그램

매년 상당수의 출소자들이 폐쇄된 교정시설에서 형을 종료하거나 가석방 등으로 다시 사회에 복귀하고 있지만, 그 중 약 50% 이상의 출소자들이 재범으로 다시 재수감되는 악순환을 반복하고 있다. 이는 출소자들이 사회 내에 재통합될 수 있는 여건이 형성되어 있지 않다는 점에서 그 원인을 찾을 수 있다(이윤호, 2001). 현재 정부는 출소자에 대한 추후 지도를 위하여 보호관찰소, 갱생보호공단 등을 중심으로 사회복귀차원의 프로그램을 시행하고 있다. 특히 최근에는 수용자 사회복귀를 촉진하기 위하여 귀휴제도를 확대하고, 재소자들의 외부 산업체 견학 등 사회견학 활동을 증진하였으며, 외부통근 작업의 확대 운영 등을 실시하고 있다.

(1) 대상자

재활 차원의 프로그램 대상자는 교정시설이나 보호시설로부터 가출소 혹은 가퇴원한 보호관찰 대상자가 대부분이나, 범죄의 정도가 상대적으로 가벼운 보호관찰 대상자나 선도조건부기소유예처분을 받은 자, 혹은 위탁시설 수용자도 포함된다. 또한 학교에서 학업을 중단한 청소년도 주요 대상자로 분류된다.

(2) 제공자

재활 프로그램에 개입하는 전문가는 범죄와 비행을 치료하고 재활시킬 수 있는 능력과 소양을 갖춘 자이다. 이와 같은 재활차원의 프로그램 전문가는 정신과의사, 임상심리사, 사회복지사 등을 들 수 있다. 이들은 범죄자 개인에 대한 임상적 치료와 개입뿐 아니라 범죄자의 성공적인 사회복귀를 담보하고, 한 시민으로서 자립할 수 있는 역량을 강화(Empowerment)시키는 핵심적 역할을 담당한다.

(3) 사례

지역사회 중심 교정 프로그램 중 재활 차원 프로그램의 대표적인 사례로는 갱생보호 공단에서 제공하고 있는 '숙식제공 프로그램', '직업훈련 프로그램', '취업알선 프로그램' 등을 들 수 있다.

먼저 갱생보호공단의 '숙식제공 프로그램'이란 형사처분 또는 보호처분을 받은 자 중 거주지가 없고 보호를 받을 만한 가족이나 친지 등의 연고자가 없는 자, 또는 거주지가 있어도 자립에 필요한 경제적 기반이 없는 자에 한하여 일정 기간 동안 한국복지보호공단의 생활관에서 숙식과 의복 등을 제공함과 동시에 사회적응 교육훈련을 실시하는 것을 말한다.

이러한 복지보호공단의 '취업알선 프로그램'은 취업을 희망하지만 범죄 전력자라는 사회적 낙인(Labeling)이나 개인적 장애, 혹은 관련 기술 등의 부족으로 인하여 취업에 곤란을 겪고 있는 갱생보호 대상자에게 본인의 희망이나 적성, 능력 등을 고려하여 직장을 알선함으로써 경제적인 자립을 유도하고, 재범을 방지하고자 하는 생산적 복지 차원의 갱생보호 방법을 가리킨다. 사실 갱생보호 대상자에게 있어서 취업알선은 가장 필요한 보호서비스임에도 불구하고, 직종이 다양하지 못하고 단순노동에 편중되어 있을 뿐만 아니라, 고정취업의 경우에는 보수가 낮아 대상자들의 만족도가 높지 못한 실정이다. 이로 인해 이직률이 높고, 고용주에게는 특별한 혜택도 없는 반면 언제 발생할지 모르는 출소자들의 사고위험의 부담 등으로 갱생보호대상자들에 대한 고용기피 누적이 문제점으로 지적되고 있다(갱생보호공단, 2004).

3) 교정복지운동 차원의 프로그램

앞의 예방적 차원과 사회복귀적 차원의 프로그램들이 비행청소년과 범죄인에 초점이 맞추어져 있는 것인 반면에, 교정복지운동 차원의 프로그램들은 일반 지역사회 주민들의 참여를 기반으로 프로그램을 운영하는 것을 말한다. 범죄예방과 범죄인의 재활활동을 지역사회 주민에게 알리고, 이 활동에 적극적으로 참여하도록 격려하여 주도적인 역할을 수행토록 하는 것에 목적을 두고 있다.

(1) 대상자

교정복지운동 차원의 프로그램에서의 대상자는 모든 지역사회 주민이라 할 수 있다. 구체적으로 비행청소년과 범죄인들의 가족이나 친지, 프로그램 참여 주민들이 직접적인 대상자이다.

(2) 제공자

교정복지운동 차원의 프로그램 운영자는 교정사업을 연구하는 연구원이나 교정사업 전공 교수 및 전문인력 등을 들 수 있다. 이들의 핵심적인 역할은 지역사회 주민들에게 교정사업을 이해시키고 관련 프로그램에 참여를 유도함으로써 범죄예방이나 범죄인의 재활을 위한 지역사회 자원을 확보하는 것이다.

(3) 사례

우리나라의 지역사회 중심 교정복지운동 관련 프로그램으로는 한국마약퇴치운동본부의 '약물남용 예방을 위한 부모교육'과 '자원봉사자 양성교육' 등의 프로그램을 들 수 있다.

먼저 '약물남용 예방을 위한 부모교육'은 약물이나 불법마약 남용자의 부모 또는 친지의 예방노력과 현실적 대책마련에 도움을 주고자 하는 프로그램이다. 또한 '자원봉사자 양성교육'은 자원봉사자의 전문성을 강화시켜 보다 효율적이고 체계적인 서비스를 제공하여 약물남용예방 및 마약퇴치활동에 더욱 적극적으로 이바지하도록 하는 프로그램으로 현재 한국마약퇴치운동본부에서 제공하고 있다. 이들 프로그램들은 사회적 수요가 적어 아직 그 규모가 크지 않은 프로그램이지만 점진적인 발전이 기대되고 있다(한국마약퇴치운동본부, 2004).

3 지역사회 중심 프로그램의 주요 자원

지역사회 중심 프로그램이 성공적으로 정착하기 위해서는 지역사회에 산재해 있는 자원을 발굴하고 개발하는 노력이 필요하다. 지역사회 중심 프로그램에서 활용할 수 있는 자원은 크게 민간적 차원과 공공적 차원 그리고 민간과 공공의 특성을 동시에 지닌 혼합적 차원으로 나누어 살펴보면 다음과 같다.

1. 민간자원

지역사회 중심 프로그램을 위해 활용 가능한 민간 차원의 자원이란 청소년 비행이나 범죄행동의 예방과 범죄인의 사회복귀를 위해 지역사회가 동원 가능한 민간차원의 모든 자원을 일컫는다. 먼저 지역사회에 거주하고 있는 잠재적 자원으로써 지역주민을 들 수 있다. 이는 다소 포괄적인 개념이기는 하지만, 비행청소년과 범죄인의 예방과 재활, 그리고 교정복지운동 차원에서 직·간접적으로 활용될 수 있는 주요 자원이다.

민간자원 중에서 보다 전문적인 활용이 가능한 자원으로는 사회복지사, 정신과의사, 임상심리사, 연구원, 교수 등의 전문인력이 있으며, 이들은 전문적 지식과 경험을 가지고 관련 프로그램 운영에 직접적인 영향을 미칠 수 있다. 이들은 특히 주도적인 역할을 할 수 있는 연계자원이기 때문에 반드시 활용되어야 할 중요한 자원이다.

이외에도 지역사회내 종합사회복지관, 청소년 쉼터, 교정복지운동 차원에서 조직된 각종 자원봉사조직체 등도 동원 가능한 민간자원들이다.

2. 공공자원

국가적 차원의 공공자원은 국가에서 직접 관장하는 기관과 단체 등을 들 수 있다. 구체적으로 교정국, 보호관찰소, 소년분류심사원, 검찰청, 경찰서, 법원, 공립학교, 지방자치단체 등을 들 수 있다. 이들 자원들은 국가가 직접 관활하고 있기 때문에 지역사회 연계를 위한 탄력적 운영에 다소 한계를 가질 수도 있지만, 안정적이고 조직적이며 관료적인 특성 때문에 그 활용도는 상당하다.

3. 혼합형 자원

혼합형 자원이란 전술한 민간자원과 공공자원 간의 중간적 성격을 가진 자원으로 주로 국가에서 지원을 받지만 주체성이 강하거나, 국가와 별개로 운영되는 기관이나 단체를 말한다. 한국갱생보호공단, 한국마약퇴치운동본부, 교정위원협의회, 소년자원보호자협의회, 청소년 상담실, 청소년수련시설 등이 그 예이다. 이들 기관과 협회들은 공공자원과 비슷한 기능을 하지만 공공자원보다 수형자에 대한 접근성이 훨씬 높아 지역사회 주민들이 쉽게 다가갈 수 있는 장점이 있다.

4 향후 전망과 과제

범죄의 발생과 이로 인한 폐해는 현대사회에 이르러서도 여전히 지속되고 있다. 그러나 범죄의 발생을 가능한 한 예방하고, 기(旣) 발행한 범죄에 대해서는 범죄인의 낙인을 최소화하는 동시에 이들의 성공적인 재활을 담보하는 것이 중요하다. 이에 향후 교정의 중심은 시설에서 지역사회로 이전되어야 할 것이다. 즉 지역사회의 잠재력과 총체적 능력을 극대화시키고, 범죄자의 지역 사회내 적응과 정착을 위한 역량 강화에 주력해야 한다. 또한 지역사회를 중심으로 주민과 교정기관, 형사사법기관들 간에 협력체제를 구축하고, 지역사회내 지지적 자원개발에 힘써야 할 것이다. 이를 근거로 향후 지역사회 중심 프로그램이 나가야 할 방향을 전망하고 이에 따른 과제를 정리해 보면 다음과 같다.

1. 프로그램 중심의 교정복지

향후 재소자의 인권신장과 함께 이들에 대한 양질의 보호서비스가 진행됨에 따라 교정당국이 봉착하게 되는 재정적인 어려움은 더욱 가시화될 수 있다. 교정당국은 이러한 문제를 지역사회와의 적극적인 연계 프로그램을 통해 해결하려 할 것으로 예상되며, 이에 따라 앞으로의 교정사업은 시설에서 지역사회로 그 중심 이동이 가속화될 것이다.

또한 향후 지역사회 중심 프로그램은 그 양적인 증가와 더불어 질적인 성장이 이루어 질 것이다. 이것은 지역사회내 클라이언트들의 욕구가 다양해지고 이에 따라 새로운 해결방법을 모색하려는 전문가와 프로그램 운영자들의 노력에서 기인한다. 그러므로 시간이 지남에 따라 지역사회 중심 프로그램은 다양성과 접근성이 보장되는 프로그램으로서 자리매김할 것이다.

2. 자원봉사자의 활성화

지역사회 중심 프로그램이 활성화되기 위해서는 자원봉사자의 증가가 필수적이다. 따라서 참여 자원봉사자들의 양과 질이 확보될수록 지역사회 중심 프로그램은 더욱 성장할 것이고, 프로그램의 다양화도 점진적으로 이루어질 것이다.

이러한 맥락에서 지역사회 주민들의 자원봉사활동 참여 정도는 본 프로그램의 성패를 좌우할 수 있는 중요한 변수가 된다. 결국 지역사회에서 범죄에 대한 예방이나 범죄인의 재활을 도모하는 사회풍토가 정착되기 위해서는 지역주민들의 인식 전환이 필요하다. 즉 지역사회의 문제가 다른 이의 문제가 아닌 자기 스스로의 문제라는 인식하에 지역주민 모두가 문제해결을 위해 공동의 노력을 경주해 나가야 할 것이다.

3. 민간자원과 공공자원의 연계 구축

지역사회는 동일한 지리적 범주에서 어느 정도 유사한 생활양식을 공유하며 살아가는 사람들의 집단이다. 따라서 지역사회내 범죄행동은 개인적 원인이나 결과에 국한된 것이 아니라 구성원간 상호작용의 결과로써 나타날 수 있다. 그러므로 지역사회 중심 프로그램을 운영함에 있어서 상호 관련된 모든 당사자와 지역사회가 함께 문제에 접근해 가는 노력이 필요하다. 특히 접근성과 다양성 측면에서 강점을 지니고 있는 민간자원과 안정성과 지속성인 측면에서 비교우위를 가진 공공자원을 연계하여 통합적으로 문제해결을 모색하는 것은 그 효율적 측면과 당위적 측면에서 반드시 고려되어야 할 과제이다.

4. 선진국 프로그램의 선별적 도입과 교정관련 연구의 활성화

선진국에서 이미 활성화된 지역사회 중심 교정 프로그램을 충분한 검증 없이 우리나라에 도입하여 시행하는 것은 상당한 위험성을 내포하고 있다. 그럼에도 불구하고 이러한 예가 종종 나타나고 있는데, 이는 지역사회내 교정에 대한 국민들의 관심이 낮고, 국내 교정관련 연구 또한 폭넓게 이루어지지 못하고 있는 데서 그 원인을 찾아 볼 수 있다. 따라서 우리와는 상이한 교정환경 속에서 발전된 선진국의 모델을 우리나라에 적용하기 위해서는 이러한 모델이 발전하게 된 배경과 실제적으로 적용 가능한 환경에 대한 이해가 선행되어야 한다. 특히 지역사회 중심 프로그램운영의 효율성과 안정성 그리고 프로그램의 운영방식 등을 충분히 파악한 후, 새로운 프로그램으로서의 도입 가능성과 구체적인 대안 모색이 이루어져야 할 것이다.

제2절 시설 중심 교정복지 프로그램

1 교정시설 프로그램

최근의 교정이념은 죄에 대한 처벌을 정당화하던 이전의 보복주의나 격리주의에서 점차 벗어나 새롭게 재활주의를 강조하고 있다. 이에 따라 범죄인의 성공적인 재활을 위해서는 문제에 대한 보다 과학적 접근과 클라이언트에 대한 전문적 개입 기술이 요구되고 있다. 이를 수행하기 위한 다양한 주체 중 비행청소년이나 범죄인을 수용하고 있는 시설이야말로 교정복지 실천현장의 가장 핵심적 역할을 담당하고 있다. 특히 비행청소년이나 범죄인이 다시 사회에 적응할 수 있도록 시설내 유용한 프로그램을 개발하고 정착시키는 것은 이들의 성공적인 재활을 위해 필수적이다. 따라서 시설에서 실시 중인 범죄인 대상의 재활 프로그램을 면밀히 살펴보는 것은 교정복지 측면에서 매우 큰 의의가 있다.

일반적으로 범죄인이나 비행청소년을 수용하고 있는 시설은 교정시설, 보호시설, 민간시설로 구분할 수 있다. 예컨대 교정시설로는 교도소, 구치소, 특수교도소, 개방교도소 등이 있고, 보호시설로는 소년원, 치료감호소, 소년분류심사원 등을 들 수 있다. 그리고 민간시설로는 각종 위탁시설과 한국보호복지공단의 생활관, 기타 종교 및 사회관련 기관 혹은 시설 등이 있다.

이를 보다 구체적으로 파악하기 위해 본 장에서는 시설 중심 프로그램에 관한 기초적인 이해와 시설 유형별 프로그램의 현황을 알아보고, 이에 대한 문제점과 발전방향을 알아보고자 한다.

1. 시설 중심 프로그램의 기초적 이해

1) 시설 중심 프로그램의 개념

시설 중심 프로그램이란 시설에 있는 교정 실무자가 시설의 범죄인이나 비행청소년의 재활을 도울 수 있도록 제공하는 일련의 서비스 과정이다. 이러한 프로그램은 특정한 목적과 운영규칙을 갖추고 있으므로 적절한 전문인력에 의해 운영되어야 하고, 나아가 프로그램에 대한 효율성과 효과성도 함께 평가되어야 한다.

시설 중심 프로그램의 구체적 예로는 교도소내 재소자의 심신단련과 친목을 위한 체육대회나 학과교육, 가족접견, 종교집회 등을 들 수 있으며, 이외에 소년원에서 제공되는 다양한 취미생활 프로그램과 학과공부, 직업훈련을 위한 프로그램 등이 있다.

2) 시설 중심 프로그램의 주체

교정복지 프로그램의 주체는 프로그램을 운영하고 있는 교정담당자와 프로그램에 참여하는 범죄인 또는 비행청소년이다. 이중 프로그램의 참여 대상을 보다 명확히 하는 것은 교정담당자가 프로그램의 목표와 내용을 설정하고, 그 역할을 스스로 규명하는데 도움이 될 수 있다.

프로그램을 계획하고 실천에 옮기려는 담당자는 프로그램에 참여하는 범죄인이나 비행청소년의 특성을 우선적으로 분석하고 재활을 위한 프로그램의 목적을 명확히 설정해야 한다. 이러한 프로그램의 목적을 달성하기 위해 전문적인 기술과 지식을 갖춰져야 함은 물론이다. 또한 교정현장과 교정당국의 정책에 대한 확실한 이해와 풍부한 경험이 함께 수반되어야 한다.

2. 교정시설내 프로그램

전술한 바와 같이 교정시설의 유형으로는 교소도, 구치소, 특수교도소, 개방교도소 등이 존재하나, 이들 중 교도소가 가장 대표적인 시설이므로 교도소내 프로그램을 중심으로 그 특성을 살펴보고자 한다. 우리나라에서 실시중인 교도소 내 정규 프로그램은 교정교육, 종교생활, 특별활동, 직업훈련, 사회적 처우로 크게 구분할 수 있는데, 다음은 각각의 프로그램에 대해 법무부 교정행정(2012)에서 소개된 바를 근거로 재정리하였다.

1) 교정교육 프로그램

재소자의 사회적응력을 높이기 위해 시설에서 실시하는 각종 교육훈련은 재소자의 교정을 도모하고, 이들의 개인적 욕구를 충분히 반영하는 동시에, 사회화를 위한 역량강화를 목적으로 한다. 특히 이곳에서의 교정교육은 인간존중의 원리, 자기인식의 원리, 자조의 원리, 신뢰의 원리 등을 주안점으로 삼고 있는데, 이를 바탕으로 한 구체적 교육의 종류는 다음과 같다.

(1) 학과교육 및 인성교육

검정고시, 방송통신고등학교, 전문대학, 전문대학위탁교육, 외국어 회화 및 컴퓨터 전문교육을 통해 학력신장과 건강한 시민의 자질을 갖추도록 지원하고 있다.

또한 수형자 인성함양을 위해 감수성 훈련, 인간관계 회복 및 프로그램 등 다양한 인성교육을 실시하고 있다.

(2) 종교생활

수용자 심성을 순화시키고, 건전한 사회인으로 복귀하도록 종교단체 또는 사회적으로 명망 있는 종교인을 초빙하여 종교집회, 종교의식, 교리교육, 상담 등의 종교행사를 시행하고 있다.

(3) 문화예술프로그램

수형자의 정서안정과 자율적 심성순화를 위해 내면세계의 치유가 필요한 수형자를 대상으로 음악・미술・심리치료 프로그램을 확대하여 시행하고 있다. 한국문화예술교육진흥원의 도움으로 아카펠라 환타지아, 전통 타악 등 교정시설내 체험형 문화예술 교육프로그램을 도입하여 시행하고 있다.

(4) 교정위원제도

법무부는 효과적인 교정교화를 위해 지역 내 덕망 있는 인사를 전국교정시설의 교화분야, 교육분야, 종교분야, 의료분야 및 취업・창업분야의 교정위원으로 위촉하여 수용자들의 재사회화를 촉진하고 있는데 이들이 하는 일을 좀더 구체적으로 살펴보면 다음과 같다.

① 교화분야 : 지역사회에서 두터운 신망과 학식 및 경험을 지닌 이들이 참여해 교화강연, 인성교육, 특별활동지도, 자매결연 등 교정교화사업지원 등을 한다.

② 종교분야 : 기독교, 불교, 천주교 등에 소속한 종교인들이 종교집회, 교리지도, 상담활동 진행 등을 하고 있다.

③ 교육분야 : 수용자 교육 및 직업훈련이 가능한 전문인들이 참여하여 수용자 학과교육 및 직업훈련 지도 등을 하고 있다.

④ 의료분야 : 전문 의료인들이 자원봉사자로 참여하여 수용자들이 의료상담과 진료지원을 하고 있다.

⑤ 취업・창업분야 : 취업 및 창업관련분야의 전문인 들이 수용자들의 취업과 창업지원 등을 하고 있다.

(5) 가족관계 지원

소통프로그램을 통해 가족 및 지인들과 유대를 강화함으로써 심리적인 안정과 원만한 수용생활을 유지할 수 있도록 돕고 있는데, 이에 대해 좀더 구체적으로 살펴보면 다음과 같다.

① 가족사랑 캠프

수용생활로 인해 가족관계가 해체 훼손된 배우자 및 자녀와의 관계회복을 위해 지역 건강가정지원센터와 협조하여 가족사랑 캠프를 시행하고 있다. 가족관계전문가의 진행으로 다양한 가족동참 프로그램을 통해 가족의 소중함을 일깨우고 건강한 가족의 회복과 강화에 기여하고 있다.

② 가족만남의 날과 가족만남의 집 행사

가족만남의 날 행사는 가족과 유대강화를 통한 심리적 안정을 도보하게 하는 것이며, 교정외부에 있는 일반가정집과 같은 시설에서 가족들과 1박 2일간 생활할 수 있는 기회도 제공하는 것을 말한다.

③ 원격화상접견(가정용 화상접견 및 전화사용) 및 전화사용

원거리 거주 민원인을 위해 교정시설에 원격화상 접견시스템을 설치하여 시행하고 있으며, 앞으로는 노약자, 거동 불편자 등 교정기관 방문자 등 교정기관 방문이 어려운 사람들을 위해 가정용 화상접견 시스템을 구축할 예정이다.

전화사용은 처우 등급에 따라 허가하고 있으며, 미결수용자도 비상시 소장의 허가를 받아 전화를 이용할 수 있다.

(6) 사회복귀프로그램

다양한 사회복귀프로그램을 통해 수용자가 자아를 회복하고 자신감을 가질 수 있도록 지원하고 있는데, 이러한 지원활동을 살펴보면 다음과 같다.

① 중간처우의 집(소망의 집)

전담직원이 상주하여 출소 직전 사회복귀 준비를 돕기 위한 시설로 주간에는 구외공장으로 출퇴근하고 주말과 휴일에는 귀휴, 사회체험활동 등을 통해 사회에 단계적으로 적응할 수 있도록 하고 있다.

② 출소예정자 취업·창업지원

전국 교정기관에 고용센터, 신용회복위원회 등 외부인으로 구성된 '취업'지원협의회'와 교정공무원으로 이루어진 '취업전담반'을 구성하여 출소 예정자 취업 및 창업활동을 지원하고 있다.

뿐만 아니라 연 2회 '구인·구직 만남의 날'개최, 출소예정자 취업성공 패키지사업 참여 등 출소예정자 취업지원을 강화하고 있으며, 중소기업청의 지원으로 소자본 창업교육을 실시하고, 한국법무보호복지공단 및 기쁨과 희망은행을 통해 창업희망자에게는 무담보 창업자금을 지원하고 있다.

③ 외부기업체 출퇴근제

사회적응 능력을 키우고 출소 후 생계기반을 일구는 데 도움을 주고자 지역사회 기업체로 출퇴근하며 작업할 수 있도록 배려한 제도이다.

(7) 교도작업

교도작업은 수용자에게 부과하는 징역으로 근로정신을 함양하고 기술을 습득해 사회에 성공적으로 복귀할 수 있는 발판을 마련해 주고 있다.

자립형 교도작업은 1일 8시간의 작업시간을 확보하여 생산성을 향상하고, 지정된 생산량 초과 시 그 실적에 따라 작업장려금을 증액하여 지급하는 '자립형교도작업'을 시행하고 있다. 자립형 교도작업은 사회정착금 마련과 근로의지를 촉진하여 수형자의 성공적인 사회복귀에 기여하고 있다.

① 교도작업생산물 인터넷 쇼핑몰 운영

교도작업을 통해 생산된 제품들은 인터넷쇼핑몰에서 구입할 수 있으며, 교도작업 직영제품은 품질에 비해 가격이 저렴할 뿐 아니라 수익금을 수형자들을 위한 작업장려금으로 지급하거나 직업훈련경비 등으로 재투자되므로 수형자들의 사회복귀에 큰 도움이 되고 있다.

② 교정작품전시회

매년 교정작품전시회를 개최하여 수형자들의 기능훈련과 사회적응 능력을 함양하고 있으며, 나아가 국민에 대한 교정의 이해도를 높이고 교정행정홍보를 위해 교정 홍보관을 운영하고 있다. 또한 수형자들이 한 해 동안 정성스럽게 가꾼 다양한 국화를 한곳에 모아 일반인들에 공개하는 국화품평회도 개최하고 있다.

(8) 직업훈련

출소 후 수형자가 사회에서 안정된 생업에 종사하도록 전통산업분야에서 첨단산업분야까지 내실 있는 직업훈련을 시행하고 있는데 이를 보다 자세히 살펴보면 다음과 같다.

① 직업훈련 현황

직업훈련은 전국 27개 교정시설에서 자동차정비 등 54개 직종에 대하여 6개월부터 2년 과정의 직업훈련을 실시하여 기능장, 산업기사 및 IT 관련 기능인력을 양성하고 있다. 뿐만 아니라 청주여자교도소 이외에 여주교도소, 대구교도소를 여성수형자 직업훈련 전담기관으로 추가 지정하여 여성의 특성에 맞는 전문적인 직업훈련을 실시하고 있다.

② 기능경기대회 참가

직업훈련 수료 후 성적이 우수한 수형자를 지방 및 전국 기능경기대회에 참가하도록 하여 우수한 성적을 거두고 있다.

③ 취업연계

직업훈련 수료 후 기술숙련과정을 통해 산업현장에서 실제 필요한 기능을 연마함으로써 취업연계활동도 강화하고 있다.

④ 눈빛나눔봉사단

점자도서 부족으로 학습에 곤란을 겪고 있는 시각장애 학생들에게 맞춤형 점자도서 지원을 위해 점역·교정사 직업훈련과정을 개설하고, 점자도서를 보급하는 '눈빛나눔봉사단'을 운영하고 있다. 현재 교양필독서 위주로 제공하고 있으며, 앞으로는 수학, 음악 등 학습교재 점자도서도 제작 보급할 예정이다.

⑤ 사회견학 및 봉사활동

산업시설 등 견학을 통해 급변하는 사회체험과 고아원, 양로원 등 봉사체험을 통해 자존심 회복과 사회적응 기회를 부여하고 있다.

2 보호시설 프로그램

1) 소년원 프로그램[2)]

소년원은 1988년의 전면 개정을 통한 「소년원법」의 적용을 받고 있으며 법무부장관이 관리하고 있다. 법원 소년부에서 9호, 10호 보호처분을 받은 12세 이상 19세 미만의 소년을 수용하여 교정교육을 행하며 16세 미만의 자와 그 이상의 자, 남성과 여성은 각각 분리해서 수용한다. 규율 있는 생활 속에서도 특성화교육, 직업능력개발훈련, 인성교육, 특별활동 등을 통하여 전인적인 성장과 발달을 도모하고 지식정보사회에 적합한 인재를 양성하는 데 목적이 있다.

소년원 프로그램은 각 소년원의 특성에 따라 프로그램의 주안점이 상이하다. 이는 소년원이 학과 중심의 소년원과 직업훈련 중심의 소년원, 그리고 치료 중심의 소년원으로 각각 구분되기 때문이다.

(1) 교과교육

수업은 초·중등교육법이 정한 유자격 교사가 중·고등학교 교육과정의 수업을 진행하며 입학·편입학은 학년 초부터 60일 이내에 입원한 때에는 상급학교 과정에 입학하고 최종학적을 가졌던 학년의 입원 당시 학기에 전학·편입학한다.

학적관리는 소년이 재학했던 학교(전적학교)에 학적자료를 요청하여 교육과정 이수 중 퇴원시 전적학교 및 타학교 전·편입시킨다.

(2) 직업능력 개발훈련

6개월 과정의 중장비 훈련과 1년 과정인 제과제빵, 사진영상, 자동화용접, 카일렉트

2) 2014.1.5일자 법무부 소년원 소년보호에서 재인용 정리함.

로닉스, 건축환경설비, 헤어디자인, 피부미용, 텔레마케팅, 측량 과정 등의 지업훈련을 한다.

(3) 인성교육

집단지도를 통하여 생활예절, 단학수련, 성교육, 약물교육, 법교육, 학교폭력예방교육, 인터넷중독예방교육, 교통안전교육, 절도예방교육 등을 실시, 지도하며 집단상담으로는 품성계발, 감수성훈련, 강・절도 및 성비행예방프로그램, 분노조절, 또래상담, 미술치료, 진로탐색, MBTI, 세상열기프로그램 등으로 인성 지도한다.

(4) 사회봉사활동

사회봉사활동 과정을 두어 소외계층 및 장애인 시설 위문, 농촌일손돕기 등을 실시하고 이웃사랑 정보화교육, 자동차 서비스 등 의 봉사활동을 전개한다.

(5) 체험교육

경진대회로는 IT경진대회, 문예작품공모전, 기능경기대회 등을, 체험활동으로는 국토순례, 아영훈련, 스키캠프, 문화답사, 사제체육대회 등을, 문화체험활동으로는 문화예술공연, 전시회, 스포츠경기, 영화 등을 통하여 체험교육을 실시한다.

(6) 8호처분자 교육(1개월)

기본교육으로는 기초질서교육, 생활예절, 독서지도 등이며 전문교육으로는 폭력예방교육, 절도예방교육, 약물예방교육, 성비행예방교육, 정보화역기능예방교육, 교통안전교육 등을 실시한다.

또한 체험교육으로는 자연체험, 봉사활동, 극기훈련, 영화・미술・웃음치료 등을 지도하고 집단상담으로는 가족관계회복, 사회성향상, 자아성장, 법교육, 감수성훈련, 분노조절 프로그램 등을 심도 깊게 실시한다.

(7) 생활지도

2) 치료감호소 프로그램[3)]

치료감호소(국립감호정신병원)는 사회보호법 제8조에 의해 1987년 공주 반포에 설립한 정신질환 범법자를 수용, 치료하는 정신병원의 기능을 가진 수용기관이며, 법원, 검찰, 경찰로부터 의뢰받은 형사피의자에 대한 정신감정을 담당하고 있다. 또한 범법 정신질환 및 물질남용의 연구, 조사를 하는 법정신의학의 연구센터의 기능과 정신과 전공의와 정신보건전문요원(정신보건간호사, 정신보건임상심리사, 정신보건사회복지사)의 교육수련 기능도 함께 수행하고 있다. 그러나 「사회보호법」은 인권침해와 이중처벌 논란으로 폐지되고, 대체입법으로 2005년 8월 4일 「치료감호법」이 제정되었다.

(1) 치료활동

정신과적치료로는 담당주치의 지정 및 증상에 따른 치료방법 결정에 따라 담당의사의 치료계획에 따른 정신요법, 약물요법, 환경요법을 실시하며, 특수치료활동으로는 소집단 치료와 대집단 치료로 나누어 치료한다.

소집단 치료로는 기타, 보컬관악, 지점토, 등공예, 합창, 수직염색, 도자기공예, 일상생활요법 사이코드라마, 미술, 무용, 체육, 레크리에이션, 은행놀이 등이며, 대집단 치료로는 무용발표회, 합창대회, 체육대회, 사생대회, 가요제, 연극제, 영화상영, 방송 등

---

3) 치료감호소 프로그램은 법무부 치료감호소(2014.1)에서 소개된 내용을 인용 · 요약 정리함.

을 통한 음악치료가 있다.

의료재활치료가 있는데 구체적으로는 사회기술훈련, 정신건강교육, 단주교육 등의 프로그램이 있다.

(2) 직업능력개발훈련

훈련대상은 증상이 양호하고 직업재활훈련이 필요한 자 이며 훈련종목으로는 건축도장, 조적, 도배, 타일, 컴퓨터 등의 능력개발훈련을 하고 있다

(3) 외래진료제 운영

외래진료제 운영 목적은 출소자의 정신질환재발 및 재범방지에 있으며. 대상은 치료감호종료자 중 희망자이다.

또한 기간은 출소 후 5년(1차에 한하여 연장가능)간 외래진료제를 운영하고 있다.

3) 소년분류심사원 프로그램

소년분류심사원은 법원이나 소년원으로부터 위탁받은 소년을 1월 이내 위탁기간(단 1회에 한하여 법원소년부의 결정으로 연장 가능) 동안 위탁·보호하면서 소년의 비행원인을 과학적으로 진단하고 규명하며, 교정치료를 위해 구체적인 방법과 지침을 수립하여 관계기관 즉 법원, 보호관찰소, 소년원과 보호자 등에게 심리자료와 처우지침을 제공하는 한편, 가정, 학교, 청·소년 보호단체 등이 의뢰하는 소년들에 대해서도 분류심사를 실시하고 있다. 소년분류심사원은 2008년 법무부 직제개정으로 서울에 1곳만 존재하며 소년분류심사원이 없는 지역에서는 소년원에서 업무를 대신하고 있다.

일반적으로 분류심사의 종류로는 일반분류심사, 특별분류심사, 외래분류심사가 있다. 먼저 문제가 비교적 경미한 소년에 대해서는 면접조사, 표준화검사, 신체·의학적 진단, 행동관찰을 종합하는 일반분류심사를 실시하며, 문제해결이 용이하지 않은 소년은 일반분류심사에 개별검사, 정신의학적 진단, 현지조사 등을 추가하여 특별분류심사를 실시하고 있다. 외래분류심사에서는 가정·학교·사회단체 등에서 의뢰한 소년의 각종 심리검사 및 진로상담을 수행하고 있다.

분류심사 과정은 일반적으로 입원, 1차 분류심사, 2차 분류심사, 분류심사 회의 및

분류심사서 작성, 법원소년부 통보의 순서를 거치게 된다. 먼저 법원이나 소년원, 기타 외부기관에서 소년이 입원을 하게 되면 건강상태를 확인한 뒤, 1차 분류심사로 환경조사·상담(가정·학교·사회환경조사, 비행력 조사, 신체검사, 건강진단), 심리검사(일반집단 검사, 개별정밀 검사), 행동관찰(개별실, 집단실에서의 특이행동), 정신의학 진단(정신지체, 약물남용 진단)을 실시하게 된다. 이후 2차 분류심사로 2차 상담(신체·심리·진로 및 생육사 확인), 보호자 상담(가족 간의 심리관계 확인, 보호자의 훈육태도 확인), 자료 확인, 행동관찰(분류심사 및 심리검사 시 특이행동)을 실시하며, 2차 분류심사를 끝마친 후 분류심사회의를 통해 처우지침서 및 보호처분의 의견을 제시하는 분류심사서를 작성하여 법원 소년부에 통보하고, 이를 법원에서 받아 보호처분을 결정하게 된다.

이외에도 관호 프로그램을 통해 법원으로부터 위탁된 소년의 심성순화를 도모하고, 다양한 교육과 생활상에서 나타나는 행동을 관찰하며, 분류심사원내 생활지도를 위한 각종 프로그램을 실시하고 있다.

(1) 분류심사의 종류

일반분류심사는 문제가 비교적 경미한 소년에 대하여 면접조사, 표준화검사, 신체·의학적 진단, 행동관찰 등 종합조사와 검사를 시행한다.

특수분류심사는 문제해결이 용이하지 않은 소년을 대상으로 하며 일반분류심사 외에 개별검사, 정신의학적 진단, 현지조사 등 추가하는 심사이다.

(2) 상담조사

보호자 위탁 소년 중 법원 소년부판사가 의뢰한 소년으로 3~5일단 주간에만 출석하여 조사 및 상담·교육 병행 실시하는 조사이다.

(3) 분류심사 과정

입원
1차 분류심사
신상조사 · 환경조사
• 인적사항,가족관계, 교우관계, 비행력 등 조사
• 가정 · 학교 · 사회환경 등 개인적 · 환경적 측면 면접조사
심리검사
지능검사
종합능력진단검사, K-WAIS, K-WISC-Ⅲ 등
지능검사
진로적성검사탐색검사 기구적성검사 등
성격검사
특수인성검사,MMPI, TAT,HTP,Rorschach 등
행동관찰
• 입원 후 일상적인 생활, 심리검사,면담시 행동 특징 관찰
신체검사
• 질병유무, 신체적 건강상태 등 전문의 진단
정신의학진단
• 정신질환자 등에 뇌파검사, 신경생리검사 등 정신과적 특수검사
2차 분류심사
상담
• 성격 · 진로 및 가정환경 등 상담
보호자 상담
• 가족간의 심리관계 확인
• 보호자 훈육태도 파악
행동관찰
• 분류심사관 면담시 특이행동 등 관찰
자료분석
• 각종 분류심사 기초자료 및 심리검사 결과, 면담 등 종합진단
분류심사회의 및 분류심사서 작성
처우지침서 및 보호처분 의견제시
법원소년부 통보
보호처분 결정

(4) 분류심리검사 방법

4) 대안교육 프로그램

(1) 교육대상

학교 및 교육청에서 의뢰한 학교부적응 학생 및 검찰에서 의뢰한 대안교육조건부 기소유예 대상자, 법원에서 의뢰한 대안교육 명령 대상자로 한다.

(2) 교육기간

정규과정은 3일 · 5일 · 10일과정, 장기과정 등이며 특별과정은 1일체험, 법교육, 가족 솔루션 캠프 등의 교육을 실시한다.

(3) 교육프로그램

전문교육프로그램으로는 절도비행, 학교폭력, 성비행, 교통안전, 약물 및 인터넷중독 등이며 일반활동프로그램으로는 생활도예, 장애체험, 극기훈련, 등산, 봉사활동 등의 프로그램을 활용한다.

1일 체험 프로그램은 모의법정, 장애체험 등이며 가족 솔루션 캠프(소나기) 등이 있다.

(4) 교육운영

통학형 비합숙 (단, '가족 솔루션 캠프'는 합숙으로 운영)으로 운영하며 1일 7~8교시 (1교시 휴식시간 10분 포함 50분 이상을 교육한다.

3 민간시설의 프로그램

민간시설의 프로그램 중 위탁시설의 프로그램은 크게 교육 프로그램과 직업훈련 프로그램으로 구분할 수 있다. 교육 프로그램은 청소년의 학습능력에 따라 기초반과 검정고시반으로 구분하여 기초반에서는 한글 미해독자를 중심으로 한글을 교육하며, 검정고시반은 초·중·고등학교과정 학습을 통해 시설 내에서 청소년들이 검정고시에 응하도록 기회를 제공하고 있다. 이외에도 다양한 배경과 경력을 지닌 자원봉사자들을 통해 취미활동, 이·미용, 정신교육, 의료봉사, 심성개발 등의 프로그램을 제공하고 있다. 한편, 직업훈련 프로그램은 직업훈련 교사들의 지도 아래 청소년들의 상황과 적성에 따라 봉재, 공예, 컴퓨터, 자동차정비, 영농 등과 같은 기술을 익히도록 도움을 주고 있다.

1. 한국복지보호공단[4)]

1) 법무보호복지 사업의 의의 및 목적

법무보호복지사업이란 보호관찰 등에 관한 법률에 의거하여, 출소자의 건전한 사회복귀 촉진과 효율적인 재범방지 활동을 전개함으로써 개인과 공공의 복지와 안전을

4) 앞장의 갱생보호(after care)부분에서 자세히 설명하였다.

증진시키는 사회복지 및 형사정책 사업을 하는 것을 말한다.

법무보호복지 사업의 목적으로는 법무보호서비스를 실시하고, 출소자의 성공적인 사회복귀와 사회안전망 구축, 수혜자의 삶의 질 향상, 개인과 공공의 복지증진 그리고 출소자의 성공적인 사회복귀 촉진과 재범방지를 통해 따뜻하고 안전한 희망의 새시대의 구현을 목적으로 하고 있다.

2) 연혁

1942. 3. 사법보호사업령 제정으로 사법보호회를 설립하고, 1961. 9. 갱생보호법 제정으로 갱생보호회를 설립하였으며, 1995. 6. 보호관찰 등에 관한 법률 개정으로 한국갱생보호공단이 설립된 후 2009. 3. 한국법무보호복지공단으로 명칭을 변경하여 오늘에 이르고 있다.

3) 사업의 종류는 다음과 같다.

① 숙식제공
② 직업훈련
③ 취업알선
④ 취업성공패키지
⑤ 창업지원
⑥ 주거지원
⑦ 가족 희망복원
⑨ 합동결혼식
⑨ 긴급원호
⑩ 심리상담 및 치료
⑪ 사회성 향상교육
⑫ 기타 자립지원
⑬ 멘토링 및 사후관리

제10장 교정복지와 자원봉사

제1절 교정자원봉사에 관한 기초적 이해

1 개관

교정의 궁극적인 목표는 범죄행위 등 사회규범을 일탈한 행위자에 대해서 국가가 형벌을 시설 내에 수용하여 수용자를 교화·개선하여 사회에 복귀시켜, 안전하고 행복하게 사회인으로서 동화된 삶을 살도록 하는 데 있다고 하겠다.

교정의 목표를 달성하기 위해서는 교정기관의 한계성을 극복하기 위하여 사회와 연계한 교정이 이루어져야 할 것이다. 따라서 뜻이 있는 지역주민의 적극적이며 자발적인 교정참여를 통해서 공적 기관이 가지지 못한 잠재력을 자원봉사활동을 통한 범죄대책마련 자원으로 적극 활동하는 데에 중요한 의미를 갖게 되는 것이다.

교정자원봉사의 역사는 16세기경 감옥 개량운동으로까지 소급될 수 있다. 1584년에 사망한 밀라노의 바토모이스 신부는 종교교회와 종교교육의 원조가 되었다. 그 후 미국의 필라델피아 감옥참상개선협회는 세계에서 감옥개량을 목적으로 하는 사설협회의 선구로서 1787년 5월에 설립되었다. 우리나라의 경우 구한말 1890년대에 종로감옥에서 본원사(本願寺)의 일븐인 승려가 종교교회를 실시한 바 있다. 1962년에는 재소자 교화대책위원회의 설치 등으로 종교단체의 참여가 시작되었으며, 1970년에는 독지방문 제도가 국가에서 하는 공적제도로서 처음 시행하게 되었다(이정찬, 2000: 26).

현재는 교정위원제도로 명칭이 변경되었으며, 교정위원에는 교화위원, 종교위원, 교육위원으로 세분화하여 교화활동의 다양화와 전문성을 도모하고 있다.

2 개념

1. 교정복지

사전적 의미로 '교정'이란 틀어지거나 굽은 것을 바로 잡는 것이며(이희승 편저, 1986: 360), 이러한 일반적 의미가 교도소나 소년원 등에서는 재소자의 잘못된 품성이나 행동을 바로잡는 것(김민수 외, 1991: 306)으로서, 시설 내에 있어서의 처우를 의미하며 이는 시설외의 처우와 구별되는 개념으로 한정하였다. 범죄자를 수용하는 국가적 시설로서는 교도소, 구치소, 감옥 등으로 불리우는 시설이 있으며, 이곳에서의 처우를 '행형'이라 한다. 영문으로는 행형과 교정을 동의어로 사용하여 'Correction', 'Penal Administration'으로 부르고 있다.

행형은 본래 형의 집행에 있어서 범죄자의 개선, 사회복귀의 목적을 추구함이었으나 현실적으로는 그보다 넓게 구류의 집행까지도 포함하는 용어로 사용하여 왔다. 즉 이 용어는 자유형의 집행을 받고 있는 수형자를 비롯하여 구류 중인 미결구금자 등 모든 수용자에 대한 형사정책적인 합목적성을 추구하는 법무행정을 지칭하여 왔던 것이다. 그러나 제2차 세계대전 이후 특히 미국의 행형사상의 발전은 교정이라는 새로운 개념을 등장시키게 되었다. 이는 범죄행위 등 사회규범을 일탈한 행위자에 대한 실증적 연구의 성과로써 범죄나 비행이 원인이 되어 사회로부터 낙오된 자의 사회에서의 재적응, 재복귀를 목적으로 하는 정책적 의욕이 담겨져 있는 것이고 종래의 행형의 개념보다는 훨씬 넓은 비행자에 대한 비행형적 처우까지를 포함하는 것으로 확대되어 가고 있다. 그러나 이 점은 엄격히 해석하면 수용자의 형사시설과 소년원의 보호시설을 합쳐서 교정시설이라고 이해하는 것은 형사처분과 보호처분의 구별을 의미하게 할 뿐만 아니라 형벌에 내재하는 사회윤리적 측면과 도의적 책임의 중요성을 무시한다는 비판도 있음을 간과하여서는 안 될 것이다(김용준, 이순길 공저, 1999: 23).

그러한 의미에서 교정복지는 사회적응에 실패한 범죄자 및 비행청소년들의 사회적

적응능력을 배양시켜 재비행과 재범을 방지하며 원만한 사회복귀를 도와 건전한 시민으로 살아갈 수 있도록 하는 복지적 처우와 조직적 서비스의 지원활동을 말한다 하겠다. 즉 교정복지는 범죄자와 우범자 및 그들의 문제 그리고 유해환경 등을 대상으로 사회복지실천방법의 지식과 기술, 사회복지정책의 법과 제도적 장치 등을 활용하여 대상자들의 재범방지와 사회복귀는 물론 관련 환경의 개선을 도모하는 사회적 노력과 활동이라고 할 수 있다(이윤호, 2004: 39).

교정복지의 개념은 1부에서 언급한 바와 같으며, 다만 교정복지의 개념을 보다 명확히 하기 위하여 위해 현재 교정복지와 관련하고 있는 현장에서 사용하고 있는 유사한 용어도 함께 이해하는 것이 바람직하다고 본다. 따라서 비행청소년과 범죄인 재활의 주요 현장이라고 할 수 있는 소년원, 보호관찰소, 교소도 등에서 사용하는 '보호', '교호', '교정', '교정사업'을 정리한 후 교정복지의 개념을 살펴보도록 하겠다(최옥채, 2003: 63).

1) 보호

보호(保護)는 비행청소년의 재활과 관련하고 있는 소년원, 소년분류심사원, 보호관찰소 등에서 주로 사용하는 용어이다. 이들 현장이 법무부의 보호국 산하이고, 비행청소년은 형사처벌이 아닌 보호처분을 받기 때문에 보호가 품는 의미는 처벌보다 양육의 성격이 강하다, 따라서 보호는 비행청소년이 바르게 성장할 수 있도록 제반 생활을 돌보면서 비행으로부터 빠져나올 수 있도록 돕는 일이다.

2) 교호

교호(矯護)는 보호처분을 받은 비행청소년 혹은 가정에서 위탁한 부적응 청소년의 잘못된 점을 바로잡고 돌보는 일이다. 이 용어는 아동복지법이 아동복지시설로 교호시설을 규정했을 때 사용되었으나, 교호시설이 보호치료시설로 바뀌면서 거의 사용되지 않고 있다.

3) 교정

교정이라는 용어는 행형개념과 마찬가지로 매우 다의적이고 모호한 개념이다. 이는 교정의 특성(이윤호, 1995)[1] 행형사조의 변천에 따른 교정기능의 확대 등에서 기인하

1) 교정에 대한 개념 정의의 어려움은 특히 교정의 복잡성에 따른 문제로서 대상의 범위, 지역적・국가

는 것으로 파악하고 있다. 한편, 오늘날 행형과 교정은 동의어로 사용되는 경향이 있고 교정이 행형의 대체어로 사용되는 것은 바람직한 변화로 받아들여지고 있다(조기룡, 1999: 11~12).

교정(矯正)은 교도소와 같은 교정시설에서 사용하는 용어로 범죄인의 범죄성향을 바로잡아 사회에 적응할 수 있도록 돕는 것이라고 정의할 수 있다. 따라서 교정은 보호보다 엄한 통제의 성격을 띤다.

교정의 목적은 범죄자의 재생에 있다. 범죄자를 재생시키기 위하여서는 종래의 행형제도만으로는 불가능하고, 비록 일시적으로 죄의식을 깨우쳐서 교정되었다 할지라도 근본적인 인간의 퍼스낼리티의 재조직 또는 교정 없이는 재범할 가능성이 잠재되어 있다.

그렇기 때문에 보호관찰의 교정제도가 나타나게 된 것이다. 이것을 위해서 교정사회복지사는 종래의 생활을 재조직하고 가치관을 변경하여, 새로운 생활양식에 적응하도록 원조하여 준다. 그러기 위해서는 클라이언트의 자기각성과 자조의 원리에서 범죄자의 교정치료를 행한다(김영모, 1997: 194~195).

4) 교정사업

교정사업(矯正事業, Correctional Services)은 범죄인을 재활시키기 위해 관여하는 제반의 업무를 의미한다. 즉 교정사업은 교정시설에서 실무자가 범죄인에 직접 제공하는 프로그램과 범죄인을 위한 관련 업무를 일컫는다.

결론적으로 교정복지란 개별사회사업(Casework), 집단사회사업(Group Work), 지역사회사업(Community Work) 등과 같은 기초적인 사회복지실천방법론을 활용하여 범죄인이나 비행청소년이 심리·사회적으로 가장 편안한 상태를 유지하면서 사회에 적응해 갈 수 있도록 돕는 활동이다. 그러므로 범죄인의 재활을 위해 정상적이고 원칙적인 활동에 참여하려는 사회복지사는 사회복지실천에 관한 전문적이고 원칙적인 활동에 참여하려는 사회복지사는 사회복지실천에 관한 전문적인 지식과 기술의 익혀야 하고, 나아가 범죄인과 비행청소년에 대한 전반적인 상황 그리고 당국의 정책 등을 필수적으로 이해해야 한다.

적 특성, 교정이념 및 기능과 역할에 대한 관점의 차이, 현대사회의 복잡성에 따른 범죄의 다양성과 변화의 급격성 그리고 교정이 국가적 기능에 속하는 특성 때문이다.

제2절 교정자원봉사자에 관한 이해

날이 갈수록 범죄현상의 다양화와 교정의 목적달성을 위해서는 무엇보다도 교정자원 봉사자에 대한 이해가 선행되어야 할 것이다. 교정복지의 주체인 교정자원봉사자에 관한 이해는 다음의 교정자원봉사자의 정의, 필요성, 임무, 유형 그리고 향후 과제를 통하여 알아보고자 한다.

1 자원봉사(자)의 이해

자원봉사(Voluntary)는 라틴어의 Voluntas(자유의지)에서 유래되었고 자원봉사자(Volunteer)는 라틴어의 의지(Volo)에서 나온 것으로 자유의지를 바탕으로 사회봉사를 하는 사람을 뜻한다.

자원봉사자라는 용어는 1930년 세계사회사업가대회에서 처음으로 사용되었으며, 자원봉사라는 말은 현재는 자원봉사자(Volunteer), 자원봉사활동(Volunteerism)의 의미로 사용되고 있다(이팔환 · 백남억, 2000: 13).

자원봉사는 특정한 사람이나 집단, 시간과 물질적 여유가 있는 사람만 하는 특별한 활동이 아니라 누구나 언제 어디서나 어떤 방법으로도 할 수 있는 활동이다. 또한 자원봉사의 특징은 자발성, 공익성, 무보수성인데 자발성은 주체적으로 자신의 의지와 생각에서 한다는 것이고 공익성이란 사회 전체의 복지를 향상시키기 위함이고, 무보수성은 보수에 대한 기대가 없어야 한다는 것이다.

또한 자원봉사는 산발적 · 불규칙적이 아닌 지속적 · 계획적 활동이어야 하므로, 단순한 주민참여나 온정주의적 활동과는 다른 것으로서 산업화 이후에 등장한 근대적 개념이다.

즉 지역사회의 주인이라는 민주주의적 시민의식에서 나온 민간조직인 것이다. 특히 70년대 오일쇼크 이후 정부재정에 의한 복지시책들이 축소되면서 어려운 이웃을 돌보는 민간의 자선운동, 봉사운동이 활발해졌는데, 환경, 범죄, 의료, 정치, 소비자 등 생활의 모든 영역에 걸쳐 국제적인 시민사회(Civil Society) 건설운동으로 확정되었다. 자원봉사를 제3의 영역이라고도 하는데 제1의 영역은 정부, 제2의 영역은 기업의 몫인데 비해 개인의 자발적인 비영리(Non-profit)로서의 자원봉사활동을 뜻한다(이태언, 2001: 53).

다시 말하면 전통적으로 자원봉사는 '도움이 필요한 사람에 대해 아무런 대가없이 직접적인 서비스를 제공하는 활동'으로 정의되었으나, 현대적 개념에서는 지역사회의 발전과 변화를 가져오기 위한 계획적이고 조직적인 사회행동으로까지 그 범위가 확대되고 있다(김영호외, 2002: 18). 이는 모든 사람들의 행복을 실현하고 인간다운 생활을 통해서 사회발전을 가져오게 하는 사람들의 노력의 전문성에 대한 보다 높은 강도를 나타내고 있는 것이라고 볼 수 있다.

2 교정자원봉사자의 정의

기독교문화에서 성장해 온 자원봉사활동은 종교적 윤리와 박애정신에 입각한 인간애를 기본이념으로 하고 있으나 자선과는 분명히 구분되는 개념이다. 자선이 '가진 자'와 '가지지 못한 자'의 관계라면 자원봉사는 인간존중의 대등한 관계이며, 자선의 동기가 동정심이라면 자원봉사는 자발적 사회참여 의식이라 할 수 있다. 자원봉사자는 보수나 지위나 명예 같은 교환조건이나 반대급부를 바라지 않고 자의로 사회복지사업이나 이와 관련된 분야의 향상을 위해 활동하는 사람, 다시 말하면 일시적 자비심이나 감상주의 또는 값싼 영웅주의 같은 것과는 다른 인간성의 회복, 개인이나 집단 또는 지역사회의 문제를 자기가 제공하는 서비스에 대한 대가를 받지 않고 자발적으로 봉사하는 사람들을 말한다(임춘식, 2001).

교정자원봉사자는 사회일반적인 분야에 있어 자원봉사자와는 분명한 차이가 있다. 다른 분야의 자원봉사는 특별한 지식이나 사명감이 떨어져도 가능한 것은 담당분야가 책임을 지는 수준이 아니고 담당자를 돕는 정도에 불과한데다가 비교적 단순업무라고 볼 수 있다. 그러나 보호관찰에 있어서는 자신이 담당한 대상자에 대해 물론 최종적인 책임을 지는 것은 아니지만, 상담이나 선도에 대한 전문적 지식이나 테크닉을 바탕을 하여 인내심과 애정을 가지고 끈질긴 순화작업을 해야 하는 것이다. 넓은 의미에서의 교정자원봉사자로서의 범죄예방위원은 법무부 훈령 제363호에 의해 인구 1000명당 1명씩 위촉할 수 있게 되어 있고 각 검찰청이나 지청에 범죄예방지도위원회를 설립하여 업무를 관장하고 있는데 현재까지는 매우 적극적이고 정기적인 활동을 하고 있어 다른 분야의 자원봉사자와는 비교될 수 없는 조직적인 활동을 하고 있는 것으로 되어 있다(이태언, 2001: 56~57).

활동분야로는 교화강연, 상담, 자매결연, 불우재소자 및 그 가족지원 등 수용자의 갱생을 촉구하고, 안정된 수용생활을 도모하기 위한 활동이며, 수용자가 신봉하는 종교의 종파별 교의에 따른 신앙지도 및 종교 활동 등 다양하며 교화활동은 단순한 위로행사 또는 물질위주의 형식적 지원보다는 정신적 감화에 더 큰 비중을 두어야 한다(임춘식, 2001).

이러한 의미에서 이들 교정자원봉사자들이 교정자원봉사 대상자에게 주는 서비스는 물질적인 것부터 정신적인 지지까지 아주 다양하다. 특히 범죄인과 비행청소년의 욕구가 질적인 면에 치중하게 되고, 이들의 환경이 복잡해짐에 따라 교정자원봉사자는 전문적인 지식이나 기술을 활용해야 하는 단계에까지 왔다(최옥채, 2003: 286).

3 교정자원봉사자의 필요성과 활동내용

1. 교정자원봉사자의 필요성

최근 우리사회에서도 강력범죄 사건의 증가와 민생사범의 증가 등 범죄발생수가 해마다 증가하고 있고, 범죄인의 재범률이 급속히 증가하면서 범죄문제에 대한 일반인의 관심이 고조되고 있으며, 그 원인을 사회적 구조모순이나 적절한 교육의 부재 등 여러 가지 사회환경적 요소에서 구하려는 사람이 많다. 이와 같이 범죄의 원인을 찾는 노력을 함께 교정교육에 대한 비판도 점차 증가하고 있다.

교정교육의 목적은 교육형주의로 범죄인의 인간성을 교정하고 범죄적 여건을 제거하여 사회에 재적응시키는 데 있는데, 이를 위해서는 범죄인에 대한 심리적·사회적·임상적인 처우가 필요하다.

교도소의 기본적 기능은 구금확보와 수용자의 교정교화라 할 수 있는데, 수용자가 결국은 사회로 적응시켜야 하는 교정의 궁극적 목표를 실현하여야 한다고 할 때, 구금

확보는 물론 교정교화 모두 소홀히 할 수 없다는 현실이다.

이러한 실정은 수형자 개선에 필요한 많은 전문교육인력을 요구하고 있으나 대부분의 교정기관 교도관이 보안을 담당하고 있으며, 교정교화를 담당하는 전문인력은 그중 소수에 불과하다. 교정사업은 교정공무원 또는 국가의 예산만으로는 좋은 결과를 기대할 수 없고, 이를 보완하기 위해서는 자질과 덕망을 갖추고, 교정교화에 관심을 갖고 봉사할 수 있는 지역사회의 자원봉사자들의 역할이 필요한 것이다.

2. 독지방문제도

교정자원봉사는 독지방문제도에 기원을 두고 있다. 독지방문제도는 1787년 미국 필라델피아에서 수형자의 고통을 덜어주기 위해 조직한 필라델피아 방문위원회가 시초이다. 독지방문제도가 최초로 국가에 의한 공동제도로 시행을 보게 된 것은 1950년 초 영국과 프랑스에서였으며, 일본은 1953년 독지면접위원제도를 도입하였다.

독지방문제도가 우리나라에서 공적제도로 처음 출발하게 된 것은 1970년 12월 19일이었다. 정신의학자, 심리학자, 사회사업가, 교육자, 법조인, 종교인, 갱생보호사업에 종사하는 자 및 기타 학식이 풍부한 자로서 수형자의 교정교화에 관심이 많은 민간인을 독지방문으로 위촉하여 수시로 교정시설을 방문하고, 수형자와의 상담 등을 통하여 각종 지도활동을 전개하게 된 것이다.

1983년에는 독지방문위원을 교화위원과 종교위원으로 나누어 수형자의 교화선도와 재범방지를 위하여 종교귀의에 의한 올바른 신앙생활이 효과적임을 반영하여 산발적으로 시행하여 오던 독지종교인의 교화활동을 집약·체계화하고 독지방문위원회 중 종교인이 아닌 위원들이 그 명칭을 교화위원으로 바꾸어 종교적 방법 외의 전문지식과 체험을 활용하여 수형자의 교화활동에 참여하도록 했다(김용준·이순길, 1994: 183).

2008년에는 교정위원을 교화위원, 종교위원, 교육위원, 의료위원으로 구분 21세기 세계화·정보화시대에 부응하기 위해 보다 교정위원을 전문화, 세분화하여 구성하는 등 내실화를 도모하였다.

3. 교정자원봉사자의 자격 및 활동내용(교정관계법령집)

교정자원봉사자를 교정위원이라 한다. 교정위원은 법무부장관의 위촉을 받아 수용자를 대상으로 교화활동에 참여하는 교화위원, 종교위원, 교육위원을 총칭한다. 또한 교정참여인사는 교정기관장의 승인을 받아 수용자 교화활동에 참여하는 민간자원봉사자를 말한다.

1) 교정자원봉사자의 자격

(1) 교정(교화)위원

각 교정시설이 위치한 지역사회에 거주하는 자로 정신의학자, 심리학자, 사회사업가, 갱생보호사업에 종사하는 자, 법조인 등 지역사회에서 신망이 두텁고 학식과 경험이 풍부한 지도급 인사로서 수용자 교정교화사업에 헌신적으로 봉사할 수 있는 자질과 능력을 갖춘 자이다.

(2) 종교위원

종교위원은 기독교, 천주교, 불교, 원불교, 천도교 등 우리나라 국민정서에 반하지 않는 종교단체에 소속된 지도급 인사로서 교화선도와 재범방지를 위하여 신앙생활이 효과적이므로 교화활동을 집약·체계화하고 교정의 사회화에 박차를 가하기 위하여 수용자 신앙지도에 헌신적으로 봉사할 수 있는 자질과 능력을 갖춘 자이다.

(3) 교육위원

교육위원은 교육자, 학원강사, 직업훈련강사. 마약교육강사 등 수용자 교육 및 직업훈련의 한 분야를 담당하여 지도할 수 있는 전문지식과 능력을 보유하고 수용자 교육에 헌신적으로 봉사할 수 있는 자질을 갖춘 자이다.

(4) 의료위원

의료자격증을 갖춘 자격자로 수형자의 신병관리 및 의료지원 활동을 주로하는 전문직이다.

2) 교정자원봉사자 활동 시 준수사항

교정위원은 교정시설의 안전과 내부질서를 존중해야 하며, 활동 중 알게 된 교정시설의 보완상태 및 수용자의 신상에 관한 사항을 외부에 누설하거나 발표해서는 안 되고 수용자와 물품 또는 금전을 수수하는 경우에는 교정관계 법규에 규정된 절차를 따라야 하고, 교정시설 내에서는 교도관의 안내를 받아야 한다.

3) 교정자원봉사자 주요 활동내용

(1) 지역사회와의 교량역할

장·단기 사회와의 격리된 생활로 인한 사회와의 벽을 해소하기 위해 지역사회와의 연계를 위한 교량역할을 함으로써 궁극적 교정목표인 사회에 재복귀 시키는 역할을 한다.

(2) 교화강연 등 정서활동 전개

수형자의 자유가 제한되고 일반사회와 격리되어 정신적으로 불안정한 정서적 결여의 문제를 해소하기 위하여 수형자의 소질을 발굴하고 적성에 맞는 특기를 개발하여 건전한 정신과 사회적응 능력을 배양시키기 위해 연극, 음악, 운동, 서예, 회화 등 정서적인 활동을 전개하고 있다.

(3) 개인 또는 집단상담

수형자들의 사회적·심리적 결함이 있으며, 또한 수형생활로 인한 긴장, 적대감, 두려움, 좌절감 등 혼합된 갈등이 내재해 있다. 수형자들에게 긴장을 이완시키고 안정된 가운데 갱생의 의지를 키워 출소 후 정상적인 사회생활로의 복귀를 위해 심리적 치료와 사회성을 향상시킬 수 있도록 적절한 상담 등을 실시하고 있다.

(4) 자매결연과 불우수용자 지원 및 그 가족지원

수형자와 교정위원 간의 자매결연을 통해 상호 유대관계를 조성하며, 생활지도 및 종교적 상담 등을 실시하고, 사회적 기초 기반인 가족의 생계 및 불우수용자 생활을 직·간접적으로 도움으로써 가정을 유지하도록 하여 안정된 수형생활을 유도하고 인간애를 통하여 갱생의 길로 유도하고 있다.

(5) 취업알선 및 갱생기반 조성 지원

취업알선 협의회를 구성 출소를 앞둔 수형자를 지역사회에 취업을 알선하여 출소 후 바른 사회적응으로 재범방지는 물론 갱생기반을 조성하고 있다.

(6) 신앙지도 및 종교활동

교화선도와 재범방지를 위하여 종교귀의에 의한 신앙생활이 효과적이므로 종교를 통해 도덕성을 함양시키고, 인격을 도야시키기 위하여 교리지도, 종교의식 및 행사참여, 그리고 상담 등을 실시하고 있으며, 출소 후에도 종교활동과 연계하여 신앙지도 및 심성순화에 역점을 두고 있다.

(7) 학교교육지도 및 기술습득에 필요한 교육활동

수용자에게 교육에 관련된 전문지식의 학과교육, 직업훈련 등을 통하여 출소 후 재활능력을 기를 수 있도록 돕고, 특히 21세기 정보화・세계화시대를 맞이하여 관・학협동체제로 컴퓨터 교육, 외국어회화 등 다양한 교육을 집중지도하고 있다.

(8) 각종 교정・교화사업 지원 및 교정의 홍보활동

도서 및 교육기자재의 기증 등 수용자에 대한 각종 교육・교화행사를 지원하고 지역사회에 교정기관을 적극적으로 홍보하여 교도소와 지역사회 간의 유대증진 및 수형자들의 사회복귀 시 고정관념을 완화시키는데 적극 기여하고 있다(권량문, 2002: 9~16).

4 교정자원봉사자의 임무2)

1. 대상자를 위한 도우미

사회적 서비스의 대상자에게 도움을 주어야 한다는 것은 교정복지뿐 아니라 사회복지 실천의 모든 분야에서 우선해야 하는 자원봉사자의 중요한 역할이다. 도움으로는 심리・사회적 서비스로 상담, 조언, 관심 등을 들 수 있고, 때에 따라서는 물질적 서비스를 줄 수도 있다. 특히 교정자원봉사자는 범죄인과 비행청소년을 위해 이들의 재범과 재비행을 막기 위한 도움보다 먼저 이들이 심리적으로 안정된 생활을 할 수 있도록 이끌어가는 데 중점을 두어야 한다.

2. 보호 및 교정제도 발전을 위한 협력자와 감시자

교정자원봉사자는 대상자를 돕는 일 외에도 교정당국이 시행하고 있는 교정사업이 잘 이루어질 수 있도록 협력하고 아울러 교정사업의 진행과정을 감시해야 한다. 예컨대 교정현장에서 지역사회의 전문인력 혹은 인적자원을 필요로 할 때 관련인들이 적시에 참여함으로써 그 사업이 보다 순조롭게 이루어질 수 있다. 한편, 교정자원봉사자

2) 최옥재, 교정복지론, 2006. 283.

는 시민의 입장에서 모든 교정사업의 프로그램이 효과적일 수 있도록 당국에 대응하고, 나아가 프로그램이 발전할 수 있도록 기여해야 한다.

3. 중재자

교정현장의 실무자와 범죄인·비행청소년 관계는 다른 어떤 사회복지 실천분야보다 워커와 클라이언트가 특별한 관계를 형성하고 있다. 즉 실무자와 범죄인은 상하관계가 강한 편이라고 할 수 있고 매우 경직되어 있다. 이러한 관계를 '쇠와 쇠의 부딪침'에 비유한다면 여기에서 교정자원봉사자는 윤활유의 역할을 함으로써 양자 간의 관계를 부드럽게 할 수 있다.

4. 시민의 참여 유도자

교정자원봉사자는 교정현장에서 범죄인이나 비행청소년 나아가 이들은 가족과 관계하는 것뿐 아니라 지역사회의 시민이 이 분야에 적극 참여할 수 있도록 유도해야 한다.

그럼으로써 교정사업에 대한 시민의 인식을 높이고 나아가 지역사회로부터 교정사업에 필요한 자원을 확보할 수 있다.

5. 보호 및 교정제도의 개혁가

교정자원봉사자는 현장의 활동만으로 그쳐서는 안 된다. 교정당국이 시행하는 제도를 냉정하게 비판하면서 범죄인의 재활과 범죄예방을 위해 제도의 변화에도 앞장서야 한다. 이러한 역할을 교정자원봉사자의 경험을 통해 이루어질 것이므로 교정제도 입안자들에게 큰 도움이 될 것이다.

5 교정자원봉사자의 향후과제

범죄인과 비행청소년의 진정한 재활을 위하고 교정당국의 발전을 위해 교정자원봉사자가 수행해야할 몇 가지 중요한 과제를 소개하면 다음과 같다(최옥채, 2003: 288~289).

1. 투철한 정신

범죄인과 비행청소년을 위한 자원봉사자가 다른 분야에서보다 어렵다는 사실을 감안 할 때 교정자원봉사자는 흔들림 없는 자기조절 능력이 뛰어나야 한다. 이 능력은 활동정신으로부터 발휘될 수 있다. 변화가 힘든 대상자를 포기하지 않고 끝까지 관심을 가지고 활동할 수 있는 정신적 힘은 결국 교정자원봉사자 자신에 대한 믿음의 정도와 비례할 터인데, 이는 인본주의 철학과 자신의 체험을 통해 더욱 강해질 것이다.

2. 전문지식

교정자원봉사에 참여하는 사람들에게 전문지식까지 요구하는 것은 너무 지나친 주문인지도 모른다. 그러나 자원봉자의 대상자가 지니고 있는 내·외적인 특성을 고려하고, 나아가 교정사업의 발전을 기대한다면 교정자원봉사자는 당연히 전문지식을 갖추어 활동하는 것이 바람직하다. 전문기술을 습득하는 것이 꼭 대상자만을 위한 것이 아니라 자원봉사에 참여하는 교정자원봉사자 자신에게 우선 도움될 것이기 때문이다.

3. 성실한 활동

교정자원봉사활동은 교정현장의 특성상 자칫하면 대상자를 위한 활동을 핑계로 교정 자원봉사자가 자신의 이득을 위해 참여할 수도 있다. 현재 활동하고 있는 교정자원봉사자는 이 점을 깊이 반성해야 한다. 성실한 교정자원봉사를 위해 교정자원봉사자 자신의 노력도 필요하나 교정당국도 함께 풀어가야 할 과제이다. 즉 교정자원봉사자는 정기적으로 지속적으로 활동해야 하고, 교정당국은 이들의 참여를 유도하기 위해 참여자들에게 적절히 보상할 수 있어야 한다.

이상에서 교정자원봉사자의 임무에 대해서 간략하게 살펴보았다. 이처럼 범죄예방과 재범방지는 아무리 강조해도 지나치지 않으며, 이의 해결 또한 우리 모두의 과제인 동시에 심도 있고 적극적인 노력이 전제되지 않으면 안 될 것이다.

보호대상자들도 곧 내 형제요, 내 가족이며 내 이웃임을 직시하고 범죄의 악순환이 되풀이되지 않게 하기 위해서는 교정자원봉사자 개개인이 강한 자부심과 긍지, 또한 책임감을 가지고 밝은 지역사회의 건설을 위해 중추적 역할을 다하여야 한다.

나아가서는 범시민적 참여유도와 관심의 제고 그리고 밝은 사회분위기가 조성되어질 때 비로소 범죄는 감소되리라 기대된다.

아울러 전문가로서의 소임을 다하기 위해서는 무엇보다도 스스로 연구 노력하는 자세가 필요할 것이며, 보호대상자 개개인에 대하여 지속적이며 생동감 넘치는 책임 있는 보호 · 선도 노력을 아끼지 말아야 할 것이다.

또한 범죄예방 · 재범방지의 형사정책적 목적을 극대화시키기 위해서는 무엇보다도 사법기관과, 보호 · 선도를 담당하는 공적기관, 범죄예방위원이 삼위일체가 되어 입체적 · 체계적 · 지속적 · 창조적 노력이 절실히 요구된다 하겠다.

6 교정자원봉사활동의 활성화 방안

교정의 현실을 극복하고 교정교화의 큰 목적을 실현하기 위한 방법으로는 지역사회의 많은 자원봉사자들을 모집, 확보하여 활용하는 문제는 재고의 여지가 없고, 오늘날 더욱 더 필요성이 요구되고 있으며, 활용도가 높아지고 있다. 조사결과를 바탕으로 교정자원봉사자의 활성화방안을 제시하면 다음과 같다.

1. 교정공무원의 의식변화

자원봉사활동의 만족도 평가에서 약간의 높은 만족도를 보이고 있으나, 충분한 만족도는 아니다. 교정공무원은 교정자원봉사자의 헌신성과 사명감으로 수형자를 교화시키려는 목적에 돕는 자로서의 역할을 수행하는 것임을 인식하여 친절, 적극적 · 긍정적인 태도로 원활한 봉사활동이 진행될 수 있도록 활동에 필요한 각종 정보를 제공한다.

또한 교정공무원 모두는 교정시설내 자원봉사활동 영역 및 자원봉사자에 대한 현황을 파악하여 수용자와 자원봉사자 간의 가교역할로 교정기관의 긍정적인 이미지 개선과 지속적으로 봉사활동을 할 수 있도록 교정공무원의 의식과 역할 변화가 요구된다.

2. 교정자원봉사자 모집 및 관리

현재 사회적 분위기는 경제적 여건 상승과 주5일근무 확산 등으로 경제적 · 시간적 여유를 통한 자기발전의 노력이 활발하게 전개되고 있다. 따라서 조사결과에서 보듯 최근에 나이가 비교적 젊고, 직업은 전문직으로 월 소득이 높은 사람들의 봉사활동 참여가 증가하고 있는 데서 찾을 수 있다. 또한 자원봉사 참여동기에 있어 스스로 참여와 타인의 권유가 공존하고 있음으로 볼 때 교정기관 역할에 대한 홍보의 중요성이 요구된다. 홍보의 결과는 결국 교정의 인적자원 확보라 할 수 있으며, 현재 각 교정기관의 수용인원을 볼 때 필요한 자원봉사가 많이 부족한 실정이다.

홍보방법으로는 교정・교화활동 홍보책자나, 안내물 등을 기관이나 단체에 배포하거나 TV, 라디오, 신문, 인터넷 등을 활용한 이미지 홍보와 자원봉사자들의 활용영역(직장, 종교단체, 각종 모임)에서의 직접적인 홍보방법을 통하여 교정기관의 역할과 중요성을 알림으로써 교정자원봉사자 확보에 노력해야 할 것이다. 이와 같이 홍보를 통한 모집이 이루어지면 지속적으로 활동할 수 있도록 여건을 조성하고 관리해야 하며, 이때 중요한 점은 성별, 연령, 직업 및 전문성을 고려하여 적절한 배치가 이루어지도록 관리하고, 교육 및 훈련으로 교정・교화의 효율성을 높일 수 있도록 해야 한다.

3. 교정자원봉사자의 예우 및 보상

교정자원봉사자에 대한 예우에 있어서는 교정・교화에 개개인의 동기 및 욕구를 우선적으로 고려하고, 이와 함께 사회적으로는 교정자원봉사자의 역할과 기능을 적극적으로 홍보하여 자원봉사자의 위상을 정립하고 존경받는 분위기 조성에 노력하여 자원봉사활동에 만족감과 자긍심을 갖고 지속적으로 활동할 수 있도록 배려함이 요구된다.

조사에서 보듯 실비적 보상관계의 질문에서는 부분적으로 교통비, 식비 등 기본적인 사항에 대하여 보상이 필요하다는 결과를 보이고 있으며, 자원봉사 활동을 할 의향이 없는 이유에서는 활동비용에 있어 부담을 느끼고 있음으로 볼 때 자원봉사활동이 자발적 참여에 의한 활동으로 아무런 대가를 바라는 정서는 아니나, 부분적인 경비(식비, 교통비 등) 및 활동 지원에 따른 보상이 조금이라도 이루어져 자원봉사활동의 활성화를 도모했으면 한다.

4. 자원봉사활동을 위한 배려

자원봉사자를 위한 상담실, 교육실 등 시간적 배려를 통하여 봉사활동이 효율적으로 진행될 수 있도록 배려해야 하는 바, 현 교정시설을 보면 시설의 노후화와 구금확보 위주의 시설로 그에 따른 환경적인 배려는 열악하다 할 수 있다.

이와 같은 현실을 감안하여 최소한의 상담실 및 교육실 등의 확보와 분위기 조성으로 효과적이고 능률적인 활동이 되도록 해야 한다. 시간적 배려에 있어서는 먼저 교정시설의 특수한 상황과 여건으로 수용자와 자원봉사자 간에 단독으로 활동할 수 없고, 담당 직원의 안내에 의한 활동이 이루어지고 있으며, 활동시간 또한 제약을 받는 장애요소가 따른다. 이에 따른 출입절차에 있어 간소화와 담당직원은 자원봉사자의 요구시 시간적 배려를 적극적으로 협조해야 할 것이다. 또한 수형자들은 수용관리 방침에 따라 이동이 이루어지고 있는 바, 교정·교화활동은 단시일 내에 성과를 볼 수가 없으므로 지속적인 관리와 치료적 처우의 활동을 통해 변화를 기대할 수 있다고 할 때 교정·교화활동에 장애적 요소로 나타난다. 이에 대한 수용자를 출소 시까지 한 시설에서 생활하도록 하는 배려가 있어야 할 것이며, 그렇지 못한 경우를 대비하여 전국 교정자원봉사자의 전산관리를 통하여 각 교정기관과의 유대적인 관계로 교정자원봉사자들을 지속적으로 관리하고, 교화활동을 전개할 수 있도록 체계적으로 관리하는 배려가 요구된다.

5. 교정자원봉사자 교육

자원봉사자 교육을 통해 자원봉사의 역할 및 수행에 대해 올바르게 이해하고 인식함으로써 능력과 자질을 향상시켜 교정교화의 내실화를 도모하고 봉사활동의 효과를 극대화할 수 있다.

조사결과에서 보듯이 많은 자원봉사자들이 자원봉사에 대한 교육과 훈련이 없이 참여하고 있으며, 교육훈련이 봉사활동에 도움이 되는가의 여부에 대해서 유익했고 필요성에 대해서도 대부분이 긍정적으로 나타내고 있다.

교육내용을 고려해 볼 때

첫째, 오리엔테이션으로 교정시설 구조 및 수용자에 대한 이해, 교정교육의 목적 및 프로그램, 자원봉사자의 역할과 방향제시 등 교정에 대한 개괄적인 이해와 역할에 대한 내용을 해당 기관에서 개인 또는 집단으로 실시하여 설명함으로써 자부심과 사명감을 통해 기관과 협조하여 업무를 효과적으로 수행토록 한다.

둘째, 조사연구에서 보듯이 상담분야, 자원봉사분야, 교정학 분야 등 각 분야별로 선호과목을 선정하여 전문적인 교육내용으로 지식을 습득하게 하여 자신의 발전은 물론 수용자에게 교정·교화의 서비스 질을 향상시키는 효과를 통해 봉사자가 자부심과 함께 지속적으로 봉사활동을 할 수 있는 여건을 조성하는데 교정국 차원에서의 계획과 시행이 요구된다.

6. 교정자원봉사자 지도감독과 평가

자원봉사활동에 따른 지도감독과 평가는 자원봉사자를 효과적으로 지도·감독함으로써 소속감과 자부심을 통해 교정·교화의 본질에 알맞은 지도와 기록유지 및 행정적 보조 등과 함께 감독과 평가를 하여 조직적인 관리로 효율적인 교정자원봉사활동이 되도록 유도하는 작용으로 볼 수 있다.

조사결과에서 보듯이 자기 자신의 평가가 높게 나타나고 있으나, 연령별로 평가의 주체가 다르게 나타나고 있음을 볼 때 자원봉사자의 개개인별 실정에 맞는 평가가 이루어져야 한다. 무엇보다도 지도감독 및 평가를 자원봉사자의 자발적인 참여와 협조가 있어야 함을 간과해서는 안 된다. 자칫 교정기관의 강제적이고 경직된 면으로 보여지지 않아야 할 것이다.

7. 전문적인 교정자원봉사자의 전문직 교정공무원으로의 채용 확대

현재 교정·교화를 담당하는 교정공무원은 앞에서도 언급했듯이 교회(敎誨)직, 분류직, 의무직, 직업훈련직으로 전체 교정공무원 중 소수에 불과하다. 이와 관련하여 교정자원봉사자와 일부 전문직 자원봉사자 중, 경험과 자질 및 능력을 검증한 후 교정공무원으로 채용하여 교정의 질을 향상시키고 교정자원봉사활동을 활성화시켜 유능한 지역사회 인재를 유인하는 효과를 거둘 수 있다.

대표적인 방안으로 인간존중의 정신과 인간을 돕는 마음으로 대상자의 문제에 대한 심층적인 문제접근이 있어야 하며, 사회 전반에 대한 이해와 지역사회 자원을 이용한 문제해결 능력과 자질을 키워야 할 것이다. 자원봉사활동을 활발히 전개하고 있는 사회복지사들의 유인방안도 하나의 활성화 방안이 될 수 있을 것이다(권양문, 2002: 40~45).

제3절 교정자원봉사자의[3] 유형

1 범죄예방자원봉사위원

범죄예방자원봉사위원회는 법무부 산하 민간자원봉사단체로써 1개의 전국 연합회와 55개의 지역협의회로 구성되어 있다(전영록, 2001).

범죄예방자원봉사위원은 예전의 갱생보호위원, 소년선도위원, 보호위원을 통합하여 다섯 개 분과로 세분하고 있다. 명칭은 변했으나 실제 활동은 전과 크게 달라진 것은 없다. 다만, 2000년부터 보호관찰소 측이 폭주하는 보호관찰업무를 보조하기 위해 전문교육을 이수한 '보호관찰전문예방위원'을 위촉하여 활용하고 있다.

한국갱생보호공단에 소속해 있는 범죄예방위원은 전국의 12개 한국갱생보호공단지부에 협의회를 설치하여 각 갱생보호공단지부장의 감독 · 지휘를 받아 활동하고 있다. 주요업무로 교도소나 소년원에서 출소 혹은 퇴원한 자들에게 재정지원, 취업알선, 의료 서비스, 숙식제공, 합동결혼식, 무연고자 결연 등을 들 수 있다.

예전의 소년선도위원은 전국의 지방검찰청과 지청에 센터로 조직하였다. 소년선도위원은 비상임선도위원과 상임선도위원으로 구분된다. 주요업무는 선도보호 대항 소년에 대한 예비조사, 소년과의 접촉, 원호, 소년가정의 방문 등을 통한 소년의 생활지도 등이다.

과거의 보호위원은 전국의 보호관찰소에 지소에 조직되어 운영되었으며 법무부의 통계의 의하면 다른 교정자원봉사자의 수는 해마다 줄고 있는 반면 보호위원의 수는

---

3) 교정현장에서 '교정자원봉사'라는 용어를 통일하여 사용하고 있지 않다. 보호기관과 시설에서 1996년 갱생보호위원과 소년선도위원 그리고 보호위원을 통합하여 '범죄예방 자원봉사위원'이라는 용어를 잠시 사용하였다. 그러나 1997년부터 '범죄예방 자원봉사위원'이 '선도보호위원'으로 변경되었고, 1999년부터 '범죄예방위원'으로 바뀌어 오늘에 이르고 있다.
한편, 교정기관과 시설에서는 1998년부터 교화위원과 종교위원을 '교정위원'이라 칭하고 있는데 범죄예방위원과 교정위원을 통일하여 '교정자원봉사자'로 사용할 것을 제안하는 바이다. 이는 '범죄'라는 용어가 낙인성이 강하고, '위원'은 권위성이 있어 비행청소년과 범죄인은 물론, 일반시민들에게 봉사정신을 심어주는데 바람직하기 않기 때문이다. 특히, 보호국 산하 기관과 시설에서 활동하고 있는 자원봉사자는 비행청소년을 상대로 활동하기 때문에 '범죄'라는 용어를 사용하여 '범죄예방위원'이라 할 수 없다(염규성, 2000: 44).

늘었다. 업무는 보호관찰 대상자에게 생활상담과 지도가 주를 이루고 있고, 취업알선, 경제적 지원 등을 들 수 있다(최옥채, 2003: 289~291).

우리나라에는 전국적으로 수만 명에 달하는 민간자원봉사위원 즉 범방위원들이라는 사회자원이 조직되어 있다. 비록 이들에 대한 관리가 최초의 취지와는 다르게 관리되면서 보호관찰업무 집행을 어렵게 하고는 있지만, 언제인가는 범방위원들 본연의 업무로 복귀할 것이 틀림없다고 볼 때, 지금부터라도 어려운 현실을 기꺼이 감수하면서 나름대로 최선의 노력을 기울여 범방위원들을 보호관찰전문가로 육성시킬 필요가 있는 것이다.

현실적인 여건 하에서 범방위원들을 적극적이고도 효율적으로 보호관찰소에서 활용하기 위한 유일한 방법은 오로지 그들에 대한 계획적이고도 철저한 교육이라 하겠다. 법적으로도 범방위원들에 대한 각종 교육이나 훈련은 보호관찰소에서 하도록 명시되어 있는데, 이러한 점을 최대로 활용하여 그들로 하여금 보호관찰업무에 적극 참여하고 협조할 수 있도록 연구하지 않으면 안 된다.

1. 범죄예방자원봉사위원의 의의

「보호관찰 등에 관한 법률」 제18조 제1항에 의하면 "범죄예방활동을 행하고 보호관찰활동과 갱생보호사업을 지원하기 위하여 범죄예방자원봉사위원을 둘 수 있다"고 규정하고 있고, 범죄예방자원봉사 기본규정(법무부 훈령 제400호) 제3조에는 범죄예방위원의 직무에 대해 선도조건부 기소유예자 또는 출소자에 대한 상담지도 및 특별지도, 보호관찰대상자 지도, 사회봉사명령 집행보조, 환경조사보호 등 보호관찰 업무보조, 범죄예방을 위한 취업알선, 직업훈련, 원호 및 재정지원, 자녀안심하고 학교보내기운동 등 학교폭력 범죄예방활동 전개, 의료시혜, 약품지원 및 기타 지역사회에서의 범죄예방활동 전개 등을 규정하고 있다.

범죄예방자원봉사위원이란 ① 지역사회 내에서 인격과 행동에 있어 사회적으로 신망을 받고, ② 사회봉사에 대한 열의를 갖고, ③ 건강하고 활동력 있는 자를(보호관찰 등에 관한 법률 시행규칙 제8조 제1항 각호) 위와 같은 공적 직무를 그 지역사회 내에서 자원봉사 차원으로 수행할 수 있도록 위 법률을 근거로 법무부장관이 위촉한 자를 말한다.

주요 활동으로는 ① 검찰청에서 선도조건부 기소유예처분을 한 자에 대하여 담당검사로부터 선도위원으로 지정되어 이들에 대한 상담지도 등 선도활동, ② 보호관찰대상자, 갱생보호대상자에 대한 재범방지를 위한 취업알선, 상담지도 등 선도활동, ③ 자녀 안심하고 학교보내기 운동 등 학교폭력추방을 위한 활동, ④ 지역 내의 중 · 고등학생에 대한 장학사업 및 의약지원활동 등을 하고 있다. 이들에게는 보수를 지급하지 않으며 예산의 범위 내에서 그 직무수행에 필요한 실비는 지급한다(동급 시행규칙 제12조)(전영록, 2001: 1~2).

2. 범죄예방위원의 위촉 및 자격

보호관찰을 실시함에 있어 대상자에 대한 지도 · 원호는 형식적으로 보호관찰관이 담당하지만, 실질적으로는 범죄예방위원들이 담당하게 되므로, 보호관찰은 범죄예방위원의 노력 여하에 따라 그 성패가 좌우될 정도로 중요한 위치에 있다. 그렇기 때문에 범죄예방위원의 선임은 중요한 문제이다. 법상 규정된 범죄예방위원의 사명은 범죄예방위원은 사회봉사정신을 가지고 보호관찰대상자의 교화 · 개선과 자립을 도우며, 범죄예방활동을 전개함으로써 개인 및 공공의 복지증진에 이바지함을 사명으로 해야 하는데(법 제18조 ①), 민간복지가 중에서 법무부장관이 위촉한다.

보호관찰 등에 관한 법률시행규칙 제8조에서는 범죄예방자원봉사위원을 다음과 같은 조건을 갖춘 자 중에서 위촉하도록 규정하고 있다.

① 인격 및 행동에 있어 사회적으로 신망을 받을 것

② 사회봉사에 활동력이 있을 것

③ 건강하고 활동력이 있을 것 등

결론적으로 말한다면, 범죄예방위원은 보호관찰관의 지시를 받음과 동시에 보호관찰관의 보조자의 입장에서 보호관찰의 직무를 담당한다. 이들의 인격과 정성이 그대로 대상자들에게 영향을 미치기 때문에 범죄예방위원의 역할이 매우 중요한 것이다. 보호관찰관과의 관계는 상 · 하의 관계가 아니고 협력 · 보완의 관계이어야 한다. 보호관찰관은 공무원이고, 범죄예방위원은 민간인이기 때문에 관찰업무를 수행함에 있어 양자의 신분이 당사자에게 긍정적으로 영향을 미칠 수 있을 것이며 특히 범죄예방위원의 지역성은 대상자의 원호를 위해 좋은 여건이 될 수 있다고 본다. 범죄예방위원은 이

방면에 전문가가 아니기 때문에 각 경우마다 전문가인 보호관찰관으로부터 업무상의 지도를 받아야 한다. 그러나 검사 등과는 직접적인 관계가 없다(이태언, 2001: 61~64).

3. 범죄예방위원의 훈련 및 직무

1) 범죄예방위원의 교육 및 훈련제도

보호관찰의 실질적인 업무는 범죄예방위원들에 의하여 수행된다고 볼 수 있기 때문에 범죄예방위원들의 자질향상 · 업무능력의 효율화 등을 위하여 일정한 기간 교육이 필요하다. 교육이나 연수는 형식적인 것이 아니고 구체적으로 실시하여야 한다. 전국 단위의 범죄예방위원 연수의 기회도 필요하다. 그러나 인원이나 장소적인 문제도 있고 하여 각 보호관찰소 소재지마다 개별적인 교육을 갖는 것이 좋을 것이다. 교육의 내용을 이론과 실무를 겸하는 것이 좋고, 2박 3일 정도로 하여 단체생활을 통해 상호 경험의 교환을 통하여 보다 실질적인 도움이 될 수 있어야 한다. 따라서 교육 프로그램의 다변화와 교육의 질 등은 범죄예방위원의 자질향상과 능력증진에 실질적으로 도움이 되는 것이어야 할 것이다. 교육에 참가하는데 대하여는 다소 반강제성을 띠어야 할 것이다. 즉 일정한 교육시간을 마치지 않으면 재위촉하지 않도록 하는 방법을 고려할 필요가 있다. 범죄예방위원의 보수는 보호관찰을 위해 필요한 기본적인 각 경우마다 수당을 지급하든지, 실비를 지급해야 하는데, 물론 예산이 허락한다면 매월 안정적으로 기본급을 지불하는 것이 직책을 성실하게 수행하는데 도움이 될 것이다. 이러한 경비는 반드시 국고에서 지출할 것이 아니고 후원위원들의 협력으로 가능할 것인데, 이런 제도를 도입하여 활용하는 방안을 신중하게 검토해 볼 필요가 있다.

2) 직무 기본방향

보호관찰의 실제적인 업무는 범죄예방위원들에 의해 이루어지게 되어 있다. 많은 대상자들을 소수의 보호관찰관이 세부적으로 관여할 수 없기 때문에 범죄예방위원들이 대상자들을 분담하여 실시해야 하기 때문에 이들 범죄예방위원들의 직무는 중요하다. 즉 범죄예방위원은 대상자의 교화 · 개선 및 범죄예방을 위하여 상당한 범위 내에서 활동이 이루어져야 하며, 실시를 함에 있어서 대상자의 연령 · 경력 · 심신상태 · 가정환경 · 교우관계 기타 제반사정을 충분히 고려하여 가장 적합한 방법에 의하여야 할 것이다(법 제4조).

3) 담당직무

범죄예방위원의 직무는 범죄예방 자원봉사 기본규정 제3조(직무)에 명시되어 있다. 범죄예방위원의 중요업무는 정리하면 다음과 같다.

① 선도조건부 기소 유예자 또는 출소자에 대한 상담지도, 특별지도
② 보호관찰대상자 지도, 사회봉사명령 집행보조, 환경조사보조 등 보호관찰 업무보조
③ 범죄예방을 위한 취업알선, 직업훈련 및 재정지원
④ 자녀안심하고 학교보내기 운동 등 학교폭력 범죄예방활동 전개
⑤ 의료시혜, 약품지원
⑥ 기타 지역사회에서의 범죄예방활동 전개

범죄예방위원은 환경조사 및 보호관찰을 위하여 필요한 조사를 행하는데 이 경우에 직무상 지득한 비밀은 엄수되어야 하며 보호관찰대상자 및 관계인의 인권을 존중하고 보호관찰대상자의 건전한 사회복귀에 방해되는 일이 없도록 주의해야 한다.

앞에서도 말한 바와 같이 범죄예방위원의 역할은 보호관찰관의 업무와 관련하여 발생하며 독자적으로 수행될 수 있는 것이 없다. 그러므로 대부분의 경우는 보호관찰관의 업무 범위가 범죄예방위원의 업무에 미친다고 볼 수 있다(이태언, 2001: 64~66).

4) 범죄예방위원 교육의 필요성

범방위원들의 임무 중 가장 중요한 것이 보호관찰대상자들에 대한 지도, 감독 등이 원활하게 이루어져 빠른 시일 내에 선량한 시민으로 성장할 수 있도록 보호관찰관을 측면 지원하는 것이라 하겠다.

그러므로 범방위원들은 보호관찰제도 자체에 대한 해박한 지식이 필요할 뿐만 아니라 경찰, 검찰, 법원, 교정시설 등을 거쳐 우리들에게까지 보내져온 보호관찰대상자들을 효율적으로 선도하기 위한 각종 지도기법을 충분하게 숙지하고 있지 않으면 안 된다.

또한 범방위원들은 일선에서 보호관찰대상자들을 효과적으로 지도·감독하고 원호하는 등의 업무를 수행하기 위해서는 그 가족 등 주변 인물들을 만나 대상자의 생활상황을 파악하여 지도하여야 하므로 기본적인 상담기법도 숙지하여야 한다. 뿐만 아니

라 대상자가 안고 있는 특유의 문제유형별 대처를 위하여 다양한 각종 사회자원을 유효적절하게 활용한다거나 관계기관·단체 등과의 연대 구축 능력도 필요하다.

그러나 범법자들을 선도·교화시켜 보겠다는 열의로 범방위원으로 위촉받았지만 위에서 열거한 각종 보호관찰 업무수행 상 필요한 지식이나 기법 등에 대해서는 대부분 생소하다 하겠다. 따라서 효과적인 지도·감독 및 원호 등을 제대로 수행할 수 없어 많은 어려움을 처할 수밖에 없는 것이다.

이런 시급한 문제의 해결방법은 보호관찰소 측에 의한 철저한 교육과 훈련이라 할 수 있다.

5) 범죄예방위원 교육의 개선대책

범죄예방위원들의 철저한 교육을 통한 보호관찰업무의 활성화를 도모하기 위해서는 무엇보다도 법적·제도적 장치를 완벽하게 마련하여 그 시행에 만전을 기할 필요가 있다.

① 관련법규 재정비, 강화

범방위원들에 대한 관리는 상당기간 동안 검찰청에서 담당할 것으로 예상되는데, 그렇다 하더라도 이들에 대한 교육은 보호관찰소에서 보다 더 철저하게 시행할 수 있도록 관련 법규를 강화하여야 한다.

② 교육의 종류 및 이수 의무화 규정

범방위원들이 이수하여야 할 교육의 종류를 법적으로 확실하게 규정함과 동시에 반드시 이수하도록 의무화하여야겠다. 그 종류를 하나의 안으로써 제시해 보고자 한다.

- 신인 범죄예방위원 교육 : 범죄예방위원으로의 위촉 전·후로 반드시 이수
- 제1치 보수교육 : 범죄예방위원으로 활동한지 2년째 되는 해에 반드시 이수
- 제3의 보수교육 : 범죄예방위원으로 활동한지 4년째 되는 해에 반드시 이수
- 지구별 정례교육 : 당해 지역보호관찰소장의 계획에 의거 각 지역별 정례교육 시행
- 특수교육 : 국가시책 또는 당해 보호관찰소장의 계획에 의거 특수 테마별 교육 수시 시행

③ 각종 교재 편찬위원회 운영

현재 각 보호관찰소별로 간헐적으로 제작되어 이용되는 각양각색의 교재로는 일

관적이고 체계적인 교육 시행이 어렵다고 판단되므로 관찰과에 교제편찬위원회(가칭)를 구성하여 통일교재를 일괄 제작 · 보급함으로써 일사불란한 교육이 행해지도록 하여야 한다.

④ 각종 참고자료 책자 등의 수시 발행

각종 참고자료 등을 범방위원들에게 정기 및 수시로 발송함으로써 보호관찰업무에 관한 지속적인 관심과 소속감을 가지게 함과 동시에 관련 지식을 얻는 데에도 큰 도움을 줄 수 있다.

⑤ 보호관찰 잡지의 대량 보급

현재 분기별로 발행되는 '보호관찰' 잡지를 월간지로 전환, 보호관찰 관련 논문이나 보호관찰기법, 공지사항, 보호관찰법이나 범방위원들의 경험담, 성공 및 실패담을 심도 있게 집필하여 정기적으로 발송(필요시 최저가로 유료화)하여 보호관찰 업무에 실질적으로 이용할 수 있도록 하여야 한다(문제민, 2001: 231~234).

2 보호선도위원

1) 보호선도위원의 태도 및 지식

보호관찰은 청소년비행자인 보호관찰대상자의 비행성을 제거하고 건전한 성장을 돕는 활동이다. 그러므로 이러한 활동은 비행청소년의 재활과 복지에 대한 기본적인 인식과 인간관계에 관한 기본적 지식을 바탕으로 이루어질 때 보다 효과적이다.

태도는 사람의 사물에 대해서 갖추어야 할 기본적인 자세이다. 보호선도위원은 반사회성을 지닌 성장의 과정에 있는 청소년을 대상으로 하므로 이들에 대한 적절한 태도는 그 활동의 결과에 중대한 영향을 준다. 또한 보호선도위원은 자신의 효과적인 업무수행을 위하여 적절한 지식을 갖추고 있어야 한다.

보호선도위원이 지녀야 할 적절한 태도는 비행청소년의 욕구에 대한 민감성, 객관성, 비심판적 태도, 개인의 성실성, 학습동기, 다방면적인 인간, 봉사의무 등에 의해서 달성된다. 그리고 이들이 지녀야 할 지식으로써는 형사사법체계, 관계법률, 인간의 성장과 변화, 자기 자신, 다른 관련기관들, 권위, 각종 기록의 활용 등에 관한 것이 포함된다(Hatcher, 1978; State of Louisiana Youth Service Bureau, 1975).

시민참여자의 태도는 보호관찰대상자에 대한 태도와 자신에 대한 태도로 구별할 수 있다(Hatcher, 1978; State of Louisiana Youth Service Bureau, 1975). 보호관찰대상자는 성장기의 청소년으로서 각각 다르며 천차만별한 방식으로 자신을 표현한다. 이를 이해하는 보호선도위원은 다양한 양상의 청소년들과 긍정적인 관계를 맺을 수 있는 것이다.

또한 보호선도위원의 보호관찰대상자에 대한 객관적 자세, 편견 없는 판단능력, 사건에 대한 조망 등에 의한 접근이 보호관찰활동에서 청소년을 이해하거나 돕는데 유용하다.

이러한 보호선도위원은 자신의 효과적인 업무수행을 위하여 적절한 지식을 갖추고 있어야 한다. 보호관찰대상자는 법률에 저촉된 사람으로서 이에 관련된 지식의 습득은 필수적이다(Hatcher, 1978; State of Louisiana Youth Service Bureau, 1975). 이러한 지식에는 형사사법체계, 관계법률, 인간의 성정과 변화, 자기 자신, 다른 관련기관들, 권위, 각종기록의 활용 등에 관한 지식을 말한다.

그러므로 보호선도위원은 비행청소년의 재사회화를 위해 사회가 청소년의 인생에 개입할 시기를 결정하는 형사사법체계에 대한 이해가 필수적이며, 사회의 기본규칙인 법에 대한 원리와 철학, 장·단점 및 법률체계를 이해함으로써 보다 나은 접근이 가능하다. 또한 보호선도위원은 인간행동에 대한 역동성과 성격발달에 관한 지식을 갖춤으로써 청소년의 행동 뒤에 감추어진 이유를 이해할 수 있다. 그러므로 다양한 사람들의 행동 및 태도를 이해하기 위해서는 사회학적인 그리고 심리학적인 지식을 지녀야 한다.

보호관찰대상자 및 그의 가족과의 갈등을 회피하기 위하여 주변의 다른 사람들의 역할이 분명히 정의되고 이해될 필요가 있다. 경찰, 소년원, 훈련학교 등의 적절한 역할에 대한 지식은 보호 선도위원에게 필요한 것이다. 지역사회에서 법원의 기능과 다른 기관들의 기능을 통합하기 위해서는 이 기관들의 다양한 역할들을 알아야 한다. 즉 지역사회의 관계의 형성과 개선을 위해서 필요한 것이다. 그리고 보호선도위원이 보호관찰대상자에게 지시하거나 지도할 때에는 권위의 사용과 그에 대한 반응에 관한 지식이 필요하다.

2) 보호선도위원의 기능

보호선도위원의 기능은 청소년비행자의 재범을 방지하고, 생산적인 시민으로서 자신의 잠재력을 달성하도록 하기 위하여 보호관찰대상자에게 적절한 서비스를 제공하여 재사회화를 돕는 것이다(President's Commission on Probation, 1962). 보호관찰대상자의 정상적인 사회화를 위한 과업의 수행에는 다음 두 가지 관점에서 필요하다(State of Louisiana Youth Service Bureau, 1975).

하나는 보호관찰대상자가 보호관찰대상자로서 행동하도록 영향을 주는 여러 가지 상호작용들이 있는데, 보호관찰대상자는 그 상호작용들의 복잡한 혼합체라는 관점이며, 다른 하나는 이러한 의미 있는 사람들과 영향력 있는 각 보호관찰대상자마다 차이가 있다는 점이다.

U. S. Department of Justice(1981)는 보호선도위원의 기능으로서 조사기능과 지도감독기능을 제시하였다. 지도감독기능은 보호관찰대상자의 성공적인 보호관찰종료를 위하여 준수사항을 이해하게 하고, 자립과 재사회화를 돕는 역할이다. 그러나 조사기능은 법원판결단계에서의 판결 전 조사와 보호관찰활동 중 서비스제공을 위한 조사를 말한다. 그러나 이러한 기능은 보호선도위원의 기능을 매우 협소하게 규정한 것이다. 보호선도위원의 기능으로써 조사자의 기능과 지도감독자의 기능이외에 격려자 · 조정자 및 법률행정보조자의 기능으로 확대할 수 있다(State of Louisiana Youth Service Bureau, 1975). 이러한 기능들을 살펴보면 다음과 같다.

(1) 조사자

보호선도위원은 법원, 또는 교정시설과의 관계 속에서 보호관찰대상자와 그의 환경에 관해 조사하여 보고한다. 이러한 기능을 통해서 필요한 법률적인 결정의 개별화, 대상자와 가족의 문제의 파악과 해결방안수립에 도움이 된다.

(2) 지도감독자

보호선도위원은 보호관찰대상자의 사회활동을 지도 · 감독하는 역할을 수행한다. 즉 보호관찰대상자 자신에게 부여된 조건의 준수여부와 상황을 관찰하고 이를 보호관찰소에 보고한다. 일반적인 지도감독계획은 그 아동의 필요에 따라 개별화되어야 한다. 보호선도위원은 보호관찰대상자가 사회적으로 수용 가능한 기능을 하도록 지지하며 자기통제를 갖추기 위한 내적성장을 장려하는 방향으로 지도감독하여야 한다.

(3) 격려자

보호선도위원은 비자발적인 보호관찰대상자를 위하여, 법집행과정 중 발생한 스트레스의 건설적 처리, 지역사회적응의 동기화, 필요한 지역사회자원의 이용지원, 사회적 기반의 욕구해결방법의 습득을 위하여 격려하는 것이다.

(4) 조정자

보호선도위원은 보호관찰대상자의 행동과 밀접한 관련이 있는 권위체들(부모, 선생, 고용주, 사회기관, 또는 경찰)과 협력하여 권위체 관련의 문제완화, 사회적 감독과 필요자원의 공급유도, 협조적 집단 또는 지역사회와 보호관찰대상자의 연결을 지원함으로써 조정자의 기능을 행한다.

(5) 법률행정보호자

보호선도위원은 보호관찰의 자원적 기관으로서 법률·행정적 지원의 기능을 수행한다.

이러한 보호선도위원의 기능 이외에 다음과 같은 현행 법률상의 기능을 살펴볼 수 있다. 보호관찰자의 실시는 법원의 판결이나 결정이 확정되거나 또는 가석방, 가퇴원되어 보호관찰대상자가 보호관찰소에 신고함으로써 시작되는데(법 제34조), 확정된 보호관찰기간 동안 보호관찰관에 의해서 경우에 따라 지도감독(법 제38조), 원호제공(법 제39조), 응급구호(법 제40조), 조사(법 제42조) 및 경고, 구인(拘引) 또는 유치(留置)(법 제43-45조) 등이 수행된다. 보호관찰관은 이 보호관찰활동을 보호선도위원으로 하여금 수행케 할 수 있으므로(법 제36조2항), 보호관찰활동에 있어서 보호선도위원은 보호관찰관과 동일한 활동이 가능한 것이다.

따라서 보호선도위원은 주로 지도감독 등 전술한 활동은 수행하게 되나, 보호관찰담당자에 의해서 필요한 활동은 협조요청 받게 됨으로 더욱 광범위한 활동이 가능하다. 보호관찰에 관련된 형사사법기구를 보면 법원, 교정시설의 장, 보호관찰소장, 보호관찰담당자 및 보호선도위원 등이 있는데 이들의 활동은 유기적으로 연결되어 있다. 즉 선고 또는 결정과정에서 판결전조사제도, 수용시설단계에서 환경조사와 환경개선활동, 보호관찰 실시단계에서 지도감독과 원호활동, 보호관찰의 취소단계에서 구인과 유치활동에서의 주체와 지시·협조·위임대상으로써 서로 연결되어 있다. 보호관찰활동의 인적요소들은 그 위치에 적절한 활동이 규정되어 있다.

법률에 따르면, 보호선도위원의 활동에는 본래적 활동과 지원적 활동으로 구별되며, 전자는 법률상 보호관찰관과 동시에 실시할 수 있는 활동이고, 후자는 보호관찰담당자의 요청에 의해서 수행할 수 있는 활동이다. 물론 본래적 활동도 보호관찰소의 위임이 있어야 가능하다(김훈, 2001: 159~164).

3 보호소년지도위원

보호소년지도위원이라 함은 법무부장관의 위촉을 받고 보호소년 등의 제반 교육활동 및 사후지도를 지원하는 자원봉사자를 말한다.

보호소년지도위원은 소년원과 소년분류심사원에서 활동하고 있는 방문지도위원, 어머니회, 종교지도위원을 통합한 것이다. 각 시설에 따라 차이는 있지만 최근 자원봉사의 중요성이 대두되면서 이 분야의 자원봉사를 활성화하기 위해 노력하는 모습을 볼 수 있다(최옥채, 2003: 292~293).

1. 방문지도위원

방문지도위원은 전국의 소년원과 소년분류심사원에 협의회를 조직하여 활동하고 있다. 이들은 사회지도층 인사들로 전문지식과 경험을 바탕으로 원생의 재비행을 방지하는데 주력하고 있다. 주요 업무로는 원생을 위한 생활정보, 취업정보, 취업알선, 결연, 진로상담, 정신교육 등이 있다.

2. 종교지도위원

종교지도위원은 방문지도위원과 같은 조직의 형태를 가지고 있다. 다만, 이 조직은 종교인들로 구성되며 이들의 주요 업무는 교리지도, 성경학교, 참선학교 등이 있고, 종교예식으로 세례, 수계, 영세 등을 들 수 있다.

3. 어머니회

어머니회는 방문지도위원이나 종교지도위원과 같은 조직으로서 전국의 소년원과 소년분류심사원이 어머니회의 주요 활동 현장이다. 대부분의 교정자원봉사자는 법무부 장관이 위촉하는데 반하여, 어머니회의 위원은 소년원장과 소년분류심사원장이 위촉한다. 주요 업무는 형편이 어려운 원생을 면회하거나 상담에 응하고 있으며 일일 명예 담당선생님으로 원생지도에 참여한다.

4 청소년지도위원

청소년지도위원은 각 경찰서의 방범과 여성·청소년계에 소속하여 활동하면서 경찰서장의 지도·감독을 받는다. 그러나 경찰서에 따라서는 조직이 잘 되지 않아 유명무실한 경우가 많은데[4] 경찰에 대한 시민의 인식과 관계가 있다. 이들은 청소년의 비행과 범죄예방에 관여하는 것으로 인접한 지역의 유지들을 위촉하여 운영하고 있다(이태언, 2001: 59).

5 범죄방지사제도

범죄방지사제도는 1976년 미국 뉴멕시코(New Mexico)의 알부큐얼큐우(Albuquerque)에서 강도살인 사건에 멕킬레스(Mackleese)라는 형사가 신고자의 신분을 익명으로 하여 범죄자 신고를 하게 되면 신고자의 신변보호는 물론 보상금을 지급할 것을 약속하였다. 그러나 익명으로는 경찰이 범죄를 제보한 사람에게 보상금지급을 못하게 되자 이를 안타깝게 여기던 사회단체가 경찰을 대신하여 익명의 제보자에게 보상금을 지급하였다. 이 일을 계기로 사건해결이 잘됨은 물론 다른 사건들까지 제보를 통해 해결됨으로써 위 제도가 생겨났으며 미국의 거의 모든 주를 비롯하여 1982년 캐나다에 이어 호주, 인디아, 남아프리카공화국 등 많은 나라에서 범죄방지사 제도를 도입하여 시행하고 있는데, 우리나라는 아시아에서 최초로 2007년에 김용준 박사에 의해 도입하여 시행하고 있으며, 현재 서울특별시에 비영리 민간단체로 등록하여 비영리 민간단체 지

4) 시골지역이나 도시지역 중에서도 상당수가 조직이 안 되어 있거나 조직되어 있는 곳에도 거의 형식적인 역할만 하고 있어 실질적인 활동은 없는 상태이다.

원 법률에 의하여 법인으로 인정받는 법정단체로 전국조직을 갖고 활동하고 있다.

6 소년자원보호자

소년자원보호자는 전국의 지방법원 소년부지원과 사울가정법원을 센터로 하고 있는데 교정자원봉사자로는 가장 최근에 발족되었다. 1985년에 서울가정법원에서 조직된 이후 각지에서 조직되어 운영되고 있는데, 주로 정신과의사, 청소년관련전문가, 교사, 기업인 등이 주류를 이루고 있으며, 업무는 다른 교정자원봉사자와 유사하다(최옥채, 2003: 294).

7 교정위원

1998년 11월 26일 법무부에 교정위원중앙협의회를 창립하여 상호 교류를 통해 교화활동 사례 및 관련정보를 공유하면서 2000년 6월에는 교화지침서인 '교화활동 어떻게 할 것인가'를 발간하게 되었다. 2000년도에 제1회 교정위원 전국대회 개최, 외국 교정제도 시찰 등 수용자 교화사업의 활성화를 위한 계기를 마련하고 전 국민의 교정에 대한 관심 제고를 하게 되어 오늘에 이르고 있다. 2001년 3월 현재 교정위원 4,409명(종교위원 1,856명, 교육위원 215명 포함)이 자원봉사로 활동중이다(www.bsc.go.kr).

그러나 민간시설의 교정자원봉사자는 주로 비행청소년을 수용하고 있는 시설이나 비행청소년을 위한 프로그램을 실시하고 있는 지역사회의 사회복지관과 기타 관련 기관을 중심으로 활동하고 있다. 그러나 이들의 조직은 체계적이지 못해 형식을 갖춘 조직체는 아니다. 여기에 참여하는 교정자원봉사자들은 대체로 종교인, 대학생 등을 들 수 있는데 업무는 정기적이거나 지속적이지 못하다(최옥채, 2003: 294).

1. 교정위원제도의 의의

교정위원제도는 교정교화 작용을 효율적으로 수행하기 위하여 일반사회의 유용한 민간 인력자원을 수용자 교화활동에 참여시킴으로써 교정공무원에 의한 시설내 처우의 한계를 극복하고 교정의 사회화를 도모하기 위한 제도의 일환으로 시행되고 있다.

1) 교정위원의 형태

민간인에 의한 수용자 교화활동은 순수한 자원봉사자로 운영되며 그 형태는 교화, 종교, 그리고 교육위원으로 구분된다.

2) 교정위원의 조직

교정위원의 상호 연대감 형성과 효율적 교화사업을 수행하기 위하여 각 기관에 소속된 교정위원 전원으로 구성된 협의체로 「교정협의회」, 각 지방교정청 관내 소속위원으로 구성된 「교정연합회」 및 전국 교정위원으로 구성된 「법무부 교정위원 중앙협의회」를 설치 운영하고 있으며, 이들 조직은 각각 협의회 운영에 필요한 회칙을 제정하고 기관의 장은 회칙제정 및 운영에 관하여 교정위원의 활동이 원활하고 효율적으로 수행될 수 있도록 지원하고 있다(www.dgch.go.kr).

효율적 교정교화를 위한 유엔(U.N. Standard Minimum Rules for the Treatment of Prisoners)의 권고수준이 500명인데 반하여, 우리 교정의 현실은 그 배가 넘고 있는 점을 감안한다면 수용자에 대한 교정교화가 제대로 이루어지기가 어렵다는 것을 반증해 주고 있다고 하겠다.

(1) 교정위원에 대한 교육을 강화하고 인원수를 대폭 늘린다.

오늘까지 대부분의 교정위원들은 정부의 체계적인 홍보가 아닌 개별적인 루트를 통하여 교도소를 찾았고 자질 면에서 준비되지 않은 채 열성만으로 교정에 참여하고 있다고 해도 과언이 아니다. 그런 관계로 교정당국이 그들의 자질과 능력에 대한 신뢰도가 높을 수가 없으며, 교정교화 성과에 대해 회의를 갖는 직원들도 있는 것으로 안다. 그로 인해서 보다 넓고 깊게 참여하기를 원하는 위원들에게 문을 더 넓게 열어주기를 주저한다는 인상을 심어주게 되었다고 본다.

당국은 사회 인사들을 상대로 범죄가 날로 늘고, 흉악해지는 심각한 사회적 문제를 다시금 인식시키며, 사회 인사들의 적극적인 참여가 범죄발생 감소에 크게 기여할 수 있다는 점을 홍보를 통해 부각시킴으로써 교정참여를 유도하여야 할 것이다.

(2) 시설내 출입 및 상담제도 개선

교정위원의 소 내 활동영역에 대한 제한을 완화시켜야 할 것이다.

현재 시설내 출입 시 시설종류 혹은 신분에 따라 예외가 있는 것으로 알고 있지만, 일반적으로 직원과 함께 동행, 동석하도록 되어 있는 현 제도를 점차적으로 완화 내지 폐지하여 교정위원이 부득이한 특정 구역이나 사방을 제외하고는 어디나 방문할 수 있도록 함으로써 방문자의 대기시간을 줄이고 보다 많은 시간을 수용자에게 할애할 수 있게 될 것이며, 제한된 인원수의 직원으로 인한 어쩔 수 없는 대기시간을 줄일 수 있을 것이다.

이와 같은 자유로운 출입과 면담을 통하여 수용자들이 교도관의 눈치를 살필 필요 없이 허심탄회한 자매상담이 이루어질 수 있을 것으로 본다.

(3) 소내 사방, 담당과 사무실 등을 상담실로 활용할 수 있도록 개방

많은 인원이 모여 이루어지고 있는 종교집회나 정신교육보다는 개별 내지 소수 인원과 상담하는 것이 보다 효과적으로 사람을 변화시킬 수 있다는 사실을 모두가 인정하고 있는 사실과 소 내의 상담실이 제한되어 있기 때문에 늘려달라고 요청해도 제한된 인원, 상담시설, 포화상태의 일정 등을 들어 어렵다는 것이 현실이다.

그러나 주간에는 비어 있는 사방, 혹은 담당직원 사무실 등의 장소를 이용한다면, 상담시설 증개축 없이도 교정위원들의 상담 요청을 제한 없이 수용할 수 있게 될 것이다.

(4) 교정위원의 소견을 물어 분류심사 및 가석방심사 시에 적극 반영

분류심사과 직원은 이 분야 전문직으로 구성되어 있기에 타 직원이나 위원들보다 탁월하게 잘 할 수 있다고 본다. 그러나 현 과밀 수용인원에 비해 전문인력이 적다는 점을 감안한다면, 평가, 분석하는 과정에서 소홀히 다루어질 우려가 있으며, 중요 사상이 발견되지 못하거나 오판하는 일도 발생할 수 있을 것으로 본다. 이러한 문제점을 극복하려면, 좀더 광범위한 신상자료를 수집하고 수용자에 대한 시간배려를 늘려야 하겠지만, 이미 언급한 바와 같이 현 인원사정 하에서는 물리적으로 어려운 일 수밖에 없다.

이 점을 극복하는 방안의 하나로서 교정위원의 의견을 참작하는 것이다. 이는 특정 수용자를 장기간 접촉해온 위원이 그에 대한 인성변화를 더 잘 알고 있기 때문에 위원

이 의견이 반영될 때보다 정확하고 적절한 처우를 해 줄 수 있을 것이다.

따라서 위원의 심사 시 직접 참여할 수 있도록 한다든가, 아니면 의견서라도 제출할 수 있도록 한다는 것이다.

같은 맥락에서 가석방 심사 시에도 장기간 접촉해 온 위원에서 심사위원의 자격으로 참석하게 한다든가, 아니면 최소한 그의 의견이 비중 있게 취급될 수 있도록 현 제도를 개선한다.

우리나라 교정법 제도 및 행정에 개선해야 될 점이 많겠지만, 그간의 활동경험을 통하여 위에 열거한 교정위원에 대한 활동을 대폭 확대해 나갈 때 분명히 이 나라의 재입소율을 낮출 수 있을 것으로 확신하여 제언한다(이광열, www.krscs.or.kr, 2005).

8 교정연합회

1. 교정연합회

법무부에서는 주로 개인 차원에서 이루어지던 교정교화 활동을 좀더 체계화하고 조직화함으로써 교정위원(교화 · 종교 · 교육위원) 전체가 뚜렷한 목적의식을 가지고 교정교화 활동에 참여할 수 있도록 자원봉사자로 활동 중인 전국의 교화 · 종교위원을 결집하여 1998. 11. 26. 법무부 교정위원중앙협의회를 창립하였다. 중앙협의회의 구성은 회장 1명, 부회장 5명과 교화분과위원회, 복지분과위원회, 기독교 · 불교 · 천주교분과위원회로 조직되어 있으며, 그 산하에 각 지방교정청 단위로 교정연합회가 구성되어 있다.

2. 목적

지방교정청 산하 교정기관의 수용자에 대한 교화사업의 효율성을 높이고 교정협력을 강화함으로써 범죄 없는 사회를 만드는데 기여함을 목적으로 한다.

3. 조직

각 지방교정청 관내 소속위원으로 구성된 「교정연합회」 및 전국 교정위원으로 구성된 「법무부 교정위원 중앙협의회」를 설치운영하고 있으며, 이들 조직은 각각 협의회 운영에 필요한 회칙을 제정하고 해당 기관장은 교정위원의 활동이 원활하고 효율적으로 수행될 수 있도록 지원하도록 하고 있다.

4. 활동

1) 본회 활동

- 각 소 교정협의회 사업지원
- 수용자 교화사업의 범국민적 계몽 및 홍보
- 수용자 교화활동에 관한 자료 간행
- 국내 · 외 교정기관, 단체와 협력 교류
- 기타 수용자 교화사업에 필요하다고 인정되는 사업추진

2) 분과별 활동

- 교육분과 : 수용자 정신교육, 학과교육, 독서지도 등과 관련된 사업
- 교화분과 : 수용자 상담, 정서지도 등과 관련된 사업
- 복지분과 : 수용자 자매결연, 취업알선, 가족지원 등과 관련된 사업
- 기독교분과 : 수용자 기독교 신앙과 관련된 사업
- 불교분과 : 수용자 불교 신앙과 관련된 사업
- 천주교분과 : 수용자 천주교 신앙과 관련된 사업(대구지방교정청 자료, 2005)

제11장 교정복지 처우

제1절 교정복지 처우의 유형

1 수용처우

1. 수용처우의 의의

수용이라 함은 범죄자 중 수용처분 결정자를 국가의 강제력에 의하여 교도소 등의 교정시설에 구금하여 자유권을 박탈하고 수용자로서의 신분을 설정하는 처분을 말한다.

교정시설에서의 수용은 범죄로 인한 신체의 자유를 강제적으로 박탈하는 것이므로 엄격한 법률적 요건과 행형의 원활한 운영과 범죄인의 처우향상을 위하여 보안, 위생, 교화 등의 충분한 배려가 요구되는 것이다.

2. 수용처우의 기본원리

수용처우에는 시설내 처우(교도소 · 소녀원), 사회내 처우(가퇴원, 가석방, 보호관찰), 중간처우(일요 석방제, 외부 통근제), 강제처우(징계, 이탈자 복원), 임의처우(종교지도) 등이 있으며 유형에 따라 처우의 원리가 다소 차이가 있을 수 있으나, 다음 5가지 처우원리를 기반으로 하고 있다.

1) 분류처우의 원리

분류처우는 수형자에 대한 교정교육의 효율성을 높이고, 능률을 극대화하기 위하여 수형자 개개인의 개성과 능력 및 범죄원인, 재비행성, 개선가능성 등을 과학적으로 진단·분석하여 그 결과에 따라 수형자를 분류편성하고 처우계획을 달리 수립하여 가능한 한 개별적인 방법으로 처우하는 것을 말한다.

2) 단계처우의 원리

수형자를 처우하는데 있어서 단계를 두고 교정교육에 의한 개선의 정도에 따라 점차로 향상된 처우를 하는 것을 말한다. 성적이 불량한 경우에는 그 단계를 낮출 수 있다.

3) 자발성의 원리

교정교육을 실시함에 있어서 수형자의 자각을 일깨워 스스로 교육에 참여하도록 하는 것이다. 본인이 적극적으로 참여하지 않은 교육은 그 성과를 기대할 수 없다.

4) 개별성의 원리

심신의 발달과정을 고려하여 개인의 능력과 특성에 맞는 처우를 하는 것을 말한다. 획일적인 교정처우는 능력이 부족한 자들에게는 효과를 기대할 수 없다.

5) 과학성의 원리

수형자를 처우함에 있어서 의학, 심리학, 교육학, 사회학 등 인간이해에 관한 제 학문적 지식을 활용하는 것을 말한다.

3. 수용처우의 유형(장동근 · 정해룡, 1996: 205~211)

1) 독거제

(1) 의의

독거제는 정신적 개선을 목적으로 수형자를 독거실에 단독 수용하고 이들이 서로 접촉할 수 없도록 하여 악풍감염과 통모를 방지하기 위한 구금제도이다.

(2) 종류

독거제는 다음과 같이 3가지의 종류가 있다.

① 엄정 독거제 : 수형자를 주야간 구별 없이 독거 수용하는 제도

② 완화 독거제 : 주·야간 독거수용을 하되, 운동, 교회, 접견, 교육 등 예외적인 경우에 한하여 제한적 혼거를 허용하는 제도

③ 야간 독거제 : 주간에는 수형자를 혼거시켜 공장이나 작업장에 취업케 하며 야간에만 독거를 하게 하는 제도

(3) 독거수용의 순위

독거수용의 순위는 다음과 같다(행형법 제24조).

① 도주의 우려가 있는 자

② 수용질서를 해칠 우려가 있는 자

③ 미결수용자로서 증거인멸의 우려가 있는 자

④ 다른 수용자에게 나쁜 영향을 미칠 우려가 있는 자

⑤ 분류심사를 위하여 필요한 자

⑥ 여죄사건이 계류 중인 자

⑦ 수용생활에 적응하기 위하여 특히 안정이 필요한 자

(4) 독거기간

① 성년수형자 : 독거수용의 기간은 2년을 초과하지 못한다. 다만, 소장이 인정하는 경우에는 6개월을 연장할 수 있다.

② 소년수형자 : 6개월 이상 독거 수용할 수 없다.

③ 신입자 : 3일간이다. 다만, 20세 미만의 신입자 기타 특히 필요하다고 인정하는 자에 대하여는 30일까지 연장할 수 있다.

④ 석방수형자 : 3일 이내이다.

(5) 장·단점

독거제는 독거실에 단독 수용하여 반성과 자숙을 촉구하고 속죄의 기회를 부여하여 개별처우가 용이할 뿐만 아니라 감시와 질서유지에 편리한 이점이 있다.

반면에 사회적응훈련을 할 수가 없고 신체관리에 어려움이 있으며, 자살, 정신장애

를 초래할 위험성이 있다. 또한 혼거제에 비하여 경비가 많이 들고 집단교육이 쉽지 않다는 어려움이 있다.

우리나라 행형법 제11조에는 수용자는 독거수용을 원칙으로 하고 혼거수용은 예외로 하지만, 실제로는 이와 반대로 대부분 혼거수용을 하고 특별한 경우에만 독거수용을 하고 있는 실정이다.

2) 혼거제

(1) 의의

혼거제는 잡거제라고도 하는데 여러 사람의 수형자를 동일한 거실 또는 공장에 잡거시키는 구금방법이다.

(2) 장 · 단점

혼거제는 한 개의 거실에 다수의 수형자를 함께 구금하는 수용방법으로 경비를 절감할 수 있다는 장점과 함께 독거제에 비하여 심신수련이 용이하고 자살을 방지할 수 있다는 이점도 있다. 그러나 악풍감염의 소지가 있고 개별처우가 곤란하여 위생적이지 못하고 사회복귀 후에는 동료수형자와 또 다른 범죄를 저지를 우려가 있다.

3) 수형자 자치제(Immate Self-government System)

이 제도는 수형자에게 권리와 의무를 동시에 부여하여 수형자가 스스로 수용질서를 유지하고 사회복귀를 위한 준비를 하도록 하는 자치활동을 말한다.

수형자 자치제는 자치적인 수형생활훈련을 통해 독립정신을 배양할 수 있고 상부상조의 협동정신과 책임의식을 함양하는데 유용하며, 감호인력을 줄일 수 있고 수형자의 명예심과 경쟁심을 자극하여 자력갱생을 촉구할 수 있다는 장점이 있다. 그러나 자치관념이 희박한 수용자들에게 자치를 허용하는 경우 범죄의 심화를 시킬 수 있고 교도관의 권위를 떨어뜨리는 요인이 될 수 있다는 단점이 있다.

4) 선행보상제도(Good Time System)

이 제도는 수용시설에서 선행을 행하는 수형자에게 그 보답으로써 수형기간의 일정부분을 감해주는 것으로 일명 선시제도(善時制度)라고도 부른다. 이 제도는 법률의 엄격성을 완화하면서 수형시설의 규율을 유지할 수 있고 선행에 대한 보상차원으로 형기를 단축하여 자력갱생의욕을 촉진하는데 긴요한 수단이 될 수 있다. 미국 등에서 상당히 성과를 거두고 있으나 우리나라에서는 아직 이를 채택하고 있지 않다.

2 개방처우

1. 개념

개방처우라 함은 전통적인 엄격구금의 폐쇄처우를 지양하고 수형자에 대한 사회접근적 개선처우를 의미하는 것으로 시설 내의 처우를 개방화 또는 사회화하거나 개방시설(개방교도소)의 설치를 통한 개방처우를 총칭하는 것으로 볼 수 있다.

2. 형태

개방처우는 좁게는 개방교도소와 같은 개방시설에서의 처우를 의미하지만, 넓게는 외부통근제, 귀휴제, 주말구금제, 부부특별면회제 등 반개방 또는 중간처우를 포함하는 개념으로 이해할 수 있다.

1) 개방교도소

개방시설은 종래의 폐쇄시설과 달리 높은 담이나 감시대, 자물쇠, 철문 등 수용확보를 위한 인적·물적 장치를 전면제거하거나 완화하고 시설구조를 기숙사형태로 개선하여 가정적인 환경에서 자유로운 생활을 할 수 있도록 한다.

여기서는 신뢰와 자율을 기반으로 수형자 자치제를 허용하고 통근작업 등 개방적인 처우를 시행하여 사회적응력을 길러주며 형기 전에 가석방을 실시하는 혜택을 주기도 한다.

2) 외부통근제

수형자를 주간에는 감독자 없이 시설외의 직장에 통근시키고, 야간에는 시설 내에서 규칙에 따라 생활하게 하는 제도로 주간가석방제도(day parole)라고도 하며, 영국에서는 외부통근 수형자를 Hostel이라는 특수시설에 수용함으로 Hostel제라고 한다.

3) 귀휴제도

행형성적이 우수한 수형자를 일정기간 가정 또는 사회에 내보내 장기간의 수형생활로 인해 단절된 사회상황을 접하게 하고 출소 후를 대비하여 생활계획을 세우도록 여건을 조성하는 한편, 가사 등을 돌보게 하여 가족관계 회복을 장려하는 일종의 휴가제도이다. 귀휴기간은 10일 이내의 단기간이 대부분이다. 우리나라의 귀휴제도의 내용을 보면

(1) 허가요건

① 1년 이상 복역하고 형기를 2분의 1이상 경과한 자

② 뉘우치는 빛이 뚜렷하며 행상이 우수한 자

③ 누진계급이 3급 이상인 자

④ 전형기 중 3주 이내 전형기 중 5회 이내

(2) 허가사유

① 직계존비속이나 배우자가 사망하거나 위독한 때

② 직계존비속의 혼례가 있을 때

③ 직계존속·배우자 또는 본인의 회갑일 또는 직계비속의 현역병 입대 시

④ 천재·지변으로 중대한 재산상의 손해가 있거나 있을 우려가 있을 때

⑤ 교화나 작업능률을 위해 특히 필요한 때

⑥ 횟수제한의 예외 : 12시간 이내의 귀휴와 훈련, 시험 또는 방송통신대학 출석 수업의 경우 제한이 없음.

4) 주말 구금제

토요일과 일요일에만 형을 집행하고, 그 외는 사회에서 활동하게 하는 제도로서 적용대상으로는 교통사고나 알코올중독 등 경미한 범죄를 저지른 자에게 적용하며 장점으로는 가정, 학교, 직장, 대인관계 등을 파괴하지 않고 형의 집행이 가능하다.

5) 부부특별면회제도

스웨덴, 영국, 프랑스, 남미제국 등이 실시하고 있고 미국은 일부 주에서만 실시하고 있다.

이 제도는 부부 접견 시에 입회를 생략하고 그 접견을 자유롭게 하거나 특별한 접견실을 마련하여 성적 자유까지 허용하는 제도이다.

제2절 교정복지객체의 특별영역

1 청소년 수용자의 처우

청소년 수용자를 위해 소년교도소에서는 학과교육을 실시하는데 수형자 등 교육규칙(법무부령 제401호)에 따라 한자해독 및 문장능력이 없거나 기초수리능력이 없는 자를 대상으로 하는 초등기초반, 초등학교과정에 해당하는 초등과, 중학과정에 해당하는 중등과, 고등과정에 해당하는 고등과의 각 과정을 두어 학과교육을 실시하고 있다.

청소년 수용자의 직업훈련으로는 공공직업훈련소를 만들고, 그 곳에서 자동차 정비, 전기용접, 건축배관, 제과제빵, 정보기기운용, 애니메이션, 조적, 미장, 양복 봉제, 도배, 이용, 보일러 설비 등의 교육을 받는다.

청소년 수용자의 건전한 생활 자세를 확립하고, 자기개선의지를 고취하며 사회생활에 필요한 여러 가지 지식과 정보를 제공함으로써 사회복귀를 촉진시키기 위하여 생활지도교육을 실시하고 있다. 소년수형자의 의식을 개선시키고 정서를 순화함으로써 교정목적을 달성하기 위하여 다양한 개별 및 집단 교화활동이 행하여진다.

• 선도조건부 기소유예제도

1978년 광주지방검찰청에서 소년에 대한 선도조건부기소유예제도를 처음 시행하기 시작하여 1981년 1월 20일 법무부훈령 제88호 소년선도보호지침이 제정되어 전국에 확대 실시된 뒤 수차에 걸쳐 소년선도보호지침이 개정되어 현재는 1996. 12. 27. 개정된 법무부훈령 제373호에 따라 시행되고 있다.

소년선도보호제도는 범죄예방위원(1998. 9. 1. 개정 법무부훈령 제400호 '범죄예방자원봉사기본규정'에 의거 소년선도위원이 보호선도위원, 갱생보호위원과 함께 통합되어 범죄예방위원으로 명칭 변경)이 선도조건부기소유예처분을 받은 소년을 물심양면으로 지원, 선도 보호하여 그들의 재범을 예방하고 나아가 국가사회에 기여하는 건전한 사회인으로 복귀시키고 아울러 범죄예방활동을 통해 지역사회 발전에 기여함을 목적으로 하고 있다.

소년선도 보호방법은 접촉선도 · 원호선도로 구분할 수 있다. 접촉선도라 함은 귀주처가 있는 유예소년과 접촉을 갖고 상담 · 지도 등을 통해 소년의 반사회성을 교정하고 지식과 기술을 습득시키며 정서를 순화하여, 건전한 사회인으로 복귀시키는 선도방법을 말한다. 원호선도라 함은 귀주처가 없거나 있더라도 귀주시키는 것이 부적당한 유예소년에 대하여 선도보호위원의 주거나 복지시설에서 기거하게 하고, 의 · 식 · 주를 제공하면서 접촉선도하는 것을 말한다.

• **재소자에 의한 비행소년 정신교육**

1985년 3월 5일부터 서울지방검찰청 동부지청 등 일부 청에서 시험실시해 오던 이 제도를 1986년 1월 13일 법무부의 지침에 따라 전국 지검과 재경지청까지 확대 실시하였고, 1994년 4월 15일부터 관내에 구치소(교도소)가 있는 지청에까지 확대 실시하고 있는 바, 이는 개선 · 교화 가능한 비행소년을 시설에 수용하는 대신 단시간 동안 교정시설을 견학하게 하고 장기수형자로부터 직접 범행동기와 격리생활의 고통에 관한 체험적 교육을 받게 함으로써 재범을 방지하고 선도의 효과를 제고하고자 하는 제도이다.

절차는, 먼저 검사가 정신교육이 필요하다고 인정되는 소년을 선정하여 그의 동의를 받고 교도소와 협조, 매월 1회 10명 내지 20명 단위로 그들을 교정시설로 인솔해 가서 교육을 하고, 교육을 마친 소년에 대하여 검사는 선도조건부 기소유예처분을 하고 사건을 종결한다.

• **보호관찰소 선도위탁**

1995.1.5. 갱생보호법을 폐지하고 보호관찰 등에 관한 법률이 제정 · 시행되면서 동법 제15조 제3호(검사가 보호관찰소의 선도를 조건으로 공소제기를 유예하고 위탁한 선도의 실시)에 근거하여 1995.4.15. 법무부훈령 제332호 보호관찰소선도위탁규정이 제정 시행되었고, 현재는 1996.7.6. 개정된 법무부 훈령 제365호에 따라 시행되고 있다.

보호관찰소 선도위탁제도는 선도보호위원에 의한 선도조건부기소유예제도와는 달리 보호관찰소의 장이 선도업무를 관장하고, 보호관찰소장은 선도대상자를 담당할 보호관찰관을 지정하여 선도하도록 되어 있다.

보호관찰소 선도위탁 방법은 보호관찰관이 보호관찰소 선도조건부기소유예처분을 받은 사람을 선도교육, 집단치료 또는 상담 등 적절한 지도를 실시하며, 필요하다고 인정하는 때에는 선드대상자의 가족, 이웃사람, 친구 등과 접촉할 수 있고, 선도의 목적달성을 위하여 필요한 때에는 학비보조, 취학·취업알선, 기타 경제적인 지원을 할 수 있다.

선도조건부기소유예 대상은 18세 미만의 범죄소년을 주 대상으로 하는데 반하여 보호관찰소 선도유예 대상은 소년범에 제한을 두지 않고 연령과 범죄의 동기, 수단 및 결과 등 제반 사정을 고려하여 전문적인 선도가 요구되는 범죄자를 대상으로 한다.

• **학교담당검사제**

1995.11.27. 대통령의 학교주변폭력 근절 지시에 의거 같은 해 12.6. 국무총리 주관 관계부처장관회의에서 검찰의 3대 추진과제 중 하나로 선정되어 서울지방검찰청에서 시범적으로 실시하던 중 학원폭력 근절에 효과가 있는 것으로 판단되어 학원폭력방지 및 처리에 관한 지침('96.6.28. 대검 강력 61330-609)에 의거 '96.7.1.부터 전국적으로 확대 실시하고 있다.

학교담당검사제는 일정 지역 내 수 개의 중·고교에 대하여 전담검사를 지정, 유관기관이나 민간봉사차원의 학원폭력 예방 및 단속활동과의 유기적인 지원·협조체제를 구축하여 체계적이그 내실 있는 예방·선도활동을 전개하기 위한 것이다.

학교담당검사는 선도보호위원 및 교사선도위원 학부모위원 등 구성원들과 정기 및 수시 간담회를 개최하여 학원폭력 정보수집 및 예방선도 활동방안을 모색하고, 탈선 초기의 학생 상대 거별 면담과 학부모 접촉을 통한 비행의 사전방지, 청소년범죄 다발지역에 대한 합동순찰, 담당학교 학생들을 상대로 한 담당검사의 선도강연 등을 실시하도록 하고 있다.

• **우범소년 결연사업**

우범소년결연사업은 학교폭력 등 청소년범죄에 효과적으로 대처하기 위하여 1995.11.1.

부터 서울, 부산, 광주, 제주지검 및 산하지청에서 시범적으로 실시하던 중 1995.12.6. 국무총리 주관하의 「학교폭력근절대책 추진회의」에서 검찰의 추진과제의 하나로 선정되어 전국적으로 확대 · 시행되게 되었다.

사업은 범죄예방위원이 교육기관 등의 협조 하에 우범소년과 결연을 맺고 그들을 물심양면으로 지원 · 선도하여 정상적인 학업과 생업에 복귀시킴으로써 소년범죄나 비행을 사전에 방지함을 그 목적으로 한다.

결연대상자는 학교에서 퇴학 · 정학 등 징계처분을 받은 자와 폭력 서클에 가입하거나 학교주변에서 폭력을 행사하는 학생 중심으로 선정하도록 하고 있으며, 결연대상자는 선도결연회의를 통하여 선정하며, 결연활동 중 소년이 소재불명되거나 선도에 불응하여 결연을 계속할 수 없을 경우에는 법원 소년부에 통고하도록 하고 있다(대검찰청 자료, 2004).

1. 소년범의 처우

1) 보호사건

(1) 소년보호사건의 관할

소년보호사건의 관할은 범죄소년의 행위지, 거주지 또는 현재지의 가정법원소년부, 지방법원 소년부지원 또는 지방법원소년부에 속하며(이하 소년부라 함), 소년보호사건의 심리와 처분의 결정은 소년부 단독판사가 행한다(소년법 제3조).

(2) 보호의 대상

다음 각 호의 1에 해당하는 소년은 소년부의 보호사건으로 심리한다(법 제4조 제1항).

① 죄를 범한 소년(범죄소년)

② 형벌법령에 저촉되는 행위를 한 12세 이상 14세 미만의 소년

③ 다음에 해당하는 사유가 있고 그의 성격 또는 환경에 비추어 장래 형벌법령에 저촉되는 행위를 할 우려가 있는 12세 이상의 소년

- 보호자는 정당한 감독에 복종하지 않는 성벽이 있는 것
- 정당한 이유 없는 가정에서 이탈하는 것
- 범죄성이 있는 자 또는 부도덕한 자와 교제하거나 자기 또는 타인의 덕성을 해롭게 하는 성벽이 있는 자

(3) 송치(送致)

① 보호대상 중 제2호 및 제3호에 해당하는 소년이 있을 때에는 경찰서장은 직접 관할 소년부에 송치하여야 한다(법 제4조 제2항).

② 보호대상소년을 발견한 보호자 또는 학교와 사회복리시설의 장은 이를 관할 소년부에 통고할 수 있다(법 제4조 제3항).

(4) 송검(送檢)

① 소년부는 조사 또는 심리한 결과 금고이상의 형에 해당한 범죄사실이 발견된 경우에 그 동기와 죄질이 형사처분의 필요가 있다고 인정한 때에는 결정으로써 사건을 관할 지방법원에 대응한 검찰청 검사에게 송치하여야 한다(법 제7조 제1항).

② 소년부는 조사 또는 심리한 결과 본인이 20세 이상인 것이 판명된 때에는 결정으로써 사건을 관할 지방법원에 대응하는 검찰청 검사에게 송치하여야 한다(법 제7조 제2항).

③ 소년부는 소년을 이송 또는 송검을 결정한 때에는 지체 없이 그 사유를 본인과 그 보호자에게 통지하여야 한다(법 제8조).

(5) 조사와 심리

① 조사방침

조사는 의학・심리학・교육학・사회학 기타 전문적인 지식을 활용하여 소년과 보호자 또는 참고인의 성행・경력・가정상황 및 환경 등을 규명하도록 노력하여야 한다(법 제9조).

② 진술거부권의 고지

소년부 또는 조사관이 범죄사실에 관하여 소년을 조사할 때에는 미리 소년에 대하여 불리한 진술을 거부할 수 있음을 알려야 한다(법 제10조).

③ 전문가의 참고

소년부는 조사 또는 심리를 함에 있어서 정신과의사・심리학자・사회사업가・교육자 기타 전문가의 진단 및 소년분류심사원의 분류심사결과와 의견을 참작하여야 한다(법 제12조).

④ 소환 및 동행영장

소년부판사는 사건의 조사·심리에 필요하다고 인정한 때에는 기일을 지정하여 본인·보호자 또는 참고인을 소환할 수 있으며 본인 또는 보호자가 정당한 이유 없이 소환에 응하지 아니할 때에는 소년부판사는 동행영장을 발할 수 있다(법 제13조).

⑤ 임시조치

소년부판사는 사건의 조사·심리에 필요하다고 인정한 때에는 소년의 감호에 관하여 결정으로써 다음의 조치를 할 수 있다(법 제18조 제1항).

- 보호자·소년을 보호할 수 있는 적당한 자 또는 시설에 위탁하는 것(위탁기간은 3월을 초과하지 못하며 1회에 한해서 연장 가능)
- 병원기타 요양소에 위탁하는 것(위탁기간은 ①과 같음)
- 소년분류심사원에 위탁하는 것(위탁기간은 1월을 초과하지 못하며 1회에 한해서 연장 가능)

⑥ 심리불개시의 결정

- 소년부판사는 송치서와 조사관의 조사보고에 의하여 사건의 심리를 개시할 수 없거나 개시할 필요가 없다고 인정한 때에는 심리를 개시하지 아니한다는 결정을 하여야 하고 이 결정을 본인과 보호자에게 통지하여야 한다(법 제19조 제1항).
- 소년부판사는 사안이 경미하다는 이유로 심리개시 결정을 할 때에는 소년에 대하여 훈계하거나 보호자에 대하여 소년에 대한 엄격한 관리나 교육을 시키도록 고지할 수 있다(법 제19조 제2항).
- 소년부판사는 소재불명을 이유로 심리불개시의 결정을 받은 소년의 소재가 밝혀진 때에는 그 심리불개시의 결정을 취소하여야 한다(법 제19조 제3항).

⑦ 심리개시의 결정

소년부 판사는 송치서와 조사관의 조사보고에 의하여 사건을 심리할 필요가 있다고 인정한 때에는 심리개시의 결정을 하여야 하며, 이 심리의 결정을 본인과 보호자에게 통지하여야 한다. 이 경우 심판 사유의 요지 및 보조인을 선임할 수 있다는 취지를 아울러 통지하여야 한다(법 제20조).

⑧ 심리기일의 지정

소년부판사는 심리기일을 지정하고 본인과 보호자를 소환하여야 한다. 다만, 필요가 없다고 인정한 때에는 보호자는 이를 소환하지 아니할 수 있다(법 제21조 제1항).

⑨ 심리의 개시

심리기일에는 판사와 서기가 열석하여야 하며 조사관, 보호자 및 보조인은 심리기일에 출석할 수 있다(법 제23조).

⑩ 심리의 방식

심리는 친절하고 온화하게 하여야 하며 심리는 공개하지 아니한다. 다만, 판사는 적당하다고 인정하는 자에게 재석을 허가할 수 있다(법 제24조).

(6) 불처분의 결정

소년부판사는 심리의 결과 보호처분을 할 수 없거나 할 필요가 없다고 인정한 때에는 그 취지의 결정을 하여야 하고 이 결정은 본인과 보호자에게 통지하여야 한다(법 제29조).

(7) 소년보호

우리나라 소년법은 소년보호의 이념에 맞추어 소년보호사건의 심리절차를 형사재판의 절차처럼 엄격하게 규정하지 않는 것을 기본적 태도로 하고 있다. 그러나 증거법칙과 강제수사에 관하여는 소년보호사건에 관하여도 증인신문, 감정, 통역, 번역을 명할 수 있고 검증, 압수, 수색을 행할 수 있으며 보호사건의 성질에 위반되지 않는 한도에서 형사소송법규정을 준용한다.

(8) 보호처분

① 보호처분의 결정

소년부 판사가 심리 결과 보호처분을 할 필요가 있다고 인정하여 결정으로써 다음의 처분을 하는 것을 말하는데 (「소년법」 제32조 제1항)

- 보호자 또는 보호자를 대신하여 소년을 보호할 수 있는 자에게 감호 위탁
- 수강명령: 12세 이상의 소년에게만 할 수 있음(「소년법」 제32조 제4항)
- 사회봉사명령: 14세 이상의 소년에게만 할 수 있음(「소년법」 제32조 제3항)
- 보호관찰관의 단기 보호관찰
- 보호관찰관의 장기 보호관찰
- 「아동복지법」에 따른 아동복지시설이나 그 밖의 소년보호시설에 감호 위탁
- 병원, 요양소 또는 「보호소년 등의 처우에 관한 법률」에 따른 소년의료보호

시설에 위탁
- 1개월 이내의 소년원 송치(送致)
- 단기 소년원 송치
- 장기 소년원 송치: 12세 이상의 소년에게만 할 수 있다.(「소년법」 제32조 제4항)

② 「소년법」에 따른 보호처분

가해자가 14세 미만이면 「형법」에 따른 형사처벌을 받지 않지만(「형법」 제9조), 만 10세 이상 14세 미만인 소년이라면 「소년법」에 따른 보호사건으로서 보호처분 등을 받을 수 있으며 「소년법」에 따른 보호처분의 절차는 다음과 같다.

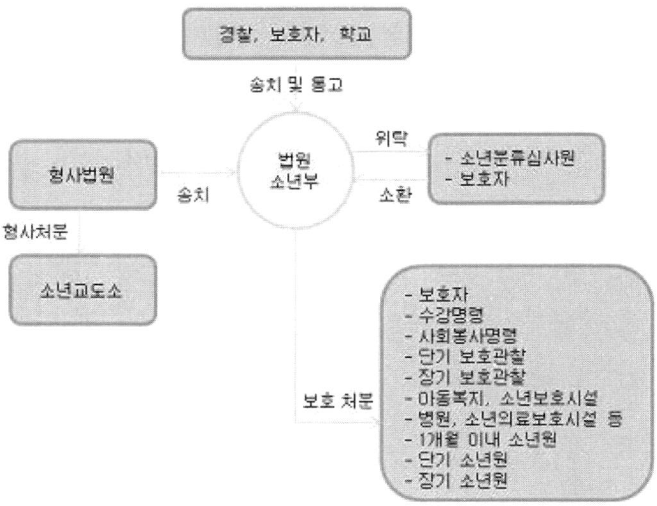

《 정심여자정보산업학교(http://anyang.jschool.go.kr/), 소개마당》

③ 형사처분 등을 위한 관할 검찰청으로의 송치

소년부는 조사 또는 심리한 결과 금고 이상의 형에 해당하는 범죄 사실이 발견된 경우 그 동기와 죄질이 형사처분을 할 필요가 있다고 인정하면 사건을 관할 지방법원에 대응한 검찰청 검사에게 송치해야 하는데(「소년법」 제7조 제1항), 소년부는 조사 또는 심리한 결과 사건의 본인이 19세 이상인 것으로 밝혀진 경우에는 사건을 관할 지방법원에 대응하는 검찰청 검사에게 송치해야 한다(「소년법」 제7조 제2항 본문).

④ 보호사건의 조사와 심리 조사

보호사건의 조사는 의학 · 심리학 · 교육학 · 사회학이나 그 밖의 전문적인 지식을 활용하여 소년과 보호자 또는 참고인의 품행, 경력, 가정 상황, 그 밖의 환경 등을 밝히도록 노력해야 한다(「소년법」 제9조).

소년부는 조사 또는 심리를 할 때에 정신건강의학과의사 · 심리학자 · 사회사업가 · 교육자나 그 밖의 전문가의 진단, 소년 분류심사원의 분류심사 결과와 의견, 보호관찰소의 조사결과와 의견 등을 고려해야 한다(「소년법」 제12조).

- 임시조치

  소년부 판사는 사건을 조사 또는 심리하는 데에 필요하다고 인정하면 소년의 감호에 관해 결정으로써 다음의 어느 하나에 해당하는 조치를 할 수 있다(「소년법」 제18조 제1항 및 제3항).

- 보호자, 소년을 보호할 수 있는 적당한 자 또는 시설에 위탁: 위탁기간 3개월
- 병원이나 그 밖의 요양소에 위탁: 위탁기간 3개월
- 소년분류심사원에 위탁: 위탁기간 1개월

  ※ 다만, 특별히 계속 조치할 필요가 있을 때에는 위탁기간을 한 번에 한해 결정으로써 연장할 수 있다(「소년법」 제18조 제3항 단서).

- 보호사건의 심리

  심리 불개시의 결정도 하는데 소년부 판사는 송치서와 조사관의 조사보고에 따라 사건의 심리를 시작할 수 없거나 시작할 필요가 없다고 인정하면 심리를 시작하지 않는다는 결정을 해야 한다. 이 때 임시조치는 취소된 것으로 보며(「소년법」 제19조 제3항) 그 결정은 사건 본인과 보호자에게 알려야 한다(「소년법」 제19조 제1항).

이때 피해자 등의 진술권이 있는데 소년부 판사는 피해자 또는 그 법정대리인 · 변호인 · 배우자 · 직계친족 · 형제자매(이하 "대리인 등"이라 함)가 의견진술을 신청할 때에는 피해자나 그 대리인 등에게 심리 기일에 의견을 진술할 기회를 주어야 한다.

⑤ 소년보호에 관한 법률의 발전의 발전과정

우리나라 최초의 소년보호에 관한 법률은 1942년 일제에 의해 실시된 조선소년령이었다. 그 후 1958년에는 현행 소년법의 근간이 된 소년법이 제정되었고 지금까지 4차에 걸친 개정이 있었다.

특히 1988년에 전면 개정이 있었는데, 그 주요 내용을 살펴보면 다음과 같다.[5)]소년호보사건에서 적법절차원칙 강조, ② 보호처분의 현실화 · 세분화, ③ 소년부송치결정 시 신병처리 근거 및 책임에 대한 규정, ④ 사형 · 무기형의 금지연령의 상향 조정, ⑤ 보호사건에 대한 밀행주의를 구체적으로 명시하고 있다.

이 밖에도 소년보호에 관한 법률로는 소년원법,[6)] 보호관찰 등에 관한 법률,[7)] 아동복지법,[8)] 청소년보호법[9)] 등이 있으나 개별 법률마다 소년의 보호방법에서 소년법과 차이가 있다. 소년원법은 소년원과 소년분류심사원의 조직과 기능 그리고 기타소년의 교정교육 등에 관해 소년형벌이 어떻게 구성되어야 하는가를 내용으로 하고, 소년법은 소년범죄자의 건전한 육성을 위해 어떠한 보호조치와 형사처분을 해야 하는가를 다루고 있다.

즉 전자는 후자의 목적, 즉 소년범죄자의 건전한 육성을 구체적으로 실현하기 위한 법률이라고 할 수 있다.

보호관찰 등에 관한 법률은 소년법 제32조 제 1 항 2, 3호에 의해 보호관찰처분을 받은 보호소년을 지도 · 원호함으로써 건전한 사회복귀를 촉진하고 효율적인 범죄예방활동을 전개하여 개인 및 공공의 복지 증진과 사회보호를 목적으로 하는 점에서 반사회성 있는 소년의 환경 조정과 성행교정을 위한 보호조치와 형사처분을 규정하는 소년법과 구별된다.

---

5) 개정요강은 18세 이상의 소년이 살인 · 강도 · 강간죄를 범하였거나 상습범은 보호처분의 대상에서 제외하였으나, 개정법률에는 반영되지 않았다. 실제로 미국 일리노이 주는 살인 · 강도 · 강간죄를 소년법원의 관할에서 제외하고, 일본도 사형 · 무기 또는 단기 3년 이상의 징역 또는 금고에 해당하는 범죄를 저지른 소년을 소년법의 보호대상에서 제외하고 있다.

6) 1988.12.31. 법률 제4058호 전면 개정(1990. 12. 27. 법률 제4268호로 개정, 전문6장 53조 및 부칙).

7) 1995.1.5. 법률 제4933호 전면 개정. 원래 명칭은 보호관찰법이었으나 1995년의 전면 개정으로 이름이 바뀌었다.

8) 1981.4.13. 법률 제3438호 전면 개정.

9) 1997.3.7. 법률 제 5297호 제정. 같은 해 7.1. 시행 1999.2.5일 이 법이 개정됨에 따라 미성년자보호법은 폐지.

2) 형사사건

형벌법령에 저촉되는 행위를 한 14세 이상 20세 미만의 범죄소년 중 금고이상의 형사처분을 할 필요가 있다고 인정되는 소년범에 대하여는 소년법에 의하여 형사처분하며 이 법에 특별한 규정이 없으면 일반형사사건의 예에 의해 처리한다.

14세 미만의 소년의 경우는 형사미성년자로 규정하여 비록 형법법령에 저촉되는 행위를 하였더라도 형사책임을 물을 수 없다(Harry E. 1986: 295)[10].

(1) 검사의 송치

① 검사는 소년에 대한 피의사건을 수사한 결과 벌금이하의 형에 해당하는 범죄이거나 보호처분에 해당하는 사유가 있다고 인정한 때에는 사건을 관할 소년부에 송치하여야 한다(법 제49조 제1항).

② 소년부는 위의 규정에 의하여 송치된 사건을 조사・심리한 결과 그 동기와 죄질이 금고 이상의 형사처분을 할 필요가 있다고 인정할 때에는 결정으로써 당해 검찰청 검사에게 송치할 수 있다(법 제49조 제2항).
이 규정에 의하여 송치한 사건은 다시 소년부에 송치할 수 없다(법 제49조 제3항).

(2) 법원의 송치

법원은 소년에 대한 피고사건을 심리한 결과 벌금이하의 형에 해당하는 범죄이거나 보호처분에 해당할 사유가 있다고 인정한 때에는 결정으로써 사건을 관할 소년부에 송치하여야 하고(법 제50조), 소년부는 송치 받은 사건을 조사 또는 심리한 결과 본인의 20세 이상인 것이 판명된 때에는 결정으로써 송치한 법원에 사건을 다시 이송하여야 한다(법 제51조).

(3) 구속영장의 제한

소년에 대한 구속영장은 부득이한 경우가 아니면 발부하지 못하며, 소년을 구속하는 경우에 특별한 사정이 없으면 다른 피의자나 피고인과 분리하여 수용하여야 한다(법 제5조).

---

10) 영국의 관습법은 범죄자의 나이에 따라 다음과 같은 3가지의 가정을 내놓고 있다. 첫째, 7세 이하의 소년은 범죄의향을 소유할 능력이 없는 것으로 간주하며, 둘째, 8세에서 14세까지의 소년은 범죄행위에 대한 책임을 물을 수 없고, 셋째, 14세 이상의 소년에 대해서는 자신의 행위에 대하여 책임을 물을 수 있고 따라서 처벌을 받아야 한다고 가정하고 있다.

(4) 심리의 분리

소년에 대한 형사사건의 심리는 다른 피의사건과 관련된 경우에는 심리에 지장이 없으면 그 절차를 분리하여야 한다(법 제57조).

(5) 심리의 방침

심리는 친절·온화하게 하여야 하고 소년의 심신상태, 품행, 경력, 가정상황, 그 밖의 환경에 대하여 정확한 사실을 규명함에 특별한 유의를 하여야 한다(법 제58조).

(6) 사형, 무기형의 완화

죄를 범할 당시 18세 미만인 소년에 대하여는 사형 또는 무기형으로 처할 것일 때에는 15년의 유기 징역으로 한다(법 제59조). (1989년 6월까지는 16세 미만으로 한 것으로 상향조정하였음)

(7) 부정기형

① 소년이 법정형 장기 2년 이상의 유기형에 해당하는 죄를 범한 때에는 그 형의 범위 안에서 장기와 단기를 선고한다. 다만, 장기는 10년, 단기는 5년을 초과하지 못한다(법 제60조 제1항).

② 그러나 형의 집행유예, 형의 선고유예를 선고할 때에는 부정기형의 규정을 적용하지 아니한다(법 제60조 제3항).

(8) 환형처분의 금지

18세 미만인 소년에 대하여는 형법 제70조의 규정(노역장 유치)에 따른 유치선고를 하지 못한다(법 제62조).

(9) 징역·금고의 집행의 분리

징역 또는 금고의 선고를 받은 소년에 대하여는 특히 설치된 교도소 또는 일반교도소 내에 특히 분리된 장소에서 그 형을 집행한다. 다만, 소년이 형의 집행 중에 23세에 달한 때에는 일반교도소에서 집행할 수 있다(법 제63조).

(10) 가석방

징역 또는 금고의 선고를 받은 소년에 대하여는 다음 기간을 경과하면 가석방을 허가할 수 있다(법 제65조).

① 무기형의 경우에는 5년

② 15년 유기형의 경우에는 3년

③ 부정기형의 경우에는 단기의 3분의 1

(11) 자격에 관한 법령의 적용

소년이었을 때 범한 죄에 의하여 형의 선고를 받은 자가 그 집행을 종료하거나 면제를 받은 때에는 자격에 관한 법령의 적용에 있어서는 장래에 향하여 형의 선고를 받지 아니한 것으로 본다(법 제36조).

(12) 보도의 금지

소년법에 의하여 조사 또는 심리 중에 있는 보호사건 또는 형사사건에 대하여는 성명, 연령, 직업, 용모 등으로 비추어 볼 때, 그 자가 당해 사건의 당사자라고 미루어 짐작할 수 있는 정도의 사실이나 사진을 신문이나 그 밖의 출판물에 싣거나 방송할 수 없다(법 제68조 제1항).

3) 비행청소년의 처우

소년법 제1조는 "반사회성이 있는 소년의 환경의 조정과 품행 교정을 위한 보호처분 등의 필요한 조치를 하고 형사처분에 관한 특별조치를 행함으로써 소년이 건전하게 성장하도록 돕는 것을 목적으로 한다"고 규정하여 소년보호주의를 표명하고 있다. 이것은 비행소년을 처벌의 대상이 아니라 보호의 대상으로 보는 것이며, 특히 범죄소년에 대해서는 형사처분을 함에 있어서 성인과는 다른 배려 즉 보호를 통하여 건전한 육성을 기한다는 의미이다.

(1) 비행청소년의 개념

비행(Delinquent)이라는 말은 라틴어 'Delinguere'의 '과오를 범하다', '의무를 태만히 하다'라고 하는 뜻에서 유래된 것(Shannon, Lyle W, 1989: 1)으로 소위 사회적으로 '바람직하지 않는 행위'를 비행이라고 할 수 있다.

따라서 청소년비행이라 함은 협의적으로는 반사회적 행위만을 뜻하는 것일 때에는 청소년의 비행행위를 성인의 범죄행위와 분리 취급하기 위하여 설정된 개념이며, 광의적으로는 반사회적 행위와 비사회적 행위인 불량행위 등을 모두 포함하고 있다.

이러한 의미에서 청소년의 비행은 사회화과정에서 나타날 수 있는 일탈적 행위로써 기술적으로는 법률에 저촉되지 않으면서도 가정의 통제에서 벗어나거나 보호대상이 되는 문제소년 및 그들의 행동까지도 범주에 넣을 수 있다.

결국 청소년비행은 사회학적 면에서 사회규범으로부터 이탈된 행위, 즉 제도화된 모든 기대를 깨는 행위라고 정의할 수 있으며, 심리학적 면에서는 그가 속한 사회집단에 대한 부적응 행동으로 정의될 수 있다[11](American Psychiatric Association, 1994: 123~133). 또한 법률적으로는 과거의 객관적 행위뿐만 아니라 장래 죄를 범할 가능성 및 환경의 영향까지 광범위하게 그 의미를 포함한다고 볼 수 있다(안현석, 2001: 7~8).

4) 비행청소년의 처우이론

(1) 처우형태

청소년의 경우에는 비행을 어떻게 다룰 것이냐에 대해서는 국가에 따라 그 제도가 약간씩 다르지만, 비행청소년들이 아직은 인격형성 과정에 있기 때문에 정신적으로 성숙되지 못하였을 뿐만 아니라, 순화 가능성이 상대적으로 높다는 점을 고려하여 처벌인 형벌보다는 교정교육에 중점을 두고 있다는 점이다.

예를 들어, 소년범죄에 대한 미국 소년법의 정신을 보면 미성년자는 그들의 행위에 대해 도덕적으로나 사회적으로 충분한 책임을 질 수 없고, 이들은 아직도 성장과정에 있는 미성숙한 자로서 합리적 의사결정의 능력이 부족한 관계로 충분한 보호・감독과 적절한 교육을 통하여 그 비행을 교정시킬 수 있다는 것이다.

따라서 비행청소년들은 소년법원이나 가정법원에서 형사적 절차에 의해서 사법적 처벌을 받는 것이 아니라 복지나 교육학적 차원에서 비행을 교정 또는 교화하기 위해 보호・치료라는 목적으로 수용한다.

(2) 교정처우 이론

교정은 그가 속한 사회의 질서와 안녕을 위한 최후적 보루로서 인식되고 있기 때문에 그 성패는 사회적 구성원인 국민들의 복지와 직결되어 성공할 경우에는 국가사회적 안정을 보장하지만, 실패할 경우 곧바로 국민들의 민주적 사회생활에 악영향을 미치

11) 특히, 미국정신의학협회의 DSM-IV에 의하면 비행청소년 행위의 특징을 부정적, 저항적, 그리고 반항적 행위 : 그리고 사람이나 동물에 비해 폭력적 행위를 저지르거나 혹은 절도를 행하거나 야간 통행금지와 학교출석과 같은 규율을 심각하게 위반하는 행위로 규정하고 있다.

게 된다.

이러한 교정(corrections)이라는 용어는 그 용도에 따라 다양한 의미와 형태로 해석될 수도 있다.

그런데 이러한 교정은 역사적으로 볼 때 교도소 등의 형사시설에 기반하여 이루어졌지만, 현대에 와서는 점차 그 영역을 사회적으로 확대하는 경향이 있으며 범위적 측면과 의미적 측면의 두 가지 형태로 고찰할 수 있다.

우선 교정의 범위적 측면에서 본다면, 우리나라 행형법[12]에서는 징역형, 금고형, 노역자 유치와 구류형을 받은 자에 대하여 형사재판 결과대로 교도소 내에서 형을 집행하는 절차에다 형사피의자 또는 형사피고인에 대한 구속영장의 집행절차(미결수용)를 추가한 형태로 이해하고 있으나, 일본은 소년범에 의한 죄위험자에 대하여 국가가 시행하는 수용처분적 성격의 범죄예방처분까지 포함하고, 미국은 수사와 재판절차 이후에 행하여지는 시설처우 및 비시설적 처우를 총괄하는 의미로써 교도소, 소년원, 보호감호소 등에서의 시설내 처우는 물론 보호관찰, 갱생보호 등 사회내 처우까지 포함하여 교정의 범위로 하고 있다.

또한 미국의 Cole은 "범죄피의자나 수형자를 관리할 책임 있는 조직, 시설, 서비스 그리고 프로그램의 집합(Clear Todd R. and George F. Cole, 1990: 5)"이라고 정의하고 있다.

따라서 형사 정책적 목적이나 전술한 의미 및 개별 학자들의 각 주장들을 종합적으로 고려할 때 결국 교정이란 처벌(이 처벌은 응보적 처벌과 재사회화를 모두 포함한다)과 사회방어를 목적으로 범죄피의자(미결)와 수형자를 관리하는 체계(System)와 프로그램(programs)의 총체라고 규정할 수 있다.

(3) 국친사상(parens patriae)

청소년들이 사회적 일탈이나 비행을 하여도 범죄자보다는 비행청소년(Juvenile Delinquent)으로 인식되며 비행청소년은 교정교육을 통한 개선 가능성이 풍부하고 인격형성의 과정에 있는 청소년에 대하여는 부모가 자신의 자녀에 대하여 제대로 양육하지 못하거나 할 수 없어 아동이나 청소년들의 현실적인 범죄행위뿐만 아니라 장래 범죄행위를

12) 우리나라 행형법 제1조에 "수형자를 격리하여 교정교화하여 건전한 국민사상과 근로정신을 함양하고 기술교육을 실시하여 사회에 복귀하게 하며…"라고 명시하고 있다.

저지를 우려가 있다고 보여지는 우범 또는 범죄, 그리고 촉법이나 방임된 비행청소년들에 대하여 그들의 건전한 육성과 발전을 위해 국가가 궁극적인 보호자로서 청소년들에 대한 동법적으로 교정하고 보호하고 양육해야 할 의무가 있다고 하는 이른바 국친사상(parens patriae) (Sue Titus Reid, 1981: 349)이 소년법의 철학적 기초가 되고 비행청소년교정의 이념적 모태가 되고 있다.

(4) 교정교육

교정교육(correctional educations)은 관점에 따라서 약간의 혹은 상당한 차이가 있을 수 있지만 대체로 교정교육을 광의적 의미와 협의적 의미로 구분(이백철・양승은, 1998: 28~29)되며, 광의적인 교정교육은 "비행자나 범법자에 대한 학교나 가정, 그리고 일반 사회단체 등을 포함한 모든 분야에서 행하여지는 교육을 의미"하며, 협의적으로는 "소년원 등의 교정시설에서의 교육"만을 지칭하고 있다.

그러나 실제에 있어서는 협의적 의미의 교정교육을 사실상 교정교육의 정의로 받아들이고 있는 듯하다. 즉 소년원교육을 교정교육으로 간주하는 경향이 있는 것이다.

그렇지만 교정교육의 정의로는 광의적 의미의 정의가 보다 적합하다. 그 이유는 첫째, 교정환경이 급변하고 있기 때문이다. 즉 지역사회교정의 대두, 교정의 민영화, 비범죄화 추세, 그리고 새로운 환경이 조성되고 있기 때문이다. 또한 일정한 범죄에 대해 형사적 책임을 묻지 않는 추세가 있으며, 기존의 시설내 구금환경에서는 교육효과가 의문시되는 새로운 범죄유형들이 출현하고 있는 것이다. 둘째는, 교정공무원의 역할을 분명히 해야 한다는 것이다. 현실적으로 가능하지도 않은 역할에 대해 명목상으로 책임을 지고 있어 불필요하게 업무상은 물론 심리적 갈등과 부담을 안고 있는 것이다.

따라서 교정교육은 청소년의 범죄행위를 전반적으로 사회현상으로 보고 이에 대한 체계적인 국가 사회적 대책의 일환으로써 정의하는 것이 타당한 것으로 보인다.

(5) 원칙

이러한 비행청소년 교정교육이 보다 효과적이며 사실적으로 진행되기 위해서는 몇가지 교정교육의 원칙이 요구되며 이것은 범죄자의 처우라는 이념적 바탕에 교육적 원리가 결합된 형태로 존재하게 되는데 인간존중의 원칙, 자기인식, 자조, 신뢰, 개별주의, 직관 등 6가지의 교정원칙이 요구된다[13](안태호, 1995: 79~84).

(6) 처우모형

비행청소년에 대한 교정교육모델은 여러 가지 다원화된 형태로 진행되게 되는데, 어느 한 모델만을 선호하거나 유지되는 것이 아니라 시설규모, 자원동원능력, 교정이념에 따라 복합적인 형태로 운용되고 있다.

① 훈련모델(Discipline-oriented Model)

비행청소년의 생활이 근본적으로 나태하고 게으르며, 사회적 규율을 상습적으로 위반한다는 사실에 기초하여 교정교육이 시행되던 19C 초기부터 주로 사용된 것으로써 현재에도 많은 시설에서 주된 프로그램으로 운영된다. 이것은 일정한 시설 내에 수용된 비행청소년들의 무질서, 규율위반, 불복종을 배제하고 시설내 질서유지가 주된 목적이며, 그 형태는 주로 단체훈련과 처벌 및 보상제도를 통해 이루어진다.

② 학교모델(Public School Model)

비행청소년들이 주로 학업이탈자라는 사실을 염두에 두고 사회에서 실시하고 있는 정규적인 학교교육을 받도록 하는 것이다. 즉 구금된 상태에서 사회의 일반 공립학교의 교육프로그램을 그대로 시설내 처우프로그램에 도입하여 시설의 엄격한 통제 아래 규율이 상대적으로 강화된 학교교육을 실시하는 것이다.

③ 개인치료모델(Individual Treatment)

범죄자는 유전되거나 타고난 소질에 의한다는 실증주의에 영향을 받은 것으로 임상심리학자, 정신과 의사, 사회사업가 등의 원조아래 면접, 방문 등을 통하여 비행청소년 개인의 성격을 변화시키거나 '개인적 성장'을 촉구하는 것으로써 자연성장과 자기일생을 효과적으로 계획하고 개조하는데 있어서 중요한 교정프로그램으로 인식되고 있다.

---

13) ① 인간존중의 원리는 인간존중의 교정교육의 시작과 끝이라는 것, ② 자기인식의 원리는 자신의 문제점과 개선방안을 스스로 인식하고 개선 노력으로 개선될 수 있다는 것, ③ 자조의 원리는 자신의 능력과 의지로써 문제를 스스로 해결하도록 조력하고 자조의 잠재능력을 결정하여 주는 것, ④ 신뢰의 원리는 서로 믿고 신뢰되는 인간관계를 통해서만 교정교육의 효과를 올릴 수 있다는 것, ⑤ 개별화의 원리는 교정교육은 개별화 특성에 따른 진단과 처치에 의하는 것, ⑥ 직관의 원리는 자신이 직접 보고 듣게 하여 교육의 실질적 효과성과 성취감을 제고시킬 수 있다는 것이다.

④ 소규모 캠프모델(Homespun Model)

비행청소년들은 성인범죄자와는 다르고 특히, 법을 준수하는 성인세계와는 일정 정도 차별된다는 전제아래 개인적인 관심과 인내, 강인함을 가지고 비행청소년들의 교정교육에 대한 사명감을 가진 직원들에 의하여 수개월간 사회와 격리된 숲속의 병영캠프에서 협동과 놀이를 통해 재교육하는 캠프식 처우프로그램이다.

⑤ 치료공동체 모델(Therapeutic Community Model)

직원과 청소년들 간에 솔직하고 충분한 대화에 중점을 두고 청소년 스스로 자신을 교정시켜 나가는 일종의 심리적 치료프로그램이다. 즉 강제적이기보다는 자율적인 접근방식을 취하여 개방적이고 협조적인 분위기에서 청소년들이 자기 통제력과 판단능력을 얻게 함으로써 건전한 시민으로서 사회생활을 해나가게 하는 심리적 교정교육 프로그램이다.

⑥ 지역사회중심모델(Community-based Model)

개인은 사회적 환경의 산물이라는 인식아래 비행청소년들도 언젠가는 지역사회로 돌아가 정상적인 사회생활을 해야 하기 때문에 청소년들을 지역사회의 상황, 즉 가족, 친구집단, 이웃, 학교, 경찰 등 지역 유관기관과의 유기적인 협조 아래 비행청소년들을 교화개선 시키는 교정교육프로그램이며, 이는 지역사회도 그들을 건전한 시민으로 수용할 수 있는 여건을 조성하는 것을 전제로 한다(안현석, 2001: 21~27).

2 여성수형자의 처우

1) 여성수형자의 처우개요

여성수형자는 전체 수형자의 약 5% 이내를 차지하고 있다. 여성수형자의 특성 및 처우 등을 고려하여 독립된 여자교도소의 설치가 꾸준히 요구되어 오던 중, 1989년에 처음으로 청주시에 500명 수용기준 7,450㎡의 여자교도소를 설치・운영하였고, 2003년 11월에는 지하 1층, 지상 5층 규모로 현대적 감각의 도시형 건물로 개축하여 2010년 말 현재 615명을 수용하고 있다.

2) 여성수형자의 죄명 · 형명 · 형기

(1) 죄명별 인원

전체적으로 사기 · 횡령이 가장 높은 비율을 차지하고 있고 그 다음은 살인과 절도 순으로 나타나고 있다.

(2) 여성수형자 처우의 특성

여성수형자에게는 의료 및 모자보건 등 처우에 특별한 배려를 하고 있는데, 특히 임신중에 있거나 출산 후 60일 이내의 산부는 모성보호와 건강유지를 위하여 특별한 처우를 하고 있다.

또한 여성수용자가 자신이 출산한 유아를 교정시설에서 양육할 것을 신청한 때에는 특별한 사유가 없으면 생후 18개월에 이르기까지 이를 허가하여야 한다.

청주여자교도소의 경우 여성수형자를 위한 학과교육, 생활지도교육, 교도작업, 직업훈련 등의 처우프로그램을 실시하고 있다. 그 내용을 보면 초 · 중 · 고 교육을 위한 학과교육, 분재 · 합창 · 사물놀이와 같은 레크레이션 프로그램, 종교집회, 사회복지시설에의 봉사활동, 외부기업체에 출퇴근 작업을 하는 외부통근제도, 한복 · 양장 · 제과제빵 · 미용 · 조리 · 기계자수 등의 직업훈련, 21세기 지식정보화 사회에 대비한 컴퓨터 교육 등이 실시되고 있다.

3) 여성수형자의 특칙

소장은 임산부인 수용자 및 법 제53조에 따라 유아의 양육을 허가받은 수용자에 대하여 필요하다고 인정하는 경우에는 교정시설에 근무하는 의사(공중보건의사를 포함한다. 이하 "의무관"이라 한다)의 의견을 들어 필요한 양의 쌀밥, 죽 등의 주식과 별도로 마련된 부식을 지급할 수 있으며, 양육유아에 대하여는 분유 등의 대체식품을 지급할 수 있다.(제42조 임산부수용자 등에 대한 특칙)

4) 여성수형자의 처우와 그 문제점

여자수형자 중 거의 절반은 여자수형자 전용시설인 청주여자교도소에 수용하고 나머지는 일선 각 교도소에 수용하여 처우하고 있는 실정이다.

여자시설에 있어서의 처우는 그 특성을 고려하여 첫째, 정서의 안정성을 도모하는 일, 둘째, 가정생활에 관한 지식과 기술을 습득시키는 일, 셋째, 교양과 취미를 몸에 익히게 하는 일, 넷째, 건강의 관리에 유의하는 것, 다섯째, 보호 인수인과의 관계를 유지, 노력하는 것 등에 중점을 두어 처우해야 한다. 또 개방적인 분위기로 수용에 따른 심리적 압박감을 될 수 있는 한 적게 하도록 하여야 한다. 수용시설에 대하여서도 가정적인 분위기를 유지하도록 노력해야 하는데, 특히, 대동한 유아가 수용된 시설은 유아의 양육에 적합하도록 하여야 할 것이다. 또 여자수형자에 대한 직업훈련도 가사서비스, 미용, 봉제, 양재 등의 여러 종목에 대하여 실시되고 있다. 특히 최근에 있어서는 환각제사범의 입소가 급격히 증가함에 따라 생활지도의 일환으로써 약물폐해 방지를 위한 교육도 활발히 행하여지고 있다.

그런데 여자수형자의 처우에 대해서는 수형자의 수가 적은 것과 시설의 수가 적은 것 등이 겹쳐서 종종 문제가 제기되고 있다.

우선 첫째로 시설이 하나밖에 없어 여자수형자는 그 대부분이 거주지에서 꽤 먼 거리에 떨어진 장소에서 형의 집행을 받고 있다는 것이다. 이것은 비교적 교류범위가 좁은 여성범죄자를 거주지의 주민과 갈라놓고 좁은 지역사회의 간섭이나 스티그마(stigma)를 피해서 사회복귀훈련을 실시할 수 있다는 장점이 있기도 하지만, 가족과의 접촉이 용이하지 않다는 점과 시설의 직원이 수형자의 사회복귀를 준비하기 위하여 거주지인 지역사회와의 조정을 하는데 많은 어려움이 있다고 지적하고 있다.

둘째로, 시설의 수가 적다는 것은 분류처우상 문제가 따른다. 남자라면 시설에 따라 연령・형기의 장단 교정의 난이도 등으로 분류가 가능하지만, 여자의 경우에는 제대로 분류되지 못하고 있다는 문제, 즉 여자수형자의 경우 전체수가 적어 남자수형자와 같이 처우 분류급에 의해 각자 적합한 시설과 처우를 할 수 없고 시설마다 특수, 전문화도 행해지지 못하고 A급도 B급도 징역인도 금고인도 수형자의 거주지에 가까운 시설이 아닌 동일시설에 수용되어 있다는데 문제가 있다는 것이다. 말하자면 악풍감염의 우려가 있다는 주된 이유 중 하나일 것이다.

셋째로, 시설의 수가 적다는 것은 오늘날의 행형이념인 개방처우나 사회내 처우를 곤란하게 한다.

넷째로, 수형자의 수가 적다고 하는 것은 사회복귀를 위하여 직업훈련이나 교도작업의 종류 또는 작업장려금에도 영향을 미칠 수 있다는 것이다.

5) 여자수형 처우의 과제

여성범죄에는 여성범죄 특유의 문제가 있다. 여자수형자의 처우에 관한 앞으로의 과제로는 ① 여자수형자의 교정과 일반사회에의 복귀라는 목표를 위하여 사회능력의 배양에 중점을 두어야 할 것이다. ② 적어도 입소 후 일정기간까지는 취미나 교양보다 우선해서 취업능력의 배양에 힘쓰고 노동의 가치나 책임을 습관화시킴으로써 ③ 정신적 자립의 양성을 기본으로 하고 ④ 가정인이며 동시에 직업인이라는 여자의 양육을 목적으로 처우해야 될 것이다.

그래서 여성들의 범죄를 방지하고 범죄자를 개선·갱생시키기 위하여 범죄에 대하여 일반적인 대책 외에 여성범죄의 실태와 특질을 충분히 고려한 다음에 구체적인 시책이 필요할 것이다(김용준·이순길, 1999: 380~388).

3 외국인 수형자의 처우

오늘날 국제인력교류의 확대와 중국 및 동남아를 중심으로 한 외국인 산업인력의 급격한 유입으로 인한 외국인의 증가는 사회문제의 주요한 쟁점으로 부각되고 있다.

현재 외국인 수용을 전담하는 교도소로는 형확정된 외국인 남자수형자를 수용하는 대전교도소, 천안교도소와 외국인 여자 수형자를 수용하는 청주여자교도소가 있다.

외국인수용자 처우는 법 제57조제5항에 따라 법무부장관이 전담하도록 정하는 시설의 장은 외국인의 특성에 알맞은 교화프로그램 등을 개발하여 시행하여야 한다.

또한 외국인수용자를 수용하는 소장은 외국어에 능통한 소속 교도관을 전담요원으로 지정하여 일상적인 개별면담, 고충해소, 통역·번역 및 외교공관 또는 영사관 등 관계기관과의 연락 등의 업무를 수행하게 하여야 한다.

소장은 외국인수용자의 수용거실을 지정하는 경우에는 종교 또는 생활관습이 다르거나 민족감정 등으로 인하여 분쟁의 소지가 있는 외국인수용자는 거실을 분리하여 수용하여야 하며, 〈개정 2013.4.16〉 외국인수용자에 대하여는 그 생활양식을 고려하여 필요한 수용설비를 제공하도록 노력하여야 한다.

외국인수용자에게 지급하는 음식물의 총열량은 제14조제2항에도 불구하고 소속 국가의 음식문화, 체격 등을 고려하여 조정할 수 있으며 외국인수용자에 대하여는 쌀과 보리의 혼합곡, 빵 또는 그 밖의 식품을 주식으로 지급하되, 소속 국가의 음식문화를 고려하여야 한다. 외국인수용자에게 지급하는 부식의 지급기준은 법무부장관이 정한다.

외국인수용자가 위독 또는 사망 시의 조치로서는 소장은 그의 국적이나 시민권이 속하는 나라의 외교공관 또는 영사관의 장이나 그 관원 또는 가족에게 이를 즉시 통지하여야 한다.

4 노인수용자의 처우

노인수용자에 대한 처우는 법 제57조제5항에 따라 법무부장관이 노인수형자의 처우를 전담하도록 정하는 시설(이하 "노인수형자 전담교정시설"이라 한다)에는 「장애인 · 노인 · 임산부 등의 편의증진보장에 관한 법률 시행령」 별표 2의 교도소 · 구치소 편의시설의 종류 및 설치기준에 따른 편의시설을 갖추어야 한다. 또한 노인수형자 전담교정시설에는 별도의 공동휴게실을 마련하고 노인이 선호하는 오락용품 등을 갖춰두어야 한다.

수용거실은 노인수형자 전담교정시설이 아닌 교정시설에서는 노인수용자를 수용하기 위하여 별도의 거실을 지정하여 운용할 수 있으며 노인수용자의 거실은 시설부족 또는 그 밖의 부득이한 사정이 없으면 건물의 1층에 설치하고, 특히 겨울철 난방을 위하여 필요한 시설을 갖추어야 한다.

(주 · 부식 등 지급) 소장은 노인수용자의 나이 · 건강상태 등을 고려하여 필요하다고 인정하면 제4조부터 제8조까지의 규정, 제10조, 제11조, 제13조 및 제14조에 따른 수용자의 지급기준을 초과하여 주 · 부식, 의류 · 침구, 그 밖의 생활용품을 지급할 수 있으며 운동 · 목욕도 노인수용자의 나이 · 건강상태 등을 고려하여 필요하다고 인정하면 영 제49조에 따른 운동시간을 연장하거나 영 제50조에 따른 목욕횟수를 늘릴 수 있다.

또한 소장은 노인수용자에 대하여 6개월에 1회 이상 건강검진을 하여야 한다.

교육·교화프로그램 및 작업은 노인수형자 전담교정시설의 장은 노인문제에 관한 지식과 경험이 풍부한 외부전문가를 초빙하여 교육하게 하는 등 노인수형자의 교육받을 기회를 확대하고, 노인전문오락, 그 밖에 노인의 특성에 알맞은 교화프로그램을 개발·시행하여야 한다.

또한 소장은 노인수용자가 작업을 원하는 경우에는 나이·건강상태 등을 고려하여 해당 수용자가 감당할 수 있는 정도의 작업을 부과한다. 이 경우 의무관의 의견을 들어야 한다.

5 장애인수용자의 처우

"장애인수용자"란 「장애인복지법 시행령」 별표 1의 제1호부터 제15호까지의 규정에 해당하는 사람으로서 시각·청각·언어·지체(肢體) 등의 장애로 통상적인 수용생활이 특히 곤란하다고 인정되는 수용자를 말한다. 〈개정 2013.4.16〉

전담교정시설은 법 제57조제5항에 따라 법무부장관이 장애인수형자의 처우를 전담하도록 정하는 시설(이하 "장애인수형자 전담교정시설"이라 한다)의 장은 장애종류별 특성에 알맞은 재활치료프로그램을 개발하여 시행하여야 한다.

또한 수용거실은 장애인수형자 전담교정시설이 아닌 교정시설에서는 장애인수용자를 수용하기 위하여 별도의 거실을 지정하여 운용할 수 있으며 장애인수용자의 거실은 시설부족 또는 그 밖의 부득이한 사정이 없으면 건물의 1층에 설치하고, 특히 장애인이 이용할 수 있는 변기 등의 시설을 갖추도록 하여야 한다.

직업훈련은 장애인수형자 전담교정시설의 장은 장애인수형자에 대한 직업훈련이 석방 후의 취업과 연계될 수 있도록 그 프로그램의 편성 및 운영에 특히 유의하여야 하며, 제54조(준용규정)은 장애인수용자의 장애정도, 건강 등을 고려하여 필요하다고 인정하는 경우 주·부식 등의 지급, 운동·목욕 및 교육·교화프로그램·작업에 관하여 제45조·제46조 및 제48조를 준용한다.

6 현대적 범죄 수용자의 처우

1. 경범죄수형자 처우시설의 확대

우리나라는 날이 갈수록 교통사범이 증가하여 이에 따른 교통사범 수형자들이 늘어나고 있으며, 이들의 처우시설로는 개방교도소가 필요한데 우리나라의 개방처우 시설로는 1개의 개방교도소와 교도소에 부설된 1개의 개방시설에 그치고 그 범주로 볼 수 있는 귀휴제도 또한 적극적으로 활용되지 못하고 있는 실정이다.

일본의 경우에는 교통사범 수형자에 대한 개방처우가 1961년에 시작된 이래 현재까지 8개 시설에서 실시되고 있고, 미연방교정국의 경우에 프리즌 캠프 11개소, 남녀공동교정(Co-Correction) 시설 7개소, 청소년교정법(Youth Correction Act) 수용시설 2개소, 그 밖의 부설 캠프 12개소 및 관리시설 4개소와 코렉션센터 5개소 등에서 개방처우가 행하여지고 있다.

따라서 우리나라도 폐쇄적인 시설분위기가 수용자에게 미치는 영향은 클레머(D. Clemmer) 교수가 말한 교도소화(prisonization)뿐이라 해도 과언이 아니라는 점에서 과감히 개방시설의 증설을 통하여 선진적인 교정처우의 추세를 적극적으로 받아들여 교통사범과 같은 경범죄처우자에 대한 합리적 처우가 필요하다고 보며, 이에 대한 방안으로 외부처근(Work Pelease), 외부처학(Study Release)의 확대 실시와 귀류제도(Furlough System)의 활성화에도 더욱 박차를 가하여야 할 것이며, 나아가 주말구금제(Weekend Imprisonment)의 실시도 검토되어야 할 것이다(김용준 · 이순길 공저, 1999: 786).

2. 약물남용자수형자 처우시설의 신설

약물남용자는 그 중독성으로 인하여 치료가 된 후에도 다시 약물을 남용하게 될 가능성이 매우 높기 때문에 이들에 대한 특별처우 및 치료프로그램이 매우 절실하다. 한국형사정책연구원에서 메스암페타민사범을 대상으로 1989년에 실시한 설문조사에서도 교도소 내에서의 치료프로그램의 필요성을 느끼는 수형자들이 상당히 많은 것으로 나타나고 있다.

다음과 같은 통상의 프로그램과 특별프로그램으로 나누어 적절히 수행될 수 있으리라고 본다.

통상의 프로그램으로는 첫째 의식실태조사가 있는데, 이는 대상자 전원에게 설문지에 의한 의식조사를 실시하는 것으로 대상자의 특성을 파악함과 동시에 특성에 따른 치료를 실시하는 것을 목적으로 대부분 30분 정도에 답할 수 있는 조사항목으로 구성된다.

둘째, 약물이 심신에 미치는 영향이 크다는 것에 대하여 의학, 심리학 등의 지식에 기하여 설명한다. 의학・심리학에 고통을 당하는 남용자의 실태를 영화 등으로 소개함과 동시에 환각・망각의 원인이 되는 약리작용에 대하여 의학적으로 강의한다.

셋째, 약물남용이 미치는 사회적 영향에 대한 교육으로 이는 약물남용이 개인의 문제에만 그치지 않고 가족・친구・직장 등에도 지대한 영향을 미친다는 것, 특히 가족을 비참한 상황에 빠지게 하는 것에 대해서 설명하고 토의한다. 또한 약물남용에 따른 사건・사고의 발생상황 등을 구체적인 예를 들어 보여준다.

넷째, 법적 규제에 대한 인식으로 법적 규제의 변천 및 과형의 실태에 대하여 통계자료 등을 가지고 설명한다. 특히 약물관계법령이 개정되어 형벌이 무거워졌다는 것 등을 알려준다. 또한 약물의 조사방법도 소변검사 뿐만 아니라 땀이나 모발 등에서도 그 검출이 가능함을 설명한다.

다섯째, 악물남용을 중단하는 방법과 결의로 악물남용자의 대부분이 동료와 함께 이를 남용하고 있다는 것을 설명한다. 동료로부터 권유를 받았을 때에는 어떻게 거절을 해야 하는지 또한 그러한 동료와 어울리지 않고 생활하는 방법은 무엇인지 등에 대하여 각 장의 구체적인 상황에 따라 생각하게 하고 이를 기록하게 한다.

여섯째, 약물에 대한 교육효과의 확인으로 이는 석방 시 또는 프로그램의 최후 단계에서 실시하는데, 처우내용을 돌아보고 느낀 점과 배운 점을 다시 토의한다.

다음 특별 프로그램으로는 첫째, 태아에 미치는 영향에 대한 교육으로 여성교정시설에서 실시하고 있는 프로그램을 들 수 있다. 약물남용자가 출산한 아기들 중에는 미숙아・기형아・언어장애아 등의 장애아가 많음을 설명하고 약물남용이 단순히 모체뿐만 아니라 태아 및 유아에게까지 악영향을 미치고 있다는 것을 이해시킨다.

둘째, 가족과의 상담(Family Counseling)을 통한다. 이는 약물남용이 가족을 얼마나 비참한 상태에 빠지게 하는가에 대해서 남용자로 하여금 이해하게 하는 한편, 가족을 처우 프로그램에 참여하게 하여 남용의 원인과 이를 중단하기 위한 구체적인 방법 등에 대하여 가족과 함께 서로 이야기를 나누도록 한다. 또한 남용을 중지할 결의를 가족의 면전에서 표시하도록 하여 그 의지를 보다 강하게 한다.

셋째, 포스터의 제작 등으로, 약물남용의 방지를 계몽하기 위한 방법의 하나로써 약물남용의 무서움을 보여 주는 포스터를 제작하여 이를 전시한다. 동시에 이에 대한 표어를 모집하여 약물교육을 실시함에 있어서의 분위기 조성에 활용한다.

끝으로 운동기근 회복훈련의 실시가 있다. 약물남용자는 장기간에 걸친 남용 때문에 생활의 리듬을 잃고 낮과 밤의 생활이 뒤바뀐다든지 식사를 제대로 하지 않는다든지 하는 경우가 적지 않다. 또한, 장기간에 걸쳐 무위도식하는 자도 많고 체력이 무력해지고 수명부족과 극도의 운동부족 상태에 있는 자들로 많다. 따라서 이들에 대해서는 조직적 · 체계적인 운동을 통하여 운동기능을 회복하는 훈련을 실시하는 것 등이다(김용준 · 이순길 공저, 1999: 788~789).

3. 강력범수형자의 교정처우시설의 확대 강화

최근 인신매매범 · 가정파괴범 · 조직폭력범 · 유괴범 등 강력범죄들을 이른바 민생치안 범죄라고 하여 종전의 강력범죄라는 분류의 범죄유형 개념에 현실 생활에 대한 위기의식을 내포시켜 사용하고 있다. 교정분야에 있어서도 특정강력범을 누진처우의 적용 대상으로 제외시키는 등 별도의 대책이 마련되었다. 이러한 접근방향은 최근 새로운 형사정책의 방안으로써 주목을 받고 있는 선별적 무력화(Selective Incapacitation), 즉 반복적으로 범죄를 범하는 소수의 범죄자들을 사회로부터 장기간 격리시켜서 무력하게 만들어야 된다는 주장도 일치하는 것이라 하겠다. 이들을 별도로 수용 처우할 목적으로 현재 초중구금시설 1개소를 신설 · 운영하고 있다. 따라서 이들에 대한 처우프로그램은 뭐니 뭐니 해도 엄정한 분류수용 및 처우를 전제로 하여야 하기 때문에 이에 걸맞는 교정처우시설이 확보되어야 할 것이다.

제12장 형사법적 범죄대책과 인권

제1절 범죄대책과 예방

본 장에서는 시설내처우에서의 교정처우 및 사회내처우에서의 보호관찰에 대한 구체적인 학습 이후에 범죄대책에 대하여 형사정책적 측면에서 살펴보고자 한다. 범죄자에 대한 대책 또는 범죄에 대한 예방이론은 형사정책의 결론적인 설명 부분이 된다.

범죄에 대한 대책은 예방과 발생된 결과에 대한 처우, 교정방안이 있지만 예방이 바람직할 뿐만 아니라 효율성이 높은 것이 사실이다[1].

그러나 현실적으로 범죄예방을 위하여 수사력을 투입하거나 사회조직을 가동하는 일은 쉽지 않다. 수사기관은 발생된 범죄에 대한 처단을 담당하고 교정기관(사회 내 처우 포함)은 범죄자의 교정에 힘쓰며, 이에 버금가는 힘과 조직을 가진 사회단체는 범죄예방 쪽을 담당하는 이중적인 제도를 운영하게 되면 어느 사회이고 간에 범죄의 건수를 훨씬 줄일 수 있을 것이다.

범죄 실행의 동기가 되는 범죄 유발력을 구성하는 요소들은 개별적인 욕구나 욕망, 유혹의 대상인 사물의 가치 정도 등일 것이다. 욕구도 여러 면으로 분석할 수 있는데[2] ① 생리적 욕구의 결핍(섭취의 욕구, 산소, 수분, 음식, 감각의 만족), 긴장(방출의 욕구: 분비물, 유분비, 탄소분비, 대소변), 해(害), 회피의 욕구(불쾌, 열, 냉한, 고통의 회

1) 김상균 외, 395면 이하
2) 신진규, 100면.

피) 등이 있고, ② 심리적 욕구에는 ⅰ) 사물에 관련된 욕구(획득, 보존, 질서화, 구성), ⅱ) 우월, 성취, 인정, 과시 등과 같이 자기 주장에 관련된 욕구, ⅲ) 방패, 회피, 방어, 반발과 같은 방위에 관련된 욕구, ⅳ) 공격, 굴종, 비난 회피 등의 Sadism적인 것, ⅴ) 소속, 거부, 보유, 의존 등 애정에 관련된 욕구, ⅵ) 인지, 설명 등 경험의 추구에 관련된 것이 있다.

이상과 같은 개성의 차이가 각 사람의 욕구, 욕망 구조의 차이를 가져와 동일한 유혹 사물에 대해서도 유혹의 정도가 다른 것이다. 이같이 성격이나 기질이 다르게 된 것은 유전적인 것과 환경적인 것 등 많은 복합적인 이유들이 있을 것이다.

제2절 범죄 억제력의 이해

1. 범죄 억제력

범죄를 억제하는 내심의 요소들은 내부적인 것과 외부적인 것으로 나눌 수 있다.

내부적인 것으로는 도덕적인 양심의 강도 여하이다. 도덕의식, 법의식은 각 사람에 따라 정도가 다른데 이것이 범죄 억제력의 차이인 것이다.

외부적인 억제 요소는 범행을 못하게 되는 원인이 내적인 것이 아니라 현실적, 외부적인 것으로서 ⅰ) 피해자가 개인적으로 행사하는 억제력은 그의 방어능력일 것이다. 격투기의 능력 정도에 있어 대상 가옥에 대한 철저한 방어 시설들 같은 것이고, ⅱ) 일반 사회인이 집단적으로 행사하는 억제력이 있는데 이는 사회적 통제 작용으로 나타난다. 과거 농업사회에서는 지연이나 혈연 등의 인간적 관계가 사회통제적 기능으로 역할을 했으나 도시화가 되면서 이러한 전통적 개념이 사라지자 사회통제는 느슨하게 되었다. 오늘날에는 어른이 어른으로서의 역할을 못하고 스승이 제자들에게 스승 노릇을 못하게 되었다.

국가의 사법기관에 의한 통제력이다. 즉 검찰, 경찰, 법원 등 법을 집행하는 기관의 작용인 법적 통제작용에 의한 것인데, ⅰ) 범죄 인지 및 범죄자 검거 능률 여하에 따라 다른데 검거율이 높으면 이들에 의한 통제력이 효과가 있게 된다. ⅱ) 인지, 검거된 범죄자에 대한 형사적, 행정적 징벌의 크기에 따라 통제력이 다르게 된다. 징벌의 양이 크고 무거울 경우 국가사법기관에 대한 외포심이 증대되어 범죄 회피적 기질이 우세하게 된다.

결국 범죄의 예방은 범죄의 억제력에 의해 좌우되므로 유발요인보다는 억제적 요인이 강하면 범죄는 발생하지 않는다. 가정, 학교, 교회 등이 앞장서서 구성원들의 도덕심이나 윤리성의 신장, 준법정신의 고양이 필요할 뿐만 아니라 국가에서도 합리적인 법 집행을 통해 범죄 충동적 유혹을 차단하도록 해야 할 것이다.

2. 범죄대책의 억제모델

범죄대책의 목적설정과 관련하여 제프리(C. R. Jeffery)는 범죄억제모델, 사회복귀모델, 환경공학을 통한 범죄통제모델 등 세 가지 범죄대책의 모델을 제시하고 있으며,[3] 레피토는 주택건축과정에서 공동체의 익명성을 줄이고 범죄자의 침입과 도주를 차단하며 순찰·감시가 용이하도록 구성하여 범죄예방을 도모하여야 한다는 '방어공간(defensible space)'의 개념을 특별히 사용하였다.

범죄억제모델은 형법의 형벌을 수단으로 범죄를 미연에 방지하려는 모델을 말한다. 이것은 주로 범죄인을 교화·개선하여 범죄가 다시 일어나지 않도록 하는 데에 중점을 두는 전통적 방법에 속한다. 즉 범죄예방의 방법으로서 진압적 방법을 사용하는 유형으로 볼 수 있으며 이러한 억제모델은 처벌을 통한 범죄예방의 효과를 높이기 위해서 처벌의 신속성(swiftness), 확실성(certainty), 엄격성(severity)을 요구한다.[4]

제3절 형사법기관

본 절에서는 범죄수사기관에 의하여 입건된 범죄자에 대한 경찰, 검찰, 법원, 교정 등의 처리내용을 살펴보고자 한다. 또한 범죄사건의 처리과정, 즉 범죄수사기관인 경찰, 검찰 및 법원 등의 처리 내용을 살펴보면 다음과 같다.

---

3) C. R. Jeffery, *Crime Prevention through Environmental Design*, 1971, pp.78~119.
4) 박상기·손동권·이순래 공저, 형사정책, 한국형사정책연구원, 2003, 360면.

1 경찰

경찰의 어원은 그리스어의 'politeia'라는 말이 라틴어로 전화한 것으로서, 고대부터 중세에 이르기까지는 이상적인 상태, 국가 · 헌법 또는 국가 활동 등을 의미하는 다의적인 말이었다. 15 · 16세기에 이르러서는 교회활동에 대응한 국가작용의 일체를 가리키는 말로 사용되었으며, 17세기에는 국가작용이 분화되기 시작하여 외교 · 재정 · 군정 · 사법 등 각 특수 행정 분야가 분리되고 그 나머지의 모든 행정, 즉 오늘날의 내무행정(치안작용과 복리작용을 합한 것)에 축소되어 경찰은 보안경찰과 복리경찰을 의미하였으며, 18세기 전반까지의 경찰국가시대에 있어서도 계속 유지되었다.

그러나 18세기 중엽 이후 근대 시민적 법치국가가 성립함에 따라 국민의 자유 활동을 보장하기 위하여 '야경국가사상'에 따라 소극적인 치안유지만을 임무로 하는 보안행정만을 경찰이라고 하는 근대 법치국가적 경찰개념이 성립되었다. 그 후 19세기 말부터 20세기에 걸쳐 국가가 공공복리의 증진을 위한 활동을 광범위하게 전개하게 됨에 따라 국가는 일반 공안의 유지 외에 복리증진에 수반하는 질서유지를 위한 권력적 활동을 다시 그 임무로 하게 되었다.

경찰의 목적 또는 사명에 있어서도 대륙법계 국가에서는 경찰이 보안목적을 위한 권력 작용에 한하지 않고 복리증진상의 질서유지를 위한 권력 작용도 포함하는 것으로 제도화한 국가가 많았으며, 사법경찰사무를 사법작용에 속한다고 하여 행정경찰에서 분리시키고 있다.

이에 대하여 영미법계 국가에서는 경찰의 사명을 엄격히 일반 공안유지에 국한하여 국민의 생명 · 신체 · 재산의 보호, 범죄의 예방과 수사 및 범인체포 등의 사법경찰사무만을 담당하게 된다.

우리나라의 경찰은 치안유지의 1차적인 책임을 진 기관으로 범죄의 예방과 진압기능을 모두 담당하고 있는데 현재 정부행정조직상 행정자치부의 외청으로 되어 있다. 경찰은 형사정책의 최전방에 위치하여 국민의 생명과 신체, 재산 등을 실질적으로 보호하고 있으므로 이 같은 기능을 실질적으로 행사할 수 있도록 필요한 권한이 주어져야 한다.

따라서 경찰은 국민의 일반 치안을 담당하는 일선기관이기 때문에 국민의 사생활관계 이외의 일체의 분야에 개입하여 공공의 안녕과 질서유지의 직무를 수행하고 있는데 구체적으로는 범죄의 예방, 진압, 수사, 경비, 요인경호 및 대공관계업무, 치안정보의 수집, 작성, 배포, 교통의 단속, 위해를 말한다.

최근도 경찰서의 지구대 관할지역을 중심으로 24시간 체제로 순찰활동를 하고 있는데 이가 곧 치안 업무이다.[5]

그러나 이 중 대표적인 것이자 경찰의 일상적인 활동은 범죄의 예방・진압과 수사관계활동 등일 것[6]이다.

1) 범죄예방과 진압

경찰의 범죄예방활동은 일반적인 방범활동과 특별방범활동으로 나눌 수 있다.

일반적 방범활동은 범죄예방적 활동으로서 범죄의 기회나 유발요인을 제거하는 노력인데 순찰활동이나 외근 방문을 통해 범죄 발생의 가능 지역을 돌아보거나 호구조사, 불심검문, 경찰제지, 피난 등의 조치를 하며 필요한 경우에는 보호조치 및 각종 법령위반행위를 사전에 단속하는 일을 말한다. 최근 파출소 관할지역을 중심으로 24시간 체제로 순찰활동을 하고 있으나, 형식에 치우친 감이 있다. 주차질서 단속, 불법노점행위, 도로무단점유, 쓰레기 무단투기 등 기초질서 확립 차원에서 많은 위법적 요소가 있지만 이에 대한 구체적인 단속이 없는 것이 아쉽다.

특별방범활동은 특별한 대상이나 사항을 상대로 하는 방범활동인데 이것은 국민이나 지역민의 이해나 협력을 얻어 장기적, 지속적으로 실시함으로써 우범적인 요소를 순화시켜가는 것이다. 범죄성이 큰 자들에 대한 순화교육이며 취업알선, 생활지도를 내용으로 하는 방범보도, 방범정보수집, 방범진단, 방범홍보 등이 있는데 우리나라도 이들 제도를 활성화하도록 노력하여야 할 것이다. 특히, 지역민들로 구성되는 자율방범활동을 육성, 지원함으로써 경찰활동을 보완할 수 있도록 활성화시키는 것이 좋다고 본다.

2) 범죄의 수사

범죄수사의 기능은 범죄가 발생했을 때 이에 대한 범인의 발견, 확보, 증거의 수집, 보전을 위한 활동을 총칭하는 것으로서 경찰은 검찰수사를 보조하는 입장에 있기 때

---

5) 경찰관직무집행법 제2조 참고.
6) 이태언 외, 신형사정책, 219면.

문에 특히 초동수사에 있어 만전을 기해야 한다.

수사에 있어 경찰의 역할은 사건의 발생을 인지한 후 수사를 개시해야 하는데 수사의 단서는 주로 고소, 고발이겠으나 현행범 체포나 변사자의 검시, 불심검문, 신문기사나 소문 등에 의해서도 할 수 있다.

수사가 진행되면 일단 피의자의 신원을 확보하는 것이 문제인데 피의자의 신원을 확보하였을 때는 체포나 구속의 방법으로 신병을 확보하여야 할 것이고 피의자를 모르는 상태에서는 이를 밝히는 데 주력을 하게 된다. 어쨌든 발생된 범죄를 설명할 수 있는 증거를 다방면으로 수집해야 하는데 이 과정에서 상당한 전문성이 필요한 것이다.

경찰의 수사방법으로는 임의수사와 강제수사가 있으나 이론적으로 임의수사가 원칙이지만 현실적으로 강제수사가 대부분 활용되고 있다.

강제수사는 피의자에 대한 체포, 구속, 압수 수색, 검증, 현행범의 체포나 긴급체포 등이 있다.

사전영장이 필요하나 긴급체포 등의 경우는 사후영장제도를 인정하고 있다. 피의자를 체포, 구속하는 것은 증거인멸의 방지, 도주의 방지, 법정에의 출석을 확보하기 위한 필요 때문에 이 과정에서 인권침해와 관련된 문제들이 자주 발생되고 있다. 출처: 법무부 홈페이지(www.moj.go.kr).

3) 범죄사건의 처리

경찰(특별사법경찰 포함)이 범죄자를 입건하여 수사를 행한 후에는 통고처분제도(「조세범 처벌절차법」 제9조, 「관세법」 제311조, 「출입국관리법」 제102조, 「도로교통법」 제163조, 「경범죄처벌법」 제6조, 「자동차관리법」 제86조) 등에 따라 범칙금을 납부한 사건과 즉결심판사건(법원조직법 제34조)을 제외한 모든 사건을 검사에게 송치하고, 검사는 그 송치받은 사건 및 직접 인지하거나 고소, 고발을 받은 사건에 대해 수사를 진행한다.

2 검찰

검찰은 형벌권에 기초한 국가 최고의 법 집행기관으로서, 국민 모두가 안심하고 살 수 있도록 범죄를 수사하고 법을 집행하는 임무를 맡고 있다.

검찰은 범죄 수사를 총괄 지휘하고 기소를 담당하는 수사기관이자, 여러 행정부처의 법치행정을 자문하고 감시하는 자문・감시기관이며, 또한 공무원에 대한 사정기관으로서 역할하고 있다.

또한 검찰은 범죄피해자의 피해회복까지 지원함으로써, 진정한 정의가 실현될 수 있도록 하고, 엄정한 법집행을 통해 범죄를 처벌하는 사회적 정의의 수호자로서, 또한 범죄에 취약한 어린이와 여성을 안전하게 보호하는 법적 울타리로서, 검찰은 "범죄에 대한 국가적 대응"이라는 본연의 임무를 수행하는 기관이다.

검찰구성원은 검사, 검찰수사관, 검찰실무관으로 구성되어 있다.[7]

범죄를 수사하고 공소를 제기하여, 법원에 법의 정당한 적용을 요구하는 국가행정작용이다.

현재 우리나라에서는 국가소추주의와 기소독점주의에 의해서 국가기관인 검사가 이 작용을 담당하고 있다. 즉 일반의 형사소송에 있어서는 검사가 국가기관으로서 검찰권을 행사한다.

검사는 각자가 단독제의 관청으로서 모두 자기의 이름으로 검찰사무를 행할 권한을 가지며, 각자가 국가기관으로서 의사를 결정・표시한다. 검사동일체의 원칙[8]에 따라 상명하복의 관계에 서지만, 직무상으로는 독립성을 가진다.

그 직무의 내용을 보면 형사상 공익의 대표자로서 ① 범죄수사, 공소제기와 그 유지에 필요한 행위, ② 범죄수사에 관한 사법경찰관리의 지휘감독, ③ 법원에 대한 법령의 정당한 적용의 청구, ④ 재판집행의 지휘 감독, ⑤ 국가를 당사자 또는 참가인으로 하는 소송과 행정소송의 수행 및 감독, ⑥ 다른 법령에 의하여 그 권한에 속하는 사항

---

7) 검찰청 홈페이지(www.spo.go.kr).

8) 검사동일체원칙이란? 모든 검사들은 검찰총장을 정점으로 피라미드형의 계층적 조직체를 형성하고, 일체불가분의 유기적 통일체로서 활동하는 것을 말한다. 검사동일체원칙에 의해 단독관청(독임관청)인 검사는 전체의 하나로서 검찰권을 통일적으로 행사할 수 있다.
검사동일체원칙에 관하여 개정전 「검찰청법」, 제7조제1항은 "검사는 검찰사무에 관하여 상사의 명령에 복종하여야 한다"고 규정하고 있었다. 그러나 2009.11.2. 전문개정된 「검찰청법」은 다음과 같이 규정하고 있다.
제7조(검찰사무에 관한 지휘・감독) ① 검사는 검찰사무에 관하여 소속 상급자의 지휘・감독에 따른다. ② 검사는 구체적 사건과 관련된 제1항의 지휘・감독의 적법성 또는 정당성에대하여 이견이 있을 때에는 이의를 제기할 수 있다.
제8조(법무부장관의 지휘・감독) 법무부장관은 검찰사무의 최고 감독자로서 일반적으로 검사를 지휘・감독하고, 구체적 사건에 대하여는 검찰총장만을 지휘・감독한다.

으로 민사상 금치산, 한정치산 선고를 신청하고, 부재자의 재산관리 및 회사의 해산명령을 청구하며, 외국 회사 지점의 폐쇄명령을 청구하는 등의 직무를 행한다.

검사의 임명에는 법관과 같이 엄격한 임명자격이 요구되는 반면, 정치적 압력을 배제하기 위하여 강력한 신분보장이 인정되고 있다.

1) 범죄수사와 사법경찰관리의 지휘 · 감독

한국의 헌법 및 형사소송법은 독일이나 프랑스와 같은 유럽 선진국과 마찬가지로 법치주의 원칙하에서, 범죄 수사 착수에서부터 사건의 종결까지를 총괄할 수 있는 권한을 검사에게 부여하고 있다.

2) 공소제기 여부의 결정 및 공소유지

검사는 사건의 수사를 종결하기 위해 기소 여부에 대한 결정을 내리게 된다. 검사의 기소에는 피고인이 법정에 출정하여 재판을 받는 「정식재판」과 피고인이 법정에 출정하지 않고 법관이 검사가 제출한 수사서류를 심사하는 것에 의해 판결을 내리는 「약식재판」의 두 종류의 방법이 있다.

약식재판은 통상 검사가 피고인에게 벌금을 부과해야 한다고 판단하는 경우에 실시되는데, 피고인이 이의를 제기한 경우, 법관이 검사의 약식재판 청구가 부적절하다고 판단한 경우, 검사가 법관의 벌금이 부적절하다고 판단한 경우는 정식재판 절차가 개시된다.

검사는 공소제기의 주체로서 공소를 유지할 권한과 책무가 있다. 검사는 형사법정에서 피고인의 범죄를 입증하고 법관에게 죄에 상응하는 형을 구형하는 등 피고인의 죄에 합당한 형이 선고되도록 소송활동을 수행하고 이와 더불어 피고인에게 유리한 양형자료도 현출하여 피고인의 정당한 이익을 보호하고 있다.

한편, 기소하지 않는 경우, 이것을 통상 「불기소」라고 하는데 「불기소」는 피의자의 행위가 법령에 의해 범죄가 되지 않거나, 충분한 합법적 증거로 증명을 할 수 없는 경우 「무혐의」로 결정하고, 그 밖에 피의자나 증인이 없기 때문에 「기소중지」 또는 「참고인중지」가 된 것 등을 포함해 몇 개의 범주로 구성되어 있다.

검사는 혐의가 인정되는 경우에도 피의자 및 범죄의 성질 등 여러 가지 상황을 고려해 기소를 하지 않는 이른바 「기소유예」 처분이라는 재량권을 행사할 수도 있는데, 예컨대, 충분히 사회에서 정상적인 생활을 다시 영위할 수 있다고 판단되는 19세 미만의 범죄자에 대해서는 검사가 「선도조건부기소유예」를 선택할 수 있다.

3) 법령의 정당한 적용 청구

검사는 법원에 대하여 법령의 정당한 적용을 청구할 권한이 있는데, 법령의 해석·적용의 일치를 목적으로 하는 비상상고제도(형사소송법 제441조)는 그 제도적 표현이며 검사가 공소를 제기함에 있어 공소장에 적용법조를 명시하도록 요구하는 제도(형사소송법 제254조 제 3 항) 또는 심판의 명령위반을 이유로 한 검사의 상소제도(형사소송법 제361조의5 제 1 호, 제383조 제 1 호)도 법원에 대한 법령의 정당한 적용의 청구라는 차원에서 이해될 수 있다.

4) 재판 집행의 지휘·감독

검사는 법관에 의한 판결의 집행을 지휘·감독할 책무와 권한이 있으며 판결의 집행을 해당 사건의 수사관에게 지휘하며, 금고, 벌금의 징수 혹은 그 대신으로 행하는 강제노역장 유치 등의 집행을 감독한다.

5) 수사과정의 인권옹호

검사는 시민의 인권이 침해받지 않도록 감시할 책임이 있다. 검사는 피고인에 대한 불리한 증거뿐만 아니라, 유리한 증거도 포함하여 보유하고 있는 모든 증거를 법정에 제출해야 한다. 또한 피고인이 재판에서 불공평한 혹은 과잉취급을 받지 않도록 법관에 대해 공평하면서 편견이 없도록 법률을 적용할 것은 요청해야 하는데, 이러한 「인권옹호의 의무」는 검사 역할의 본질적 요소라고 할 수 있다.

또한 검사는 매월 1회 이상 관할 경찰서의 유치장을 방문해 누군가가 비합법적 수단으로 체포되고 있지는 않은지, 또 사건이 부적절하게 처리되고 있지 않은지를 조사함으로써 억울하게 인권이 침해받는 상황이 없도록 감시한다.

6) 국가행정소송의 수행·감독 등 정부의 대변자로서의 역할

검사는 공익의 대변자로서 국가를 당사자 또는 참가인으로 하는 소송과 행정소송을 수행하고 그 수행을 지휘·감독한다.

7) 범죄사건의 처리

검사는 수사를 완료하면 우선 범죄의 성립 여부를 판단한 다음, 범죄가 성립되지 아니하는 경우에는 불기소하고, 범죄가 성립되는 경우에는 정상 자료와 처벌의 필요성 또는 타당성 여부에 관한 모든 사정을 고려하여 기소 여부를 결정하게 된다. 불기소의 종류로는 기소유예(공소보류), 혐의없음, 죄가안됨, 공소권없음, 기소중지, 참고인중지, 각하 등이 있다.

범죄가 성립되나 처벌의 필요성이 없다고 하여 불기소하는 것이 기소유예이고, 특히 국가 보안법위반 피의자에 대하여 범죄혐의가 있더라도 기소 여부의 결정을 보류하는 제도를 공소보류라고 한다. 검사는 범죄혐의가 인정되지 아니하거나 증거가 불충분한 경우에는 혐의없음 결정을 하여야 하며 구성요건해당성은 있으나 위법성 또는 책임조각사유가 있는 경우에는 죄가안됨 결정을 하여야 한다. 그 외에도 소송요건을 구비하지 못한 경우에는 공소권없음 결정을 하여야 하며 고소(발)의 남용을 막기 위하여 고소자체로 범죄혐의가 명백히 없거나 반복적 고소 등에 대하여는 각하 결정을 할 수 있도록 하였다. 그 외에도 피의자의 소재불명 등의 이유로 인해 수사를 종결할 수 없는 경우에는 그 사유가 해소될 때까지 기소중지 결정을 할 수 있고, 주요 참고인의 소재불명으로 인하여 수사를 종결할 수 없는 경우에는 그 사유가 해소될 때까지 참고인중지 결정을 할 수 있다.

8) 기타

기타 업무로 각 지방검찰청에서는 각 지역의 범죄예방위원들을 관리하며 선도조건부 기소유예제도의 활용을 위해 선도상담실을 운영하고 있다. 범죄예방을 위해서는 검찰은 별다른 활동을 하지 않는다. 대국민관계에 있어 일선 치안유지의 책임은 경찰에 있기 때문이다. 다만 검찰은 범죄 진압적인 입장에서 경찰을 지휘하여 수사에 주도적인 위치를 확보하는 데 불과한 제 2 선의 기관이다. 범죄피해자는 주로 경찰에 고소, 고발하겠지만 검찰에 직접 고소, 고발하는 경우도 있는데 이 때 검찰은 그 서류를 관할경찰로 넘겨서 경찰로 하여금 기초조사를 하도록 하고 있다.

3 법원

사법부는 행정부, 입법부와 구분되는 개념으로서 사법권을 행사하는 국가기관을 의미한다. 「헌법」 제101조는 "사법권은 법관으로 구성된 법원에 속한다"라고 규정함으로써 법원에 사법권을 부여하여 법치주의를 완수하도록 하였고 「헌법」 제27조는 "모든 국민은 헌법과 법률이 정한 법관에 의하여 법률에 의한 재판을 받을 권리를 가진다. "모든 국민은 신속한 재판을 받을 권리를 가진다."라고 규정함으로써 일정한 자격을 갖춘 법관에 의하여 법원으로부터 정당한 재판을 받을 권리가 국민의 기본권임을 밝히고 있다.

법원은 범죄자에 대한 대책에 있어 최종적인 처분을 하는 기관인데 경찰이나 검찰의 역할은 결국 법원의 정당한 처분에 협력하는 입장에 있는 것이다.

형사재판은 범죄자의 범죄행위에 대해 기계적, 자동적으로 법을 적용하는 것이 아니고 재판과정을 통하여 피해자의 감정과 피고인의 심적 상황 등 가변적인 상황적 요소들을 면밀히 파악하여 범죄 방지와 범죄자의 재사회화를 위한 그러면서도 피해자의 입장을 충실히 고려하여 합리적으로 결론을 도출함으로써 재판의 형사정책적 기능을 실질적으로 구현하여야 하는 것이다.

1) 사법권의 독립

법원이 사법부로서의 임무를 다하도록 하기 위하여, 헌법 제103조는 "법관은 헌법과 법률에 의하여 그 양심에 따라 독립하여 심판한다"고 규정하여 사법권의 독립을 선언하고 있다.

2) 재판의 기능

검사가 사건을 기소하게 되면 최종적인 처리는 법원에서 하게 되는데 법원은 증거에 입각하여 검사의 주장의 타당성을 판단하여 피고인에게 형벌을 가할 것인지의 여부를 결정하게 된다.

유죄를 인정하더라도 형벌의 종류와 양을 결정해야 하는데 이 양형의 과정을 통해 범죄자에 대해서는 그가 행한 행위에 대한 응분의 처분을 받게 하지만 동시에 범죄자에 대한 갱생이나 양심 회복을 위한 교육기능도 가지며, 일반 국민에게도 범죄자가 처벌되는 과정을 통해 법을 지키며 살아야겠다는 인식을 가르치게 됨과 아울러 동시에 사회의 정의구현 내지 정의를 회복하게 되는 것이다.

이와 같이 사건 하나하나의 재판을 통해 범죄인과 일반인에게는 범죄행위의 결과가 어떻다는 것을 깨닫게 함으로써 위하적인 기능을 갖게 되고 국가나 사회를 위해서는 준법정신의 함양을 통한 질서유지에 협력하는 형사정책적으로 커다란 영향을 미치는 결과가 된다.

형법 각칙에서는 각 범죄에 따른 형의 상한과 하한의 폭이 광범위하여 법관의 재량권이 너무 크다는 문제제기가 있고 법관 입장에서도 너무 융통성이 큰 재량의 여지 때문에 양형에 고민할 경우도 많다.

양형의 과정에서 문제되는 것은 ⅰ) 양형의 근거, ⅱ) 범죄자의 인적 특질과 범행에 조화를 이룬 적정절차에 입각했는가 여부, ⅲ) 지역간, 시기적으로 양형 정도에 차이는 없는가, ⅳ) 외국의 동종 사건과 비교할 때 문제가 없는가, ⅴ) 검사의 구형과 양형, 법관의 인적 특질과 양형과의 상관관계 등이다.

3) 재판공개의 원칙

재판이 공정하게 행하여지고 소송당사자의 인권을 충분히 보장하기 위하여, 헌법 제109조는 재판의 심리와 판결을 일반인에게 공개할 것을 규정하고 있다. 특히 형사재판에 있어 공개재판을 받을 권리는 헌법상 국민의 기본권으로 보장되어 있다. 다만 재판의 심리에 있어 국가의 안전보장 또는 안녕질서를 방해하거나 선량한 풍속을 해할 염려가 있는 때에는 예외적으로 법원의 결정으로 공개하지 않을 수 있다.

4) 심급제도

우리 재판제도는 3심제를 원칙으로 하고 있는데, 민・형사 사건 중 단독사건은 지방법원(지원) 단독판사 → 지방법원 본원 합의부(항소부) → 대법원의 순서로, 합의사건은 지방법원(지원) 합의부 → 고등법원 → 대법원의 순서로 각 심급제를 이루고 있다. 군사재판은 보통군사법원 → 고등군사법원 → 대법원의 차례로 이루어진다.

5) 형의 유예제도

재판과정에서 형이 경미하거나 특별히 참작할 사유가 있을 때에는 유죄를 인정하여 일정한 형을 선고하더라도 이를 일정기간 동안 유예하는 제도가 바로 집행유예이며, 선고유예는 집행유예보다도 더 엄격하여 초범인 경우 질적으로나 양적으로 범죄가 경미한 경우에 선고 자체를 유예하는 경우이다. 이 제도들은 범죄자에게 실형을 집행하지 않은 채 사회생활을 하도록 하면서 자신의 행위에 대한 반성을 촉구한다는 점에서 경우에 따라서는 유용한 제도인데 최근에는 이들을 보호관찰, 사회봉사명령, 수강명령에 붙임으로써 제도의 효율성을 높이고 있다.

6) 행정소송

행정소송은 과거에는 고등법원→대법원의 2심급으로, 그리고 행정소송 중 행정처분 취소소송에 대하여는 소송제기에 앞서 행정심판을 거쳐야 했었으나, 1998.3.1.부터는 1심법원으로 행정법원이 설치되어 3심제가 되고, 행정처분 취소소송도 다른 법률에 특별한 규정이 없는 한 행정심판을 거치지 아니하고, 행정소송을 제기할 수 있게 되었다. 한편 1998.3.1. 특허법원이 신설됨에 따라 특허심판원의 심결 또는 결정에 대한 불복의 소를 특허법원의 전속관할로 하고 특허법원의 판결에 대하여 대법원에 상고할 수 있도록 함으로써 특허소송에 관하여는 특허법원→ 대법원의 2심제가 채택되었다.

7) 기타 사건의 처리

검사의 공소제기에 의하여 법원에 접수된 사건은 약식 사건의 경우에는 간이, 신속한 서면 심리에 의하여 벌금, 과료 등의 형이 과해지고, 공판 사건의 경우 공판절차에 따라 재판이 진행된다.

공판절차에 의하여 유죄가 인정되는 경우에는 사형, 무기징역, 무기금고, 유기징역, 유기금고, 구류(이상은 자유형), 자격상실, 자격정지(이상은 자격형), 벌금, 과료(이상은 재산형)의 형이 선고되는데, 1년 이하의 징역이나 금고, 자격정지 또는 벌금의 형을 선고할 때에는 그 선고를 유예할 수 있고, 3년 이하의 징역이나 금고의 형을 선고할 때에는 1년 이상 5년 이하의 기간 동안 형의 집행을 유예할 수 있다.

유죄의 재판이 확정되어도 집행유예가 선고된 경우에는 집행유예가 실효되거나 취소됨이 없이 유예기간을 경과하면 형의 선고는 효력을 잃고, 선고유예의 경우는 선고 유예를 받은 날로부터 2년을 경과하면 면소된 것으로 간주된다.

4 교정기관

법무부에서는 1970년부터 각 교정기관에서 지역 내 덕망 있는 인사를 교정위원으로 위촉하여 교화, 종교, 교육 분파별로 다양한 교정복지활동을 전개하고 있다. 이처럼 수용자 교정복지활동에 참여하는 교정위원을 교화위원[9], 종교위원[10], 교육위원[11]이라 부른다.

특히 1998년 11월에는 〈법무부 교정위원 중앙협의회〉가 설립되어 전국 규모의 수용자교정복지활동 체계를 보다 구체화시켰다. 협의회에서는 각 기관별 교정위원들의 지역활동을 지원하거나 국내외 민간단체와의 협력 및 교류를 주선하는 등 지역사회와 교정복지 그리고 민간인이 함께 만들어 가는 '교정의 사회화' 추진에 앞장서고 있다.

현재 교정기관의 교정복지활동 중에는 첫째, 신앙생활을 통한 교정복지활동을 펴고 있는데, 이는 개인이 신봉하는 종교에의 귀의를 통한 종교생활은 수용자의 그릇된 심성을 순화시키고 마음의 평정을 갖게 하여 수용자가 건전한 사회인으로 복귀하는 데 정신적으로 큰 영향을 미치게 할 뿐만 아니라, 또 종교생활은 수용자 교정복지활동 전반에 걸쳐 매우 중요한 역할을 차지한다. 이를 위해 전국교정기관에서는 목사, 승려, 신부 등 성직자나 사회적으로 명망 있는 종교인을 초빙하여 종교집회, 신앙상담, 자매결연 주선 등 수용자의 종교 활동에 직접 참여하도록 권장하고 있으며 수용자의 신앙지도와 심성순화에 괄목할 만한 성과를 거두고 있다.

둘째, 수용자 특기 활동을 통한 교정복지로 이는 천안소년교도소와 김천소년교도소에서는 '충의소년단'과 '화랑소년단'을 구성하여 보이스카웃 활동을 전개함으로써 소년

---

9) 교화위원은 기업가 혹은 사회사업가가 위촉되며 수용자의 개인상담, 자매결연, 교화공연, 취업알선 등 다양한 교정복지활동을 펴고 있는데, 교화위원은 2004.6.1. 현재 2,297명이다.

10) 사회에 덕망 있는 목사, 승려, 신부 등으로 구성된 종교위원들은 종교집회를 주관하고 교리지도, 신앙상담, 자매결연 등의 교정복지활동을 펴고 있는데, 2004.6.1. 현재 전국의 종교위원 수는 1,876명이다.

11) 교육위원은 수용자학과교육 및 기술지도 등의 교정복지활동을 펴고 있는 데, 2004.6.1. 현재 전국의 교육위원수는 251명이다.

수형자들의 정서함양에 크게 기여하고 있다. 또 1984년부터 소년수형자의 기초체력향상과 체육특기자 양성을 목표로 천안소년교도소에 복싱부를 운영하고 있는 바, 기량이 우수한 수용자는 각종 복싱대회에 참가해 좋은 성적을 거둬 체육활동을 통한 성취감 고취 등 정서함양에 기여하고 있다.

이 같은 활동의 성과로 1998년부터는 천주여자교도소 합창단과 천안소년교도소 사물놀이패가 하나 되어 세종문화회관 등에서 매년 '갇힌 자들의 열린 음악회' 공연을 열게 되어 교정복지활동에 많은 기여를 하고 있다.

1. 사회체험 및 봉사활동

각 교정기관에서는 수용자들이 고아원이나 양로원 등 사회복지시설을 방문해 봉사하게 함으로써, 심성순화 및 자기반성의 기회를 갖도록 하고 있다. 이러한 사회체험 및 봉사활동은 수용자들에게 경제·사회·문화적으로 급속히 변화하는 바깥사회의 실상을 직접 체험케 하여 사회와 단절되지 않도록 배려하는 취지도 있다.

2003년에는 전국교정시설에서 4,216명의 수용자에 대하여 사회복지시설, 문화유적, 산업시설 등의 형장교육을 실시하였다. 사회견학 장소는 주로 전통문화 및 애국지사 유적지, 대단위 영농단지, 국립묘지, 독립기념관, 기타 성공적인 사회견학 현장 등 건전한 국민정신을 함양하기 위한 장소뿐만 아니라 기술향상에 기여할 수 있는 공장 등 각종 산업시설, 고아원, 장애인이나 노인복지시설 등을 방문하여 청소, 시설보수, 목욕돕기 등 봉사활동의 기회로 활용할 수 있는 곳에서 시행하고 있다.

1) 가족 만남의 집

1999년부터 장기형의 모범수형자 또는 가족과의 만남이 필요한 수용자를 대상으로 교도소의 인근에 주방과 침실을 갖춘 '가족 만남의 집'을 설치운영하고 있다.

가족 만남의 집은 오랜 기간 구금으로 소원해진 수용자들이 가족관계를 정상적으로 유지하고 미래에 대한 확신으로, 지식과 기능연마에 전념하며 새로운 삶을 준비할 수 있는 계기를 마련하는데 의의가 있다.

2) 수용자 가족의 만남의 날 행사

각 교정기관별로 실시 중인 '수용자 가족 만남의 날'행사는 교도소 내 정원이나 휴게

공간에서 수용자 가족과 자유롭게 식사도 하고 담소를 나누는 시간을 갖는 것으로 1993년부터 시행되고 있다.

가족 만남의 날 행사는 누진계급 3급 이상의 모범수형자에게 사회적응력을 키워주고 무기수형자 및 고령수형자에게는 가족 간 유대를 통해 수용 생활 중심적 안정을 지킬 수 있는 힘이 되고 있다.

3) 귀휴

귀휴는 일정기간 복역하고 행형성적이 우수한 수용자를 대상으로 외출・외박을 허가함으로써 수용자가 출소 후 생활을 준비하고 가족 간 유대를 유지시켜 시회복귀 시 곧바로 환경에 적응할 수 있도록 배려한 제도이다.

법무부는 1999.12.28. 개정한 행형법에서 부모사망, 자녀혼례의 경우 수용자에게 특별휴가를 허가하는 규정을 신설해 귀휴요건을 완화하였다. 또 2002.10.1.부터는 그동안 제한적으로 귀휴 및 외출・외박제도를 확대하고 허가절차를 간소한 주말 귀휴제도를 시행하여 주말뿐 아니라 연휴기간에는 최고 72시간까지 자유시간을 허가할 수 있도록 규정하였다.

이외에도 2004.4.에는 귀휴의 활성화를 위해 법무부 귀휴 시행규칙을 개정하여 종전 연 1회, 형기 중 5회로 귀휴 횟수를 제한하던 규정을 삭제하고 수술 등을 이유로 수용자 본인이 외부 의료시설에 입원할 경우에도 귀휴를 허가할 수 있도록 하였다.

이렇듯 귀휴요건을 대폭완화하고 계속 보완하여 보다 많은 수용자에게 원활한 사회복귀와 가족관계유지의 기회를 제공하고 있다.

4) 수형자 자치제

법무부는 1988. 2.부터 모범수형자, 과실범, 교육・훈련생 등 모범적인 수용생활을 하고 있는 수형자를 대상으로 일과시간 종료 후 기상 시까지 계호직원 없이 자율적인 생활을 할 수 있도록 허용하였다.

수형자자치제는 모범수형자들로 구성되어 있으며 계호직원 없이 자신들의 수용사동을 스스로 운영하고 야간에는 순번을 정하여 불침번 근무를 한다. 또한 자치제에 속한 모든 수형자들이 자율적으로 취미생활 및 종교생활을 할 수 있도록 보장하는 파격적인 제도라 할 수 있다.

이는 수형자가 오랜 기간 동안 사회와 단절됨으로써 자칫 잃기 쉬운 자립심과 자활 능력을 키움과 동시에 준법의식을 고취시키는데 큰 의미를 갖고 있다. 수형자자치제는 현재 과실범 수용기관인 천안개방교도소를 비롯하여 각 교도소마다 모범수형자를 중심으로 운영되고 있다.

5) 외부기업체 자율 출・퇴근제 시행

외부통근작업이란 수형자의 사회적응 능력을 길러주고 출소 후 생계기반을 일구는데 도움을 주고자 모범수형자에 한하여 지역사회 기업체로 출・퇴근하며 작업을 할 수 있도록 배려한 제도이다.

1988년부터 시작된 이 제도는 현재(2004.4.말 기준) 전국 27개 교정기관에서 59개 업체에 1일 평균 1,700명의 수용자들이 참여하고 있으며 이들은 기업체에서 받은 임금의 70%를 작업장려금으로 지급받고 있다.

뿐만 아니라 종전에는 외부통근작업을 허용한 경우에도 교도관 인솔 하에 외부기업체로 출・퇴근했으나 1999.3.부터는 교도관 인솔 없이 외부기업체에 출・퇴근하면서 일반인과 함께 작업할 수 있도록 규정함으로써 보다 자연스럽게 사회적응 분위기를 익히고 고급기술을 습득할 수 있게 되었다.

2004.4.말 현재, 11개 교정기관에서 1일 평균 288명의 수용자들이 18개 기업체로 자율 출・퇴근하고 있으며, 그 동안의 외부통근작업 실적을 분석한 결과 수용자는 물론 취업기업체에도 매우 좋은 반응을 보이고 있다. 이에 따라 법무부는 외부통근작업의 취업직종을 다양화하고 교도소 구외부지에 공장지대를 조성하여 우량 중소기업체를 유치, 수용자의 취업을 지속적으로 확대해 나갈 필요가 있다고 본다.

6) 신문 열람・라디오 청취・TV 시청

과거 각 교정시설에서는 모범수형자, 가석방예정자에 한해 신문 열람과 TV 시청이 허용되었지만 격리 수용된 수용자들에게 급변하는 바깥사회의 실정이나 각종 정보를 제공하는 것은 수용자의 원만한 사회복귀를 위해 필수적인 사안이다.

이에 지난 1998.11.부터는 각 교정시설에서는 수용자들의 출소 후 보다 빠른 사회적응을 유도하기 위해 신문 열람과 라디오 청취 및 TV 시청을 대폭 완화하여 실시하고 있다. 특히 2003년부터는 모든 일반수용 거실 내에 TV 모니터를 설치하여 방송매체를 이용한 교육 · 교화방송을 실시하고 있는데, 앞으로 이를 더욱 확대 실시해야 할 것으로 본다.

2. 출소예정자 지원

1) 출소예정자 취업알선

기능자격 취득 수용자 등 출소자가 출소 후 안정된 직업을 가질 수 있도록 이들에 대한 취업지원을 활성화하기 위해 전국 교정기관에 고용노동부 고용안정센터와 산업인력공단 및 교정공무원, 교정위원 등으로 구성된 '수용자취업알선협의회'를 운영하고 있다.

협의회에서는 일반기업체의 고용에 관한 정보교환, 추천 등 출소자취업을 알선하기 위해 지속적인 관심과 노력을 기울이고 있다. 또한 취업이 확정된 수용자에게는 신원보증보험 가입비를 지원해주는 등 출소자의 안정된 사회정착을 물심양면으로 지원하고 있다.

2) 국민기초생활보장 혜택 지원

각 교정기관에서는 석방이 확정되었으나 출소 후에도 생계가 곤란한 출소예정자를 특별히 보호하기 위하여 보건복지부의 협조를 얻어 2003. 3.부터 이러한 수용자가 출소하기 전에 국민생활보장제도 편입을 위한 급여 신청을 돕고 있다.

국민기초생활보장제도의 혜택을 받게 될 경우 출소와 동시에 생계, 주거, 교육, 의료비 등을 지원받을 수 있으며, 이는 출소자의 안정된 사회정착과 재범을 방지하는데 큰 역할을 하고 있는 바, 앞으로 더욱 활성화하여야 할 것으로 본다.

3) 운전면허 갱신 등 처리

수용자가 출소 후 생업에 종사하는데 어려움을 겪지 않도록 운전면허 정기적성검사 및 면허증 갱신 · 연기신청업무 등을 각 교정기관이 대신 처리해 줌으로써 출소 후 무면허운전으로 인한 교통사고 및 발생 가능한 범죄를 예방하여 출소자의 안정적인 사회복귀를 지원하고 있다.

4) 교정작품활동

수용자들의 교도작업과 작업훈련이 기능교육과 사회적응능력 함양에만 그치는 것이 아니라 일반 국민과 함께 소통할 수 있는 계기를 마련하고자 지난 1962년부터 교정작품전시회를 매년 개최하고 있다. 교정작품전시회는 수용자들이 평소 교도작업이나 직업훈련을 연마하는 과정에서 틈틈이 익혀온 기량과 솜씨를 자랑하는 수용자 작품과, 교정공무원들의 정성이 담긴 각종 작품을 한데 모아 일반인에게 전시함으로써 교정에 대한 관심과 이해의 폭을 넓히고 교정의 사회화를 촉진시키는 데 기여하고 있다고 볼 수 있다.

제1회 교정작품전시회는 서울 덕수궁 전시관에서 개최되었고, 그 후 수도권과 대구, 광주, 대전 등 4곳을 해마다 돌아가며 전시하고 있다. 2004년 현재 42회를 맞는 교정작품 전시회는 지역사회로부터 높은 관심과 호응을 얻고 있어 수용자들에게 사회복귀에 앞서 자신감과 희망을 북돋아주는 촉매역할을 하고 있다.

전시회에 출품되는 작품이 해마다 양적 · 질적으로 꾸준한 향상을 거듭하고 있으며 가구, 공예 등 교도작업 제품뿐만 아니라 수용자와 교정공무원의 평상시 취미활동에 나온 서예나 그림, 도자기 등의 작품들도 전시되어 현장에서 판매되거나 주문 의뢰가 있을 정도로 인기가 높다. 앞으로 이를 더욱 향상 발전시켜야 할 것으로 본다.

5 보호관찰소 및 치료감호소

1. 보호관찰소

시설내 처우과정에서 생기는 낙인화, 부정적인 역학습으로 재범우려, 자유박탈에 의한 인권침해, 초범자나 청소년 교정에 악영향과 문제점에 대한 대안으로써 시도하는 사회내 처우로는 가석방과 보호관찰을 들 수 있다. 보호관찰의 주요 활동은 「보호관찰 등에 관한 법률」이 제시하고 있는 지도감독 · 원호 · 응급구호와 「소년법」에서 제시하고 있는 사회봉사명령과 수강명령을 들 수 있는데 그 내용은 다음과 같다.

① 지도감독 : 보호관찰 대상자와 긴밀한 접촉을 가지고 항상 그 행동 및 환경을 관

찰하여 적절한 지시를 내리며 필요한 조치를 취한다.

② 원호 : 숙소 및 취업의 알선, 직업훈련 기회의 제공, 환경개선 등 건전한 사회복귀에 필요한 원조를 제공한다.

③ 응급구호 : 질병, 부상, 그 밖의 긴급한 사유의 발생으로 보호관찰 대상자의 생명, 신체에 중대한 위험이 예상되거나 보호자 또는 부양의무자의 부양능력이 없어 구호가 불가피할 때 적절히 구호한다.

④ 사회봉사명령 : 비행소년으로 하여금 일정한 시간 무보수로 봉사작업과 노동 등의 사회봉사활동을 하게 하여 건전한 근로정신과 시민정신을 함양케 한다.

⑤ 수강명령 : 가벼운 비행을 한 청소년에 대하여 교통규범, 약물남용으로 인한 해독을 강습하거나 교도소 견학, 전과자 체험담, 강의 등을 받도록 하여 범죄성이나 비행성을 교정한다.

보호관찰소에서는 보호관찰의 취지, 대상, 내용, 업무의 성격 등으로 볼 때 보호관찰 자체가 사회사업적 성격을 지닌 것으로써 보호관찰관은 교정분야에서의 전문교정복지사를 일컫는다고 볼 수 있다. 보호관찰의 교정복지적 업무를 제시하면 피보호관찰자에 대한 판결 전 조사와 환경조사 등을 실시하여 대상자를 돕고 교정처우 후 평가나 연구의 기초자료로 활용한다. 또한 교정복지사업의 지식과 기술을 적용하여 사회봉사명령이나 수강명령 대상자들에게 각각의 특성을 감안한 적절한 프로그램을 계획, 편성하고 효과를 극대화시키는 일, 범죄소년이나 비행청소년을 도울 수 있는 사회자원을 개발하고 연결하는 자원활용자로서의 역할을 기대할 수 있다.

2. 치료감호소

1) 개관

치료감호소[12]는 「치료감호법」 제8조에 의해 정신질환범법자를 치료하는 정신병원의 기능을 가진 수용기관이며 법원, 검찰, 경찰로부터 의뢰받은 형사피의자에 대한 정신감정기관이며, 정신과 전공의와 정신보건간호사, 정신보건사회복지사 등 정신보건

12) 치료감호소는 1987.8.14. 치료감호소직제 공포(대통령령 12232) 후 같은 해인 1987.11.3. 충남 공주시 반포면 봉곡리 산1번지에 개소하였다.

전문요원의 교육수련을 담당하는 교육기관이라고 할 수 있다.

주요 업무는 「치료감호법」에 의거하여 치료감호선고를 받은 자의 수용·보호 및 치료와 치료감호업무의 발전을 위한 조사·연구·법원·검찰·경찰로부터 정신감정을 의뢰받은 자에 대해 정신감정실시, 사회보호위원회의 결정에 의해 위탁된 보호감호자 치료 등이다.

여기서 치료감호란 정신질환 및 약물중독 등으로 금고 이상의 형에 해당하는 죄를 범한 자들을 일정하지 않은 기간 동안 시설에 수용하여 치료 및 교정·교화하여 형벌을 대체 또는 보완하는 예방적 기능을 수행하는 것으로 일종의 보안처분이다.

2) 치료감호소 입소대상자

① 피치료 감호자 : 심신장애(심신상실, 심신미약)로 인하여 사물분별능력이나 의사결정능력이 없는 자가 금고 이상의 형에 해당하는 죄를 범해 치료감호가 확정되었거나, 마약류·대마·알코올 기타 해독작용을 일으킬 우려가 있는 물질의 남용 또는 중독된 자로 금고 이상의 형에 해당하는 죄를 범하여 치료감호가 확정된 자를 말한다.

② 정신감정 유치자 : 검찰, 법원, 경찰 등으로부터 사건 당시의 심신상태, 정신질환 유무, 마약·알코올 중독 여부 등에 관한 법의학적 판단이 요구되는 자에 대하여 정신감정이 의뢰된 자를 말한다.

③ 감호위탁자 : 보호감호소에 수용된 자 중 정신질환을 앓고 있는 피보호감호자로 치료가 위탁된 자를 말한다.

④ 교정위탁자 : 교정위탁자란 교정시설에 재소중인 정신질환자를 말한다.

3) 감호사건의 수용 경과

구 사회보호법(법률 제5179호, 2005.8.4. 폐지)에 의거하여 범죄자 중 재범의 위험이 있거나 특수한 교육, 개선, 치료가 필요하다고 인정되는 자(상습범, 범죄단체 또는 집단의 수괴·간부, 심신장애자, 마약류 및 알콜중독자 등)에 대하여는 사회방위 및 이들의 사회복귀 촉진을 위하여 보호처분을 과하였으며 이러한 보호처분은 크게 보호감호, 치료감호, 보호관찰의 3종류로 나뉘어 있었다.

여기에서 보호감호란 상습범 또는 단체범을 대상으로 하여 피보호감호자를 감호시설 내에 수용하여 감호, 교화하고 사회복귀에 필요한 직업훈련과 근로를 시키는 보호처분을 말하고, 치료감호란 심신장애자, 마약중독자, 알콜중독자를 대상으로 하여 피치료감호자를 치료감호시설 내에 수용하여 치료를 위해 필요한 조치를 취하는 보호처분을 말하며, 보호관찰이란 가출소자, 가종료자, 치료위탁을 받은 자 등을 대상으로 하여 피보호관찰자로 하여금 일정한 준수사항을 이행하고 보호관찰담당자의 지도와 감독에 응하도록 하는 보호처분을 말한다.

감호사건의 경우 검사는 공소제기한 사건의 항소심 판결 선고 전까지 감호청구를 할 수 있고, 일정한 경우 공소를 제기함이 없이 감호청구만을 할 수도 있으며, 법원의 판결이 확정되면 감호시설 내에 수용・집행한다.

다만, 위 사회보호법이 2005.8.4. 폐지(보호감호제도 폐지)됨에 따라 그 후속 대책으로 상습절도・강도사범에 대하여는 특정범죄 가중처벌 등에 관한 법률과 특정강력범죄의 처벌에 관한 특례법을 개정하여 상습강・절도사범이나 특정강력범죄에 대하여는 가중 처벌하도록 하였고, 정신질환 범죄자에 대하여는 치료감호법(법률 제7655호, 2005.8.4. 제정)을 시행하여 치료감호와 보호관찰을 병행토록 하였다. 한편 2008. 9. 1.부터 특정 성폭력범죄자에 대한 위치추적 전자장치 부착에 관한 법률이 시행됨에 따라 성폭력범죄자가 2회 이상 징역형의 실형을 선고 받아 그 형기의 합계가 3년 이상인 자가 집행종료 후 5년 내 성폭력범죄를 저지른 경우 등과 같이 일정한 요건을 충족한 성폭력범죄자에 대해서는 새로 도입된 위치추적 전자장치(속칭 전자발찌) 부착제도가 시행되고 있다.

4) 교정복지 업무

치료감호소의 교정복지업무는 정신과 상담 등 주로 의학적 서비스가 주종을 이루고 있다고 볼 수 있으며, 다만 상습범인의 사회복귀를 위한 교정교화기법이 일반수형자와는 달라야 하기 때문에 이들에 대한 교정복지프로그램의 개발 등 교정 및 보호당국 그리고 지역사회의 각별한 노력이 필요하다고 보겠다.

제4절 특수 교정복지제도

1 개관

특수 교정복지제도란 교정복지를 최광의 개념으로 보았을 때 경찰・검찰・법원・교정 등 형사사법기관을 운영함에 있어서 특별히 교정복지를 위하여 마련된 제도를 말하는 것으로 이러한 특수 교정복지제도로는 법률구조, 선도조건부 기소유예, 범죄피해자구조, 형사보상제도 등이 있다.

2 법률구조제도

1. 의의

법률구조사업을 효율적으로 추진하여 국민의 기본권을 옹호하고 법률복지를 증진하는 것을 목적으로 설립된 비영리 공익법인이다. 1972년 대한법률구조협회로 출발하여 1986년 12월 제정된 「법률구조법」 제8조의 규정에 따라 '대한법률구조공단'이 1987.9.1. 설립되었다.

주요 업무는 전 국민을 대상으로 법적 구조를 받고자 하는 사람을 위해 무료로 법률을 상담해 주고, 일정한 대상자들에 대해 화해・조정 및 소송대리, 형사 무료변호 등 국민의 기본권을 옹호하고 법률복지 증진에 힘쓰고 있다. 또한 법률구조제도에 관한 조사・연구 및 강연회, 출장상담 등을 추진하여 분쟁을 사전에 예방하고 있다.

법률구조대상사건은 국가를 상대로 하는 사건을 제외한 모든 민사・가사사건・형사사건・행정소송 및 헌법소원사건이다. 법률구조의 혜택을 받을 수 있는 대상은 전체 농・어민 등과 위관급 장교와 영세 근로자 및 영세상인 등이다.

3 범죄피해구조제도

1. 개념

범죄로 인하여 사망하거나 중장애를 입고도 가해자를 알 수 없거나 가해자에게 자력이 없는 관계로 피해의 전부 또는 일부를 보상받지 못하고, 생계유지가 곤란한 사정이 있는 때에는 국가에서 피해자 또는 유족에게 일정한 한도의 구조금을 지급하는 제도이다.

그러나 범죄척결에 국민이 안심하고 협조할 수 있도록 범죄수사 또는 형사재판절차에 있어서 고소, 고발이나 증언을 하였다는 이유로 보복범죄를 당한 경우에는 구조요건을 일반범죄의 피해구조요건보다 완화하여 가해자의 불명 또는 무자력, 피해자의 생계곤란 여부와 관계없이 범죄피해구조금을 지급할 수 있도록 되어 있다.

1) 구조금을 지급받을 수 있는 사람

구조금을 지급받을 수 있는 사람으로 첫째, 유족구조의 경우에는 살인 등 강력범죄로 인하여 사망한 사람의 유족 중에서 피해자의 사망 당시 피해자의 수입에 의하여 생계를 유지하고 있던 배우자, 자, 부모, 손, 조부모, 형제자매이다. 둘째, 장애구조의 경우에는 위와 같은 범죄로 인하여 중대한 신체장애를 당한 사람으로 신체장애 등급 기준상 1급 내지 3급의 장애에 해당하며 노동능력을 100%로 상실한 사람이다.

그러나 피해자와 가해자간 친족관계가 있는 경우와 피해자가 범죄행위를 유발하였거나 당해 범죄피해의 발생에 관하여 피해자에게 귀책사유가 있는 경우와 기타 사회통념상 구조금의 전부 또는 일부를 지급하지 아니함이 상당하다고 인정되는 경우이다. 또 범죄피해를 원인으로 국가배상법 또는 기타 법령에 의한 급여 등을 지급받을 수 있는 경우나, 가해자로부터 손해배상을 받은 때에는 그 금액의 한도 내에서 구조금을 지급하지 아니한다.

2) 구조금의 지급신청 절차

구조금을 지급받고자 하는 사람은 그 주소지 또는 범죄발생지를 관할하는 지방검찰청에 설치된 범죄피해심의회에 신청하면 된다. 다만, 범죄로 인한 피해가 발생한 것을 안 날로부터 1년이 경과하였거나, 범죄피해가 발생한 날로부터 5년이 경과한 때에는 신청을 할 수 없다. 유족구조금의 경우 1,000만원을 지급할 수 있도록 하였으며, 장애구조금은 장애의 정도에 따라 1급은 600만원, 2급은 400만원, 3급은 300만원을 지급한다.

한편, 피해자의 장애 정도가 명확하지 않거나 그 이외의 사유로 인하여 신속하게 구조결정을 할 수 없는 때에는 피해자의 응급구제를 위하여 유족구조금의 경우에는 200만원, 장애구조금의 경우는 100만원의 한도 안에서 가(假)구조금을 우선 지급할 수 있다.

4 형사보상제도

1. 개념

형사재판에서 무죄를 선고받은 자는 재판확정 전까지의 구금에 대한 보상을 청구할 수 있고, 피의자로서 구금된 후 불기소된 자는 그 구금에 대한 보상을 청구할 수 있는 제도이다. 다만, 구금된 이후에 불기소할 사유가 있은 경우, 기소중지 등 종국처분이 아닌 경우 및 기소유예, 공소보류 등의 경우는 제외한다.

2. 보상금청구 절차

형사재판절차에서 무죄판결을 받은 자는 재판이 확정된 날로부터 1년 이내에 무죄판결을 한 법원에 보상금을 청구하여야 하고, 법원은 보상금청구가 이유 있을 때 보상결정을 하게 되며, 청구인은 보상결정이 송달된 후 1년 이내에 보상결정법원에 대응한 검찰청에 보상금지급을 청구하여야 한다.

단, 형사미성년자, 심신장애자 등의 사유로 무죄판결을 받은 경우, 본인이 허위자백을 하거나 또는 다른 유죄의 증거를 만듦으로써 기소, 미결구금 또는 유죄판결을 받게 된 것으로 인정된 경우, 1개의 재판에서 일부에 대하여 무죄판결을 받고 다른 부분에 대하여 유죄판결을 받았을 경우는 법원의 재량에 의하여 보상금청구의 전부 또는 일부가 기각될 수 있다.

피의자로서 구금된 후 기소되지 아니한 자는 검사로부터 불기소처분의 통지를 받은 날로부터 1년 이내에 불기소처분을 한 검사가 소속하는 지방검찰청 또는 지방검찰청 지청의 피의자보상심의회에 보상금을 청구할 수 있다.

단, 본인이 허위의 자백을 하거나 다른 유죄의 증거를 만듦으로써 구금된 것으로 인정되는 경우, 구금기간 중 다른 사실에 대하여 수사가 행하여지고 그 사실에 관하여 범죄가 성립한 경우, 보상을 하는 것이 선량한 풍속 기타 사회질서에 반한다고 인정할 특별한 사정이 있는 경우는 피의자보상의 전부 또는 일부를 지급하지 아니할 수 있다.

3. 보상금액

1일 보상금 상한가는 보상금청구의 원인이 발생한 연도의 일급 최저 임금액의 5배 이내에서 결정되고, 전체 보상금은 1일 보상금에 구금일수를 곱한 금액이 된다.

5 선도조건부 기소유예

1. 개관

선도조건부 기소유예란 청소년의 비행이 가볍고 이들의 가정환경이 안정된 경우 검찰이 위촉한 범죄예방위원 내 상담지도분과위원의 지도를 받도록 검사가 내리는 처분을 말한다. 이 선도조건부 기소유예는 1978년 광주지방검찰청에서 김양균 검사장에 의하여 20세 미만의 비행청소년에 대한 선도조건부기소유예제도를 처음 시험실시하였다. 그 결과 반응이 좋아 1981년부터 소년선도보호지침을 제정하여 전국에 확대 실시하였다.

2. 필요성과 절차

1) 필요성

선도조건부기소유예제도의 필요성은 다음과 같다.

첫째, 청소년은 인격적으로 미완성이므로 지역사회에서 선도하면 개선의 가능성이 높기 때문에 굳이 교도소나 소년원에 수용시킬 필요가 없다. 이들을 시설수용할 경우 교정보다는 오히려 악성 범죄에 감염될 수 있기 때문에 사회내 처우가 바람직하다.

둘째, 형사절차 중간단계에서 석방이 예상되는 경우라면 검찰단계에서 비행청소년의 반성태도와 사회복귀의지가 퇴색되기 전에 조기 석방함으로써 선도효과를 극대화하고 수용기간의 단축으로 국가예산도 절감할 수 있다.

셋째, 범죄예방위원을 비롯한 여타 자원봉사자들의 참여와 범죄예방활동을 활성화함으로써 민간화합을 도모하고 비행청소년을 포용하는 지역사회분위기를 확산시킬 수 있다.

2) 절차

선도유예의 절차는 대상자 선정, 범죄예방위원 선정, 선도보호위탁, 사후관리로 구분해 볼 수 있다.

(1) 대상자 및 범죄예방위원 선정

범죄내용의 경중을 가려 재범가능성이 희박한 18세 미만의 비행청소년을 주된 대상으로 한다. 단, 공안사범, 마약사범, 흉악범, 조작적 또는 상습적 폭력배, 치기배, 현저한 파렴치범은 제외함을 원칙으로 한다. 선정은 담당검사가 소년사건의 비행성, 예측자료표와 비행청소년의 환경조사서를 참작하고 유예소년의 보호자, 교사, 직장상사의 의견, 피해보상 여부와 피해자감정, 유치장 해장기록을 참작하여 범행동기, 수단, 결과, 범행후의 정황, 피해자와의 관계 등 죄질과 범정을 살펴 선별한다.

범죄예방위원 선정은 담당검사는 대상소년의 주거지 내 혹은 가까운 곳에 거주하는 범죄예방위원을 선정하여 위탁해야 한다. 그러나 더욱 효과적으로 선도할 수 있는 보호자, 학교교사, 직장상사 등이 있을 때에는 이들을 비상임 범죄예방위원으로 위촉하여 위탁할 수 있다.

(2) 선도보호위탁

담당검사는 범죄예방위원을 선정하면 그 범죄예방위원에게 대상소년을 범죄예방수칙이 정하는 바에 따라 선도보호해 줄 것을 위탁한다. 이때 대상소년의 인적사항, 범죄사실, 선도시 유의사항을 첨부하여 소년선도보호위탁서를 범죄예방위원에게 교부한다.

(3) 범죄예방위원은 월 1회 접촉선도, 경과통보서를 작성해 검찰청에 통보해야 한다.

대상소년의 유예기간은 1급이 1년, 2급이 6월이나 3월씩 2차에 걸쳐 각각 연장할 수 있다. 한편, 담당검사는 유예소년이 재범이나 재비행하지 않고 준수사항을 지키면서 선도기간을 넘기면 담당 범죄예방위원의 의견을 들어 선도보호조치를 해제하고 이를 유예소년과 보호자에게 알려야 한다.

(4) 종합과 평가

선도조건부 기소유예제도는 비행청소년의 지역사회내 처우로써 교정복지측면에서 매우 중요한 의미를 갖는다. 중요한 의미로는 첫째, 지역사회에서 비행 혹은 범죄와 관련하여 활동하고 있는 교정복지사들은 자원봉사자로서 범죄예방위원활동에 참여할 필요가 있다. 이 활동을 통해 교정복지사는 검찰과 관계하면서 지역사회의 비행 혹은 범죄와 관련하는 사업에 검찰을 지원체계로 활용할 수 있다.

둘째, 지역사회의 사회복지관에서는 선도유예대상 청소년들을 중심으로 집단활동, 캠프, 체육활동 등과 같은 교정복지프로그램을 실시할 수 있다. 이런 프로그램은 그 실적에 따라 차후 검찰의 협조를 얻어 재정적인 지원도 가능하게 될 것이다.

6 소년자원보호

1. 개관

소년자원보호제도라 함은 「소년법」 제32조 제1항 제1회의 처분에 해당하는 자, 즉 "보호자 또는 보호자를 대신하여 소년을 보호할 수 있는 자에게 감호 위탁하는 것"에 해당하는 소년보호사건의 대상자를 그 보호자가 없거나 있어도 그 역할이 미흡할 때 사회적으로 덕망 있고 청소년들에게 관심과 애정을 가진 자원보호자를 지정하여 1차에 한해 6월 동안 상담·지도 보호하도록 하는 제도이다.

이 제도는 1985년 서울가정법원의 판사, 소년과 직원, 자원보호자들의 협력으로 비행소년들의 재비행 방지와 예방에 상당한 성과를 거둠에 따라 1987년 소년자원보호자 협의회를 정식으로 구성하여 오늘에 이르고 있다.

2. 필요성과 절차

1) 필요성

소년자원보호제도의 필요성은 다음 두 가지로 요약할 수 있는데, 첫째는 1호의 처분

대상자의 원만한 적응을 위해서는 지역사회의 자원봉사자가 개입하여 도움을 주는 것이 바람직하다. 즉 1호의 처분을 받은 소년이 자신의 가정환경 개선이나 생활상 제약이 없이 이들의 부모에게 돌려보내기 때문에 재비행 억제가 약해진다.

둘째, 1호의 처분대상자 중 심리상담과 같은 심리 심층적 서비스를 받아야 하는 경우가 많기 때문에 지역사회의 전문자원봉사자의 도움이 필요하다. 대상자 중 훈육만으로도 건전한 청소년으로 변화가 있을 수 있으나, 이들의 성격상 문제점이나 가정교육 기능의 미흡과 불량교우관계 등의 개선을 위해서는 전문자원봉사자의 도움이 필요하다.

2) 절차

보호처분대상자를 자원보호자에게 감호 위탁하여 보호하는 절차는 다음과 같다.

첫째, 소년부 판사가 보호처분대상자를 자원보호자에게 감호위탁 처분을 결정하면 소년과 보호자는 소년자원보호자협의회에 신고해야 한다.

둘째, 협의회에서는 소년의 비행정도, 가정환경, 주거환경 등과 자원보호자의 직업, 경력 등을 참고하여 적당한 자원보호자를 선정하여 처분결정서와 소년감호일지를 보낸다.

셋째, 위탁감호는 6월이며 이 기간 동안 소년자원보호자는 소년감호일지를 작성하여 3월마다 협의회를 거쳐 법원에 제출하여야 한다.

넷째, 만약 소년이 자원보호자의 지시에 따르지 않거나 이를 회피하면 법원은 자원보호자의 통보에 따라 6월의 감호기간을 연장하거나 처분을 변경할 수 있다. 보호기간이 끝나면 종결을 알리는 감호일지를 제출함으로써 보호소년에 대한 감호를 종결한다.

3) 종합과 평가

교정복지의 관점에서 소년자원보호제도는 다음과 같은 몇 가지 중요성을 띤다.

첫째, 소년자원보호자제도는 교정복지관점에서 볼 때 매우 중요한 지역사회중심 프로그램이다. 그러므로 교정복지사는 적극적으로 개입하여 법원으로부터 위탁감호처분을 받은 비행청소년을 지도·감독해야 한다.

둘째, 소년자원보호제도는 지역사회내 교정복지사가 비행청소년과 관련하여 법원과 교류할 수 있는 유일한 통로를 제공하고 있다. 지역사회의 교정복지사는 법원과 밀접한 관계를 형성하고 있기 때문에 청소년비행 · 범죄와 관련하여 상호 도움을 주고받을 일이 많다.

이런 경우를 대비하여 교정복지사들이 소년자원보호자로 활동하면 법원과 관계를 돈독히 하고 정보를 교류할 수 있다. 이 소년자원보호제도는 청소년비행 혹은 범죄와 관련하여 자원봉사자들이 많이 개입하고 있는데, 독립된 운영보다 통합 · 확대하여 전문적으로 운영하는 것이 어떨까 생각한다.

참고문헌

■ 국내문헌

1) 단행본

김상균 · 신석환 공저, 교정학개론, 청목출판사, 2009.
______ · 송병호 · 신석환, 교정학 박영사, 2013.
김용건, 『한국교정행정발전론』, 서울: 법문사, 1987.
김용우, 『최신행형관리론』, 서울: 국민서관, 1981.
김용준, "교정심리학", 서울: 고시원, 1995.
______, 『교정법학』, 박영사, 2001.
______, 『교정학 문제집』, 서울: 박영사, 2004
______ · 이순길 공저, 『교정학』, 서울: 국시원, 1999.
______ · 이순길 공저, 『형사정책학』, 서울: 국시원, 1999.
김화수 · 허주욱 · 강영철 · 홍성열 · 조준현 · 박영규 · 이영근 · 오영근, 한국교정학, 한국교정학회, 2007.
박상기 · 손동권 · 이순래, 형사정책, 한국형사정책연구원, 2003.
박송규, 『사회복지법제론』, 서울: 법문사, 2003.
배임호 · 박경일 · 이태언 · 신석환 · 전영록, 『교정복지론』, 양서원, 2001.
배종대, 형사정책, 홍문사, 2000, 2003.
송병호 · 신석환 · 이태언, 교정보호론, 청송출판사, 2012.
송태호, 『교정교육학』, 미림회, 1995.
신석환, 보호관찰론, 한국학술정보(주), 2009.
신왕식, 『새행형학』, 서울: 법조문화사, 1988.
신진규, 『범죄학겸형사정책』, 서울: 법문사, 1999.
안태호, 『교정교육학』, 서울: 미리내, 1995.
이백철 · 양승은, 『교정교육학』, 서울: 시사법률, 1998.
이성구, 『비행청소년의 이해』, 제크공간, 2000.
이영희, 『교정복지의 이론와 실제』, 홍익출판사, 2000.
______, 『교정복지의 이해와 실제』, 홍익출판사, 2003.
이윤호, 교정학, 박영사, 2007.
______, 범죄학개론, 박영사, 2002.
______, 『교정학』, 박영사, 1995.
이창한 외 공저, 범죄학&형사정책, 박영사, 2012.
이태언 · 김상균 · 신석환 · 조미숙 공저, 신형사정책, 형설출판사,2009.
______, 형법총론, 형설출판사, 2004.

______, 『보호관찰』, 한국보호관찰협회, 2001.
이팔환 · 백남억, 『자원봉사론』, 형설출판사, 2000.
이형득, 『인간관계훈련의 실제』, 서울: 중앙적성출판사, 1992.
장동근 · 정해룡, 『교정학』, 서울: 육서당, 1996.
정도근 · 정해룡, 『교정학』, 서울: 육서당, 1997.
정영석 · 신양균, 형사정책, 법문사, 1997.
최명숙, 『교정교육학』, 서울: 창신사, 1999.
최옥채, 『교정복지론』, 서울: 아시아미디어리서치, 1998.
______, 『교정복지론』, 아시아미디어리서치, 2003.
______, 『교정복지론』, 학지사, 2003. 2006.

2) 논문

강지원, 「청소년 인성지도의 실천적 방안」, 법무부, 1994.
권량문, "교정자원봉사활동의 활성화 방안에 관한 연구" 원광대학교 행정대학원 석사학위 논문, 2002.
김 훈, "보호관찰과 지역사회 인적자원 활용 연구", 「보호관찰 제1호」, 한국보호관찰학회, 2001.
김성언, 「소년원 · 교정교육 프로그램의 운영실태와 개선방안」. 한국형사정책연구원, 1996.
김영호 외, 『자원봉사의 이론과 실제』, 창지사, 2002.
김용준, "21세기 교정정책의 과제와 전망", 제1회 학술세미나(2000), 한국형사정책학회, 2000.
______, "수용자법적지위", 제1차 학술세미나(2004.10.15), 「한국교정보호학회」, 2004.
______, "행형의 이념과 행형법 개정에 관한 연구", 한양대학교 박사학위논문, 1995.
______, 『교정과 복지』, 「법조」, 통권 500호, 서울: 법조협회, 1998.
김종정, 「피보호감호자의 교정처우실태, 한국형사정책연구원」, 1998.
문제민, "범죄예방 교육강화", 「보호관찰 제1호」, 한국보호관찰학회, 2001.
박현철, "참만남집단상담이 비행청소년의 자아개념에 미치는 효과", 계명대학교 대학원 석사학위논문, 1996.
송경호, "수형자에 대한 종교교육의 효과가 교화에 미치는 영향에 관한 연구", 「교정」, 2002-12, 2002.
송태호, "한국지역사회교정제도의 실태와 향후 과제에 관한 연구" 「청소년정책연구」 제1권1호. (서울: 한국청소년 정책학회), 2000.
안 유, "교정인의 보람과 과제". 「교정」, 2004-5, 2004.
안석영, "한국소년원 교정교육프로그램의 개선방안에 관한 연구" 석사논문, 2001.
안현석, "한국 비행청소년 교정교화정책에 관한 연구", 경기대학교 대학원 박사학위논문, 2001.
______, "한국비행청소년 교정교화정책에 관한 연구", 경기대학원 행정학과 박사학위논문, 2001.
염규성, "비행청소년에 대한 교정복지서비스 방안-소년보호제도 개선을 중심으로-", 청주대학교 행정대학원 석사학위논문, 2000.

이강용, "형사정책의 새로운 방향". 「교정」, 2003-5, 2003.
이광열・이문국・이용표 외 50명, 『사회복지대백과사전』, 서울: 나눔의 집, 1999.
이백철, "비행청소년의 사회적응 훈련프로그램 개발연구", 서울: 한국청소년개발원, 1999.
이윤호, "사회복지관에서 교정복지의 활성화 방안", 「교정연구」9호, 서울: 한국교정학회, 1999.
이정찬, "교정복지에 관한 소고", 「한국교정문집」, 한국교정문집학회 volume 1, 2000.
이형국, "베까리아의 생애와 그 형벌 사상", 「교정」, 1981, 8월호
임춘식, "자원봉사활동과 교정봉사활동", 특강자료, 2001.
전영록, "갱생보호사업에 있어서 범죄예방위원의 중요성과 역할", 법무부 범죄예방위원 전국연합회 자료집. 2001.
정동기, 『개정 소년법에 관한 일고』, 『각국의 소년사범제도』, 법무부, 1989.
정언우, "사회봉사명령제도의 활성화 방안", 동아대학교 석사학위논문, 1996.
조광석, "한국교정시설내 상담실운영실태분석에 따른 수용자 교화의 목회 상담학적 접근", 연세대학교 연합신학대학원 석사학위논문, 2001.
조기룡, "재통합모델에 기초한 교정패러다임에 관한 연구", 조선대학교 대학원 박사학위논문, 1999.
조준현, "시설내 처우의 발전방향", 「교정」, 2004-10, 2004.
최종식, "소년사법의 문제점과 개선방안에 관한 일고찰", 「이한교교수정년기념논문집」, 2000.
표은숙, "청소년의 자아개념과 비행성향간의 관계연구", 숙명여자대학교 대학원 석사학위논문, 1995.
한국청소년상담원, 『청소년상담의 기초』, 한국청소년상담원, 2002.
한국형사정책연구원, "외국의 수형자 직업훈련제도에 관한 연구", 한국형사정책연구원, 1996.
한인섭, "교화분야의 민간참여에 관한 연구", 한국형사정책연구원, 1993.

3) 기타

대구지방교정청 자료, 2005.
대검찰청, 대검찰청자료, 2004.
______, 『범죄분석』, 서울: 대검찰청, 2001.
법무부 범죄예방위원 전국연합회 자료집, 2005.
법무부보호국, 각국의 소년보호제도, 1997.
법무부 교정국, 『한국의 교정행정』, 법무부, 2002.
법무부, 『각국의 소년보호제도』, 법무부, 1998.

www.krscs.or.kr, 2005.

저자 소개

김용준

- 연세대 행정대학원 석사/ 한양대 대학원 법학박사
- 일본 중앙대 방문자연구원/ 법무연수원 교수
- 법무부 장흥·김천소년교도소장/ 연세대 법무·행정대학원 강의교수
- 미국 Piedmont University 부총장
- 한국형사사법학회 회장/ 한국범죄방지사협회 회장
- 한국교정보호학회 회장/ 한국행정사협회 회장
- 현, 연세대 총동문회 상임이사/ 대구사이버대학교 전문위원
- 제5회 공무원문예대전 최우수상 수상
- 한국문인협회 회원(시인·수필가)
- 형사사법부문 한국전문인 대상 수상(한국전문기자협회) 등 수상

〈주요 저서〉
- 행정사실무법, 사무관리론, 범죄학, 형사정책학, 범죄피해자학, 교정심리학
- 교정복지학개론(공저), 교정학, 교정학개론, 교정법학, 교정행정론 등

〈논문〉
- 형사사법제도에 있어서 민영화
- 미국의 집중감독 프로베이션에 관한 연구
- 한·일 교정제도에 관한 비교 연구 등 30여 편

최수찬

- 연세대 사회과학대학 사회복지학과 학과장

〈주요 활동〉
- 한국사회복지사협회 재정위원
- 연세상담센터 간사교수
- 한국직무스트레스협회 운영이사/ 교육이사

〈주요 저서〉
- 직무스트레스의 현대적 이해
- 국내기업복지 활성화 방안 연구
- 기업복지의 개념 도출 및 프로그램 모형연구

신석환

- 창원대 행정대학원 법학석사/ 경성대 대학원 법학박사
- 대전, 대구, 부산, 서울 보호관찰심사위원회 위원
- 법무부, 창원, 대전, 대구, 부산 보호관찰소장/
  서울 보호관찰소장(고위공무원) 역임
- 충남청소년위원회 · 경남사회복지협회 지도위원 역임
- 한국범죄심리학회 이사, 시민감사관(대구) 및
  서울보호관찰소 특별범죄예방위원 활동
- 법무연수원, 보호관찰소, 그리스도대, 부산가톨릭대 강사
- 백석대학교 법정경찰학부(2004-2013) 겸임교수
  부산외국어대 및 경성대 외래교수

〈주요 저서〉

- 교정보호론(공저), 보호관찰론
- 사무관리론, 신형사정책, 교정학(공저) 등

교정복지학개론

2014년 2월 20일 초판 1쇄 인쇄
2014년 2월 25일 초판 1쇄 발행

저 자 김용준 · 최수찬 · 신석환
발행인 寅製 진 욱 상

발행처 백산출판사
서울시 성북구 정릉로 157(백산빌딩 4층)
등록 : 1974. 1. 9. 제 1-72호
전화 : 914-1621, 917-6240
FAX : 912-4438
http://www.ibaeksan.kr
editbsp@naver.com

값 22,000원
ISBN 978-89-6183-847-4